8 Yh 301 2

Paris
1889

Goethe, Johann Wolfgang von

Théatre

Tome 2

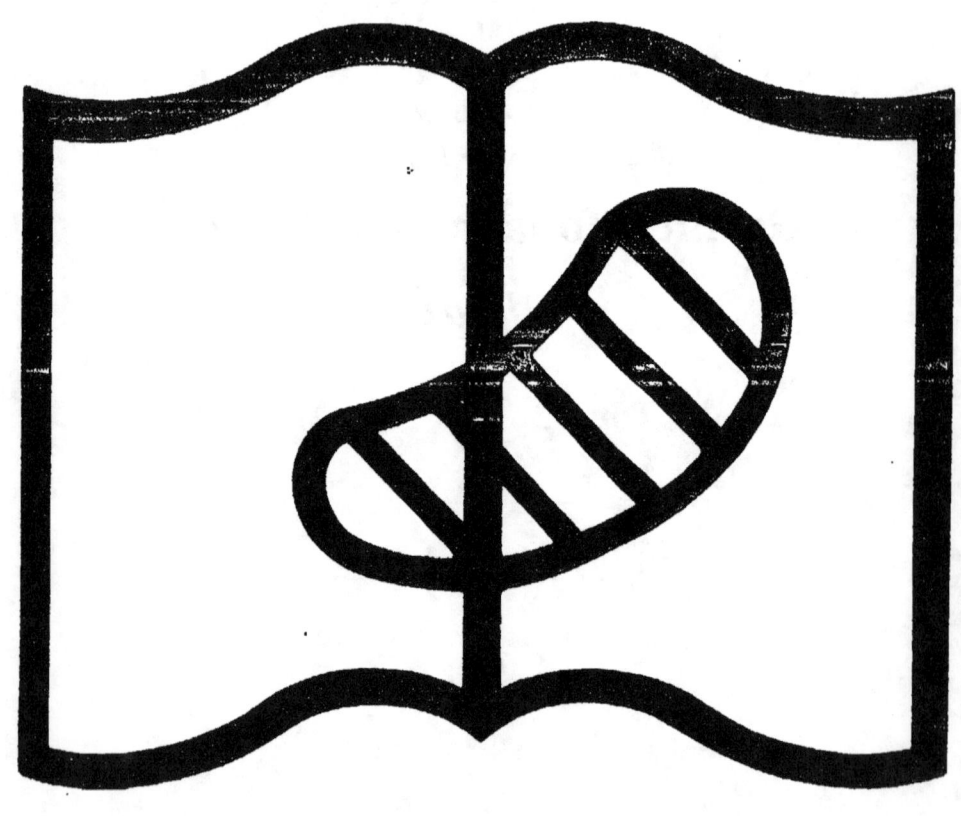

**Symbole applicable
pour tout, ou partie
des documents microfilmés**

Original illisible

NF Z 43-120-10

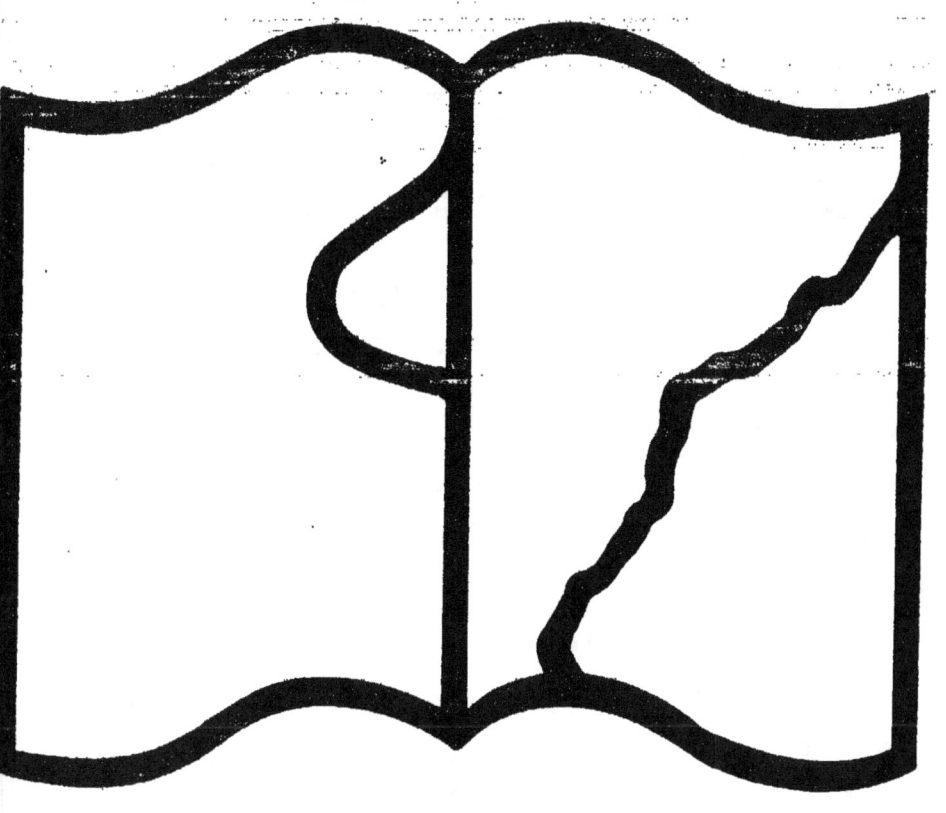

**Symbole applicable
pour tout, ou partie
des documents microfilmés**

Texte détérioré — reliure défectueuse

NF Z 43-120-11

THÉATRE
DE GŒTHE

TRADUCTION NOUVELLE

REVUE ET PRÉCÉDÉE D'UNE ÉTUDE

PAR THÉOPHILE GAUTIER FILS

TOME SECOND

IPHIGÉNIE — EGMONT
TORQUATO TASSO — LE GRAND COPHTE
LE GÉNÉRAL CITOYEN
LES RÉVOLTÉS — LA FILLE NATURELLE

PARIS

G. CHARPENTIER & Cie, ÉDITEURS

11, RUE DE GRENELLE, 11

THÉATRE
DE GŒTHE

Paris. — Typographie Gaston Néb, rue Cassette, 1.

THÉATRE
DE GOETHE

TRADUCTION

D'ALBERT STAPFER

REVISÉE ET PRÉCÉDÉE D'UNE ÉTUDE

PAR THÉOPHILE GAUTIER FILS

—

TOME SECOND

IPHIGÉNIE — EGMONT
TORQUATO TASSO — LE GRAND COPHTE
LE GÉNÉRAL CITOYEN
LES RÉVOLTÉS — LA FILLE NATURELLE

PARIS

G. CHARPENTIER ET Cie, ÉDITEURS

11, RUE DE GRENELLE, 11

—

1889

THÉATRE DE GŒTHE

IPHIGÉNIE EN TAURIDE

TRAGÉDIE EN CINQ ACTES
— EN VERS —

1787

PERSONNAGES

IPHIGÉNIE.
THOAS, roi de Tauride.
ORESTE.

PYLADE.
ARCAS.

La scène se passe dans un bois sacré, devant le temple de Diane.

ACTE PREMIER

SCÈNE I
IPHIGÉNIE.

En m'avançant sous vos ombrages, cimes frémissantes du bois épais, saint, antique, j'éprouve encore, comme en entrant dans le sanctuaire paisible de la déesse, un frisson secret; il me semble toujours que mes pas touchent ces lieux pour la première fois, et mon esprit ne s'y accoutume point. Il y a déjà longtemps qu'une volonté suprême à laquelle je me résigne me tient ici cachée, et cependant aujourd'hui, comme au premier jour, je ne suis ici qu'une étrangère; car, hélas! la mer me sépare de ceux que je chéris; je passe de longs jours sur le rivage, où mon cœur cherche en vain la terre de la Grèce; la vague ne répond à mes soupirs que par de sourds mugissements. Malheur à celui qui, loin de ses parents, loin de sa famille, mène une vie solitaire! Le chagrin dévore le bonheur qu'il semblait près de goûter. Ses pensées errantes se reportent incessamment vers le foyer paternel où le soleil brilla pour la première fois à ses yeux, où les enfants du même âge, se livrant aux mêmes jeux, s'attachaient de plus en plus l'un à l'autre par de doux liens. Je ne juge point les décrets des dieux; mais l'état des femmes est bien digne de pitié! Dans l'intérieur, à la guerre, l'homme commande, et hors de son pays il sait pourvoir à ses besoins. Il a le plaisir de la possession; la victoire le couronne; une mort glorieuse lui est réservée. Mais, la femme, dans quel cercle étroit est renfermé son bonheur! Obéir à un époux farouche, c'est son devoir et sa consolation : qu'elle est malheureuse si un destin ennemi la pousse sur une terre lointaine! Tel est mon sort : Thoas, tout généreux qu'il est, me retient ici dans un esclavage dont la cause est grave et sacrée. Ah! je l'avoue avec confusion, c'est à regret que je te sers, ô déesse, ma libératrice! Ma vie devrait être consacrée librement à ton culte : aussi ai-je toujours espéré et espéré-je en toi, ô Diane, toi qui as accueilli dans tes bras divins et secourables la fille abandonnée du grand roi. Oui, fille de Zeus, si l'homme puissant que tu désespéras en lui demandant sa fille, si Agamemnon, égal aux dieux, qui offrit sur tes autels ce qu'il avait de plus cher, a été reconduit par ta main protectrice des murs de Troie renversée dans sa patrie; si tu lui as conservé son épouse, Électre, et son fils, précieux trésors..., rends-moi enfin aux miens; et toi qui m'as sauvée de la mort, sauve-moi de la vie que je traîne en ces lieux, qui est une seconde mort.

SCÈNE II
IPHIGÉNIE, ARCAS.

ARCAS.

Le roi qui m'envoie salue la prêtresse de Diane. C'est aujourd'hui que la Tauride remercie sa déesse de la merveilleuse victoire nouvellement remportée. Je devance à la hâte le roi et l'armée pour vous apprendre que l'un et l'autre s'approchent.

IPHIGÉNIE.

Nous sommes prêts à les recevoir dignement, et notre déesse attend d'un œil favorable le sacrifice que va lui offrir la main de Thoas.

ARCAS.

Que ne trouvé-je aussi le regard de la digne et noble prêtresse, ton regard, ô vierge sainte, plus serein et plus brillant, présage heureux pour nous tous; mais le voile d'un secret chagrin couvre encore ton cœur. Les années s'écoulent sans que nous puissions obtenir de toi la moindre confiance; depuis que je te connais dans tes augustes fonctions, voilà le regard devant lequel je frémis toujours; et ton âme reste comme rivée dans ton sein par des liens de fer.

IPHIGÉNIE.

Comme il convient à l'exilée, à l'orpheline.

ARCAS.

Te semble-t-il être ici orpheline ou exilée?

IPHIGÉNIE.

La terre étrangère peut-elle devenir pour nous la patrie?

ARCAS.

Mais la patrie elle-même t'est devenue étrangère.

IPHIGÉNIE.

Et voilà pourquoi mon cœur saignant ne guérit point. Dans la première jeunesse, quand mon âme commençait à peine à s'attacher à mon père, à ma mère, à ma famille; quand les jeunes rejetons d'une tige commune, doucement unis, s'élançaient ensemble du vieux tronc vers le ciel, hélas! une malédiction inconcevable s'appesantit sur moi, m'arracha aux objets de mon amour, et d'une main de fer rompit ces doux liens. Elle disparut alors, la joie de ma jeunesse, la félicité des premières années : je fus, il est vrai, sauvée de la mort, mais néanmoins je ne suis plus qu'une ombre, je le sens, et le doux plaisir de la vie ne refleurira plus pour moi.

ARCAS.

Si tu prétends être si malheureuse, je serai en droit de t'appeler ingrate.

IPHIGÉNIE.

Vous recevez sans cesse le tribut de ma reconnaissance.

ARCAS.

Il est vrai; mais non de cette reconnaissance qui est le prix du bienfait, de ce regard joyeux qui témoigne à l'hôte d'une vie contente, d'un cœur bienveillant. Lorsqu'un destin profondément mystérieux te conduisit à ce temple, il y a bien des années, Thoas t'accueillit, te traita avec respect et amour, comme une envoyée du ciel, et il fut pour toi favorable et ami, ce rivage si terrible pour les étrangers, puisque, avant toi, nul n'y aborda sans être immolé, d'après l'antique usage, comme une victime expiatoire, sur les marches sacrées du temple de Diane.

IPHIGÉNIE.

Respirer librement n'est pas ce qui fait la vie. Quelle est cette vie que mes saintes fonctions m'obligent à passer ici dans le deuil, semblable à une ombre qui erre autour de son tombeau? Et peut-on dire qu'on a la conscience d'une vie heureuse, quand chaque jour consumé dans des songes stériles nous prépare à ces jours lugubres que la noire troupe des morts, s'oubliant elle-même, célèbre sur les bords du Léthé? Une vie inutile est une mort anticipée. Plus cruellement que toute autre, je subis le sort commun des femmes.

ARCAS.

Ce noble orgueil qui te rend mécontente de toi-même, je te le pardonne, tout en le déplorant, car il t'enlève la jouissance de la vie. Tu n'as rien fait ici depuis ton arrivée? et qui a donc rasséréné l'âme sombre du roi? Qui a su, par sa douce persuasion, suspendre l'ancien et cruel usage qui veut que chaque étranger laisse sa vie et son sang au pied de l'autel de Diane? Qui a sauvé tant de fois les prisonniers d'une mort certaine, et les a renvoyés au sein de leur patrie? La déesse, loin d'être irritée de la perte de ce sanglant sacrifice, n'a-t-elle pas largement exaucé tes douces prières? La victoire propice n'étend-elle pas ses ailes sur l'armée, et même ne vole-t-elle pas en avant de nos guerriers? Chacun ne jouit-il pas d'un meilleur sort depuis que le roi, qui nous gouverna si longtemps par la sagesse et le courage, a appris aussi de toi la douceur et la clémence, et nous a rendu plus faciles les devoirs de la silencieuse obéissance? Diras-tu que tu es inutile, lorsque ta présence répand le bonheur sur des milliers d'hommes, que tu deviens pour le peuple auquel un dieu t'a envoyée l'éternelle source d'une félicité nouvelle, et que sur ce rivage mortel et inhospitalier tu ouvres à l'étranger que tu sauves le chemin de sa patrie?

IPHIGÉNIE.

Ce qui est fait semble bien peu de chose devant tout ce qui reste à faire.

ARCAS.

Loues-tu donc celui qui n'apprécie pas ce qu'il fait?

IPHIGÉNIE.

On blâme celui qui pèse la valeur de ses actions.

ARCAS.

Et celui qui, trop fier, ne les estime pas ce qu'elles valent réellement, tout aussi bien que celui qui, trop vaniteux, en rehausse faussement le prix. Crois-moi, écoute un homme qui t'est fidèlement dévoué; si aujourd'hui le roi s'entretient avec toi, n'arrête point sur ses lèvres l'expression de sa pensée.

IPHIGÉNIE.

Tu m'affliges en voulant me persuader; déjà souvent j'ai éludé avec peine ses propositions.

ARCAS.

Réfléchis à ce que tu feras et à ce qui t'est vraiment utile. Depuis que le roi a perdu son fils, il ne se livre qu'à un petit nombre des siens, et aujourd'hui moins qu'autrefois. Il regarde d'un œil jaloux tous les enfants nobles; il croit voir dans chacun d'eux son successeur. Il craint une vieillesse solitaire sans consolation, peut-être une audacieuse révolte et une mort prématurée. Le Scythe ne connaît point dans ses discours le choix des paroles, et le roi moins que tout autre. Habitué à commander et à agir, il ignore l'art de ménager de loin un entretien conforme à ses vues; ne le lui rends pas pénible par la réserve et l'hésitation, et en feignant à dessein de ne pas le comprendre : fais au moins la moitié du chemin.

IPHIGÉNIE.

Dois-je hâter le coup qui me menace?

ARCAS.

Donneras-tu le nom de menace à la démarche qu'il fait près de toi?

IPHIGÉNIE.

C'est pour moi la plus terrible de toutes.

ARCAS.

Accorde-lui au moins ta confiance en retour de sa tendresse.

IPHIGÉNIE.

Il faut d'abord qu'il délivre mon âme de la crainte.

ARCAS.

Pourquoi lui dissimuler ta naissance?

IPHIGÉNIE.

Parce que le mystère sied à une prêtresse.

ARCAS.

Pour le roi rien ne devrait être un mystère; et, quoiqu'il n'exige pas la vérité, il sent néanmoins, et il sent profondément dans sa grande âme que tu t'enveloppes à ses yeux.

IPHIGÉNIE.

Serait-il donc irrité contre moi?

ARCAS.

On le dirait presque; il parle peu de toi; cependant quelques mots échappés au hasard m'ont appris que son âme a formé l'irrévocable vœu de te posséder. Je t'en conjure, ne l'abandonne pas à lui-même : crains que le chagrin ne s'amasse dans son cœur et ne te remplisse un jour d'effroi, pour avoir pensé trop tard à cet avis fidèle.

IPHIGÉNIE.

Eh quoi! une idée que l'homme ami des dieux ne doit point concevoir, le roi l'a-t-il conçue? Songe-t-il à m'arracher de cet autel pour me jeter dans son lit? Eh bien! j'invoque à mon aide tous les dieux, et surtout l'intrépide déesse, elle prêtera son appui à sa prêtresse, et, vierge, elle saura défendre une vierge.

ARCAS.

Ne crains rien. La force d'un sang bouillant ne pousse pas le roi à une action qui serait celle d'un jeune téméraire; mais j'appréhende de lui une autre résolution qu'il accomplira sans qu'on puisse l'arrêter, car son âme est inébranlable. Aussi je t'en prie, confie-toi à lui : sois du moins reconnaissante si tu ne peux rien lui offrir de plus.

IPHIGÉNIE.

Oh! dis-moi ce que tu sais encore.

ARCAS.

Tu l'apprendras de sa bouche. Je vois venir le roi. Tu le respectes, et ton propre cœur te dit de le recevoir avec amitié et confiance. Les douces paroles d'une femme peuvent mener loin une âme généreuse.

IPHIGÉNIE, seule.

Je ne sais vraiment comment suivre le conseil de cet homme fidèle : cependant j'obéis volontiers au devoir d'adresser au roi des paroles flatteuses en reconnaissance de son bienfait, et je souhaite de pouvoir dire la vérité à ce prince en lui disant quelque chose d'agréable.

SCÈNE III

IPHIGÉNIE, THOAS.

IPHIGÉNIE.

Que la déesse te comble de biens dignes d'un roi! Qu'elle t'assure la victoire, la gloire, la richesse, le bonheur des tiens; qu'elle exauce chacun de tes sages désirs, et que celui qui veille au sort de tant d'hommes jouisse aussi, plus que tout autre, d'un rare bonheur!

THOAS.

Il me suffit que mon peuple applaudisse à mes exploits; quant au prix de la victoire, d'autres en jouissent plus que moi. Le plus heureux des hommes, roi ou sujet, est celui qui trouve le bonheur dans sa maison. Tu as pris part à mon profond chagrin, lorsque l'épée des ennemis m'arracha le dernier et le meilleur de mes fils. Tant que la vengeance posséda mon âme, je ne sentis pas la solitude de ma demeure; cependant, aujourd'hui que je reviens satisfait, mes ennemis détruits et mon fils vengé, il ne me reste rien dans ma maison qui me réjouisse. L'obéissance joyeuse que je voyais autrefois luire dans tous les regards est éteinte par le silence, l'inquiétude et le chagrin. Chacun pense à l'avenir, et obéit à un roi sans postérité, parce qu'il le faut. Aujourd'hui je viens dans ce temple où je suis entré si souvent pour demander à la déesse la victoire et pour l'en remercier. Je porte depuis longtemps dans mon sein un désir auquel tu n'es pas étrangère, mais que tu ne prévois sans doute pas : j'espère, pour le bonheur de mon peuple et le mien, te faire entrer comme fiancée dans ma demeure.

IPHIGÉNIE.

C'est trop offrir à une inconnue, ô roi ! la fugitive est là, confuse devant toi; elle ne cherche sur ce rivage que la protection et la paix, et tu les lui a données.

THOAS.

Ce soin que tu mets à t'envelopper du mystère de ta naissance à mes yeux comme à ceux du dernier des hommes ne serait juste ni louable chez aucun peuple. Ce rivage est terrible pour les étrangers, il est vrai; la loi et la nécessité l'exigent. Mais j'espérais que toi, qui jouis en ce pays des droits auxquels la vertu peut prétendre, tu m'accorderais la confiance due à mes soins et à ma tendresse, comme un hôte témoigne sa joie reconnaissante du bon accueil qu'il a reçu.

IPHIGÉNIE.

Si j'ai caché jusqu'ici ma race et le nom de mes parents, ô roi ! c'était embarras plutôt que méfiance; car, si tu connaissais la créature qui est devant toi, si tu savais quelle tête maudite tu nourris et tu protéges, peut-être un effroi terrible remplirait ton grand cœur d'un mortel frisson; au lieu de m'offrir une place à côté de toi sur un trône, tu me chasserais de tes États ; tu me repousserais peut-être avant le jour que le destin a marqué pour me rendre aux miens et mettre un terme à mon exil, et tu me livrerais à cette misère dont la main froide et pleine d'horreur attend partout le malheureux banni de sa famille.

THOAS.

Quels que soient les desseins des dieux sur toi, quelque fortune qu'ils réservent à ta maison et à toi-même, néanmoins depuis que tu habites parmi nous, et que tu jouis des droits d'un hôte pieux, rien ne manque à la bénédiction qui m'arrive du ciel ; on me persuadera difficilement que je protège en toi une tête coupable.

IPHIGÉNIE.

C'est ta bonne action, et non pas celle qui en est l'objet, qui attire sur toi cette bénédiction.

THOAS.

Le bien que l'on fait aux méchants n'est pas béni ; mets donc fin à ton silence et à tes refus. Ce n'est pas un homme injuste qui l'exige. La déesse te livra à mes mains ; en devenant sacrée pour elle, tu le devins pour moi ; que sa moindre volonté soit encore à l'avenir ma loi. Si tu peux espérer de retourner dans ta famille, je renonce à toute prétention sur toi. Mais, si le chemin t'est fermé pour toujours, si ta race est dépossédée ou éteinte par un affreux malheur, alors tu m'appartiens par plus d'un droit. Parle franchement, tu sais que je tiens parole.

IPHIGÉNIE.

La langue se délie avec peine pour mettre au jour un secret longtemps caché ; car, une fois confié, il abandonne sans retour les sûres et profondes retraites du cœur, et il est nuisible ou utile, selon qu'il plaît aux dieux. O roi ! sache-le donc, je suis du sang de Tantale !

THOAS.

Tu prononces sans émotion un nom bien grand. Comptes-tu parmi tes ancêtres celui que le monde connaît comme l'ancien favori des dieux ? Est-ce ce Tantale que Jupiter admit à son conseil et à sa table, et dont la sagesse et la science faisaient que les dieux eux-mêmes se plaisaient à ses entretiens, comme aux sentences des oracles?

IPHIGÉNIE.

C'est lui-même : mais les dieux ne devraient pas agir avec les hommes comme avec leurs semblables. La race humaine est beaucoup trop faible pour n'être pas prise de vertige à une hauteur inaccoutumée. Tantale n'était ni perfide ni traître; mais il était trop grand pour être l'esclave du maître du tonnerre; et, pour en être le compagnon, il n'était qu'un homme. Aussi sa faute fut-elle tout humaine. La justice des dieux fut rigoureuse, et les poëtes ont dit : « Sa présomption et sa perfidie l'ont précipité de la table de Jupiter dans les abîmes du noir Tartare. » Hélas! et toute sa race fut aussi chargée du poids de leur haine.

THOAS.

N'est-elle coupable que des fautes de son aïeul, ou bien des siennes propres?

IPHIGÉNIE.

Les enfants et les neveux de Tantale avaient reçu en héritage le cœur intrépide et la mâle vigueur des Titans, mais Jupiter ceignit leur front d'un bandeau d'airain. Il cacha à leurs sombres regards les bons conseils, la modération, la sagesse et la patience. Chacun de leurs désirs devint une frénésie, et cette frénésie fut sans bornes. Le premier de tous, Pélops, fils bien-aimé de Tantale, Pélops à la volonté de fer, s'empara par la trahison et le meurtre de la plus belle des femmes, Hippodamie, la fille d'Œnomaüs. Elle donne aux vœux de son époux deux enfants, Thyeste et Atrée. Ceux-ci voient d'un œil jaloux l'amour de leur père pour son premier fils d'un autre lit; leurs haines s'associent et ils consomment leur premier crime sur la personne de ce frère. Le père soupçonne Hippodamie d'être la meurtrière, et lui redemande son fils avec fureur... La malheureuse s'arrache la vie...

THOAS.

Tu te tais? Continue; ne te repens point de ta confiance : parle.

IPHIGÉNIE.

Heureux celui qui aime à se souvenir de ses aïeux, qui parle avec plaisir de leurs actions, de leur grandeur, et qui, tranquille et content, se voit placé lui-même à la fin de cette glorieuse succession! car ce n'est pas subitement qu'une race produit un demi-dieu ou un monstre; il faut une suite d'hommes de bien ou de méchants, pour qu'elle enfante le malheur et la félicité du monde. — Après la mort de leur père, Atrée et Thyeste régnèrent ensemble sur Mycènes; mais l'harmonie ne put durer longtemps entre eux. Bientôt Thyeste déshonore la couche de son frère; Atrée, pour se venger, le chasse de son royaume. Déjà Thyeste avait dans une intention criminelle dérobé à son frère un fils qu'il avait élevé en secret et avec une apparence de tendresse, comme s'il eût été le sien. C'est alors qu'il remplit de rage et de vengeance le cœur de ce jeune homme, et l'envoie à la cour d'Atrée pour qu'il assassine son père en croyant frapper son oncle. Le projet est découvert, et le roi punit cruellement l'émissaire assassin, pensant tuer le fils de son frère. Il apprend trop tard quelle victime a succombé devant ses yeux trompés, et, pour satisfaire le besoin de la vengeance, il médite un crime inouï. Il feint d'être apaisé, réconcilié; il attire de nouveau son frère Thyeste avec ses deux fils dans son royaume, saisit les enfants, les égorge, et au premier festin il sert à leur père ce mets épouvantable. Puis, lorsque Thyeste s'est rassasié de son propre sang, qu'un pressentiment l'agite, il demande ses enfants et croit entendre à la porte de la salle les pas, la voix de ses fils; Atrée, avec un rire infernal, lui jette la tête et les pieds des victimes. Tu détournes le visage, ô roi! ainsi le soleil détourna le sien, et fit quitter à son char son éternelle route. — Tels sont les aïeux de ta prêtresse! La nuit couvre encore de ses sombres ailes bien des malheurs, une foule d'actions, fruits de cet esprit de vertige, et ne nous laisse qu'une sinistre obscurité.

THOAS.

Que ton silence les cache aussi. C'est assez d'horreur. Dis-moi maintenant par quel miracle tu es sortie de cette race farouche.

IPHIGÉNIE.

Le fils aîné d'Atrée était Agamemnon ; c'est mon père. Je puis dire avoir vu en lui depuis ma première enfance le modèle d'un homme accompli. Je fus le premier fruit de son union avec Clytemnestre ; Électre naquit ensuite. Le roi régnait paisiblement, et le repos semblait assuré à la maison de Tantale, qui en avait été si longtemps privée. Mais il manquait encore au bonheur de mes parents un fils, et à peine ce vœu avait-il été rempli, à peine Oreste, le bien-aimé, avait-il pris place entre ses deux sœurs, que de nouveaux malheurs se préparèrent à frapper cette maison tranquille. — Le bruit de la guerre que les forces réunies des princes de la Grèce portèrent autour des murs de Troie pour venger l'enlèvement de la plus belle des femmes est venu jusqu'à toi. Ont-ils pris la ville, ont-ils atteint le but de leur vengeance, je l'ignore. Mon père conduisait l'armée des Grecs. Ils s'arrêtèrent en Aulide, attendant vainement un vent favorable ; car Diane, irritée contre leur chef, retint leur impatience, et demanda par Calchas l'aînée des filles du roi. Ils m'attirèrent avec ma mère dans le camp, me traînèrent devant l'autel et vouèrent ma tête à la déesse. Mais elle était apaisée ; elle ne voulait pas mon sang, et me sauva en m'enveloppant dans un nuage. C'est dans ce temple que je repris l'usage de mes sens. Oui, celle qui te parle est Iphigénie, la petite-fille d'Atrée, la fille d'Agamemnon, qui maintenant appartient à la déesse.

THOAS.

Je ne donne à la fille des rois ni plus de préférence ni plus de confiance qu'à l'inconnue. Je répète ma première offre : Suis-moi, viens partager mon sort.

IPHIGÉNIE.

Comment l'oserais-je, ô roi ? La déesse qui m'a sauvée n'a-t-elle pas seule droit sur ma vie, qui lui est consacrée ? Elle m'a choisi cet asile, et elle me réserve peut-être afin que je sois la plus belle joie de la vieillesse d'un père qu'elle a puni assez par l'apparence de ma mort. Peut-être l'heureux instant de mon retour est-il proche ; et moi, sans égard à ses vues, je m'enchaînerais ici contre sa volonté? J'ai supplié la déesse de m'apprendre par quelque indice si je dois rester.

THOAS.

Le meilleur indice que tu dois rester, c'est que tu restes. Ne cherche point péniblement de semblables subterfuges. C'est vainement qu'on emploie de longs discours pour donner un refus ; celui qui demande ne comprend que le Non.

IPHIGÉNIE.

Ce ne sont pas de vaines paroles prononcées dans le but d'éblouir tes yeux : je t'ai découvert le fond de mon cœur. Et ne sens-tu pas toi-même dans quelle attente pénible je dois soupirer après mon père, ma mère et toute ma famille? Ne te dis-tu pas que, sous ces vieux portiques où la douleur a tant de fois murmuré mon nom, la joie, à mon retour, comme à un jour de naissance, enlacerait les colonnes des festons les plus beaux? Oh! si tu m'envoyais sur un vaisseau dans ma patrie, tu me donnerais à moi et à tous les miens une vie nouvelle.

THOAS.

Retournons-y donc : fais ce que ton cœur te demande, n'écoute pas la voix de la prudence et de la raison. Sois femme tout à fait, et livre-toi au penchant inconsidéré qui t'entraîne et t'arrache de ces lieux. Quand une passion leur brûle dans le cœur, aucun lien sacré ne les retient d'aller au traître qui les attire hors des bras fidèles et éprouvés du père et de l'époux; mais, si ce feu n'embrase pas leur sein, la langue dorée de la persuasion, toute-puissante, toute sacrée qu'elle est, fait sur elle d'inutiles efforts.

IPHIGÉNIE.

Souviens-toi, ô roi! de ta noble parole. Veux-tu donc reconnaître ainsi ma confiance? Tu semblais préparé à tout entendre.

THOAS.

Je n'étais point préparé à des choses si éloignées de ma pensée. Pourtant je devais m'y attendre : ne savais-je pas en venant ici que j'aurais affaire à une femme?

IPHIGÉNIE.

O roi! n'outrage pas notre sexe infortuné! Ses armes, quoique au-dessous des vôtres, ne sont pas pour cela sans noblesse. Crois-le bien, j'ai cet avantage sur toi que je sais mieux que toi-même ce qui peut te rendre heureux. Tu t'imagines, sans connaître ton cœur ni le mien, que des nœuds plus étroits nous uniront pour notre bonheur. Plein d'espoir et d'intentions louables, tu me presses de m'associer à ton sort, et moi je rends ici grâce aux dieux qui m'ont donné la force de ne pas contracter une alliance qu'ils désapprouvent.

THOAS.

Les dieux se taisent : c'est ton cœur qui parle.

IPHIGÉNIE.

Les dieux ne nous parlent que par la voix de notre cœur.

THOAS.

Et n'ai-je pas aussi le droit de les écouter?

IPHIGÉNIE.

Le bruit de l'orage étouffe une voix faible.

THOAS.

Sans doute la prêtresse sait seule les comprendre.

IPHIGÉNIE.

Le prince, plus que tout autre, doit avoir égard à leur avis.

THOAS.

Ta fonction sacrée, il est vrai, et le droit de t'asseoir à la table de Jupiter, que t'a donné ta naissance, t'élèvent plus près des dieux qu'un sauvage enfant de la terre.

IPHIGÉNIE.

Voilà donc comment j'expie la confiance que tu m'as arrachée.

THOAS.

Je ne suis qu'un homme; et il vaut mieux, je pense, terminer cet entretien. Voici ma volonté : reste prêtresse de la déesse telle qu'elle t'a choisie; mais que Diane me pardonne d'avoir, injustement et contre ma conscience, interrompu jusqu'à ce jour les anciens sacrifices. L'étranger ne fut jamais conduit par son bon destin sur ce rivage; de tout temps il y a rencontré une mort certaine. Toi seule, par une douceur dont je me réjouissais au fond de l'âme, et où je croyais voir tantôt l'amour d'une tendre fille, tantôt le secret attachement d'une fiancée, toi seule m'as enchaîné comme par des liens magiques, et m'as fait oublier mon devoir. Tu avais bercé mes sens et je n'entendais plus les murmures de mon peuple. Aujourd'hui, il me reproche tout haut d'avoir attiré la mort prématurée de mon fils, et je ne veux pas irriter plus longtemps en faveur de toi la foule qui réclame à grands cris le sacrifice.

IPHIGÉNIE.

Je n'ai jamais demandé ce changement en faveur de moi. Celui-là comprend mal les dieux qui les croit avides de sang. Il leur attribue sa propre cruauté. La déesse ne m'a-t-elle pas arraché elle-même au prêtre? Mon dévouement à son culte lui fut plus agréable que ma mort.

THOAS.

Il ne nous convient pas d'expliquer et de plier ce saint usage au gré de nos idées et de notre mobile raison. Fais ton devoir, je ferai le mien. Deux étrangers que nous avons trouvés cachés dans les rochers du rivage, et qui n'apportent ici rien d'heureux, sont entre mes mains. Que ta déesse en recevant leur sang retrouve un juste et ancien sacrifice trop longtemps suspendu ! Je vais les envoyer ici : tu sais quel est ton ministère.

SCÈNE IV

IPHIGÉNIE, seule.

Tu as des nuages, généreuse protectrice, pour envelopper l'innocente persécutée et la transporter où tu veux, sur l'aile des vents, au-dessus des mers et des vastes contrées de la terre, loin des bras de fer du destin. Tu es sage, et tu vois l'avenir. Pour toi le passé n'est pas anéanti, et ton regard se repose sur les tiens, comme ta lumière, la vie des nuits, se repose sur la terre qu'elle caresse. O déesse! épargne le sang à mes mains! Jamais il ne donne le bonheur ni le repos; et le spectre de la victime égorgée au hasard épiera l'heure fatale de son assassin involontaire pour le glacer d'épouvante. Car les Immortels aiment à voir se multiplier et s'étendre sur la terre les races d'hommes vertueux ; ils aiment à prolonger la vie fugitive du mortel, et ils lui permettent volontiers l'heureuse jouissance de contempler avec eux leur ciel, le ciel éternel.

ACTE DEUXIÈME

SCÈNE I
ORESTE, PYLADE.

ORESTE.

C'est à la mort que nous marchons ! A chaque pas mon âme devient plus calme. Quand je priai Apollon d'écarter de moi l'effroyable cortége des Euménides, ce dieu parut promettre en des paroles riches d'espérances un terme à mes malheurs dans le temple de sa sœur bien-aimée qui règne sur la Tauride ; et sa promesse a son effet aujourd'hui, car tous mes maux vont finir avec moi. Qu'il me sera facile de renoncer à la lumière du soleil, à moi dont une main divine oppresse le cœur et égare l'esprit ! Si les descendants d'Atrée ne doivent pas obtenir dans le combat une mort couronnée par la victoire ; si je dois, ainsi que mes aïeux et mon père, périr misérablement, comme une victime dévouée au sacrifice, soit ! mieux vaut périr ici devant l'autel que dans un réduit obscur où d'homicides parents tiennent des poignards tout prêts ! Puissances souterraines, laissez-moi en paix jusque-là, vous qui vous excitez entre vous, comme le chien lancé sur sa proie, à suivre les traces du sang qui marque l'empreinte de mes pas ; laissez-moi, je descendrai bientôt vers vous ; le flambeau du jour ne doit pas m'éclairer plus que vous ; le beau, le vert tapis de la terre n'est pas fait pour les ombres. Oui, je vais là-bas vous chercher; là, un même destin unit tout dans une nuit éternelle. Mais toi, mon Pylade, complice innocent de ma faute et compagnon de mon exil, que je sens de peine à t'entraîner sitôt avec moi dans ces lieux de douleurs! Ta vie ou ta mort sont maintenant seules capables de m'inspirer de l'espoir ou de la crainte.

PYLADE.

Je ne suis pas encore préparé comme toi, cher Oreste, à descendre dans le royaume des ombres : j'ai encore l'idée que, par les routes tortueuses qui semblent mener à la nuit noire, nous parviendrons à regagner la vie. Je ne songe pas à la mort : je cherche à savoir si par hasard les dieux ne nous ouvrent point l'avis et le chemin de la fuite. La mort, redoutée ou non, vient sans qu'on la puisse arrêter. Au moment même où la prêtresse lèvera la main pour couper et consacrer les boucles de nos cheveux, ton salut et le mien seront encore ma seule pensée. Relève ton âme abattue : ton hésitation accroît le danger. Apollon nous a donné sa parole que, dans le sanctuaire de sa sœur, consolation, secours et retour en Grèce, tu trouverais tout cela : les paroles des dieux ne sont pas équivoques, comme l'homme désespéré se l'imagine.

ORESTE.

Ma mère entoura de bonne heure ma jeune tête des sombres nuages de la vie : je grandissais, fidèle image de mon père, et mon regard muet était pour elle et son amant un amer reproche. Combien de fois, quand ma sœur Électre était paisiblement assise près du foyer de la salle profonde, je me serrai contre son sein, l'âme oppressée! Et d'un œil fixe et inquiet je la regardais qui pleurait amèrement. Alors elle parlait de notre illustre père. Combien je désirais le voir, être à ses côtés! Tantôt je souhaitais d'aller à Troie; tantôt j'eusse voulu qu'il en revînt! Enfin le jour arriva où...

PYLADE.

Ah! laisse les esprits infernaux s'entretenir la nuit de cette heure fatale! puisons dans le souvenir des temps heureux de nouvelles forces pour parcourir une carrière héroïque. Les dieux ont besoin pour leur service sur cette vaste terre de plus d'un homme de bien. Ils ont encore des vues sur toi ; voilà pourquoi ils n'ont pas voulu que tu suivisses ton père, quand il a passé violemment au sombre rivage.

ORESTE.

Plût aux dieux que, m'attachant à lui, je l'eusse accompagné !

PYLADE.

C'est donc pour moi qu'ont travaillé ceux qui t'ont sauvé ; car je ne puis songer à ce que je serais devenu si tu n'étais plus, puisque, depuis mon enfance, je ne vis et ne désire vivre qu'avec toi et pour l'amour de toi.

ORESTE.

Ne me rappelle pas ces beaux jours où ta famille m'offrit un libre asile. Ton noble père, si sage et si tendre, me prodigua ses soins comme à une jeune plante à demi flétrie, tandis que toi, compagnon toujours gai, semblable à un brillant et léger papillon qui voltige autour d'une fleur sombre, tu folâtrais chaque jour autour de moi avec un nouvel enjouement que tu faisais passer dans mon âme. Si bien qu'oubliant mes peines, je me livrai avec toi à l'entraînement d'une rapide jeunesse.

PYLADE.

Ma vie ne commença que du moment où je t'aimai.

ORESTE.

Dis plutôt : mon malheur commença, et tu diras la vérité. Ce que mon destin a de plus terrible, c'est que, semblable à un pestiféré que l'on bannit, je porte dans mon sein la douleur et la mort ; aussitôt que mes pas touchent le lieu le plus salubre, je vois autour de moi sur les plus brillants visages s'empreindre les traits douloureux d'une lente mort.

PYLADE.

Qui serait plus près que moi de mourir de cette mort, cher Oreste, si ton haleine était un poison? et cependant ne suis-je pas toujours plein de courage et de gaieté? et la gaieté jointe à l'amitié, voilà les ailes qui mènent aux grandes actions.

ORESTE.

Les grandes actions! Oui, je sais le temps où elles s'offraient en foule à nos yeux : quand nous poursuivions ensemble les bêtes sauvages à travers monts et vallées, et que nous nous flattions de pouvoir ainsi quelque jour, égalant en force et en courage notre illustre aïeul, poursuivre avec le glaive et la massue les monstres et les brigands; lorsque ensuite appuyés l'un contre l'autre nous nous reposions le soir au bord de la vaste mer; que les vagues venaient se jouer à nos pieds et que le monde se déployait à nos regards, souvent alors un de nous tirait son épée avec feu, et les belles actions à venir sortaient autour de nous du sein de la nuit, innombrables comme les étoiles.

PYLADE.

Infinie est l'œuvre que notre âme demande à accomplir. Nous voudrions que toutes nos actions fussent, à leur naissance, au niveau de celles que la voix des poëtes nous transmet embellies et agrandies à travers les générations, les pays et les siècles. Ils sonnent si bien, les hauts faits de nos pères, quand, mêlés au son de la harpe, ils descendent au crépuscule du soir dans l'âme du jeune homme! Et pourtant nos actions sont ce qu'étaient les leurs, pleines de peines et de vains efforts. C'est ainsi que nous poursuivons ce qui fuit devant nous, sans tenir compte du chemin que nous parcourons, et nous voyons à peine sur la route la trace des pas de nos aïeux, la marque de leur vie terrestre. Nous nous précipitons toujours vers leur ombre qui, semblable à une déité, couronne dans le lointain, sur des nuages d'or, le sommet des montagnes. Je n'estime pas l'homme qui a de lui-même une opinion aussi élevée que pourrait peut-être en concevoir la multitude : néanmoins, ô jeune homme, remercie les dieux d'avoir, par ton bras si jeune encore, opéré tant de choses.

ORESTE.

Lorsque les dieux accordent à l'homme quelque action d'éclat, qu'il détourne un malheur prêt à fondre sur les siens, qu'il agrandit son royaume, assure ses frontières, et fait tomber ou fuir de puissants ennemis, alors il peut les remercier;

car un dieu lui a donné la première, la dernière joie de la vie. Mais moi, c'est un rôle de bourreau que les dieux m'ont réservé, d'assassin d'une mère que j'honorais pourtant, et, vengeant un crime par un crime, ils m'ont, d'un signe, précipité dans l'abîme. Crois-moi, ils ont dirigé tous leurs traits sur la famille de Tantale, et moi, son dernier rejeton, je ne dois point sortir du monde innocent et vertueux.

PYLADE.

Les dieux ne punissent pas les fautes des pères sur les enfants. Chacun, bon ou méchant, emporte avec lui la récompense de ses actions. C'est la bénédiction et non la malédiction qu'on hérite de ses ancêtres.

ORESTE.

Ce n'est pas, il me semble, leur bénédiction qui nous conduit ici.

PYLADE.

C'est du moins la volonté suprême des dieux.

ORESTE.

C'est donc leur volonté qui nous perd.

PYLADE.

Fais ce qu'ils t'ordonnent, et attends. Si tu ramènes à Apollon sa sœur, et si par tes soins ils se trouvent tous deux réunis à Delphes, honorés par un noble peuple, cette action te méritera les bonnes grâces du couple divin : ils t'arracheront des mains des puissances infernales. Déjà même aucune d'elles ne se hasarde à te poursuivre dans ce bois sacré.

ORESTE.

Ainsi je vais avoir au moins une mort paisible.

PYLADE.

Mes idées sont bien différentes des tiennes. Après un mûr examen, j'ai compris la liaison de notre passé et de notre avenir : peut-être ce grand ouvrage mûrit-il depuis longtemps dans le conseil des dieux. Diane désire vivement s'éloigner de ce rivage barbare et de ces sanglants sacrifices humains. C'est nous qui fûmes destinés à cette grande œuvre; elle nous est imposée, et un miracle nous a conduits de force jusqu'à la porte de ce temple.

ORESTE.

Tu lies avec beaucoup d'art les vues du ciel à tes propres désirs, Pylade.

PYLADE.

Qu'est-ce que la prudence des hommes si elle n'écoute attentivement la voix du ciel? Un dieu appelle à une action difficile l'homme de cœur qui a souvent failli, il lui impose ce qui nous semble impossible à exécuter; mais le héros sort vainqueur de cette épreuve, expie ses torts, et sert les dieux et le monde dont il acquiert la vénération.

ORESTE.

Ah! si je suis destiné à vivre et à agir, qu'un dieu chasse donc de mon front alourdi ce vertige qui m'entraîne vers les morts sur un chemin glissant, tout trempé du sang de ma mère; que par grâce il tarisse cette source qui, jaillissant des blessures de ma mère, me souille incessamment!

PYLADE.

Attends ce bienfait avec plus de calme. Tu accrois tes maux, et tu remplis contre toi-même l'office des Furies. Laisse-moi réfléchir. Demeure tranquille. Au dernier moment, quand il sera besoin de réunir nos forces pour l'action je t'appellerai, et alors nous marcherons tous deux pleins d'audace à l'exécution.

ORESTE.

Je crois entendre parler Ulysse.

PYLADE.

Ne raille point. Chacun doit choisir son héros, et travailler à se frayer sur ses traces un chemin vers l'Olympe. Je l'avouerai, la ruse et la prudence ne me semblent pas déshonorantes pour l'homme qui se voue aux actions audacieuses.

ORESTE.

J'estime celui qui est droit et brave.

PYLADE.

Voilà pourquoi je ne t'ai point demandé conseil. Il y a déjà un pas de fait. J'ai jusqu'à présent tiré beaucoup de nos gardiens. Je sais qu'une femme étrangère, semblable à une déesse, tient cette loi barbare enchaînée. Elle offre aux dieux un cœur pur, de l'encens et des prières. On vante beaucoup sa bonté; on dit qu'elle est issue de la race des Amazones, et qu'elle a fui pour échapper à quelque grand malheur.

ORESTE.

Il paraît que son empire et son influence ont perdu leur force par l'approche du criminel que la malédiction poursuit et enveloppe comme une épaisse nuit. Une pieuse cruauté réveille, pour nous perdre, l'antique usage. L'esprit farouche du roi nous immole, une femme ne nous sauvera pas de son courroux.

PYLADE.

Nous sommes heureux que ce soit une femme; car l'homme, même le meilleur, habitue son esprit à la cruauté; il se fait à la fin une loi de ce qu'il abhorre, et, s'endurcissant par l'habitude, il devient presque méconnaissable. Une femme, au contraire, est fidèle aux sentiments qu'elle a une fois adoptés. On peut compter plus sûrement sur elle pour le bien comme pour le mal. — Paix ! — Elle vient; laisse-nous seuls. Je ne dois pas lui apprendre nos noms et lui confier nos destins sans réserve. Va, je te reverrai encore avant qu'elle te parle.

SCÈNE II

IPHIGÉNIE, PYLADE.

IPHIGÉNIE.

D'où es-tu? d'où viens-tu, ô étranger? Parle. Il me semble que je dois te comparer plutôt à un Grec qu'à un Scythe. (Elle lui ôte ses chaînes.) Dangereuse est la liberté que je donne. Que les Dieux détournent de vous les maux qui vous menacent!

PYLADE.

O douce voix! sons de la langue maternelle, mille fois bienvenus sur la terre étrangère! A ce bienveillant accueil, les collines bleues du pays natal se représentent aux yeux du prisonnier. Livre-toi en assurance à cette joyeuse pensée que moi aussi je suis Grec. — Mais j'oubliais un moment combien j'ai besoin de toi, et mon esprit était plein de cette délicieuse apparition. Oh! dis-moi, si un destin sévère ne ferme point tes lèvres, dans laquelle de nos familles tu as puisé ton origine presque céleste.

IPHIGÉNIE.

Celle qui te parle est la prêtresse que votre déesse elle-même a choisie et attachée à son culte; que cela te suffise : dis-moi qui tu es, dis quelle funeste influence du destin t'a conduit ici avec ton compagnon.

PYLADE.

Il m'est facile de te raconter quels maux nous poursuivent de leur pénible cortége. Que ne peux-tu, ministre du ciel, nous garantir aussi facilement un favorable espoir!

Nous sommes Crétois, fils d'Adraste; je suis le plus jeune et me nomme Céphale; Laodamas est le nom du frère qui m'accompagne; c'est l'aîné de la famille. Entre nous deux il existait un troisième fils, sauvage et dur, qui, dès la première enfance, rompait dans les jeux l'union et les plaisirs. Nous obéîmes paisiblement aux ordres de ma mère, tant que mon père combattit devant Troie; mais, comme il en revint chargé de butin et mourut quelque temps après, un vif débat s'éleva entre nous au sujet du royaume et de l'héritage. Je pris le parti de l'aîné. Il tua notre frère. En punition de ce fratricide, les Furies le poursuivent sans relâche en tous lieux. Cependant Apollon Delphien nous envoie pleins d'espérance sur ce rivage barbare. Il nous a commandé d'aller chercher dans le temple de sa sœur le secours d'une main bienfaisante. Nous avons été faits prisonniers, amenés ici, et remis en tes mains à titre de victimes : tu sais tout.

IPHIGÉNIE.

Troie est tombée! Ah! de grâce, assure-moi cette nouvelle.

PYLADE.

Troie n'est plus. Oh! assure notre délivrance. Hâte le secours qu'un dieu nous a promis. Prends pitié de mon frère. Adresse-lui bientôt une parole consolatrice. Néanmoins ménage-le en parlant avec lui, je t'en prie instamment. Car la joie, le chagrin et les souvenirs s'emparent facilement de ses sens et les bouleversent. La fièvre et le délire le saisissent, et son âme si belle, si libre, devient la proie des Furies.

IPHIGÉNIE.

Quelque grand que soit ton malheur, je t'en conjure, oublie-le un moment jusqu'à ce que tu m'aies satisfaite.

PYLADE.

La grande ville qui, durant dix longues années, résista à toute l'armée des Grecs, est maintenant ensevelie sous les décombres pour ne plus se relever. Cependant maints tombeaux de nos plus vaillants guerriers rappellent à notre souvenir le rivage des barbares. Achille y dort avec son ami Patrocle.

IPHIGÉNIE.

Images des dieux, vous voilà donc aussi réduites en poussière!

PYLADE.

Palamède, Ajax, fils de Télamon, n'ont pas revu non plus le ciel de la patrie.

IPHIGÉNIE, à part.

Il ne parle pas de mon père; il ne le nomme pas au nombre des morts; oui, il vit encore pour moi; je le verrai. Espère, mon cœur!

PYLADE.

Heureux pourtant les milliers de combattants qui ont reçu de la main de l'ennemi une mort douce et cruelle à la fois, car un dieu puissamment irrité a préparé, au lieu d'un triomphe, un effroi sombre et une triste fin à ceux qui ont revu la Grèce! La voix des hommes ne parvient-elle pas jusqu'à vous? Partout où elle s'étend, elle publie la renommée de forfaits inouïs. Ainsi l'affliction profonde qui remplit de gémissements sans fin le palais de Mycènes est-elle un secret pour toi? — Clytemnestre, avec le secours d'Égysthe, a surpris son époux, et le jour même de son retour elle l'a poignardé. — Oui, tu révères la famille de ce prince! Je le vois, ton cœur lutte en vain contre ces paroles horribles et inattendues. Es-tu fille d'un ami de ce roi? Es-tu née à Mycènes, auprès de son palais? Ne me le cache pas, et ne m'en veuille point si je t'annonce le premier cette abominable nouvelle.

IPHIGÉNIE.

Dis-moi comment fut accompli cet exécrable forfait.

PYLADE.

Le jour de son arrivée, le roi sortant du bain, frais et reposé, voulut recevoir ses vêtements de la main de son épouse. Alors la perfide jeta sur les épaules du prince et autour de sa noble tête un manteau à grands plis artistement apprêté; et, comme il faisait d'inutiles efforts pour se débarrasser de ce filet, Égysthe, le traître Égysthe, le frappa, et c'est enveloppé de ce linceul que ce grand monarque passa chez les morts.

IPHIGÉNIE.

Et quelle récompense reçut le conspirateur?

PYLADE.

Un royaume et un lit qu'il possédait déjà.

IPHIGÉNIE.

Ainsi elle a été poussée à ce crime affreux par une passion impure?

PYLADE.

Qui se joignait au profond ressentiment d'une ancienne vengeance.

IPHIGÉNIE.

Et en quoi le roi offensa-t-il son épouse?

PYLADE.

Par une action barbare qui excuserait ce meurtre si le meurtre était excusable. Il l'attira en Aulide, et, comme une divinité opposait des vents impétueux à la traversée des Grecs, il mena devant l'autel de Diane l'aînée de ses filles, Iphigénie, qui tomba, victime sanglante, pour le salut de l'armée. Cette cruauté grava, dit-on, dans le cœur de Clytemnestre une haine si profonde pour son époux, qu'elle se livra aux sollicitations d'Égysthe, et enveloppa elle-même son mari dans les filets de la mort.

IPHIGÉNIE, se voilant.

C'est assez; tu me reverras.

PYLADE, seul.

Elle semble profondément émue du sort de la famille royale. Quelle qu'elle soit, il est certain qu'elle a connu le roi, et que c'est le rejeton d'une illustre famille amené ici en esclavage pour notre bonheur. Mais, silence, mon cœur; l'étoile de l'espérance nous sourit; marchons vers elle avec résolution et prudence.

ACTE TROISIÈME

SCÈNE I
IPHIGÉNIE, ORESTE.

IPHIGÉNIE.

Infortuné! je brise tes liens; mais c'est le présage d'un destin plus rigoureux. La liberté qu'assure ce sanctuaire est un avant-coureur de la mort, et ressemble aux dernières lueurs d'une vie qui va douloureusement s'éteindre. Je ne puis, je n'ose encore me dire à moi-même que vous êtes perdus! Comment d'une main homicide pourrais-je vous sacrifier? Et nul autre, quel qu'il soit, n'osera toucher à vos têtes aussi longtemps que je serai prêtresse de Diane. Si pourtant je refuse de remplir ce devoir, qu'exige le roi courroucé, il choisira pour me succéder dans mes fonctions une des vierges sacrées, et je cesse alors de pouvoir vous aider autrement que par mes vœux. O digne compatriote! si le dernier serviteur qui a touché le foyer des dieux paternels nous est si bienvenu dans le pays étranger, puis-je vous recevoir avec assez de joie et de bénédiction, vous qui m'offrez l'image des héros que mes parents m'instruisaient à révérer, et qui me remplissez le cœur d'une nouvelle et flatteuse espérance?

ORESTE.

Caches-tu à dessein et par prudence ton origine et ton

nom, ou puis-je savoir qui s'offre à moi, semblable à une divinité?

IPHIGÉNIE.

Tu me connaîtras; mais, en ce moment, dis-moi ce que je n'ai appris qu'imparfaitement de la bouche de ton frère! Dis-moi la fin de ceux qui, revenant de Troie, furent accueillis au seuil de leur demeure par une destinée aussi cruelle qu'inattendue. J'étais jeune, il est vrai, quand je fus conduite sur ce rivage; je me souviens cependant du regard timide que je jetais avec étonnement et admiration sur ces héros. Quand ils partirent, on eût dit que l'Olympe s'était ouvert, et avait envoyé sur la terre, pour l'effroi d'Ilion, les images des héros anciens; et Agamemnon était noble avant tous! Oh! dis-le-moi, il tomba, en revenant chez lui, victime de sa femme et d'Égysthe?

ORESTE.

Tu l'as dit!

IPHIGÉNIE.

Malheur à toi, infortunée Mycènes! Ainsi les descendants de Tantale ont semé à pleines mains malédiction sur malédiction! et comme la plante malfaisante qui secoue ses têtes arides et répand autour d'elle des milliers de semences, ils ont engendré eux-mêmes des assassins pour leurs enfants, afin qu'une fureur réciproque se perpétuât entre eux de génération en génération. Découvre-moi ce que l'obscurité de l'effroi m'a caché dans le discours de ton frère. Comment le dernier fils de cette grande race, le précieux enfant destiné à être un jour le vengeur de son père, comment Oreste a-t-il échappé à cette sanglante journée? Pareil destin l'a-t-il envoyé aux sombres rivages? Est-il sauvé? Vit-il? Électre existe-t-elle?

ORESTE.

Ils vivent.

IPHIGÉNIE.

Soleil d'or, prête-moi tes plus beaux rayons, et place-les comme l'offrande de ma reconnaissance devant le trône de Jupiter; car je suis pauvre et muette.

ORESTE.

Si tu es attachée à cette famille royale par les nœuds de l'hospitalité ou par des liens plus étroits, comme ta joie me l'a décelé, dompte à présent ton cœur et maîtrise-le fortement, car un soudain retour à la douleur doit être insupportable à celui qui se réjouit. Tu ne connais, je le vois, que la mort d'Agamemnon.

IPHIGÉNIE.

N'ais-je point assez de cette nouvelle?

ORESTE.

Tu n'as appris que la moitié des crimes.

IPHIGÉNIE.

Que puis-je craindre encore? Oreste, Électre, vivent.

ORESTE.

Et ne crains-tu rien pour Clytemnestre?

IPHIGÉNIE.

Celle-là, ni l'espérance ni la crainte ne peuvent la sauver.

ORESTE.

Aussi a-t-elle quitté la terre de l'espérance.

IPHIGÉNIE.

A-t-elle, dans ses remords furieux, versé son propre sang?

ORESTE.

Non; cependant son propre sang lui a donné la mort.

IPHIGÉNIE.

Parle plus clairement; ne me laisse pas plus longtemps à mes conjectures : l'incertitude agite ses sombres ailes autour de ma tête inquiète.

ORESTE.

Ainsi les dieux m'ont choisi pour être le héraut d'une action que je voudrais ensevelir à jamais dans les sourdes profondeurs de l'infernal royaume des ombres! C'est contre ma volonté que ta bouche divine m'impose cette loi ; mais elle peut sans craindre le refus demander aussi quelque chose de douloureux. Le jour qu'Agamemnon périt, Électre cacha son frère pour le sauver. Strophius, beau-père d'Agamemnon, le recueillit avec bonté, l'éleva près de son propre fils Pylade, qui dès lors se lia des plus doux nœuds de l'amitié à ce nouveau venu. A mesure qu'ils croissaient, croissait aussi le violent désir de venger la mort du roi. Tout à coup ils se déguisent et se dirigent vers Mycènes, comme s'ils apportaient la nouvelle de la mort d'Oreste avec ses cendres. La reine les reçoit bien; ils entrent dans le palais. Oreste alors se fait reconnaître à Électre, qui ranime dans son cœur le feu de la vengeance que la présence sacrée de sa mère avait comprimé. Elle le mène secrètement à l'endroit où est tombé leur père, où, malgré le temps, quelques traces d'un sang versé par le crime imprimaient encore sur la pierre souvent lavée une teinte pâle et de sinistre augure. Là, elle lui peint avec feu toutes les circonstances de ce monstrueux forfait, sa vie passée dans l'esclavage et le malheur, l'orgueil des heureux meurtriers, et les périls qui attendent les enfants d'Agamemnon de la part d'une mère qui n'est plus qu'une marâtre; puis elle lui met à la main cet antique poignard, déjà plus d'une fois instrument de ravage dans la maison de Tantale, et Clytemnestre meurt de la main de son fils.

IPHIGÉNIE.

Immortels! vous qui jouissez de jours sereins sur des trônes de nuages toujours renouvelés, ne m'avez-vous séparée des hommes pendant si longtemps, ne m'avez-vous si longtemps retenue près de vous dans l'innocente occupation de nourrir le feu sacré; n'avez-vous élevé mon âme semblable à une flamme légère vers la pieuse et éternelle clarté de vos demeures, qu'afin que je sentisse plus tard et plus amèrement les horribles malheurs de ma famille? Ah! parle-moi de l'infortuné! parle-moi d'Oreste!

ORESTE.

Que ne peut-on parler de sa mort! L'âme de sa mère a comme jailli de son corps sanglant, et crie aux terribles filles de la Nuit : « Ne laissez point échapper le parricide; poursui« vez ce monstre; il est voué à votre vengeance. » Elles obéissent et promènent autour d'elles leurs regards sinistres avec l'avidité de l'aigle. Elles s'agitent dans leurs noirs gouffres, et du fond de l'antre leurs satellites, le Doute et le Remords, sortent sans bruit. Devant eux s'élève une vapeur de l'Achéron; dans les tourbillons qu'elle forme, le coupable effrayé voit tourner incessamment autour de sa tête l'éternelle image de son crime. Nées pour le mal, elles foulent aux pieds cette belle terre, ensemencée par les dieux, dont une ancienne malédiction les avait bannies. Leur pas rapide poursuit le fugitif; elles ne lui donnent de repos que pour l'accabler ensuite d'un nouvel effroi.

IPHIGÉNIE.

Infortuné! tel est ton sort, et tu sens ce que lui, pauvre fugitif, doit souffrir.

ORESTE.

Que me dis-tu? Qui te fait présumer que mon sort soit semblable?

IPHIGÉNIE.

Un fratricide t'accable comme lui; ton jeune frère m'a déjà confié ce secret.

ORESTE.

Je ne puis souffrir que ta grande âme soit trompée par un mensonge. Qu'un étranger accoutumé à l'artifice cherche à faire tomber un autre étranger dans un piége mensonger, mais, entre nous, que la vérité règne! — Je suis Oreste! Et cette tête coupable s'abaisse vers le tombeau et cherche la mort. Elle sera bienvenue sous quelque forme qu'elle arrive! Qui que tu sois, je désire ta délivrance et celle de mon ami, mais non la mienne. Tu sembles demeurer ici contre ta volonté; cherchez tous deux un moyen de fuir, et laissez-moi dans ce lieu : que mon corps inanimé soit précipité d'un rocher; que mon sang tout fumant coule jusqu'à la mer et appelle la malédiction sur ce rivage de barbares! Pour vous, allez dans la belle Grèce commencer une heureuse et nouvelle vie.

Il s'éloigne.

IPHIGÉNIE.

Tu descends donc jusqu'à moi, accomplissement du destin, auguste enfant du plus grand des pères! Comme ton image se dresse immense devant mes yeux! A peine mon regard arrive-t-il jusqu'à tes mains, qui, remplies de fruits et de couronnes de bénédiction, viennent m'offrir les trésors de l'Olympe! Ainsi que l'on connaît un roi à l'abondance de ses dons (car ce qui pour mille autres est richesse semble peu de chose à un roi), ainsi l'on reconnaît les dieux aux présents qu'ils vous font avec ménagement et après une longue et sage préparation. Car vous savez seuls, ô dieux! ce qui peut nous être utile! et vous embrassez de vos regards le royaume étendu de l'avenir, tandis que notre vue est bornée par l'étoile et le crépuscule de chaque soir. Vous entendez sans vous émouvoir les prières que nous vous adressons, inconsidérément, pour hâter vos bienfaits; mais votre main ne cueille jamais avant leur maturité les fruits d'or du ciel, et malheur à celui qui, par impatience les arrachant avant le temps n'y trouve que l'amertume et la mort! Ah! ne souffrez point que le bonheur que j'ai si longtemps attendu, auquel même je crois à peine encore, disparaisse à mes yeux comme l'ombre d'un ami qui n'est plus, ne m'ayant donné qu'une illusion et me laissant une douleur triplement cruelle!

ORESTE, revenant vers elle.

Si tu invoques les dieux pour toi et Pylade, ne mêle pas mon nom aux vôtres; tu ne sauverais pas le malheureux auquel tu t'associerais, et tu partagerais sa malédiction et ses tourments.

IPHIGÉNIE.

Mon destin est irrévocablement lié au tien.

ORESTE.

Non, non, laisse-moi marcher à la mort seul et sans compagnon : tu envelopperais le coupable de ton voile que tu ne pourrais le dérober aux regards des inévitables gardiens que ta présence divine écarte sans les dissiper. Ils n'osent, les téméraires, porter leurs pieds d'airain sur le sol de ce bois sacré; cependant j'entends çà et là dans l'éloignement leurs hideux éclats de rire. C'est ainsi que les loups attendent au pied de l'arbre où s'est réfugié le voyageur. Ils sont tranquillement campés là dehors; mais, si j'abandonne ce bois, ils vont se lever, secouer leurs têtes de serpents, faire voler de tous côtés la poussière et chasser devant eux leur proie.

IPHIGÉNIE.

Oreste, peux-tu entendre une parole amicale?

ORESTE.

Réserve-la pour un ami des dieux.

IPHIGÉNIE.

Ces dieux t'offrent une nouvelle lueur d'espérance.

ORESTE.

A travers la fumée et la vapeur je vois la pâle lumière du fleuve des morts éclairer la route qui me conduit aux enfers.

IPHIGÉNIE.

N'as-tu qu'Électre pour sœur?

ORESTE.

Je n'ai connu qu'elle. L'aînée, dont le sort nous a paru si effroyable, a suivi son heureux destin en quittant de bonne heure la misère de notre maison. Mais cesse de m'interroger, et ne te joins pas aux Furies; joyeuses de mon mal, elles soufflent la cendre au fond de mon âme et ne permettent point que les derniers tisons de l'incendie horrible de notre maison s'éteignent paisiblement en moi. Ce feu, allumé à dessein, nourri avec le soufre de l'enfer, doit-il donc éternellement brûler dans mon âme en la martyrisant?

IPHIGÉNIE.

Je viens jeter un doux encens sur la flamme. Laisse la pure haleine de l'amitié rafraîchir l'ardeur qui te dévore. Oreste, mon cher Oreste, ne peux-tu pas m'entendre? Le cortége des dieux de l'effroi a-t-il donc tellement desséché ton sang dans tes veines? Un charme semblable à celui que produisait la tête de l'horrible Gorgone a-t-il pétrifié tes membres? Ah! si le sang maternel que tu as répandu évoque les dieux des enfers par de sourds gémissements, la parole de bénédiction d'une sœur innocente ne doit-elle pas appeler sur toi le secours des dieux protecteurs de l'Olympe?

ACTE III.

ORESTE.

Quelle voix! quelle voix! Tu veux donc ma perte? Est-ce une divinité vengeresse qui se cache en toi? Qui es-tu, toi dont la voix me remue si terriblement le cœur jusque dans ses profondeurs?

IPHIGÉNIE.

Les profondeurs de ton cœur te disent, Oreste : c'est moi; vois Iphigénie; je vis!

ORESTE.

Toi?

IPHIGÉNIE.

Mon frère!

ORESTE.

Fuis! retire-toi! Je te conseille de ne point toucher les boucles de mes cheveux. Un feu inextinguible émane de moi comme de la robe nuptiale de Créuse. Laisse-moi! comme Hercule, je veux, indigne, concentrer en moi l'ignominie et la mort.

IPHIGÉNIE.

Non, tu ne périras pas! Ah! si je pouvais seulement t'entendre prononcer une parole calme! De grâce, éclaircis mes doutes, laisse-moi m'assurer d'un bonheur que j'ai imploré si longtemps. Un cercle de joie et de douleur tourne autour de mon âme; un sentiment de crainte me fait fuir l'étranger, mais mon cœur m'entraîne invinciblement vers mon frère.

ORESTE.

Est-ce ici le temple de Bacchus, et un indomptable et saint transport s'empare-t-il de la prêtresse?

IPHIGÉNIE.

Oh! écoute-moi, regarde-moi; vois comme après si longtemps mon cœur s'ouvre à la plus douce félicité que le monde puisse encore m'accorder, celle de baiser ta tête et de t'entourer de mes bras, habitués à n'embrasser que les airs. Ah! laisse-moi, laisse-moi parler! car l'éternelle source qui jaillit du Parnasse et, sautant de rochers en rochers, va bouillonner dans le vallon doré n'est pas plus pure que la joie qui coule de mon cœur et que la mer de félicité qui m'environne. Oreste ! Oreste ! mon frère !

ORESTE.

Belle nymphe, je ne me fie pas à toi ni à tes caresses. Diane veut des ministres austères, et venge son sanctuaire profané. Éloigne ton bras de ma poitrine, et, si tu veux sauver un jeune homme, l'aimer et lui offrir le bonheur, tourne ton affection du côté de mon ami ; il en est plus digne que moi. Il erre au milieu de ces rochers ; cherche à le découvrir, montre-lui la bonne route, et épargne-moi.

IPHIGÉNIE.

Remets-toi, mon frère, et reconnais ta sœur retrouvée. Ne reproche pas à une sœur la pure joie du ciel comme un désir punissable et inconsidéré. O dieux ! dissipez le délire qui obscurcit ses yeux, et que le moment du plus grand des bonheurs ne nous rende pas triplement misérables ! La voilà, ta sœur si longtemps perdue. La déesse m'a arrachée de l'autel et m'a donné un asile ici, dans son propre sanctuaire. Tu es prisonnier, destiné au sacrifice, et tu trouves ta sœur dans la prêtresse.

ORESTE.

Infortunée ! Ainsi le soleil veut donc voir les dernières calamités de notre famille ! Électre n'est-elle pas ici, afin qu'elle tombe aussi avec nous dans l'abîme, et qu'elle ne prolonge pas sa vie pour un destin plus rigoureux et de plus grandes souffrances ? Tout va bien, prêtresse, je te suis à l'autel : le fratricide est passé en coutume dans notre vieille race, et je vous remercie, ô dieux ! d'avoir résolu de m'exterminer tandis que je suis sans enfants. Toi, crois-moi, ne prends pas trop à cœur le soleil et les astres ; viens, suis-moi au sombre empire ! Semblable à ces dragons sortis des marais sulfureux qui étouffent leur couvée, notre famille furieuse se détruit elle-même. Innocente et sans enfants, descends avec moi dans l'abîme ! Tu me regardes d'un œil attendri ! Arrête ! c'est avec de semblables regards que Clytemnestre cherchait une route vers le cœur de son fils ; et pourtant le bras était levé et a frappé la poitrine. Clytemnestre est tombée ! — Parais, spectre terrible! et vous, Furies, approchez; rangez-vous en cercle, et assistez à ce spectacle tant désiré, le dernier, le plus affreux que vous ayez préparé! Que la haine et la vengeance n'aiguisent point vos poignards! Ma sœur, pleine d'amour pour moi, est destinée à accomplir ce sacrifice. Ne pleure pas; tu n'es point coupable. Depuis mes premières années, je n'ai rien aimé autant que je pourrais t'aimer. Oui, prends ton glaive, ne m'épargne point; déchire ce cœur, et ouvre un passage aux torrents qui bouillonnent dans mon sein.

Il tombe épuisé.

IPHIGÉNIE.

Je ne puis supporter seule ce mélange de bonheur et de tourments. Où es-tu, Pylade? où trouverai-je ton secours, précieux ami?

Elle s'éloigne en cherchant.

SCÈNE II

ORESTE, *se réveillant de son assoupissement et se levant.*

Encore une, encore une dernière coupe d'eau du Léthé, fraîche source de soulagement! Bientôt la convulsion de la vie sera chassée de mon sein; bientôt mon âme, abandonnée au fleuve de l'oubli, coulera paisiblement vers vous, puissances des ombres, dans les éternelles ténèbres. Souffrez que le fils de la terre, qui la parcourt depuis si longtemps sans relâche, aille prendre part à votre doux repos! — Mais quel murmure entends-je dans ces feuillages? quel bruit léger sort de ce crépuscule? Ils viennent déjà voir leur nouvel hôte! Quelle est cette troupe imposante, semblable à une famille de princes rassemblés? Ils marchent en paix, les vieillards et les jeunes gens, les hommes avec les femmes. Leurs nobles visages, qui se ressemblent, ont un air de divinité. Oui, ce sont les ancêtres de ma famille! — Atrée marche avec Thyeste, et s'entretient familièrement avec lui; leurs enfants jouent en riant autour d'eux. N'y a-t-il plus ici d'inimitié entre vous? La vengeance s'est-elle éteinte avec la lumière du soleil? Alors, s'il est ainsi, je suis aussi le bienvenu, et je ne crains pas de me mêler à votre cortége solennel. Salut, mes pères : Oreste vous salue, le dernier homme de votre race. Ce que vous avez semé, il l'a recueilli; il est descendu au sombre bord chargé de malédictions. Tout fardeau cependant se supporte plus facilement ici ; recevez-moi, oh! recevez-moi parmi vous. — Je t'honore, Atrée, et toi aussi, Thyeste; nous sommes ici tous exempts de haine. — Montrez-moi mon père, que mes yeux ne virent qu'une fois dans la vie! — Est-ce toi, mon père? Quoi! tu te promènes sans défiance avec ma mère? Si Clytemnestre ose prendre ta main, Oreste aussi osera s'avancer près d'elle et lui dire : Vois ton fils! — Voyez votre fils, nommez-le le bienvenu. Sur la terre ce fut toujours le sort de notre famille d'être accueillie par l'assassinat, et la race du vieux Tantale a ses joies au delà du tombeau. Vous vous écriez : Sois le bienvenu! et vous m'admettez dans votre sein. Oh! menez-moi vers mon aïeul, vers Tantale : où est-il ce vieillard? que je le voie, que je voie cette tête si précieuse et si vénérable qui fut admise au conseil des dieux. Vous semblez hésiter, vous détournez le visage! Qu'y a-t-il donc? l'égal des dieux subirait-il des tourments? Malheur à moi! les dieux tout-puissants ont attaché avec des chaînes de fer de cruelles tortures à l'âme de ce héros.

SCÈNE III
ORESTE, IPHIGÉNIE, PYLADE.

ORESTE.

Êtes-vous aussi déjà descendus en ces lieux? Quel bonheur pour toi, ma sœur! Mais Électre nous manque encore; qu'un dieu propice nous l'envoie rapidement par une douce mort. Toi, pauvre ami, je dois te plaindre; viens, viens avec moi vers le trône de Pluton, convives nouveaux, présenter nos hommages à notre hôte.

IPHIGÉNIE.

O vous, qui du haut du vaste ciel versez nuit et jour sur les humains votre belle lumière, et qui ne brillez point pour les morts, Diane, Apollon, sauvez-nous ! O Diane! tu aimes ton gracieux frère par-dessus tout ce que le ciel et la terre peuvent t'offrir ; et, pleine du désir de le voir, tu tournes doucement ton visage virginal vers son éternelle lumière ; ah ! ne laisse pas mon unique frère, que je retrouve après si longtemps, tomber ainsi dans les ténèbres du vertige ! et, si le dessein que tu as eu en me cachant ici est maintenant rempli, si tu veux nous prêter ton divin secours en me sauvant par lui et en le sauvant par moi, délivre-le donc de ces liens de malédiction, afin que le précieux instant de la délivrance ne nous échappe point.

PYLADE.

Ne nous reconnais-tu pas, ainsi que ce bois sacré, et cette lumière qui ne brille pas pour les morts ? Ne sens-tu pas la main de ton ami et de ta sœur qui, ferme et vivante encore, te soutient ici ? Serre-nous dans tes bras avec force, nous ne sommes point des fantômes. Prête l'oreille à mes paroles, et recueille tes sens : les moments sont précieux, et notre retour dépend de quelques légers fils que tourne, ce me semble, une Parque favorable.

ORESTE, à Iphigénie.

Laisse-moi, pour la première fois, goûter dans tes bras une joie pure avec un cœur libre. O dieux ! vous qui marchez entourés d'éclairs pour épancher vos pesants nuages ; qui, favorables et sévères à la fois, répandez sur la terre en sauvages torrents la pluie longtemps invoquée, en y mêlant la voix des tonnerres et le sifflement des vents, et qui néanmoins changez l'attente effrayée des mortels en bénédiction, et l'étonnement inquiet en regards de joie et en vives actions de grâce, lorsque le soleil, reparaissant après l'orage, se réfléchit de mille manières dans les gouttes qui couvrent les feuilles fraîchement vivifiées, et qu'Iris, parée de mille couleurs, sépare d'une main légère le crêpe grisâtre des derniers nuages ; ô dieux ! laissez-moi goûter et conserver avec une pleine reconnaissance dans les bras de ma sœur et le sein de mon ami le bonheur que vous m'accordez. La malédiction s'éloigne de moi, mon cœur me le dit. Les Euménides, je l'entends, s'en retournent au Tartare et poussent violemment derrière elles ses portes d'airain, dont le fracas roule au loin comme le tonnerre. La terre exhale un parfum réparateur, et m'invite à poursuivre dans ses plaines la joie de la vie et les grandes actions.

PYLADE.

Ne perdez pas des moments qui sont comptés. Que le vent qui va gonfler nos voiles porte nos premiers accents de joie vers l'Olympe. Venez, il faut ici promptitude dans le conseil, fermeté dans la résolution.

ACTE QUATRIÈME

SCÈNE I
IPHIGÉNIE, seule.

Lorsque les dieux destinent à un enfant de la terre une suite de souffrances, qu'ils lui préparent un passage terrible de la joie à la douleur et de la douleur à la joie, alors ils font naître pour lui dans sa patrie ou sur un rivage lointain un ami paisible, qui viendra à son secours dans les heures de la peine. O dieux! bénissez notre Pylade dans toutes ses entreprises. Il a le bras du jeune homme dans le combat, et l'œil perçant du vieillard dans le conseil : car son âme est calme; elle conserve le saint et inépuisable trésor du repos, et il offre avis et secours aux malheureux pour les tirer de l'abîme. Il m'a arrachée à mon frère, que je regardais toujours avec un nouvel étonnement sans pouvoir contenir mon bonheur, et que je retenais dans mes bras sans songer au péril qui nous environne. Tous deux en ce moment, pour exécuter leur dessein, se dirigent vers la mer, où leur vaisseau caché dans une baie et leurs compagnons attendent leur signal. Ils m'ont suggéré les sages réponses que je dois faire au roi, s'il envoie ici et commande plus impérieusement le sacrifice. Ah! je vois bien qu'il faut me laisser conduire comme un enfant. Je n'ai point appris à cacher mes pensées ni à rien obtenir par la ruse. Malheur, oh! malheur au mensonge! Il ne soulage le cœur comme une parole dite avec vérité : il ne nous console pas; il tourmente celui qui le forge en secret, et, semblable à un trait qui, détourné par un dieu, s'arrête impuissant, il se retourne et frappe celui qui le lança. Mille soucis tiennent mon âme en suspens. La furie en courroux va peut-être saisir de nouveau mon frère sur la partie du rivage qui n'est pas sacrée! Peut-être le découvrira-t-on! Il me semble que j'entends des hommes armés s'approcher! — Oui, les voilà! Un messager accourt de la part du roi. Mon cœur bat, mon âme se trouble à la vue de l'homme que je dois aborder avec de fausses paroles!

SCÈNE II

IPHIGÉNIE, ARCAS.

ARCAS.

Hâte le sacrifice, prêtresse; le roi l'attend et le peuple s'impatiente.

IPHIGÉNIE.

Je suivrais mon devoir et ton ordre si un obstacle inopiné ne se plaçait entre moi et l'exécution de cet ordre.

ARCAS.

Quel est donc cet obstacle aux volontés du roi?

IPHIGÉNIE.

Le hasard, dont nous ne sommes pas maîtres.

ARCAS.

Apprends-moi donc ce qui en est, afin que je le lui annonce au plus tôt; car il a résolu la mort de ces deux étrangers.

IPHIGÉNIE.

Les dieux ne l'ont pas encore résolue. L'aîné de ces deux hommes est coupable d'avoir versé le sang d'un parent; les Furies poursuivent ses pas. Leur rage s'est emparée de lui dans l'intérieur même de ce temple, et sa présence a profané cette pure enceinte. Maintenant je vais me rendre en hâte au bord de la mer, accompagnée de mes jeunes vierges, et plonger la statue de la déesse dans une onde fraîche pour la purifier en secret. Que nul n'interrompe notre paisible marche.

ARCAS.

Je vais prévenir promptement le roi de ce nouvel empêchement; ne commence pas cette œuvre pieuse avant qu'il l'ait permise.

IPHIGÉNIE.

Ce soin regarde la prêtresse seule.

ARCAS.

Le roi doit aussi connaître une circonstance si singulière.

IPHIGÉNIE.

Son conseil comme son ordre n'y changerait rien.

ARCAS.

On consulte souvent l'homme puissant pour l'apparence.

IPHIGÉNIE.

N'insiste pas sur ce qu'il me faudrait refuser.

ARCAS.

Ne refuse pas ce qui est bon et utile.

IPHIGÉNIE.

J'y consens si tu veux ne point tarder.

ARCAS.

Je serai bientôt arrivé au camp avec la nouvelle, et de retour ici avec la réponse. Oh! puissé-je aussi apporter au roi un message qui mît fin au trouble et aux soucis qui nous tourmentent actuellement! Car tu n'as pas fait cas de mon fidèle conseil.

IPHIGÉNIE.

Ce que j'ai pu faire, je l'ai fait volontiers.

ARCAS.

Il est temps encore de changer d'avis.

IPHIGÉNIE.

Cela n'est plus en notre pouvoir.

ARCAS.

Tu juges impossible ce qui te coûte quelque peine.

IPHIGÉNIE.

Cela te paraît possible parce que ton désir t'aveugle.

ARCAS.

Veux-tu donc tout risquer avec tant d'indifférence?

IPHIGÉNIE.

J'ai tout placé dans la main des dieux.

ARCAS.

Ils ont coutume de sauver les hommes par des moyens humains.

IPHIGÉNIE.

Tout dépend d'un geste d'eux.

ARCAS.

Je te le répète, tout dépend de toi; l'emportement du roi prépare seul à ces étrangers un amer trépas. Il y a longtemps que l'armée est déshabituée de ces cruels sacrifices et de ce culte sanglant. Déjà même maint voyageur, conduit sur ces rivages étrangers par un destin contraire, a reçu de nous un bienveillant accueil, jouissance aussi douce qu'un regard des dieux pour le malheureux errant et abandonné sur une terre d'exil. Ah! ne retiens pas le bien que tu peux nous faire. Tu finiras facilement ce que tu as commencé; car la douceur qui descend du ciel sous une figure humaine ne fonde nulle part plus rapidement son empire que là où un peuple nouveau, sauvage et grossier, plein de vie, de courage et de force, livré à lui-même et à d'inquiets pressentiments, porte avec peine le pesant fardeau de l'existence.

IPHIGÉNIE.

Ne cherche pas à ébranler mon âme que tu ne peux émouvoir à ton gré.

ARCAS.

Lorsqu'il en est temps encore, on n'épargne aucune peine, et l'on ne craint pas de répéter un bon conseil.

IPHIGÉNIE.

Tu te fatigues, tu me causes de la peine, et tout cela en vain : cesse donc ces discours.

ARCAS.

C'est cette peine que j'appelle à mon secours; car c'est une amie dont les avis sont bons.

IPHIGÉNIE.

Elle s'empare avec force de mon âme, et ne peut néanmoins en arracher ma répugnance?

ARCAS.

Eh quoi ! une belle âme sent de la répugnance pour une bonne action que lui offre un homme généreux?

IPHIGÉNIE.

Oui, lorsque, chose impossible, cet homme généreux, au lieu de mes actions de grâces, veut m'avoir moi-même.

ARCAS.

Qui ne sent point d'inclination pour une chose ne manque jamais d'excuses. Je rapporterai au prince ce qui vient de se passer ici. Puisse ton âme se rappeler quelle a été la noblesse de ses procédés envers toi depuis ton arrivée jusqu'à ce jour!

SCÈNE III

IPHIGÉNIE, seule.

Les paroles de cet homme ont tout à coup bouleversé mon cœur, au moment où il devrait être calme. Je tremble... Car, de même que le flot dont les vagues s'enflent rapidement va laver les rochers semés sur le sable, ainsi un torrent de joie inondait toute mon âme. Je tenais l'impossible dans mes bras. Il me semblait qu'un doux nuage venait encore m'entourer, m'enlevait de terre, et me berçait assoupie comme à l'instant où la bonne déesse me saisit de son bras libérateur. — Mon cœur s'attachait avec une force singulière à mon frère; je n'écoutais que les conseils de son ami; mon âme n'aspirait qu'à les sauver; et, comme le pilote qui tourne le dos aux écueils d'une île déserte, je laissais derrière moi la Tauride. Maintenant la voix de cet homme fidèle m'a réveillée et m'a rappelé que j'abandonne aussi des hommes en ce lieu. L'imposture me devient doublement odieuse. Calme-toi, ô mon âme! vas-tu commencer à chanceler et à hésiter? Tu es arrachée de la terre ferme où tu languissais dans ta solitude. Tu es rendue aux vagues, elles te saisissent et t'agitent, et dans ton inquiétude et ton trouble tu méconnais le monde et toi-même.

SCÈNE IV
IPHIGÉNIE, PYLADE.

PYLADE.

Où est-elle? que je m'empresse de lui apprendre la douce nouvelle de notre délivrance!

IPHIGÉNIE.

Tu me vois dans l'attente inquiète de la consolation que tu me promets.

PYLADE.

Ton frère est guéri! Nous parcourions dans un joyeux entretien la partie de la plage qui n'est pas sacrée; nous avions laissé derrière nous, sans y songer, le bois de la déesse; et cependant la belle flamme de la jeunesse entoura majestueusement la tête et la chevelure bouclée d'Oreste. Son œil brilla de courage et d'espérance, et son cœur devenu libre se livra tout entier à la joie et au plaisir de nous sauver, toi sa libératrice, et moi son ami.

IPHIGÉNIE.

Sois béni! et puissent tes lèvres qui prononcent de si douces paroles ne laisser échapper jamais l'accent de la douleur et de la plainte!

PYLADE.

J'apporte plus que cela; car le bonheur, semblable à un prince, s'approche toujours escorté d'une belle suite. Nous avons aussi trouvé nos compagnons; ils tenaient le vaisseau caché dans une baie rocheuse, et, tristement assis, ils attendaient ton frère. Ils l'aperçoivent; aussitôt ils se lèvent tous avec des cris de joie, et pressent vivement l'heure du départ. Chaque bras aspire à saisir la rame, et même, on l'a remarqué, un vent frais venant de la côte a soulevé les précieuses voiles. Hâtons-nous donc; conduis-moi au temple; laisse-moi pénétrer dans le sanctuaire; laisse-moi m'emparer avec respect de l'objet de nos vœux. Je suis en état d'emporter seul, sur mes épaules vigoureuses, la statue de la déesse. Combien je soupire après ce fardeau si désiré! (En prononçant ces derniers mots, il s'approche du temple, sans remarquer qu'Iphigénie ne le suit pas; enfin il se retourne.) Tu t'arrêtes et tu hésites. — Parle. — Tu te tais, tu parais embarrassée : un nouveau malheur s'oppose-t-il à notre félicité? Parle! As-tu fait porter au roi les sages paroles dont nous étions convenus?

IPHIGÉNIE.

Je l'ai fait, cher Pylade; pourtant tu vas me blâmer; ton aspect a déjà été pour moi un reproche muet. L'envoyé du roi m'est venu trouver; ma bouche lui a répété tout ce que tu m'avais préparée à lui dire. Il a paru étonné; il a désiré ardemment annoncer au roi cette cérémonie extraordinaire et apprendre sa volonté. Maintenant j'attends son retour.

PYLADE.

Malheur à nous! Le danger plane de nouveau sur nos têtes. Pourquoi ne t'es-tu pas prudemment retranchée dans les priviléges de prêtresse?

IPHIGÉNIE.

Je ne l'ai jamais fait servir à aucun déguisement.

PYLADE.

Ainsi, âme pure, tu vas nous perdre tous trois. Que n'ai-je prévu ce cas! Que ne t'ai-je instruite à éluder cette demande!

IPHIGÉNIE.

Ne t'en prends qu'à moi : c'est ma faute, je le sens bien; cependant je ne pouvais agir autrement avec l'homme qui me demandait avec raison et avec gravité ce que mon cœur doit reconnaître comme juste.

PYLADE.

Le péril augmente. Cependant il ne faut pas nous laisser abattre et nous trahir nous-mêmes par imprudence et précipitation. Attends paisiblement le retour du messager, et demeure ensuite ferme dans ta résolution, quel que soit son rapport; car c'est le ministère de la prêtresse, et non du roi, d'ordonner une pareille cérémonie. S'il demande à voir l'étranger que tourmente un cruel vertige, détourne-l'en, et dis-lui que tu nous retiens tous deux renfermés dans le temple. Donne-nous ainsi les moyens de fuir au plus vite en enlevant un trésor sacré à ce peuple sauvage, qui n'est pas digne de le posséder. Apollon nous envoie les meilleurs présages, et, avant que nous ayons rempli les devoirs pieux qu'il nous a imposés, il accomplit déjà sa divine promesse. Oreste est libre, guéri ! — Avec lui, vents favorables, conduisez-nous au delà des mers vers l'île entourée de rochers où habite le dieu, et ensuite à Mycènes ! Que cette cité revive; que de la cendre du foyer éteint les dieux domestiques se relèvent avec joie, et qu'un feu brillant éclaire leurs demeures! C'est ta main, Iphigénie, qui doit avec une coupe d'or y répandre le premier encens. C'est toi qui vas ramener la santé et le bonheur sur ce seuil, chasser la malédiction et orner de nouveau les tiens des fleurs de la vie.

IPHIGÉNIE.

Quand je t'entends, cher ami, alors, comme la fleur qui se tourne vers le soleil, mon âme, frappée du rayon de tes paroles, se tourne vers la douce consolation. Qu'ils sont délicieux, les discours rassurants d'un ami ! Privé de cette force divine, celui qui est seul languit silencieusement; car la pensée et la résolution renfermées dans son cœur mûrissent chez lui lentement, tandis que la présence d'un ami les développe avec rapidité.

PYLADE.

Adieu. Je vais tranquilliser nos amis, qui m'attendent dans la plus vive impatience. Je reviens ensuite promptement, et, caché dans un buisson parmi ces rochers, j'épie ton moindre signe. — A quoi réfléchis-tu? Tout à coup le nuage de la douleur a obscurci ton front si pur.

IPHIGÉNIE.

Pardonne! Comme de légères vapeurs passent devant le soleil, ainsi de légers soucis, une vague inquiétude, passent devant mon âme.

PYLADE.

Ne crains rien! La crainte s'unit au danger dans une perfide alliance. Tous deux sont compagnons.

IPHIGÉNIE.

C'est une inquiétude noble, celle qui m'avertit de ne pas tromper, de ne pas dépouiller le roi qui est devenu mon second père.

PYLADE.

Tu échappes à celui qui veut immoler ton frère.

IPHIGÉNIE.

C'est le même qui m'a fait du bien.

PYLADE.

Ce qu'exige la nécessité n'est point une ingratitude.

IPHIGÉNIE.

C'est toujours une ingratitude; seulement la nécessité l'excuse.

PYLADE.

Elle t'excusera certainement aux yeux des dieux et des hommes.

IPHIGÉNIE.

Mais mon propre cœur n'est pas satisfait.

PYLADE.

Trop de scrupule est de l'orgueil caché.

IPHIGÉNIE.

Je n'examine pas; je sens.

PYLADE.

Si tu te sens bien, tu ne peux manquer de t'estimer.

IPHIGÉNIE.

Oui, mais le cœur n'est content de lui que quand il est sans tache.

PYLADE.

Sans doute, c'est ainsi que tu t'es conservée dans le temple; mais la vie nous apprend à être moins sévères envers nous-mêmes et envers les autres; tu l'apprendras aussi toi-même. L'homme est si singulièrement formé, son âme a tant de plis et de replis, que nul ne peut rester pur et exempt de reproches envers soi-même et envers autrui. Aussi ne sommes-nous pas compétents pour nous juger nous-mêmes. Marcher et regarder avec soin son chemin, voilà le premier, le plus essentiel devoir de l'homme : car rarement il apprécie bien ce qu'il a fait, et ce qu'il fait, il ne sait presque jamais l'apprécier.

IPHIGÉNIE.

Tu finis presque par me persuader !

PYLADE.

Est-il besoin de persuasion là où le choix est interdit? Pour sauver ton frère, toi et un ami, il n'est qu'une voie; faut-il demander si nous la suivrons?

IPHIGÉNIE.

Ah! permets-moi d'hésiter; car tu ne ferais pas toi-même de sang-froid une pareille injustice à un homme auquel tu serais attaché par ses bienfaits.

PYLADE.

Si nous périssons, tu éprouveras de plus cruels regrets qui te conduiront au désespoir. On voit que tu n'es pas habituée aux revers, puisque, pour échapper à un grand malheur, tu ne veux pas même faire le sacrifice d'un seul mot contraire à la vérité.

IPHIGÉNIE.

Que ne porté-je dans mon sein le cœur d'un homme qui se ferme à toute autre voix, quand il nourrit un hardi projet !

PYLADE.

C'est en vain que tu tardes : la main de fer de la Nécessité le commande, et sa volonté sévère est la plus haute des lois, à laquelle les dieux eux-mêmes sont contraints de se soumettre. Cette sœur de l'éternel Destin règne silencieuse et inaccessible aux conseils Ce qu'elle t'impose, supporte-le; fais ce qu'elle exige. Le reste, tu le sais. Bientôt je reviens pour recevoir de ta sainte main le sceau précieux de la délivrance.

SCÈNE V

IPHIGÉNIE, seule.

Il faut lui obéir; car je vois les miens dans un pressant

danger. Cependant, hélas! mon propre destin me rend de plus en plus inquiète. La douce espérance que j'ai nourrie dans cette solitude, dois-je la laisser ici? Cette malédiction doit-elle durer éternellement? Ma race ne doit-elle jamais se relever avec une prospérité nouvelle? — Tout finit cependant! Le bonheur le plus parfait, la plus belle fortune, se lasse à la fin. Pourquoi n'en serait-il pas ainsi de la malédiction? C'était donc vainement que j'espérais, préservée ici de la cruelle destinée de ma maison, pouvoir un jour, la main et le cœur sans tache, aller purifier le palais souillé de mes pères. — A peine mon frère est-il guéri dans mes bras subitement et comme par miracle des fureurs qui l'agitaient, à peine un vaisseau longtemps imploré s'approche-t-il pour me conduire au port de la patrie, que la sourde Nécessité m'impose de sa main de bronze un double crime; elle m'oblige à dérober la sainte et respectable image de la déesse, image confiée à mes soins; elle veut que je trompe un homme à qui je dois ma vie et mon sort. Ah! que mon cœur se garde de se révolter à la fin contre les dieux! Maîtres de l'Olympe, faites que la profonde haine qui animait contre vous les Titans, ces anciens dieux, ne saisisse pas avec ses griffes de vautour une faible créature! Sauvez-moi, et sauvez votre image dans mon âme! — Un vieux chant retentit à mes oreilles... Je l'avais oublié et je m'en réjouissais... C'est le chant des Parques, celui qu'elles entonnèrent en frissonnant, lorsque Tantale tomba de son siége d'or. Elles compatirent aux maux de ce noble ami; leur cœur était furieux, leur hymne terrible. Dans notre jeunesse, la nourrice nous l'apprenait à mes frères et à moi, et je l'ai gravé dans mon souvenir.

« Crains les Dieux, — race mortelle, — ils tiennent la puissance — dans leurs mains éternelles : — et ils peuvent l'employer — comme il leur plaît.

« Que celui-là les craigne doublement — qu'ils élèvent à eux. — Sur les nuages et les rochers — sont préparés les siéges — et les tables d'or.

« Une dispute s'élève, — les convives s'abîment, — honnis et conspués — dans les profondeurs de la nuit — et réclament en vain — du fond des ténèbres — justice de la justice.

« Mais eux, ils restent — en d'éternelles fêtes — devant les tables d'or. — Ils vont de montagne en montagne. — De l'entrée du gouffre — monte vers eux l'haleine — des Titans défaits, semblable à de l'encens — ou à un léger nuage.

« Les tout-puissants détournent — leurs yeux bénissants — de toute cette race, — et évitent, dans le neveu, — de voir de l'aïeul — les traits importuns — et autrefois aimés.

« Ainsi chantaient les Parques. — Le banni entend, — du fond de la sombre caverne, — le chant des vieilles, — pense à ses enfants, à ses neveux, — et secoue la tête. »

ACTE CINQUIÈME

SCÈNE I
THOAS, ARCAS.

ARCAS.

Je l'avoue, dans le trouble de mon âme, je ne sais vraiment où diriger mes soupçons. Sont-ce les prisonniers qui forment secrètement des projets de fuite? Est-ce la prêtresse qui leur prête secours? Le bruit se répand de plus en plus que le vaisseau qui les amena est demeuré caché dans une baie. Et le délire de cet homme, cette cérémonie expiatoire, le prétexte religieux de ce retard, provoquent encore le soupçon et les mesures prévoyantes.

THOAS.

Que la prêtresse se rende ici promptement. Allez ensuite, parcourez le rivage avec précaution et rapidité, depuis le promontoire jusqu'au bois de la déesse. Respectez-en les religieuses profondeurs, placez adroitement une embuscade de manière à vous emparer d'eux; partout où vous les trouverez, saisissez-les.

SCÈNE II

THOAS, seul.

Une terrible colère s'allume dans mon sein, contre elle d'abord, que je regardais comme si pure, ensuite contre moi qui, par mon indulgence et ma bonté, la formai à la trahison. L'homme s'habitue aisément à l'esclavage et apprend sans peine à obéir quand on lui enlève sa liberté tout entière. Oui, si elle fût tombée dans les mains sauvages de mes aïeux, et que le courroux du ciel l'eût épargnée, elle eût été joyeuse de se sauver toute seule; et, reconnaissante, elle eût versé le sang étranger devant l'autel, et appelé devoir ce qui était nécessité. Aujourd'hui ma bonté fait naître dans son sein un vœu téméraire; vainement j'espérais me l'attacher; elle pense à s'assurer un destin indépendant de moi. Ses flatteries lui ont gagné mon cœur; maintenant que j'y résiste, elle cherche, par la ruse et la fourberie, à se frayer un chemin pour me fuir, et mes bontés ne sont plus à ses yeux qu'un bien méprisable et suranné.

SCÈNE III

IPHIGÉNIE, THOAS.

IPHIGÉNIE.
Tu me demandes! Qui t'amène vers nous?

THOAS.
Tu diffères le sacrifice; par quel motif? dis-le-moi.

IPHIGÉNIE.
J'ai tout expliqué clairement à Arcas.

THOAS.
Je veux l'apprendre encore plus en détail de ta bouche.

IPHIGÉNIE.
La déesse te donne un délai pour réfléchir.

THOAS.
Il semble t'être favorable à toi-même, ce délai.

IPHIGÉNIE.

Si ton cœur s'obstine à une résolution cruelle, il ne fallait pas venir ici! Un roi qui veut commettre une action inhumaine trouve assez d'agents qui, pour des faveurs et un salaire, s'empressent de partager la malédiction attachée au forfait; et du moins la présence du roi n'est point compromise. Il médite la mort dans l'épais nuage où il réside, et ses envoyés descendent jusqu'au malheureux pour apporter la foudre sur sa tête; mais le prince, paisible dans ses hautes demeures, continue dans l'orage à planer sur ses sujets, comme une divinité inaccessible.

THOAS.

Tes saintes lèvres parlent un langage bien hardi.

IPHIGÉNIE.

Ce n'est point la prêtresse qui parle, c'est la fille d'Agamemnon. Tu as honoré la parole de l'inconnue, et tu veux commander sans égard à la princesse? Dès l'enfance, j'ai appris à obéir, d'abord à mes parents, ensuite à une divinité; et, malgré cette obéissance, j'ai toujours senti mon âme entièrement libre; mais me conformer à l'ordre cruel, à l'arrêt barbare d'un homme, c'est ce que je n'ai appris ni là-bas ni ici.

THOAS.

C'est une loi ancienne, et non moi qui t'ordonne d'agir.

IPHIGÉNIE.

Nous saisissons avidement une loi qui sert d'arme à nos passions. Une autre loi plus ancienne me défend de t'obéir, celle pour laquelle tout étranger est sacré.

THOAS.

Il paraît que les prisonniers te tiennent au cœur; car ton intérêt et ta tendresse pour eux te font oublier la première loi de la prudence, qui est de ne pas irriter un homme puissant.

IPHIGÉNIE.

Que je parle ou non, il t'est facile de savoir ce qui est et ce qui restera immuablement dans mon cœur. Le plus endurci ne s'attendrit-il pas sur des maux qu'il a soufferts? Comment le mien y sera-t-il insensible? Je me vois dans ces deux victimes. Et moi aussi, j'ai tremblé à genoux devant l'autel; une mort prématurée a plané sur moi; déjà le couteau se levait pour percer mon sein plein de vie; mon âme égarée se glaçait, mon œil s'éteignait... quand tout à coup je fus délivrée. N'est-on pas coupable de ne pas rendre aux malheureux les bienfaits qu'on a reçus du ciel? Tu le sais, tu me connais, et tu veux me contraindre!

THOAS.

Obéis à ton devoir, et non pas à un maître!

IPHIGÉNIE.

Arrête! et ne pare point de beaux dehors ta puissance, qui se joue de la faiblesse d'une femme. Je suis née aussi libre qu'un homme. Si le fils d'Agamemnon était debout devant toi et que tu exigeasses une injustice, il a aussi une épée et un bras, lui, pour soutenir ses droits. Moi, je n'ai que des paroles, et il convient à l'homme généreux d'avoir égard aux paroles d'une femme.

THOAS.

J'en fais plus de cas que de l'épée d'un frère.

IPHIGÉNIE.

La chance des armes est incertaine. L'homme prudent ne méprise aucun ennemi; car la nature n'a pas laissé le faible sans secours contre l'orgueil et la force. Elle lui a inspiré l'art de la ruse; elle lui enseigne mille expédients; il cède, il diffère, il tourne. Oui, l'homme puissant mérite qu'on emploie toutes ces armes contre lui.

THOAS.

Une sage prévoyance peut s'opposer à la ruse.

IPHIGÉNIE.

Et une âme pure n'en a pas besoin.

THOAS.

Ne prononce pas légèrement ta propre condamnation.

IPHIGÉNIE.

Ah! si tu voyais comme mon âme lutte pour repousser l'attaque d'un mauvais génie qui veut s'emparer d'elle! N'ai-je donc ici aucune arme à t'opposer? tu repousses la douce prière, ce rameau gracieux, plus puissant que le fer dans la main d'une femme; que me reste-t-il pour me défendre? Implorerai-je un miracle de la déesse? N'y a-t-il aucune force dans le fond de mon âme?

THOAS.

Le sort des deux étrangers semble te causer la plus vive inquiétude. Qui sont-ils, parle! ceux pour qui ton esprit s'intéresse avec tant de zèle?

IPHIGÉNIE.

Ils sont..., ils semblent..., je les crois Grecs.

THOAS.

Quoi! des compatriotes! et ils ont sans doute fait revivre en toi l'idée flatteuse du retour?

IPHIGÉNIE, après un moment de silence.

L'homme a-t-il donc le privilège exclusif des actions extraordinaires? A-t-il seul un cœur héroïque et sublime qui embrasse l'impossible? Qu'y a-t-il de grand? Quels sont les faits dont le récit mille fois répété élève l'âme et la remue toujours, si ce n'est ceux qu'un grand courage a entrepris et couronnés d'un succès invraisemblable? L'homme qui surprend seul pendant la nuit l'armée de l'ennemi; qui, semblable à une flamme dévorante et inattendue, atteint et ceux qui dorment et ceux qui s'éveillent; qui, repoussé enfin par les guerriers qui ont secoué le sommeil, s'en retourne chargé de butin sur les chevaux qu'il a pris, sera-t-il seul vanté? Ne prisera-t-on que celui qui, dédaignant les routes sûres, ira parcourant les montagnes et les forêts pour purger une contrée des brigands qui l'infestent? Ne nous reste-t-il rien, à nous? faut-il qu'une femme faible, dépouillant les attributs de son sexe, oppose la rudesse à la rudesse, vous enlève, comme font les Amazones, le droit de porter le glaive, et venge l'oppression par le sang? Pour moi, une entreprise hardie agite mon âme; je n'échapperai ni à de vifs reproches ni à de grands malheurs si elle ne réussit point; mais c'est dans votre sein que je la dépose, dieux immortels! Si vous êtes amis de la vérité, comme on vous fait gloire de l'être, prouvez-le donc en me prêtant votre appui et en rendant hommage à la vérité en ma personne!
— Oui, apprends, ô roi! qu'un secret artifice a été forgé : en

vain demandes-tu les prisonniers, ils ne sont plus ici ; ils sont à la recherche des amis qui les attendent sur le rivage avec un vaisseau. Le plus âgé, que les Furies ont saisi en ce lieu et qu'elles ont maintenant abandonné, c'est Oreste, mon frère, et l'autre est son compagnon, son ami d'enfance, qu'on nomme Pylade. Apollon les envoie de Delphes vers ce rivage avec l'ordre divin d'enlever l'image de Diane, et de lui rapporter sa sœur ; il promet en récompense la délivrance au coupable qui a versé le sang de sa mère, et que les Furies poursuivent. Nous voici donc maintenant tous deux livrés à toi ; je viens de remettre entre tes mains les restes de la famille de Tantale : perds-nous... si tu crois le devoir faire.

THOAS.

Tu penses que le Scythe sauvage, que le barbare entendra la voix de la vérité et de l'humanité, qu'Atrée le Grec n'a pas entendue ?

IPHIGÉNIE.

Tout homme l'entend, sous quelque ciel qu'il soit né, quand la source de la vie coule pure dans son sein. — Tu gardes le silence, ô roi ! que prépares-tu dans le fond de ton âme ? Est-ce la mort ? Frappe-moi donc la première ! car, maintenant qu'il ne nous reste plus aucun moyen de délivrance, je sens le péril affreux où j'ai plongé volontairement par ma précipitation les objets de ma tendresse. Malheur ! je les verrai enchaînés devant moi ! De quel front pourrai-je dire le dernier adieu à mon frère que j'assassine ! Non, je ne pourrai plus soutenir ses regards chéris !

THOAS.

Les fourbes ! ils ont offert une fable adroite à la crédulité d'une femme depuis longtemps renfermée en ce temple, disposée à croire tout ce qu'ils désiraient, et ils ont enveloppé son esprit de cette trame mensongère !

IPHIGÉNIE.

Non, non, ô roi ! l'on pourrait, il est vrai, me tromper ; mais ces deux prisonniers sont sincères et vrais. Si tu découvres le contraire, fais-les périr et chasse-moi ; exile-moi, en punition de ma folie, sur le triste rivage d'une île déserte hérissée de rochers. Mais, si cet homme est mon frère bien-aimé, que j'ai si longtemps appelé de mes vœux, rends-nous à la liberté, sois aussi bon envers le frère et la sœur réunis qu'envers la sœur toute seule. Mon père est tombé sous les coups de sa femme, elle-même sous ceux de son fils. La dernière espérance de la race d'Atrée repose sur lui seul. Laisse-moi, le cœur et la main purs, regagner ma patrie au delà des mers et laver notre maison des crimes qui l'ont souillée. Oui, tu me tiendras parole! — Tu as juré que, si jamais le retour vers les miens était possible, tu me laisserais partir; et il l'est aujourd'hui... Un roi ne fait pas, comme le reste des hommes, une promesse par lassitude et pour éloigner un moment le suppliant : il promet même pour les cas inattendus; et il ne sent toute la hauteur de sa dignité que lorsqu'il peut faire le bonheur de celui qui l'implore.

THOAS.

Comme le feu se défend contre l'eau et cherche en écumant à détruire son ennemi, ainsi la colère lutte dans mon sein contre tes paroles.

IPHIGÉNIE.

Oh! laisse ta clémence, semblable à la sainte flamme des sacrifices, environner mon cœur plein de louange et de reconnaissance!

THOAS.

Que cette voix m'a souvent apaisé!

IPHIGÉNIE.

Oh! tends-moi la main en signe de paix.

THOAS.

Tu demandes beaucoup en peu de temps.

IPHIGÉNIE.

Pour faire le bien il n'est pas besoin de délibérer.

THOAS.

Il en est besoin; car le bien est suivi du mal.

IPHIGÉNIE.

C'est le doute qui gâte le bien. N'hésite pas; ne suis que le mouvement de ton cœur.

SCÈNE IV

Les précédents, ORESTE, armé.

ORESTE, sans voir les autres.

Doublez vos forces ! retenez-les ! Encore quelques instants ! ne cédez point à la foule, et assurez-nous à ma sœur et à moi le chemin qui mène au vaisseau. A Iphigénie, sans voir le roi. Viens, nous sommes trahis. Il nous reste peu de temps pour fuir. Viens vite !

Il aperçoit le roi.

THOAS, portant la main sur son épée.

Nul ne vient impunément l'épée nue en ma présence.

IPHIGÉNIE

Ne profanez pas la demeure de la déesse par la fureur et le meurtre. Ordonnez à vos soldats de demeurer en paix. Écoutez une prêtresse, une sœur.

ORESTE.

Dis-moi quel est celui qui nous menace ainsi ?

IPHIGÉNIE.

Respecte en lui le roi qui fut mon second père. Pardonne-moi, mon frère, mais mon cœur filial a placé dans sa main toute notre destinée. J'ai avoué votre stratagème et délivré mon âme du poids d'une trahison.

ORESTE.

Veut-il nous assurer un paisible retour ?

IPHIGÉNIE.

Ton épée étincelante me défend de répondre.

ORESTE, remettant son épée dans le fourreau.

Parle donc ! Tu vois que j'obéis à tes paroles.

SCÈNE V

Les précédents, PYLADE. Bientôt après lui ARCAS, tous deux l'épée nue.

PYLADE.

Ne tardez pas ; nos amis rassemblent leurs dernières forces ;

ACTE V.

ils vont se replier lentement vers la mer. Mais quel entretien de princes trouvé-je ici? Voici l'auguste personne du roi!

ARCAS.

Tu restes calme, comme il est digne de toi, en face de tes ennemis, ô roi! Leur témérité est punie : leur parti cède et tombe, et leur vaisseau est à nous. Un mot de ta bouche, et il devient la proie des flammes.

THOAS.

Va : ordonne à mon peuple de s'arrêter; que l'ennemi soit respecté tant que nous parlerons.

Arcas sort.

ORESTE.

J'accepte. Va, fidèle ami, rassemble le reste de nos compagnons; attendez en paix l'issue que les dieux préparent à nos actions.

Pylade sort.

SCÈNE VI

IPHIGÉNIE, THOAS, ORESTE.

IPHIGÉNIE.

Avant que je parle, délivrez mon âme du souci qui l'agite. Je redoute une fatale querelle si tu n'écoutes pas, ô roi! la douce voix de l'équité, et si toi, mon frère, tu ne veux commander à l'impétuosité de ta jeunesse.

THOAS.

Je retiens ma colère, comme il sied au plus âgé. Réponds-moi, comment prouveras-tu que tu es fils d'Agamemnon et frère de la prêtresse?

ORESTE.

Voici l'épée dont il frappa les braves défenseurs de Troie. Je l'ai enlevée à son assassin, et j'ai prié les dieux de me donner le courage, le bras et la valeur du grand roi, avec une mort plus belle que la sienne. Fais un choix parmi les chefs de ton armée et oppose-moi le plus vaillant. Partout où la terre nourrit des fils de héros, cette demande est accordée à tout étranger.

THOAS.

Ici, l'ancien usage n'a jamais donné à l'étranger cette prérogative.

ORESTE.

Eh bien, toi et moi nous fonderons cet usage nouveau! Un peuple suit l'exemple de ses chefs, et donne force de loi à leurs nobles actions. Souffre aussi que je ne défende pas notre seule liberté; laisse-moi, étranger, combattre pour tous les étrangers. Si je succombe, alors leur arrêt est prononcé avec le mien; mais, si j'ai le bonheur de triompher, que nul n'aborde plus ce rivage sans rencontrer l'œil empressé d'une amitié secourable, et que chacun s'éloigne consolé!

THOAS.

Tu ne me parais pas indigne, jeune homme, des aïeux dont tu te fais gloire de descendre. Il est grand, le nombre des braves et vaillants guerriers qui m'environnent; cependant, à mon âge, je résiste encore moi-même à l'ennemi; je suis prêt à courir avec toi la chance des armes.

IPHIGÉNIE.

Non, non, il n'est pas besoin de cette sanglante preuve, ô roi! Que vos mains ne s'arment point du glaive! pensez à moi et à mon sort. Les funestes combats immortalisent un homme, je le sais; lors même qu'il tombe, tous les chants célèbrent sa gloire. Mais les pleurs intarissables de ceux qui lui survivent, d'une femme délaissée, la postérité ne les compte point, et le poëte ne dit rien des jours et des nuits de larmes, durant lesquels une âme sensible s'épuise et se consume vainement à rappeler l'ami qu'elle a perdu, que la mort lui a subitement enlevé. Moi-même aussi une crainte secrète m'a tenue en garde contre l'imposture d'un brigand, qui aurait pu m'arracher de cet asile sûr, me trahir et me réduire en esclavage. Mais je les ai soigneusement interrogés; je me suis informée de chaque circonstance, j'ai exigé des signes évidents, et maintenant mon cœur ne doute plus. Vois ici à sa main droite cette marque qui semble représenter trois étoiles; elle parut au jour de sa naissance, et le prêtre en tira le présage que cette main devait frapper un grand coup. Ce qui me persuade ensuite doublement, c'est cette cicatrice qui lui partage à cet endroit les sourcils. Il était encore enfant lorsque Électre, avec sa vivacité et sa négligence ordinaires, le laissa tomber de ses bras; il se frappa la tête contre un trépied... C'est lui...

Faut-il encore te citer en témoignage la ressemblance avec mon père, et enfin le cri de joie qui retentit dans mon cœur?

THOAS.

Quand tes paroles auraient levé tous les doutes et dompté la colère dans mon sein, il faudrait toujours néanmoins que les armes décidassent entre nous; je ne vois point de paix possible. Ils sont venus, tu le reconnais toi-même, pour m'enlever l'image sacrée de la déesse. Croyez-vous que j'envisage de sang-froid ce larcin? Souvent le Grec tourne son œil avide vers les trésors lointains des barbares, leur toison d'or, leurs chevaux, leurs belles filles; mais la force et la ruse ne les ont pas toujours ramenés heureusement dans leur patrie avec les biens qu'ils avaient conquis.

ORESTE.

O roi! cette image sacrée ne doit pas être un sujet de discorde entre nous. Maintenant nous connaissons l'erreur dont un dieu avait enveloppé notre esprit comme d'un voile, lorsqu'il nous ordonna de diriger nos pas vers ce lieu. Je le suppliais de me donner conseil, et de me délivrer de la poursuite des Furies : « Si tu ramènes, dit-il, en Grèce, la *sœur* qui demeure contre son gré dans le sanctuaire au rivage de Tauride, alors la malédiction cessera. » Nous crûmes que ces paroles s'appliquaient à la sœur d'Apollon, et c'est *toi* qu'il voulait dire! Les liens funestes sont maintenant rompus; tu es rendue aux tiens, sainte prêtresse! Dès que tu m'as touché, j'ai été guéri; c'est dans tes bras que le mal m'a saisi pour la dernière fois avec tous ses tourments et m'a terriblement ébranlé jusqu'à la moelle des os; ensuite, comme un serpent, il s'est enfui dans sa caverne. Grâce à toi, je recommence à jouir maintenant de la vaste lumière du jour. Le dessein de la déesse se montre à moi dans toute sa grandeur et sa beauté. Comme une statue sacrée à laquelle le destin de l'État est invariablement attaché par un secret arrêt des dieux, elle t'a enlevée, toi l'appui de la maison, et t'a conservée dans une sainte retraite pour le bonheur de ton frère et des tiens. Quand tout espoir de délivrance semblait perdu sur la terre, tu nous rends tout ! — O roi ! que ton âme se laisse aller à des sentiments de paix ! n'empêche point qu'elle accomplisse à présent la consécration de la maison paternelle, qu'elle me rende à mon palais purifié, et place sur ma tête l'antique couronne ! En reconnaissance des biens qu'elle t'a apportés, laisse-moi jouir de mes droits ! Force et ruse, les deux sources de gloire des hommes, cèdent à la véracité de cette grande âme, et une pure et tendre confiance dans un homme noble et généreux ne demeurera pas sans récompense.

IPHIGÉNIE.

Songe à ta promesse, et laisse-toi émouvoir par ce discours sorti d'une bouche loyale et sincère ! Tu n'as pas souvent l'occasion d'agir aussi noblement. Tu ne peux nous refuser ce bienfait; accorde-le sans hésiter.

THOAS.

Eh bien, partez !

IPHIGÉNIE.

Non, pas ainsi, mon roi ! je ne te quitterai pas mécontent, et sans recevoir ta bénédiction. Ne nous bannis point ! qu'un droit d'hospitalité amicale règne entre nous; alors nous ne serons point séparés pour toujours. Tu m'es cher et précieux comme l'était mon père, et cette impression ne s'effacera pas de mon âme. Si le moindre de tes sujets rapporte jamais à mon oreille l'accent que j'ai coutume d'entendre parmi vous; si je vois un infortuné porter le vêtement de votre nation, je veux l'accueillir comme un dieu, lui préparer moi-même une couche, le placer sur un siége auprès du feu et ne l'interroger que sur toi et sur ton sort. Ah ! que les dieux accordent à tes actions et à ta clémence le prix qu'elles méritent! Adieu! Oh! tourne-toi vers nous et réponds-moi par un adieu amical! Le vent enfle ensuite plus doucement les voiles, et les pleurs coulent plus soulageantes des yeux de celui qui s'éloigne. Adieu? Donne-moi ta main droite comme un gage de notre ancienne amitié.

THOAS.

Adieu!

FIN D'IPHIGÉNIE EN TAURIDE.

EGMONT

DRAME EN CINQ ACTES
— EN PROSE —

1789

PERSONNAGES

MARGUERITE DE PARME, fille de Charles-Quint, gouvernante des Pays-Bas.
LE COMTE D'EGMONT, prince de Gavre.
GUILLAUME D'ORANGE.
LE DUC D'ALBE.
FERDINAND, son fils naturel.
MACHIAVELL, au service de la gouvernante.
RICHARD, secrétaire intime d'Egmont.
SILVA, } servant sous le duc d'Albe.
GOMEZ,

CLAIRE, maîtresse d'Egmont.
SA MÈRE.
BRACKENBOURG, fils de bourgeois.
SOEST, mercier, bourg. de Bruxelles.
JETTER, mercier, id.
UN CHARPENTIER, id.
UN FABRICANT DE SAVON, id.
BUYCK, soldat sous Egmont.
RUYSUM, invalide et sourd.
VANSEN, scribe.
PEUPLE, SUITE, GARDES, etc.

La scène est à Bruxelles.

ACTE PREMIER

TIR A L'ARBALÈTE.

SOLDATS ET BOURGEOIS, avec des arbalètes; SOEST, mercier, bourgeois de Bruxelles; BUYCK, hollandais, au service de l'empereur; RUYSUM, Frison, invalide et sourd; JETTER s'avance et bande l'arbalète.

SOEST.

Allons, allons, tirez; qu'on en finisse! Vous avez beau faire, j'en aurai toujours plus que vous. Trois fois dans le noir! de votre vie il ne vous est arrivé de mettre trois fois dans le noir. Quand je vous dis que je serai maître cette année!

JETTER.

Maître et roi par-dessus le marché. Qui vous le conteste? Mais, pour avoir cet honneur, vous payerez double écot; vous payerez votre adresse, comme de juste.

BUYCK.

Jetter, soyons de moitié dans le gain; je vous achète le coup et je régale ces messieurs. Il y a déjà longtemps que je demeure ici, et je suis en reste avec eux pour bien des honnêtetés. — Si je manque, c'est comme si vous aviez tiré.

SŒST.

J'aurais bien quelques petites choses à objecter à cela; car, de fait, j'y perds... mais je ne dis rien. Voyons, Buyck.

BUYCK tire.

Eh! marqueur, attention! — Un! deux! trois! quatre!

SŒST.

Quatre anneaux! Soit!

TOUS.

Vive le roi! vivat! mille fois vivat!

BUYCK.

Grand merci, messieurs. Maître, ce serait trop! grand merci de l'honneur.

JETTER.

C'est vous seul que vous devez remercier.

RUYSUM.

Que je vous dise!

SŒST.

Comment ça va-t-il, mon vieux?

RUYSUM.

Que je vous dise! — Il tire comme son maître; il tire comme Egmont.

BUYCK.

Oh! près de lui je ne suis qu'un pauvre maladroit. A l'arbalète, il tire mieux que personne au monde : et je ne dis pas seulement quand il est en veine; non! pour peu qu'il vise, il est sûr de mettre dans le noir. Il m'a donné des leçons, et il faudrait être un grand imbécile pour ne rien apprendre en suivant ses ordres. — Mais pour ne rien oublier, messieurs, un roi nourrit ses gens; ainsi donc, au compte du roi, qu'on apporte du vin!

JETTER.

Il est d'usage chez nous que chacun...

BUYCK.

Je suis étranger et roi : je me moque de vos usages.

JETTER.

Tu es pire que l'Espagnol; il a bien été obligé, au moins jusqu'ici, de nous en laisser la jouissance, lui.

RUYSUM.

Quoi?

SŒST, élevant la voix.

Il veut nous régaler : il ne veut pas entendre que chacun de nous paye son écot, et que le roi paye seulement le double.

RUYSUM.

Laisse-le faire!... sans préjudice pour l'avenir! c'est la manière de son maître : faire les choses grandement, et laisser aller le monde comme il va.

Ils boivent.

TOUS.

A la santé de Sa Majesté! Vivat!

JETTER, à Buyck.

A la vôtre, s'entend.

BUYCK.

Je vous remercie bien, si c'est comme vous le dites.

SŒST.

Oui, oui! car, pour la santé de Sa Majesté espagnole, un citoyen des Pays-Bas ne la boit pas de bon cœur.

RUYSUM.

Qui?

SŒST, élevant la voix.

De Philippe II, roi d'Espagne.

RUYSUM.

Notre gracieux seigneur et roi? que Dieu lui prête une longue vie.

SŒST.

N'aimez-vous pas mieux le roi Charles-Quint, son père?

RUYSUM.

Que Dieu lui donne sa sainte paix! C'était là un prince! Il avait la main sur tout le globe et savait être tout à tous;

et quand il vous rencontrait, c'est qu'il vous saluait comme on salue son voisin; et quand la frayeur vous prenait, il savait là... par de si bonnes manières... vous m'entendez. — Et puis il sortait, il montait à cheval, comme ça lui venait en tête, quasi sans suite. Nous avons tous pleuré quand il a cédé ici le gouvernement à son fils... je veux dire, vous m'entendez... que celui-ci est tout autre, qu'il est plus majestueux.

JETTER.

Lors de son séjour ici, jamais il ne s'est montré qu'en grand apparat et en costume royal. Il parle peu, dit-on.

SŒST.

Ce n'est pas un roi comme il en faut aux Pays-Bas. Nos princes doivent être francs et gaillards comme nous, vivre et laisser vivre. Nous ne voulons être méprisés ni opprimés, tous bons diables que nous sommes.

JETTER.

Je pense que le roi serait un bon maître s'il était mieux conseillé.

SŒST.

Non, non! il n'a aucune inclination pour les Pays-Bas, son cœur ne sympathise point avec le nôtre, il ne nous aime pas; comment pourrions-nous l'aimer? Pourquoi Egmont plaît-il tant à tout le monde? pourquoi le porterions-nous tous en triomphe? C'est qu'à son air on voit qu'il nous veut du bien; c'est que la gaieté, la franchise, la bonté, lui sortent par les yeux; c'est qu'il n'a rien qu'il ne partage avec le malheureux, et même avec celui qui n'a pas besoin. Vive le comte d'Egmont! Buyck, à vous à porter la première santé! Burez à votre maître.

BUYCK.

De toute mon âme. Au comte d'Egmont!

RUYSUM.

Au vainqueur de Saint-Quentin!

BUYCK.

Au héros de Gravelines!

TOUS.

Vivat!

RUYSUM.

Saint-Quentin fut ma dernière bataille. J'avais bien de la peine à me porter et à traîner ma lourde carabine. J'ai pourtant brûlé là encore plus d'une amorce sur la peau des Français, et j'en suis revenu avec une éraillure de plus à la jambe droite, pour mon congé.

BUYCK.

Gravelines, mes amis ! c'est là qu'il faisait bon ! A nous seuls la victoire. Ces chiens de Welches ne couraient-ils pas la Flandre, brûlant et grillant tout sur leur passage ? Mais nous les avons frottés comme il faut, je m'en vante ! Leurs vieilles moustaches ont tenu longtemps; et ce n'est qu'à force de pousser, de tirer, de presser, que nous sommes parvenus à leur faire faire la grimace et à rompre leurs lignes. Egmont eut son cheval tué sous lui, et la mêlée fut longue : homme contre homme, cheval contre cheval, peloton contre peloton, sur la grande plaine de sable au bord de la mer. Mais, pendant qu'on se battait, arrivent tout d'un coup, comme du ciel, pif ! paf ! des boulets dans les rangs des Français. C'était la flotte anglaise, commandée par l'amiral Malin, qui, venant de Dunkerque, s'était placée à l'embouchure du fleuve. Il est vrai de dire qu'ils ne nous aidèrent pas à grand'chose, ne pouvant faire avancer que les plus petits bâtiments, et encore pas assez près; et puis ils tiraient bien un peu sur nous... Ça fit pourtant bien ! Cela démoralisa les Welches et redoubla notre courage. Il fallut voir alors ! Cric ! crac ! à droite, à gauche ! main basse sur tous les ennemis, à l'eau tous ! et ils n'en eurent pas plutôt tâté qu'ils étouffèrent. Nous autres Hollandais, nous nous y jetons après eux; nous qui sommes des amphibies, nous étions là à l'aise comme des grenouilles, et nous nous en donnions de les sabrer et de les canarder ! — Le peu qui nous échappa fut tué dans la fuite, par les paysannes, à coups de fourches et de râteaux. Sa Majesté welche fut obligée de tendre bien vite la patte et de faire la paix. Et c'est à nous que vous devez la paix, vous la devez au grand Egmont.

TOUS.

Au grand Egmont! Vive le grand Egmont! vivat! vivat!

JETTER.

Si on nous l'avait donné pour gouverneur au lieu de Marguerite de Parme.

SŒST.

Ne dis pas cela : le vrai reste vrai! Je ne permettrai point qu'on dise du mal de Marguerite. C'est à présent mon tour : Vive notre gracieuse princesse!

TOUS.

Vivat!

SŒST.

C'est une vérité qu'il y a dans cette famille d'excellentes femmes. Vive la gouvernante!

JETTER.

Elle est sage et modérée dans tout ce qu'elle fait; mais elle est trop entichée des prêtres. Enfin, c'est elle qui est cause que nous avons ces quatorze mitres de plus dans le pays. A quoi bon? N'est-il pas clair que la fin de tout cela est de pouvoir installer des étrangers aux bonnes places dont les chapitres ont disposé jusqu'ici? Et on veut nous faire croire que c'est dans l'intérêt de la religion! A d'autres! nous avions assez de trois évêques : tout se passait convenablement et dans l'ordre. A présent chacun veut se donner l'air utile; de là mille chicanes à tout propos. Plus vous secouez la bouteille, plus l'eau devient trouble.

Ils boivent.

SŒST.

C'était la volonté du roi. Elle n'y est pour rien et n'y peut rien changer.

Ils boivent.

JETTER.

Voilà que nous ne pouvons plus chanter les nouveaux psaumes! mais des chansons obscènes, tant que nous voudrons. Et pourquoi? Il y a là, disent-ils, des hérésies, des choses.. Dieu sait! quant à moi, j'en ai chanté, et, s'il y a du nouveau là-dedans, j'avoue que je n'y ai rien vu.

BUYCK.

Je voulais vous en parler! Dans notre province, nous chantons ce que nous voulons. C'est qu'aussi nous avons pour gouverneur le comte d'Egmont, qui ne regarde pas à ces choses-là, lui. — A Gand, à Ypres, dans toute la Flandre, chacun chante ce qui lui fait plaisir. (Élevant la voix.) Il n'y a rien de si innocent qu'un chant spirituel; pas vrai, père Ruysum?

RUYSUM.

Eh! sans doute! c'est une partie du culte, une façon de s'édifier.

JETTER.

Mais ils prétendent que ce n'est pas selon la bonne manière, selon leur manière. Et comme il y a toujours quelque danger, disent-ils, on fait mieux de s'en passer. Les familiers de l'inquisition épient tout cela; plus d'un honnête homme en a été victime. Gêner les consciences! il ne manquait plus que cela. Puisqu'ils m'empêchent de faire ce que je veux, ils pourraient bien au moins me laisser penser et chanter ce qui me plait.

SOEST.

L'inquisition ne prendra pas; nous ne sommes pas faits pour laisser tyranniser notre conscience, comme les Espagnols. Et puis la noblesse est intéressée à lui rogner à temps les ailes.

JETTER.

C'est très-fâcheux. Enfin, s'il vient à l'esprit de ces braves gens-là de faire une descente chez moi, et qu'ils me trouvent assis à mon ouvrage, fredonnant un psaume français, sans pour cela y attacher la moindre idée bonne ou mauvaise, mais le fredonnant parce qu'il est dans mon gosier, me voilà aussitôt hérétique et conduit en prison. Ou bien, en courant la campagne, je rencontre sur mon chemin un groupe qui écoute quelqu'un de ces nouveaux prédicateurs venus d'Allemagne; je m'arrête un moment : je suis déclaré rebelle sur la place, et en danger de perdre ma tête. Vous est-il arrivé d'en entendre prêcher un?

ACTE I.

SŒST.

De fières gens! Dernièrement j'en entendis un parler en rase campagne devant des milliers d'hommes. C'était une autre paire de manches que les nôtres, quand ils battent la caisse sur leur pupitre, et qu'ils font avaler aux gens du latin à en étouffer. Il a parlé rondement celui-là. Il nous a dit comme quoi nos prêtres nous avaient toujours menés par le nez et nous tenaient dans la stupidité, et comme quoi nous pouvions nous éclairer. — Et tout cela, il vous le prouvait par la Bible.

JETTER.

Il peut bien y avoir quelque chose de vrai là-dedans. Je l'ai toujours dit, moi, et j'ai vu clair à tout cela. Il y a, Dieu merci, assez longtemps que cela me trotte par la tête.

BUYCK.

Aussi tout le peuple court après eux.

SŒST.

Je le crois bien, là il y a quelque chose de bon et de nouveau à apprendre.

JETTER.

Et qu'est ce que ça fait, je vous le demande? On peut bien laisser chacun prêcher à sa manière.

BUYCK.

Allons, messieurs! Tout en bavardant, vous oubliez le vin et Orange.

JETTER.

Celui-là, il ne faut pas l'oublier. C'est un vrai rempart : je crois, en bonne foi, lorsque j'y pense, que si l'on était caché derrière lui, le diable ne serait pas capable de venir vous en tirer. A Guillaume d'Orange! vivat!

TOUS.

Vivat! vivat!

SŒST.

Et toi, mon vieux, porte une santé à ton tour.

RUYSUM.

Aux vieux soldats! à tous les soldats! Vive la guerre!

BUYCK.

Bravo, mon vieux! A tous les soldats! Vive la guerre!

JETTER.

La guerre! la guerre! Savez-vous bien ce que vous dites? Que ce mot vous vienne naturellement à la bouche, ça se conçoit; mais de dire à quel point il nous révolte, nous autres, c'est ce qui me serait impossible. Toute l'année le tambour dans les oreilles; point d'autres discours que ceux-ci : Un bataillon file par ici, un autre par là; ils ont passé par la colline et se sont arrêtés près du moulin; là il en est resté tant, tant ici; ils en sont venus aux mains, et l'un a gagné, l'autre a perdu, sans que de vos jours vous sachiez ce qu'on a gagné ni ce qu'on a perdu; une ville a été prise; on a égorgé tous les bourgeois; voici comme on a traité les malheureuses femmes, les pauvres petits enfants. Pas un moment de repos; des angoisses!... A chaque instant on se dit : « Ils viennent! il va nous en arriver autant. »

SŒST.

C'est pour cela qu'un bourgeois doit être exercé aux armes.

JETTER.

Oui, qu'il aille s'exercer, celui qui a une femme et des enfants! Pourtant j'aime encore mieux entendre parler des soldats que d'en voir.

BUYCK.

Je pourrais prendre cela en mauvaise part.

JETTER.

Ce n'est pas pour vous que je le dis, mon compatriote; c'est pour les garnisons espagnoles... Ah! quand nous avons vu leurs talons, nous avons respiré.

SŒST.

N'est-ce pas? Ils t'étaient furieusement à charge?

JETTER.

Allons, des plaisanteries!

SŒST.

Ils avaient de rudes cantonnements chez toi.

JETTER.

Tais ta gueule.

ACTE I.

SŒST.

C'est qu'ils l'avaient chassé de la cuisine, du cellier, de la chambre... du lit.

Ils rient.

JETTER.

Tu es une bête.

BUYCK.

Paix, messieurs! Est-ce au soldat à prêcher la paix? — Eh bien! puisque vous ne voulez pas entendre parler de nous, portez donc votre propre santé, une santé bourgeoise.

JETTER.

Voilà notre affaire! Sécurité et repos!

SŒST.

Ordre et liberté!

BUYCK.

Bravo!

Ils trinquent et répètent galement ces paroles, l'un reprenant quand l'autre a fini, de manière à former une sorte de canon. L'Invalide écoute, et finit par s'en mettre aussi.

TOUS.

Sécurité et repos! Ordre et liberté!

LE PALAIS DE LA GOUVERNANTE.

MARGUERITE DE PARME, en habits de chasse; COURTISANS, PAGES, DOMESTIQUES.

MARGUERITE.

Décommandez la chasse, je ne sortirai pas aujourd'hui. Dites à Machiavell de venir. (Tout le monde se retire). L'idée de ces affreux événements ne me laisse aucun repos! rien ne peut m'égayer, rien ne peut me distraire : ces images, ces inquiétudes, sont toujours devant moi. Le roi ne manquera pas de dire que ce sont les suites de ma bonté, de mon indulgence; et ma conscience me dit pourtant que j'ai fait ce qu'il y avait de mieux à faire et de plus sage. Devais-je, à la première étincelle, souffler la colère pour allumer un incendie.

j'espérais l'isoler, le faire s'éteindre lui-même... Oui, tout ce que je me dis, tout ce que je sais me disculpe à mes propres yeux; comment mon frère prendra-t-il cela? Car, peut-on le nier? l'arrogance des docteurs étrangers s'accroît de jour en jour : ils ont profané notre sanctuaire, perverti le bon sens du peuple, soufflé sur lui un esprit de vertige .. d'impurs démons se sont mêlés aux rebelles; il s'est commis des excès dont l'idée seule fait frémir, et que je me vois obligée de transmettre en détail à la cour; en détail et en diligence, pour éviter que la voix publique ne me prévienne, et que le roi ne s'imagine qu'on en fait plus qu'il n'y en a. Je ne vois aucun moyen ni violent, ni doux d'arrêter le mal. Oh! que sommes-nous, princes et rois, sur la vague de l'humanité? nous croyons la maîtriser, et elle nous ballotte en tous sens, nous pousse et nous repousse çà et là.

Entre Machiavell.

MARGUERITE.

Les lettres au roi sont-elles rédigées?

MACHIAVELL.

Dans une heure d'ici vous pourrez les signer.

MARGUERITE.

Avez-vous fait le rapport assez explicite?

MACHIAVELL.

Explicite et circonstancié, comme le roi les aime. Je raconte d'abord comment leur fureur contre les images éclata à Saint-Omer; comment une multitude en délire, pourvue de bâtons, de haches, de marteaux, d'échelles, de cordes, et escortée d'un petit nombre d'hommes armés, se jette sur les chapelles, les monastères, les églises, expulse les fidèles, enfonce les portes, bouleverse tout, renverse les autels, brise les statues des saints, déchire les tableaux, disperse, écrase, foule aux pieds les choses sacrées. J'expose ensuite comment cette troupe de bandits grossit à mesure qu'elle s'avance, et fait son entrée dans Ypres, qui lui ouvre ses portes; comment ils dépouillent la cathédrale avec une vitesse incroyable, et brûlent la bibliothèque de l'évêque; comment une foule prodigieuse de peuple, saisie du même délire, se déborde sur

Menin, Comines, Werwick, Lille, et ne trouve de résistance nulle part; comment enfin dans un clin d'œil cette vaste conjuration se déclare et inonde la Flandre entière.

MARGUERITE.

Ah! comme à ton récit ma douleur se réveille! Et il s'y joint encore la crainte de voir le mal s'aggraver de plus en plus. Machiavell, que penses-tu de tout cela?

MACHIAVELL.

Votre Altesse m'excusera; mes idées ressemblent si fort à des chimères! et quoique vous paraissiez toujours contente de mes services, il est si rare que vous ayez suivi mes conseils! Vous me disiez souvent en badinant : « Tu vois les choses trop en grand, Machiavell : tu écrirais fort bien l'histoire. Mais, quand on agit, il faut regarder à ses pieds! » Et cependant, n'ai-je pas raconté d'avance cette histoire? N'ai-je pas prévu tout cela?

MARGUERITE.

Moi aussi, je prévois bien des choses que je ne puis empêcher.

MACHIAVELL.

Je n'ai qu'un mot à dire : jamais vous n'étoufferez la nouvelle secte. Laissez-les s'établir : séparez-les des orthodoxes, donnez-leur des églises, faites-les rentrer dans l'ordre social, tenez-les en bride, et vous verrez que par ce moyen les rebelles seront bientôt réduits. Tout autre système est impuissant, et vous ruinez le pays.

MARGUERITE.

As-tu oublié l'indignation de mon frère, quand on lui demanda s'il fallait tolérer la nouvelle doctrine? Ne sais-tu pas que dans toutes ses lettres il me recommande du ton le plus pressant le maintien de la vraie foi? Ignores-tu qu'il ne voudrait pas de la concorde, s'il fallait l'acheter aux dépens de la religion? N'entretient-il pas lui-même dans ces provinces des espions que nous ne connaissons pas, pour l'informer de tous ceux qui inclinent aux nouvelles opinions? Ne nous a-t-il pas, à notre grand étonnement, nommé tel et tel qui, dans notre voisinage professait l'hérésie? N'a-t-il pas enjoint la sévérité et la rigueur? Et je serais indulgente? je l'engagerais à laisser faire, à tolérer? Ne serait-ce pas perdre tout crédit, toute confiance auprès de lui?

MACHIAVELL.

Je sais bien; le roi ordonne, il vous fait savoir ses intentions : il veut que vous rameniez le calme et la paix par des moyens qui ne sont propres qu'à aigrir les esprits de plus en plus et à embraser inévitablement tout le pays. Pensez bien à ce que vous allez faire : les gros marchands sont gagnés, la noblesse, le peuple, les soldats. Que sert-il de persister dans ses idées, quand tout change autour de nous? Si un bon génie pouvait persuader à Philippe qu'il sied mieux à un roi de régner sur des hommes divisés de croyance que de les exterminer les uns par les autres !

MARGUERITE.

Qu'à l'avenir je n'entende plus de pareils discours. La politique, je le sais trop, admet rarement la bonne foi et la confiance; elle bannit de nos cœurs la franchise, la bonté, l'indulgence : dans les affaires humaines, ce n'est, hélas! que trop vrai. Mais devons-nous jouer avec Dieu comme nous jouons entre nous? devons-nous regarder avec froideur et indifférence la doctrine éprouvée, pour laquelle tant d'hommes ont sacrifié leur vie? Devons-nous l'abandonner pour des nouveautés incertaines, venues je ne sais d'où, qui se contredisent elles-mêmes?

MACHIAVELL.

N'allez pas pour cela prendre mauvaise idée de moi.

MARGUERITE.

Je connais ta fidélité, et je sais qu'on peut être homme de bien, alors même qu'on a manqué le chemin de son salut. Il y en a d'autres que toi, Machiavell, que je me vois forcée d'estimer et de condamner.

MACHIAVELL.

De qui voulez-vous parler?

MARGUERITE.

Je dois l'avouer, Egmont m'a fait éprouver aujourd'hui le chagrin le plus vif.

MACHIAVELL.

Comment ?

MARGUERITE.

Comme à l'ordinaire, par son insouciance et sa légèreté. Je reçus la terrible nouvelle au moment où je sortais de l'église, accompagnée de lui et de beaucoup d'autres. Je ne pus contenir ma douleur : je me plaignis hautement, et m'écriai en me tournant vers lui : « Voyez ce qui se passe dans votre province ! Et vous le permettez, comte, vous de qui le roi s'était tout promis ? »

MACHIAVELL.

Et que répondit-il ?

MARGUERITE.

Comme s'il s'agissait d'une bagatelle, d'un rien : « Plût au ciel, dit-il, que les Pays-Bas fussent tranquilles sur leurs droits ! le reste s'arrangerait tout seul. »

MACHIAVELL.

Peut-être ce qu'il a dit est-il plus vrai que sage et que respectueux. En effet, comment veut-on que la confiance règne, tant que le citoyen des Pays-Bas verra qu'il s'agit moins de son bonheur et du salut de son âme que de ses richesses ? Les nouveaux évêques n'ont-ils pas mangé plus de gras bénéfices qu'ils n'ont sauvé d'âmes ? et ne sont-ils pas pour la plupart étrangers ? A présent que tous les gouvernements sont encore aux mains des nationaux, les Espagnols ne laissent-ils pas trop clairement paraître qu'ils sont dévorés d'un désir irrésistible de s'emparer de ces places ? Et un peuple n'aime-t-il pas mieux être gouverné à sa manière par les siens, que par des étrangers qui ne viennent dans le pays que pour s'enrichir aux dépens de tous, qui apportent avec eux des principes étrangers, et gouvernent sans bienveillance et sans équité !

MARGUERITE.

Tu te ranges du côté de nos adversaires.

MACHIAVELL.

Non pas de cœur, et je voudrais que ma raison pût être entièrement du nôtre.

MARGUERITE.

De sorte que, selon toi, je n'aurais rien de mieux à faire qu'à leur céder mon gouvernement; car Egmont et Orange se promettent bien cette place. Autrefois ils étaient rivaux : maintenant ils font cause commune contre moi; ils sont devenus amis, amis inséparables.

MACHIAVELL.

Deux hommes dangereux.

MARGUERITE.

Faut-il parler nettement? Je crains Orange, et je crains pour Egmont. Orange ne médite rien de bon; sa pensée porte loin, il est mystérieux, fait semblant de consentir à tout, ne contredit jamais, et, avec l'apparence du plus profond respect et une prudence sans égale, il finit toujours par faire ce qui lui plaît.

MACHIAVELL.

Egmont, tout au contraire, marche d'un pas libre, comme si le monde lui appartenait.

MARGUERITE.

Il porte la tête haute, comme si la main toute-puissante du roi n'était pas étendue sur elle.

MACHIAVELL.

Les yeux du peuple sont fixés sur lui; tous les cœurs lui appartiennent.

MARGUERITE.

Jamais il n'a pris la peine d'écarter les soupçons, comme s'il n'avait de compte à rendre à personne. Il continue de porter le nom d'Egmont, comme s'il craignait de s'entendre appeler *comte d'Egmont*, il prend plaisir à oublier que ses ancêtres ont régné sur la Gueldre. Pourquoi ne prend-il pas son titre de prince de Gavre? pourquoi cette obstination? Veut-il faire revivre des droits éteints?

MACHIAVELL.

Oh! je le crois un fidèle sujet du roi.

MARGUERITE.

Il ne tiendrait qu'à lui d'acquérir des droits à la reconnaissance du gouvernement, tandis que, sans utilité pour lui, il nous a déjà fait un mal incalculable. Les liaisons qu'il a formées, les repas, les fêtes qu'il donne, lui ont concilié l'affection de la noblesse plus que n'auraient pu faire les conciliabules secrets les plus dangereux; et, avec leurs toasts bruyants, ses convives ont créé autour de lui une auréole qui ne se dissipera jamais. Combien de fois n'a-t-il pas remué les esprits du peuple par ses plaisanteries, et n'a-t-on pas vu la canaille s'arrêter bouche béante devant ses nouvelles livrées, et admirer le luxe ridicule de son cortége?

MACHIAVELL.

Je suis convaincu qu'il ne mettait dans ces choses-là aucune intention.

MARGUERITE.

Mais il suffit que ces choses soient mauvaises. Comme je le disais tout à l'heure, il nous nuit sans en tirer pour lui aucun profit. Il prend le sérieux en plaisanterie; nous, pour ne pas nous donner l'air de l'indolence et de la paresse, nous sommes obligés de prendre ses plaisanteries au sérieux. De là mille altercations qui deviennent ensuite la source des maux les plus graves, de ceux même qu'on s'efforçait de repousser. Il est cent fois plus à craindre que le chef avoué d'une conjuration ne le serait; et je me tromperai fort si on ne pense pas ainsi à la cour. Je ne puis dissimuler qu'il ne se passe peu de jours où il ne me cause un chagrin sensible, très-sensible.

MACHIAVELL.

En toute occasion il m'a semblé agir d'après sa conscience.

MARGUERITE.

Sa conscience est un miroir complaisant. Sa conduite est souvent très-offensante; il a souvent l'air d'un homme qui vit dans l'intime persuasion qu'il est le maître, et que s'il veut bien condescendre à ne pas le faire sentir, s'il ne nous chasse pas du pays à l'instant même, c'est que cela viendra de soi-même.

MACHIAVELL.

Je vous en supplie, ne donnez pas à sa franchise, à cette heureuse disposition d'humeur qui lui fait traiter légèrement des sujets quelquefois fort graves, une interprétation trop fâcheuse. Vous ne faites par là que vous nuire, ainsi qu'à lui.

MARGUERITE.

Je n'interprète rien, je ne parle que des conséquences inévitables; et je le connais : sa noblesse des Pays-Bas et la Toison d'or qu'il porte sur sa poitrine augmentent son assurance et son audace; l'un et l'autre peuvent également le protéger contre un mécontentement subit et arbitraire du roi. Penses-y bien : il est l'unique source des malheurs de la Flandre; c'est lui qui le premier a toléré les docteurs étrangers; peut-être même s'est-il réjoui en secret de nous voir ces affaires sur les bras. Mais patience! je saisirai cette occasion pour me décharger de tout ce que j'ai sur le cœur, et la flèche que je lancerai ne sera pas perdue. Je sais par où il est sensible... car il est sensible aussi.

MACHIAVELL.

Avez-vous fait appeler le conseil? Orange s'y rendra-t-il?

MARGUERITE.

J'ai envoyé chez lui à Anvers. Cette fois, je veux leur rappeler catégoriquement la responsabilité qui leur incombe; il faut qu'ils s'opposent sérieusement au mal avec moi, ou qu'ils se déclarent rebelles. — Hâte-toi de préparer les lettres et de me les faire signer; puis envoie au plus tôt à Madrid le fidèle Fasca, c'est un homme infatigable et dévoué, que ce soit lui qui apprenne la nouvelle à mon frère; qu'il devance le bruit public. Je veux lui parler moi-même avant son départ.

MACHIAVELL.

Vos ordres seront exécutés promptement et ponctuellement.

MAISON DE BOURGEOIS.

CLAIRE, LA MÈRE DE CLAIRE, BRACKENBOURG.

CLAIRE.

Ne voulez-vous pas me tenir mon écheveau, Brackenbourg?

ACTE I.

BRACKENBOURG.

Je vous en prie, Clærchen, épargnez-moi.

CLAIRE.

Quelle est donc cette nouvelle lubie? pourquoi me refuser ce petit service d'amitié?

BRACKENBOURG.

Avec votre fil, vous m'enchaînez devant vous, et je ne puis plus éviter vos yeux.

CLAIRE.

Folies! Allons, tenez-le-moi.

LA MÈRE, sur une chaise, tricotant.

Voyons donc, une chanson; Brackenbourg fait si bien la seconde partie! Vous étiez plus gais autrefois, et j'avais toujours sujet de rire.

BRACKENBOURG.

Oui, autrefois!

CLAIRE.

Chantons.

BRACKENBOURG.

Tout ce que vous voudrez.

CLAIRE.

Point de façons, et couramment; c'est une chanson militaire, mon morceau favori.

Elle dévide son fil et chante avec Brackenbourg

> Le tambour résonne
> Et le fifre siffle,
> Mon amant armé
> Commande la troupe
> Tenant haut sa lance
> Et guidant ses gens.
> Comme mon cœur bat!
> Que mon sang bouillonne!
> Que n'ai-je un pourpoint,
> Un chapeau, des chausses!

> Alors je suivrais
> Sa marche rapide
> A travers provinces,
> A travers le monde!
> L'ennemi faiblit...
> Et nous le battons!
> Bonheur sans pareil,
> Si j'étais un homme!

Brackenbourg, pendant qu'il chantait, a souvent jeté les yeux sur Claire; enfin la voix lui manque, les larmes lui viennent aux yeux, il laisse tomber le fil et va se mettre à la fenêtre. Claire achève sans lui la chanson; sa mère lui fait un signe de mécontentement. Elle se lève, fait quelques pas vers Brackenbourg, revient sur ses pas comme indécise, et s'assied.

LA MÈRE.

Qu'y a-t-il dans la rue, Brackenbourg? j'entends passer quelque chose.

BRACKENBOURG.

C'est la garde de la gouvernante.

CLAIRE.

A cette heure? qu'est-ce que cela veut dire? (Elle se lève et court se mettre à la fenêtre à côté de Brackenbourg.) Ce n'est pas la garde du jour; celle-ci est plus nombreuse; c'est presque toute la troupe. O Brackenbourg, allez savoir ce que c'est! il doit y avoir quelque chose de particulier. Allez donc, cher Brackenbourg, faites-moi ce plaisir!

BRACKENBOURG.

Je vais et je reviens immédiatement.

Au moment de sortir, il lui tend la main; elle lui donne la sienne.

LA MÈRE.

Tu le renvoies déjà?

CLAIRE.

Je suis curieuse; et puis, ne m'en faites pas un reproche, sa présence me met mal à l'aise; je ne sais jamais quel ton prendre avec lui. J'ai des torts envers lui, et mon cœur est navré de voir qu'il le sent aussi vivement... Je ne puis pourtant rien y changer.

LA MÈRE.

C'est un brave et fidèle garçon.

CLAIRE.

Aussi, je ne puis m'empêcher de le traiter amicalement. Bien des fois, ma main se serre involontairement lorsqu'il la prend si tendrement, si délicatement. Alors je me reproche de le tromper, de nourrir dans son cœur une vaine espérance; j'en suis malade. Dieu m'est témoin que je ne le trompe pas; je fais tout pour lui ôter l'espérance, et cependant je ne puis pas non plus l'abandonner au désespoir.

LA MÈRE.

Ce n'est pas bien.

CLAIRE.

J'avais du goût pour lui; aujourd'hui encore je lui veux du bien au fond de mon âme. J'aurais pu aller jusqu'à l'épouser; et pourtant je ne crois pas l'avoir jamais aimé.

LA MÈRE.

Tu aurais toujours été heureuse avec lui.

CLAIRE.

Je serais bien établie et mènerais une vie tranquille.

LA MÈRE.

Et tout cela est perdu par ta faute!

CLAIRE.

Je suis dans une étrange situation. Quand je songe en moi-même à tout ce qui s'est passé, je m'en souviens très-bien, et je ne peux pas me l'expliquer. Mais je n'ai qu'à revoir Egmont, et tout me paraît très-compréhensible, plus que compréhensible. Ah! quel homme! Toutes les provinces l'adorent, et moi je ne serais pas avec lui la plus heureuse créature du monde?

LA MÈRE.

Quel avenir tout cela nous prépare-t-il?

CLAIRE.

Ah! je ne demande qu'une chose, c'est s'il m'aime; et s'il m'aime, est-ce une question?

LA MÈRE.

On n'a que du souci à attendre de ses enfants! Comment cela finira-t-il? Toujours de l'inquiétude et du chagrin; cela prend une mauvaise tournure! Tu as fait ton malheur! tu as fait mon malheur!

CLAIRE, tranquillement.

Vous ne vous y êtes pas opposée au commencement.

LA MÈRE.

Mon Dieu! j'ai été trop bonne; je suis toujours trop bonne.

CLAIRE.

Quand Egmont passait et que je courais à la fenêtre, vous ne me grondiez pas, vous couriez même à la fenêtre. Quand

il levait la tête, souriait et me saluait, vous en plaigniez-vous?
Vous vous trouviez, au contraire, honorée dans votre fille.

LA MÈRE.

Fais-moi encore des reproches!

CLAIRE, émue.

Quand ses promenades dans notre rue devinrent plus fréquentes, et que nous sentions bien que c'était pour moi qu'il passait, ne l'avez-vous pas remarqué vous-même avec une joie secrète? Me rappeliez-vous, toutes les fois que je m'établissais derrière les vitres à l'attendre?

LA MÈRE.

Pouvais-je prévoir que les choses iraient si loin?

CLAIRE, d'une voix entrecoupée de sanglots.

Et ce soir où il vint nous surprendre auprès de notre lampe, enveloppé dans son manteau, qui est-ce qui s'empressa de le recevoir, pendant que j'étais là clouée sur ma chaise, sans mouvement?

LA MÈRE.

Est-ce que je pouvais craindre que cette malheureuse passion entraînât sitôt la sage Clærchen? — Maintenant il faut que je supporte de voir ma fille...

CLAIRE, fondant en larmes.

Ma mère, vous le voulez absolument! vous prenez plaisir à me désoler!

LA MÈRE, pleurant.

Pleure donc à présent! rends-moi encore plus malheureuse par ton chagrin! N'est-ce pas assez pour moi que ma fille unique soit une créature perdue?

CLAIRE, debout, froidement.

Perdue! l'amante d'Egmont une créature perdue! Quelle princesse n'envierait à la pauvre Clærchen la place qu'elle occupe dans son cœur? O ma mère, ma mère!... vous ne parliez pas de même autrefois. Ma bonne mère, soyez indulgente!... Et qu'importe ce que pense le peuple, ce que disent nos voisines? Cette chambre, cette petite maison est un paradis depuis que l'amour d'Egmont y demeure!

ACTE I.

LA MÈRE.

On doit lui faire bon accueil, c'est vrai. Il est toujours si amical, si franc, si ouvert!

CLAIRE.

Il n'y a pas en lui une seule veine de fausseté. Voyez, ma mère, c'est pourtant le grand Egmont! et quand il vient à moi, quelle tendresse, quelle bonté! Comme il s'empresse auprès de moi! Ce n'est plus qu'un homme, un ami, un amant!

LA MÈRE.

Viendra-t-il aujourd'hui?

CLAIRE.

Ne m'avez-vous pas vue plus d'une fois aller à la fenêtre? n'avez-vous pas remarqué comme j'écoute chaque bruit qui se fait à la porte? — Je sais bien qu'il ne vient jamais avant la nuit; mais, dès que je suis levée, je l'attends, je l'attends à tous les moments du jour. Si j'étais homme, et que je pusse l'accompagner à la cour et partout! Si je pouvais le suivre au combat et porter son drapeau!

LA MÈRE.

Oui, tu as toujours été une évaporée. Déjà toute petite, tantôt folle, tantôt réfléchie!... — Ne fais-tu pas un bout de toilette?

CLAIRE.

Peut-être, ma mère, si je m'ennuie. — Hier, je m'en souviens, il passa des gens de sa suite qui chantaient des chansons à sa louange... au moins son nom était dans leurs chansons; je ne pus distinguer le reste des paroles. Le cœur me battait à en être suffoquée!... je les aurais appelés, si j'avais osé...

LA MÈRE.

Prends garde à toi! ta vivacité gâte tout: tu te trahis ouvertement devant le monde. L'autre jour encore, chez notre cousin, quand tu as trouvé sur la table, cette gravure sur bois avec une légende, et que tu as crié : « Le comte d'Egmont! » je devins rouge comme le feu.

CLAIRE.

Le moyen de me taire! C'était la bataille de Gravelines : je trouve en haut de la feuille la lettre C ; je cherche en bas la légende qui s'y rapporte, il y avait ceci : « Le comte d'Egmont ayant son cheval tué sous lui. » J'en fus toute saisie... Ensuite je ne pus m'empêcher de rire de cet Egmont gravé sur bois, à lui seul il était aussi grand que la tour de Gravelines et les vaisseaux anglais tout ensemble. — Quand je me rappelle les idées que je me formais d'une bataille ; et la manière dont, étant petite, je me représentais le comte d'Egmont, toutes les fois que j'entendais parler de lui et de tous les autres comtes et princes du monde, et quand je les compare à celles d'à présent...

Entre Brackenbourg.

CLAIRE.

Eh bien! qu'y a-t-il?

BRACKENBOURG.

On ne sait rien de positif. Il doit être survenu de nouveaux désordres en Flandre ; et la gouvernante doit prendre ses mesures pour qu'ils ne se propagent pas ici. Le château a reçu une forte garnison : les bourgeois sont aux portes en grand nombre ; le peuple s'amasse dans les rues. — Je cours vite rejoindre mon vieux père.

Il se dispose à sortir.

CLAIRE.

Vous verra-t-on demain? Je vais m'habiller un peu : mon cousin doit venir, et je suis par trop négligée! Donnez-moi un coup de main, ma mère. — Emportez ce livre, Brackenbourg, et rapportez-moi une histoire du même genre.

LA MÈRE.

Adieu!

BRACKENBOURG, tendant la main.

Votre main!

CLAIRE, refusant la sienne.

Quand vous reviendrez.

La mère et la fille sortent ensemble.

BRACKENBOURG, seul.

J'étais décidé à sortir tout de suite, et me voici furieux de ce qu'elle me prend au mot et me laisse partir. — Malheureux ! et le sort de ton pays ne te touche pas ! ce tumulte croissant te trouve indifférent ! Le compatriote et l'Espagnol, l'oppresseur et l'opprimé sont tout un pour toi !... A l'école, j'étais pourtant tout autre ! Quand on me donnait une composition à faire : « Discours de Brutus pour la liberté, exercice d'éloquence, » Fritz était toujours le premier ; et le régent disait : « Ce serait bien s'il y avait plus de méthode, et que tout ne fût pas jeté pêle-mêle. » C'est alors que je me sentais bouillir ! — Maintenant, je rampe lâchement devant une jeune fille... Je ne peux donc pas m'en détacher ! elle ne peut donc pas m'aimer ! Ah !... non... elle... elle ne peut pas m'avoir tout à fait repoussé... pas tout à fait... un peu, ce n'est rien ! non, je ne puis l'endurer plus longtemps ! — Serait-ce vrai, ce qu'un ami me disait dernièrement à l'oreille, que, vers la nuit tombante, elle reçoit un homme en secret, après m'avoir modestement congédié avant le soir, comme elle fait toujours ?... Non, c'est un mensonge, un infâme mensonge ! une calomnie ! Clærchen est aussi innocente que je suis malheureux. Elle m'a repoussé, elle m'a banni de son cœur... Et je dois continuer de vivre ainsi ? non, non, je ne puis l'endurer ! — Déjà mon pays est agité de querelles intestines, le tumulte est autour de moi, et je m'éteins dans l'inaction ! C'est trop souffrir... Mais, lorsque j'entends le son de la trompette ou la décharge d'une arme à feu, cela me traverse les os, sans que j'y trouve le moindre charme, sans que l'envie me vienne de prendre aussi les armes, de défendre ma patrie, de m'élancer ! Misérable, funeste état !... Mieux vaut finir d'un seul coup. — Il y a quelques jours, je me suis jeté à l'eau : j'enfonçais déjà, mais la nature aux abois fut plus forte que ma volonté ; je sentis que je pouvais nager, et me sauvai malgré moi. — Si je pouvais oublier les temps où elle m'aimait... où elle semblait m'aimer !... Pourquoi donc m'a-t-il pénétré jusqu'à la moelle, ce bonheur ? pourquoi ces espérances ont-elles absorbé tout mon goût pour la vie, en me montrant de loin un paradis ? — Et ce premier baiser ! cet unique baiser ! — C'est ici (mettant la main sur la table), ici même... nous étions seuls... Elle avait toujours été bonne et aimable pour moi ; alors elle parut s'attendrir... elle jeta sur moi un regard ! j'en fus enivré, et je sentis ses lèvres sur les miennes.. et... et maintenant?... Meurs, malheureux ! qu'attends-tu ? (Il sort de sa poche une fiole.) Je ne veux pas t'avoir tiré pour rien de l'armoire de mon frère, poison sauveur ! — Ces angoisses, ce vertige, cette sueur mortelle, tu m'en affranchiras d'un seul trait !

ACTE DEUXIÈME

PLACE PUBLIQUE DE BRUXELLES.

JETTER et un MAITRE CHARPENTIER marchent ensemble.

LE CHARPENTIER.

Ne l'avais-je pas prévu ? il n'y a pas huit jours que, dans notre corporation, j'ai dit qu'il allait se passer quelque chose.

JETTER.

Est-ce donc vrai qu'ils ont pillé les églises en Flandre ?

LE CHARPENTIER.

Ils ont ruiné de fond en comble églises et chapelles ; ils n'ont laissé debout que les quatre murs. Pure canaille ! et voilà de quoi rendre détestable notre bonne cause. Avant tout cela, nous pouvions plaider nos droits près de la gouvernante en sûreté et avec force, et insister sur leur maintien ; avisons-nous à présent de parler, avisons-nous de nous rassembler ; on dira que nous faisons cause commune avec les rebelles.

JETTER.

Oui, c'est l'idée qui vient d'abord à tout le monde. Qu'est-ce que tu fais là avec ton nez au vent ? Sais-tu bien que le cou n'en est pas si loin ?

LE CHARPENTIER.

Je ne réponds de rien si une fois on voit se soulever le menu peuple qui n'a rien à perdre. Nos justes réclamations servent aux révoltés de prétexte, et ils attirent sur le pays les plus grands malheurs.

Arrive Sœst.

SŒST.

Bonjour, messieurs! Qu'y a-t-il de nouveau? est-il vrai que ces briseurs d'images marchent droit ici?

LE CHARPENTIER.

Ici, ils ne toucheront à rien.

SŒST.

Il est entré chez moi un soldat qui venait acheter du tabac. Je l'ai fait causer. La gouvernante, si prudente et si sage qu'elle soit d'habitude, est, pour le coup, tout hors d'elle. Il faut que ce soit diablement sérieux pour qu'elle ait couru si vite se retrancher derrière sa garde. La citadelle est garnie de troupes. On dit même qu'elle veut quitter la ville.

LE CHARPENTIER.

Qu'elle n'aille pas faire cela : sa présence nous protége, et nous la défendrons mieux que les moustaches qui l'environnent. Si elle maintient nos droits et nos libertés, nous la porterons en triomphe.

Arrive un fabricant de savon.

LE FABRICANT DE SAVON.

Vilaines affaires! méchantes affaires! Il y a de l'agitation; ça va mal! — Gardez-vous de rester en place, qu'on ne vous prenne pas pour des rebelles.

SŒST.

Voici venir les sept sages de la Grèce!

LE FABRICANT DE SAVON.

Je sais qu'il y en a beaucoup qui entretiennent des rapports secrets avec les calvinistes, qui maudissent les évêques et n'ont aucun respect pour le roi; mais un fidèle sujet, un vrai catholique...

Arrivent petit à petit toutes sortes de gens qui s'assemblent autour d'eux et écoutent.

VANSEN, *s'approchant.*

Je vous salue, messieurs! Quoi de nouveau?

LE CHARPENTIER.

Ne vous fiez pas à lui, c'est un mauvais drôle.

JETTER.

N'est-ce pas le secrétaire du docteur Wiets?

LE CHARPENTIER.

Il a eu plus d'un maître. Il a d'abord été scribe, et comme tous ses maîtres l'ont successivement chassé pour cause de friponnerie, il tranche du notaire et de l'avocat. Vrai pilier de cabaret.

La foule augmente, des groupes se forment.

VANSEN.

Vous voici réunis; concertez-vous : parler ne nuit jamais.

SŒST.

C'est mon avis.

VANSEN.

Eh bien! si l'un de vous avait du cœur, si l'un de vous avait, en outre, un peu de tête, ce serait là une belle occasion de secouer le joug espagnol.

SŒST.

Messieurs, ne parlez pas ainsi. Nous avons prêté serment au roi.

VANSEN.

Et le roi à nous : faites-y attention.

JETTER.

Bien parlé! Dites un peu votre opinion.

QUELQUES AUTRES.

Paix! écoutez-le! Il entend la chose! C'est un malin!

VANSEN.

J'ai eu autrefois pour maître certain vieillard qui gardait précieusement chez lui un tas de parchemins et de papiers contenant d'anciens documents, contrats et titres : il faisait grand cas des écrits rares. Dans l'un de ces papiers se trouvait toute notre constitution : comme quoi les Pays-Bas furent d'abord gouvernés par des princes particuliers, d'après des droits, des priviléges et des usages établis; comme quoi nos ancêtres avaient beaucoup de respect pour leurs princes tant qu'ils les gouvernaient à leur goût; mais qu'à la moindre infraction de leurs priviléges, ils se mettaient sur leurs gardes. Les états étaient aussitôt en arrêt; car il n'y avait si petite province qui n'eût ses états, ses assemblées.

LE CHARPENTIER.

Eh! taisez-vous; il y a longtemps qu'on sait tout cela. De la constitution du pays, chaque honnête bourgeois en connaît ce qu'il lui en faut.

JETTER.

Laissez-le parler; on apprend toujours quelque chose de nouveau.

SŒST.

Il a parfaitement raison.

PLUSIEURS VOIX.

Parlez! parlez! On n'entend pas de ces choses-là tous les jours.

VANSEN.

Voilà comme vous êtes, vous autres bourgeois, vous vivez au jour le jour; et quand vous avez hérité du fonds de vos pères, vous laissez le gouvernement vous mener et vous molester comme il lui plaît; vous ne demandez pas d'où vient, ce qu'a fait et ce qu'a le droit de faire celui qui vous gouverne. C'est cette insouciance qui est cause que les Espagnols vous ont mis la corde au cou.

SŒST.

Qui est-ce qui va songer à tout cela, pourvu qu'on ait son pain quotidien?

JETTER.

Que diable! aussi pourquoi personne ne vient-il nous le dire quand il en est temps?

VANSEN.

Moi, je vous le dis à présent. Le roi d'Espagne, qui se trouve par hasard posséder toutes les provinces à la fois, ne devrait pas les gouverner autrement que ne faisaient jadis les petits princes qui les possédaient chacune à part. Comprenez-vous?

JETTER.

Expliquez-vous.

8.

VANSEN.

C'est clair comme le jour. Ne devez-vous pas être jugés selon les lois du pays? Et maintenant, comment cela se pourrait-il?

UN BOURGEOIS.

Sans doute.

VANSEN.

L'habitant de Bruxelles n'a-t-il pas d'autres lois que celui d'Anvers, celui d'Anvers, d'autres que celui de Gand? Et maintenant comment cela se pourrait-il?

UN AUTRE BOURGEOIS.

C'est vrai!

VANSEN.

Mais si vous laissez ainsi tout aller à la débandade, on vous en fera voir bien d'autres! Fi! ce que n'ont pu ni Charles le Hardi, ni Frédéric le Brave, ni Charles-Quint lui-même, Philippe le fait aujourd'hui par les mains d'une femme.

SŒST.

Oui... les anciens princes l'ont essayé aussi?

VANSEN.

Eh! certainement. — Mais nos pères y regardaient. Quand ils n'étaient pas contents d'un prince, ils allaient lui prendre son fils et son héritier, le gardaient chez eux étroitement, et ne le relâchaient que sous de bonnes garanties. Nos pères! c'étaient des gens qui savaient ce qui leur était avantageux, qui savaient mener leurs affaires et les tenir en bon ordre! Quels hommes! Voilà aussi d'où vient que nos priviléges sont si clairs, nos libertés si positives.

LE FABRICANT DE SAVON.

Que parlez-vous de libertés?

LE PEUPLE.

De nos libertés, de nos priviléges! Parlez encore un peu de nos priviléges.

VANSEN.

Nous autres Brabançons particulièrement, quoique toutes

les provinces aient leurs prérogatives, nous sommes de beaucoup les mieux partagés. J'ai tout lu.

SŒST.

Dites-les donc.

JETTER.

Écoutez.

UN BOURGEOIS.

De grâce !

VANSEN.

Premièrement, il est écrit : Le duc de Brabant nous doit être bon et fidèle seigneur.

SŒST.

Bien cela ! mais en êtes-vous sûr ?

JETTER.

Franchement, est-il vrai ?

VANSEN.

Comme je vous le dis. Il a ses obligations envers nous, comme nous en avons envers lui. Secondement : Il ne doit en aucune façon exercer, laisser entrevoir, ni s'ingérer de permettre aucun acte arbitraire quelconque.

JETTER.

Bien ! très-bien ! Il ne doit exercer...

SŒST.

Laisser entrevoir...

UN BOURGEOIS.

Ni s'ingérer de permettre ! C'est là le point essentiel : ne permettre à qui que ce soit en aucune façon...

VANSEN.

Les termes sont exprès.

JETTER.

Allez nous chercher cet écrit.

UN BOURGEOIS.

Oui, il nous faut l'écrit.

D'AUTRES.

L'écrit ! l'écrit !

UN AUTRE.

Nous irons trouver la gouvernante, l'écrit à la main.

UN AUTRE.

Vous porterez la parole, monsieur le docteur.

LE FABRICANT DE SAVON.

Oh! les imbéciles!

UN AUTRE.

Encore quelque chose de cet écrit!

LE FABRICANT DE SAVON.

S'il dit un mot de plus, je lui casse la gueule.

LE PEUPLE.

Nous voudrions bien voir qu'on lui fît quelque chose! Allons, parlez-nous de nos priviléges; avons-nous encore d'autres priviléges?

VANSEN.

De plus d'une sorte, et de très-bons, de très-salutaires. On lit encore que le prince ne doit apporter ni augmentation ni changements quelconques à l'état du clergé, sans l'assentiment de la noblesse et des états; et qu'en outre, remarquez bien! il ne doit point toucher à l'administration du pays.

SŒST.

Il y a cela!

VANSEN.

Je vous le montrerai écrit, sous la date de deux ou trois siècles.

PLUSIEURS BOURGEOIS.

Et nous endurons les nouveaux évêques? Que la noblesse nous aide, nous nous chargeons de l'affaire.

D'AUTRES.

Et nous nous laissons bâillonner par l'inquisition!

VANSEN.

C'est votre faute.

LE PEUPLE.

Nous avons encore Egmont! nous avons Orange! Ils veillent sur nos intérêts.

VANSEN.

Vos frères de Flandre ont déjà mis la main à l'œuvre.

ACTE II.

LE FABRICANT DE SAVON.

Canaille!

Il le frappe.

D'AUTRES *le repoussent en criant:*

Es-tu aussi un Espagnol?

UN AUTRE.

Quoi! ce digne homme?

UN AUTRE.

Ce docteur?

Ils tombent sur le fabricant de savon.

LE CHARPENTIER.

Paix, au nom du ciel! (*D'autres accourent et prennent part à la rixe.*) Bourgeois, pourquoi tout ce bruit?

Les enfants sifflent, jettent des pierres, excitent les chiens; des bourgeois s'arrêtent bouche béante; le peuple afflue; les uns circulent paisiblement, les autres font mille plaisanteries et poussent des cris de joie.

VOIX DE LA FOULE.

Liberté et priviléges! Priviléges et liberté!

Arrive Egmont avec une suite.

EGMONT.

Paix! paix, braves gens! Qu'y a-t il? Silence! Qu'on les sépare.

LE CHARPENTIER.

Gracieux seigneur, vous venez comme un ange du ciel. — Silence donc! Ne voyez-vous donc pas...! le comte d'Egmont? Respect au comte d'Egmont!

EGMONT.

Encore! que prétendez-vous donc? bourgeois contre bourgeois! Comment! le voisinage de notre royale gouvernante ne contient pas cette frénésie? Allons, allons, séparez-vous, et retournez à vos affaires! C'est mauvais signe quand vous chômez les jours ouvrables. De quoi s'agissait-il?

Le tumulte s'apaise par degrés, et tous se rangent autour d'Egmont.

LE CHARPENTIER.

Ils se battent pour leurs priviléges.

EGMONT.

Qu'ils vont encore détruire de gaieté de cœur. — Et qui êtes-vous donc? Vous m'avez l'air d'honnêtes gens.

LE CHARPENTIER.

C'est à quoi nous visons.

EGMONT.

Votre métier?

LE CHARPENTIER.

Charpentier et maître juré.

EGMONT.

Et vous?

SŒST.

Mercier.

EGMONT.

Et vous?

JETTER.

Tailleur.

EGMONT.

Ah! oui, je me rappelle : vous avez travaillé aux livrées de mes gens. Votre nom est Jetter.

JETTER.

C'est bien de l'honneur pour moi que vous vous rappeliez mon nom.

EGMONT.

Ceux que j'ai vus une fois et à qui j'ai parlé, je ne les oublie guère. — Veiller à la tranquillité publique, mes amis, c'est là votre devoir : faites-le donc. Vous êtes déjà assez mal notés! n'irritez pas davantage le roi; car, après tout, il a la force en main. Et d'ailleurs un bourgeois rangé, qui vit honorablement, a bien autant de liberté qu'il lui en faut.

LE CHARPENTIER.

Ah! mon Dieu, oui, c'est justement notre plaie! Ces batteurs de pavé, ces ivrognes, ces fainéants, qu'avec la permission de Votre Grâce la faim pousse à déterrer des priviléges, qui ensuite s'en vont mentir au nez des badauds et des gobe-mouches, et, pour une cruche de bière, engagent des rixes qui entraînent dans le malheur des milliers d'hommes, ça leur est bien égal à eux! nous tenons nos maisons et nos boutiques trop bien fermées; ils voudraient nous en chasser la torche à la main.

EGMONT.

Vous trouverez toute protection; des mesures sont prises pour résister énergiquement au mal. Tenez ferme contre les doctrines étrangères, et ne croyez pas que la rébellion soit un moyen d'affermir vos privilèges. Restez chez vous, et empêchez-les de s'attrouper dans les rues. Les gens raisonnables peuvent beaucoup.

Déjà le gros de l'attroupement s'est dissipé.

LE CHARPENTIER,

Mille grâces à Votre Excellence! mille grâces pour la bonne opinion qu'elle a de nous! Tout ce qui dépend de nous... (Egmont sort.) Gracieux seigneur! vrai noble des Pays-Bas! rien d'espagnol!

JETTER.

Si nous l'avions pour gouverneur! On aime à lui obéir.

SŒST.

Le roi s'en gardera bien! il donne toujours la place à ses créatures.

JETTER.

As-tu vu son habit? il est à la nouvelle mode, coupé à l'espagnole.

LE CHARPENTIER.

Le bel homme!

JETTER.

Et ce cou! quel bon gibier de bourreau!

SŒST.

Es-tu fou? quelle idée!

JETTER.

Oui, c'est un malheur d'avoir une idée pareille; mais je suis comme ça, moi; quand je vois un beau long cou, il faut, bon gré mal gré, que je pense: En voilà un qui serait bon à couper. — Les maudites exécutions! on ne se les ôte pas de l'esprit. Lorsque je vois des jeunes gens au bain et que j'aperçois un dos nu, aussitôt me reviennent par douzaines tous ceux que j'ai vu battre de verges. Si mes yeux tombent sur un gros ventre, il me semble déjà le voir griller au poteau. La nuit, en rêve, je sens des pincements dans tous les membres. On n'a plus un instant de bien-être. Quant à moi, j'aurai bientôt oublié ce que c'est que gaieté et bonne humeur; ces images épouvantables me sont imprimées sur le front comme avec un fer chaud.

LA DEMEURE D'EGMONT.

RICHARD, à une table, devant des papiers; il se lève plein d'agitation.

RICHARD.

Il ne vient toujours pas! et voici deux heures que j'attends la plume à la main, les papiers devant moi. Et justement aujourd'hui que j'aimerais tant à être libre de bonne heure! Les pieds me brûlent : je ne me possède pas d'impatience. Sois exact à l'heure, m'a-t-il dit en partant; et il n'arrive pas! Il y a tant à faire que je ne serai pas libre avant minuit... Il faut être juste, il a pour vous des attentions, de l'indulgence. Mais j'aimerais cent fois mieux qu'il fût sévère et vous laissât aller à l'heure précise: on saurait au moins sur quoi compter. — Voilà plus de deux heures qu'il est sorti de chez la gouvernante. Dieu sait à qui il se sera accroché en route!

Entre Egmont.

EGMONT.

Eh bien ?

RICHARD.

Je suis prêt, il y a trois messagers qui attendent.

EGMONT.

Tu trouves peut-être que je suis resté trop longtemps? tu as l'air contrarié.

RICHARD.

Pour me conformer à vos ordres, il y a fort longtemps que j'attends. Voici les papiers!

EGMONT.

Dona Elvire m'en voudra si elle apprend que je t'ai retenu.

RICHARD.

Vous plaisantez.

EGMONT.

Non, non, il n'y a pas là de quoi rougir : c'est une preuve

de ton bon goût! elle est belle; et puis je suis bien aise que tu aies une amie au château. — Que disent les lettres?

RICHARD.

Beaucoup de choses, et rien de fort gai.

EGMONT.

Tant mieux donc que nous ayons la gaieté chez nous, et que nous n'ayons pas besoin de la faire venir d'ailleurs! Y a-t-il bien des affaires?

RICHARD.

Assez. Il y a trois messagers qui attendent.

EGMONT.

Allons! au plus pressé.

RICHARD.

Tout est pressé.

EGMONT.

Une chose après l'autre; et vite!

RICHARD.

Le capitaine Breda envoie le rapport de ce qui s'est passé à Gand et aux environs. Les désordres sont presque partout apaisés...

EGMONT.

Il parle sans doute de quelques nouveaux coups de tête, de quelques désordres isolés!

RICHARD.

Oui, il y en a eu plus d'un.

EGMONT.

Épargne-les-moi.

RICHARD.

On en a encore emprisonné six, qui ont brisé l'image de la Vierge près de Wervick. Il demande s'il doit les faire pendre comme les autres.

EGMONT.

Je suis las de pendaisons. Qu'on les fouette, et qu'ils s'en retournent chez eux.

RICHARD.

Il se trouve dans le nombre deux femmes : doit-il aussi les faire fouetter?

EGMONT.

Il n'a qu'à les admonester sévèrement et les relâcher après.

RICHARD.

Brinck, de la compagnie de Breda, veut se marier. Le capitaine espère que vous le lui refuserez. « Il y a, dit-il, tant de femmes à la caserne, que si nous nous mettons en campagne, ce sera moins une marche de soldats qu'un attirail de Bohémiens. »

EGMONT.

Passe encore pour celui-ci ! c'est un beau jeune homme : il m'en fit à moi-même mille instances avant mon départ. Mais dorénavant qu'on ne l'accorde à personne... Quoique je regrette fort de refuser à ces pauvres diables, si tourmentés d'ailleurs, leur passe-temps le plus doux.

RICHARD.

Deux de vos gens, Seter et Hart, ont fait violence à une fille d'auberge. Ils ont profité d'un moment où elle était seule, et elle n'a pu leur échapper.

EGMONT.

Si c'est une honnête fille, et qu'ils aient usé de violence, dis-lui qu'il les fasse passer par les verges trois jours de suite; et, dans le cas où ils possèderaient quelque chose, qu'il en prélève de quoi fournir une dot à la jeune fille.

RICHARD.

On a surpris un des prédicateurs étrangers passant furtivement à Comines. Il assure que son intention était d'aller en France. D'après l'ordre il doit être décapité.

EGMONT.

Qu'ils le fassent sans bruit conduire aux frontières, en lui déclarant qu'on ne lui fera pas grâce deux fois.

RICHARD.

Une lettre de votre intendant. Il mande « qu'il lui rentre peu d'argent, qu'il ne voit guère la possibilité de vous envoyer dans le courant de la semaine la somme demandée, que l'insurrection a mis partout la plus grande confusion. »

EGMONT.

Il me faut cet argent. C'est à lui de songer aux moyens de le rassembler.

RICHARD.

Il dit qu'il fera son possible, et qu'à cet effet il va enfin procéder juridiquement contre ce Raymond, qui vous doit depuis si longtemps, et le faire arrêter.

EGMONT.

Mais il a promis de payer.

RICHARD.

La dernière fois il a demandé un répit de quinze jours.

EGMONT.

Eh bien, il n'a qu'à lui accorder encore quinze jours; après cela il peut le poursuivre.

RICHARD.

Vous faites bien : ce n'est pas impuissance, c'est mauvaise volonté. Il prendra la chose au sérieux quand il verra que vous ne badinez pas. — L'intendant ajoute qu'il va retenir à de vieux soldats, à des veuves et à d'autres individus auxquels vous faites des pensions, un demi-mois de ce qui leur est dû, afin de se donner du temps; qu'ils n'auront qu'à se pourvoir ailleurs.

EGMONT.

Qu'est-ce à dire? ces gens ont plus besoin d'argent que moi. Qu'il ne touche pas à cela!

RICHARD.

Où ordonnez-vous donc qu'il prenne l'argent?

EGMONT.

Qu'il s'arrange! on le lui a déjà dit dans la lettre précédente.

RICHARD.

C'est aussi pour cela qu'il vous propose ces moyens.

EGMONT.

Qui ne valent rien. Qu'il en cherche d'autres; qu'il fasse des propositions acceptables, et, avant tout, qu'il me trouve l'argent.

RICHARD.

J'ai rapporté ici la lettre du comte Oliva. Pardonnez si je vous en fais souvenir : ce vieux seigneur mérite avant tout une réponse détaillée. Votre intention était de lui écrire vous-même. En vérité, il vous aime comme un père.

EGMONT.

Je n'en ai pas le temps. De tout ce que je déteste au monde, écrire est ce que je déteste le plus. Tu contrefais si bien ma main! écris en mon nom. J'attends Orange; je n'ai pas le temps d'écrire moi-même. Mais je voudrais qu'on calmât complétement ses appréhensions.

RICHARD.

Dites-moi à peu près votre idée : je rédigerai la réponse et je vous la soumettrai. Ce sera écrit de manière à pouvoir passer en justice comme venant de votre main.

EGMONT.

Donne-moi la lettre. (Après y avoir jeté les yeux.) Honnête, excellent vieillard! as-tu été dans ta jeunesse aussi réfléchi qu'aujourd'hui? n'as-tu jamais escaladé un bastion? Dans la mêlée, te plaçais-tu où le veut la prudence, derrière les autres? Touchante sollicitude! Il veut ma vie et mon bonheur, et ne sent pas que c'est être déjà mort que de vivre pour sa sûreté. — Écris-lui qu'il peut être tranquille; que j'agis comme je dois agir; que je m'observerai; qu'il continue d'employer en ma faveur son crédit à la cour, et soit persuadé de mon entière reconnaissance.

RICHARD.

Voilà tout? Oh! il s'attend à plus que cela!

EGMONT.

Qu'ai-je à dire de plus? Si tu veux le rendre en plus de mots, il ne tient qu'à toi. Ses lettres ne roulent jamais que sur ceci : qu'il faut que je vive comme il m'est impossible de vivre. Être gai, prendre les choses légèrement, vivre sans souci, voilà mon bonheur, et je ne l'échangerais pas contre la sécurité du tombeau. Je n'ai pas dans les veines une seule goutte de sang espagnol, et ne me sens nulle envie de régler mon pas sur la cadence grave de la cour. Est-ce que je ne vis que pour penser à la vie? Dois-je m'empêcher de jouir du moment présent, pour m'assurer du moment qui va suivre, et celui-ci encore, le consumer dans les soucis et les visions?

RICHARD.

Je vous en supplie, monseigneur, ne soyez pas si dur envers cet excellent homme. Vous êtes affable avec tout le monde. Dites-moi un mot prévenant qui tranquillise votre noble ami. Voyez quel intérêt il vous témoigne! avec quelle délicatesse il vous insinue ce qu'il croit devoir vous être utile!

EGMONT.

Fort bien; mais il touche toujours cette même corde. Il sait pourtant de longue date combien je hais les remontrances; elles ne servent de rien, ne font que troubler. Si j'étais somnambule et que je me misse à courir sur le toit glissant d'une maison, serait-il à propos de m'appeler par mon nom, de m'avertir du danger, de m'éveiller et de me faire casser le cou? Laissez chacun aller son chemin; il n'a qu'à prendre ses précautions.

RICHARD.

Sans doute, il est digne de vous de mépriser le danger; mais celui qui vous connaît et vous aime...

EGMONT, parcourant la lettre.

Le voici qui rappelle les vieux contes que nous avons débités un soir entre nous, dans l'effusion de l'intimité et dans la gaieté du vin, avec tout ce qu'on en a déduit de conséquences par tout le royaume... Eh! mon Dieu! n'avons-nous pas fait broder sur les manches de nos laquais des bonnets et des jaquettes de fou, et ensuite nous avons remplacé ces ornements ridicules par un faisceau de flèches, symbole bien alarmant pour ceux qui veulent trouver un sens à ce qui n'en a pas. Dans un moment de gaieté, que de folies n'avons-nous pas conçues et exécutées! Nous sommes coupables d'avoir un jour masqué toute une noble troupe de vauriens, à qui nous donnâmes des noms burlesques, et qui s'en vinrent chez le roi lui rappeler ses devoirs avec une humilité railleuse, nous sommes coupables... Mais à quoi bon tant d'exemples? Un divertissement de carnaval est-il un crime de haute trahison? Devons-nous rejeter les lambeaux de pourpre qu'une fantaisie de jeunesse peut suspendre à la triste nudité de notre vie? Et si vous prenez la vie trop au sérieux, qu'y trouverez-vous? Si le matin ne nous éveille pas pour de nouvelles joies, que le soir il ne nous reste à attendre aucun plaisir, cela vaut-il la peine de s'habiller et de se déshabiller? Est-ce pour rêver à ce qui était hier que le soleil m'éclaire aujourd'hui? pour deviner et arranger ce qui ne s'arrange ni ne se devine, le hasard d'un lendemain?... Épargne-moi ces réflexions; nous les laisserons aux écoliers et aux courtisans. Libre à eux de penser et repenser toujours, d'aller et de venir, de soupirer après des chimères, de se fourvoyer où ils voudront... — Si tu peux tirer quelque parti de tout cela pour ton épître sans en faire un volume, je te l'abandonne. Le bon vieillard met trop d'importance aux moindres choses. C'est ainsi qu'un ami, qui a longtemps tenu notre main dans la sienne, la serre encore avec plus de force avant de la quitter.

RICHARD.

Pardonnez-moi, lorsqu'un piéton voit passer près de lui un cavalier avec la vitesse de l'éclair, la tête lui tourne, et...

EGMONT.

Enfant! enfant, assez! — Excités par le fouet d'esprits invisibles, les coursiers du soleil emportent si rapidement le char léger de notre destinée! Nous n'avons qu'à bien tenir les rênes, à éviter tantôt à gauche, tantôt à droite les pierres et les précipices de la route. Où le char va, qui le sait? qui se rappelle même d'où il vient?

RICHARD.

Ah! monseigneur!

EGMONT.

Je suis déjà haut, mais je puis et je dois monter plus haut encore; je me sens espoir, courage, énergie. Je n'ai pas encore atteint le faîte de ma grandeur; et si jamais je l'atteins, je veux m'y tenir, non y chanceler. Si je tombe, qu'un coup de tonnerre, un tourbillon... un mauvais pas, me précipite au fond de l'abîme : j'y dormirai avec des milliers d'hommes.

— Au milieu de mes braves camarades, pour le moindre gain, je n'ai jamais hésité un moment à mettre à la sanglante loterie, et je reculerais, maintenant qu'il s'agit de mon indépendance et du prix de ma vie entière?

RICHARD.

O monseigneur! vous ne savez pas quelles paroles vous prononcez là. Que Dieu veille sur vous!

EGMONT.

Rassemble tes papiers, voici Orange. Expédie le plus pressé, et que les messagers partent avant qu'on ferme les portes. Le reste peut se différer. Remets à demain la lettre au comte; ne manque pas d'aller voir Elvire, et salue-la de ma part. — Informe-toi aussi de la gouvernante; elle m'a parue indisposée, quelques efforts qu'elle fît pour le cacher.

Entre Orange.   Richard sort.

EGMONT.

Bonjour, Orange; vous avez l'air préoccupé.

ORANGE.

Que dites-vous de notre entretien avec la gouvernante?

EGMONT.

Je n'ai rien trouvé d'extraordinaire dans son accueil. Je l'ai déjà vue comme cela plus d'une fois. Elle ne m'a pas paru très-bien portante.

ORANGE.

N'avez-vous pas remarqué aussi qu'elle était plus réservée? Elle a d'abord fait semblant d'approuver en tout notre conduite dans la dernière émeute, elle s'est mise à énumérer toutes les circonstances qui doivent y jeter un faux jour, et peu à peu elle est revenue à ses anciens discours : que ses manières affables, son amitié pour les Pays-Bas étaient mal appréciées et plus mal récompensées; que rien ne voulait s'arranger au gré de ses vœux; qu'elle finirait par perdre patience, et déciderait le roi à prendre d'autres mesures. L'avez-vous entendu?

EGMONT.

Pas tout : pendant qu'elle a parlé je pensais à autre chose.

— C'est une femme, mon cher Orange; et les femmes, vous le savez, seraient charmées que tout se soumît à leur joug aimable, et que chaque Hercule déposât sa peau de lion pour prendre en main la quenouille et filer à leurs genoux. Comme elles sont en général d'un caractère doux et tranquille, elles voudraient que la fermentation qui bout au sein de tout un peuple, la tempête qui éclate entre deux puissants rivaux, se laissassent calmer par une parole amicale; elles voudraient que les éléments les plus contraires vinssent à leurs pieds s'unir dans une paisible harmonie! C'est là son cas : et comme elle n'a pu en venir à bout, elle ne trouve rien de mieux que de montrer de l'humeur, d'accuser les hommes d'ingratitude et d'imprudence, d'annoncer de sinistres horizons pour l'avenir, et de menacer de partir.

ORANGE.

Ne croyez-vous pas que cette fois elle tiendra sa menace?

EGMONT.

Pas le moins du monde! Que de fois ne l'ai-je pas déjà vue au moment de partir! Où irait-elle? Ici gouvernante, vice-reine, crois-tu qu'elle supportât de s'aller enterrer à la cour de son frère, et d'y filer des jours monotones? ou bien en Italie, de végéter tristement dans de vieilles relations de famille?

ORANGE.

On ne la juge pas capable de cette résolution, parce que jusqu'ici on l'a vue hésiter, on l'a vue reculer; mais elle n'en est pas moins maîtresse de la prendre, et de nouvelles circonstances peuvent la ramener à ce parti si longtemps différé. Si elle partait, et que le roi envoyât quelqu'un à sa place?

EGMONT.

Eh bien! il viendrait, et rencontrerait les mêmes obstacles; il viendrait avec de grands projets, des plans, des vues, pour tout bouleverser, tout soumettre, rétablir partout l'entente. Puis il se heurterait aujourd'hui à une misère, demain à une autre, après-demain à quelque nouvel embarras; il passerait un mois à mûrir son projet, un second à se dépiter de l'avoir vu échouer, six mois de soins et de peines pour organiser une seule province; le temps s'écoulerait en pure perte, la tête finirait par lui tourner, et les choses reprendraient leur train ordinaire; tant et si bien, qu'au lieu de cingler en pleine mer vers un point marqué, il se trouverait fort heureux, dans cette tempête, de sauver son vaisseau du naufrage.

ORANGE.

Mais si on conseillait au roi un essai?

EGMONT.

Qui serait?

ORANGE.

De voir ce que pourrait entreprendre le tronc sans tête.

EGMONT.

Comment?

ORANGE.

Egmont, voici bien des années que je prends à cœur nos affaires. Je suis toujours comme devant un échiquier, et ne pense pas qu'un seul coup de l'adversaire soit sans conséquences. De même qu'il y a des gens oisifs qui se tourmentent à l'excès des mystères de la nature, moi, je tiens que c'est le devoir, la mission d'un prince, de sonder les intentions et les desseins de tous les partis. J'ai de fortes raisons d'appréhender une explosion. Le roi, pendant longtemps, s'est conduit d'après certains principes; il s'aperçoit que ces principes ne le mènent point au résultat; qu'y a-t-il de plus probable que de le voir entrer dans une autre voie.

EGMONT.

Je n'en crois rien. Quand on se fait vieux, et qu'on a essayé de tout, et qu'on voit qu'on n'aboutit à rien, on finit par en avoir assez.

ORANGE.

Il y a une chose qu'il n'a pas encore essayée.

EGMONT.

Cette chose?

ORANGE.

D'épargner le peuple et de frapper les grands.

EGMONT.

Que de gens redoutent cela, et depuis combien de temps! Il n'y a pas la moindre inquiétude à avoir de ce côté là.

ORANGE.

Oui, c'était autrefois, une simple inquiétude; mais peu à peu cette inquiétude s'est changée pour moi en conjecture, enfin en certitude.

EGMONT.

Le roi a-t-il des serviteurs plus fidèles que nous?

ORANGE.

Nous le servons à notre manière; et, entre nous soit dit, avouons que nous savons fort bien mettre en balance les intérêts du roi et les nôtres.

EGMONT.

Eh! qui ne le fait? Nous lui sommes soumis et dévoués dans tout ce qui lui appartient.

ORANGE.

Mais s'il s'arrogeait plus que nous lui donnons, et qu'il appelât trahison ce que nous appelons, nous, tenir à nos droits?

EGMONT.

Nous pourrions nous défendre: qu'il assemble les chevaliers de la Toison, et qu'on nous juge.

ORANGE.

Et que serait un jugement avant l'enquête? une condamnation avant le jugement?

EGMONT.

Une injustice dont Philippe ne se rendra jamais coupable, une sottise que je n'imputerai ni à lui ni à ses conseillers.

ORANGE.

Et s'ils étaient injustes et sots?

EGMONT.

Non, Orange, ce n'est pas possible. Qui oserait porter la main sur nous? — Nous mettre en prison serait une entreprise vaine et sans profit. Non, non, ils n'osent pas lever si haut l'étendard de la tyrannie; le coup de vent qui apporterait dans le pays cette nouvelle allumerait un horrible incendie. Et où voudraient-ils en venir? Le roi ne peut pas juger et condamner tout seul. Voudraient-ils nous faire périr en assassins? Non, ils ne peuvent pas le vouloir. Au même instant une ligue terrible se formerait dans le peuple : haine et guerre éternelle au nom espagnol, voilà le cri qui éclaterait.

ORANGE.

Oui, l'incendie s'allumerait sur notre tombe, le sang coulerait en un vain sacrifice expiatoire. Pensons-y bien, Egmont.

EGMONT.

Mais comment s'y prendraient-ils?

ORANGE.

Albe est en chemin.

EGMONT.

Je ne le crois pas.

ORANGE.

Je le sais.

EGMONT.

La gouvernante assurait ne rien savoir.

ORANGE.

J'en suis d'autant plus persuadé. La gouvernante lui cédera la place. Je connais son humeur sanguinaire, et il amène une armée.

EGMONT.

Pour écraser derechef les provinces! Le peuple en sera plus mutin.

ORANGE.

On commencera par s'assurer des chefs.

EGMONT.

Non! non!

ORANGE.

Retournons chacun dans notre province; nous nous y retrancherons. Il ne débutera pas par la violence ouverte.

EGMONT.

Ne devons-nous point le saluer à son arrivée?

ORANGE.

Nous remettons cela.

EGMONT.
Et s'il nous mande d'y assister au nom du roi?
ORANGE.
Nous cherchons des défaites.
EGMONT.
Et s'il insiste.
ORANGE.
Nous nous excusons.
EGMONT.
Et s'il revient à la charge?
ORANGE.
Raison de plus pour ne pas aller.
EGMONT.
Et la guerre est déclarée, et nous sommes des rebelles! Orange, ne te laisse pas séduire par la prudence ; car pour la crainte, je sais qu'elle ne peut rien sur toi. Songe à cette démarche.
ORANGE.
J'y ai songé.
EGMONT.
Songe que, si tu te trompes, tu te charges du crime d'avoir excité la plus épouvantable guerre qui ait jamais désolé un pays; songe que ton refus est le signal qui appelle aux armes toutes les provinces et légitime toutes les cruautés pour lesquelles les Espagnols n'attendent depuis longtemps qu'un prétexte. Ce que nos efforts ont toujours tendu à calmer, tu vas le rallumer d'un signe, et en faire naître la plus horrible catastrophe. Songe aux villes, songe à la noblesse, au peuple, à l'industrie, à l'agriculture, au commerce! Songe aux dévastations, aux meurtres!... —Sur le champ de bataille, le soldat voit d'un œil tranquille son camarade tomber à ses côtés; mais toi, quand les fleuves t'amèneront les cadavres des bourgeois, des enfants, des jeunes filles, ne t'arrêteras-tu pas avec horreur? croiras-tu encore avoir servi leur cause alors qu'ils ne seront plus, ceux pour qui tu auras pris les armes; et quelle honte pour toi s'il te fallait dire alors : C'est pour ma sûreté personnelle que je les ai prises!

ORANGE.

Nous ne sommes pas des individus isolés, Egmont. S'il convient de s'immoler pour des milliers d'hommes, il convient également de s'épargner pour eux.

EGMONT.

Qui s'épargne, se dégrade à ses propres yeux!

ORANGE.

Qui se connaît peut avancer ou reculer en toute assurance.

EGMONT.

Le mal que tu redoutes, ta démarche le rend certain.

ORANGE.

Il est sage et hardi d'aller au-devant d'un mal inévitable.

EGMONT.

Dans un si grand péril, la plus faible espérance a son importance.

ORANGE.

Mais il ne nous reste plus où poser le pied; l'abîme est là devant nous.

EGMONT.

La faveur du roi, est-ce donc un terrain si mobile?

ORANGE.

Mobile, non, mais glissant.

EGMONT.

Pour Dieu! on lui fait injure. Je ne puis souffrir qu'on pense mal de lui! Il est fils de Charles, et incapable d'une bassesse.

ORANGE.

Les rois ne font jamais rien de bas.

EGMONT.

On devrait apprendre à le connaître.

ORANGE.

C'est précisément cette connaissance qui nous invite à ne pas attendre une épreuve dangereuse.

EGMONT.

Aucune épreuve n'est dangereuse pour qui a du courage.

ORANGE.

Tu t'emportes, Egmont.

EGMONT.

Je dois voir avec mes propres yeux.

ORANGE.

Oh! que ne vois-tu cette fois avec les miens! Ami, parce que tes yeux sont ouverts, tu t'imagines voir. — Je pars. Attends l'arrivée d'Albe, et que Dieu te protège! Peut-être mon refus te sauve-t-il; peut-être le monstre ne croit-il rien tenir s'il ne peut nous dévorer tous deux à la fois; peut-être va-t-il différer pour exécuter plus sûrement ses projets : peut-être aussi finiras-tu par voir les choses sous leur véritable jour. — Mais alors, vite! vite! sauve-toi. — Adieu. — Ne te laisse pas endormir; observe tout : combien il amène de soldats, de quelle manière il occupe la ville, quel degré de pouvoir conserve la gouvernante, quelle contenance font tes amis. Donne-moi de tes nouvelles... — Egmont!...

EGMONT.

Que veux-tu?

ORANGE, lui prenant la main.

Laisse-toi persuader! viens avec moi!

EGMONT.

Quoi! des larmes, Orange?

ORANGE.

Il n'y a point de faiblesse à pleurer un homme qui se perd.

EGMONT.

Tu me crois perdu?

ORANGE.

Tu l'es. Penses-y! Il ne te reste que peu d'instants. Adieu.

Il sort.

EGMONT, seul.

Que les idées d'un autre aient une telle influence sur nous! jamais je ne l'aurais cru... Et cet homme fait passer en moi ses inquiétudes!... Fi donc! — C'est une goutte de sang étranger. Bonne nature, purges-en mon sang! Et moi, pour éclaircir ce front soucieux, je connais un aimable moyen!

ACTE TROISIÈME

LE PALAIS DE LA GOUVERNANTE.

MARGUERITE.

Ah! j'aurais dû le prévoir. Peut-on, lorsqu'on passe sa vie dans les travaux, s'empêcher de croire qu'on fait le mieux possible? et celui qui de loin surveille et commande croit-il ne jamais rien demander que de possible? Oh! les rois! les rois!... Non, je n'aurais pas cru qu'il m'en reviendrait tant de chagrin. Il est si beau de régner!... et abdiquer!... Je ne sais comment mon père en eut le courage; mais je veux l'imiter. (Machiavell paraît dans le fond.) Approchez, Machiavell. Je songe à la lettre de mon frère.

MACHIAVELL.

Me serait-il permis de savoir ce qu'elle contient?

MARGUERITE.

Autant de déférence et de tendresse pour moi que de sollicitude pour ses États. Il exalte la fermeté, le zèle et la fidélité avec lesquels j'ai veillé au droits du trône dans ce pays. Il me plaint des obstacles que me suscite ce peuple ingouvernable. Enfin, il est si intimement convaincu de la profondeur de mes vues, si extraordinairement satisfait de la sagesse de ma conduite, que je dirais presque de sa lettre qu'elle est trop bien écrite pour un roi, pour un frère assurément.

MACHIAVELL.

Ce n'est pas la première fois qu'il vous témoigne sa juste satisfaction.

MARGUERITE.

Mais la première fois que c'est une figure de rhétorique.

MACHIAVELL.

Je ne vous comprends pas.

MARGUERITE.

Vous allez comprendre. Car, après cet exorde, il ajoute que

sans des soldats, sans une petite armée, je jouerai toujours ici un triste rôle. Il dit que nous avons eu tort de retirer nos soldats des provinces sur les plaintes des habitants. Il pense qu'une garnison, en pesant sur la tête du bourgeois, l'empêcherait par son poids de sauter trop haut.

MACHIAVELL.

Cela échaufferait les têtes au dernier point.

MARGUERITE.

Mais le roi pense... entends-tu? il pense qu'un brave général, un homme n'admettant aucune raison, viendrait bientôt à bout du peuple et de la noblesse, des bourgeois et des paysans; et, à cet effet, il envoie avec une bonne armée... le duc d'Albe.

MACHIAVELL.

Albe?

MARGUERITE.

Tu t'étonnes?

MACHIAVELL.

Vous dites : il envoie, c'est-à-dire qu'il demande s'il doit envoyer.

MARGUERITE.

Le roi ne demande pas : il envoie.

MACHIAVELL.

Eh bien, vous allez avoir à votre service un guerrier expérimenté.

MARGUERITE.

A mon service! parle franchement, Machiavell.

MACHIAVELL.

Je ne voudrais pas anticiper sur ce que vous pensez vous-même.

MARGUERITE.

Et moi, je voudrais pouvoir me dissimuler. — Le coup m'est sensible, très-sensible. J'aurais bien mieux aimé que mon frère dît simplement ce qu'il pense, que de signer ainsi des lettres de pure formalité, rédigées par un secrétaire d'État.

MACHIAVELL.

On pourrait peut-être y trouver...

ACTE III.

MARGUERITE.

Je les sais par cœur. Ils voudraient avoir maison nette; et, comme ils n'y travaillent pas eux-mêmes, pour gagner leur confiance, il suffit de se présenter à eux le balai à la main. Oh! mon Dieu! c'est comme si je voyais le roi et son conseil brodés ici sur le tapis.

MACHIAVELL.

Aussi vivement?

MARGUERITE.

Il n'y manque pas un trait. Dans le nombre se trouvent de braves gens : l'honnête Rodrigue, si habile, si mesuré, n'élevant jamais trop haut ses prétentions, et ne laissant pourtant rien tomber; le loyal Alonzo, le laborieux Freneda, l'inflexible Las Vargas, et quelques autres encore qui les secondent quand le bon parti triomphe. Mais là siége l'archevêque de Tolède, au front d'airain, à l'œil cave, au regard de feu. Il me semble l'entendre murmurer de sa place contre l'indulgence des femmes, contre une condescendance déplacée, disant que les femmes sont faites pour monter des chevaux bien dressés, mais que ce sont de mauvais écuyers; et autres sarcasmes semblables dont j'ai été rassasiée autrefois par nos hommes d'État.

MACHIAVELL.

Vous avez pris pour ce tableau une admirable palette.

MARGUERITE.

Mais, avoue-le, Machiavell, dans toutes ces couleurs, je chercherais vainement un ton aussi livide, une nuance aussi rembrunie que le visage d'Albe. Personne qui ne soit à ses yeux un blasphémateur, un criminel de lèse-majesté! parce que c'est un chapitre où il y a beaucoup à rouer, empaler, écarteler, brûler. — Le bien que j'ai fait ici ne compte pour rien, précisément parce que c'est du bien. Il s'attache aux discussions qui sont calmées, aux troubles qui sont apaisés. De cette manière, le roi, n'ayant devant les yeux que meurtres, séditions, licence, finit par croire tout de bon qu'ils se mangent ici les uns les autres; pendant qu'il ne s'agit que d'un scandale passager, occasionné par une populace grossière, et que nous avons oublié depuis longtemps. Alors il prend en haine ces pauvres gens, ne les envisage qu'avec horreur, comme des monstres et des bêtes féroces, ne voit plus de ressource que dans le fer et le feu, et s'imagine que c'est ainsi qu'on vient à bout des hommes.

MACHIAVELL.

Il me semble que vous vous alarmez trop, et que vous poussez les choses à l'extrême. Ne demeurez-vous pas gouvernante ?

MARGUERITE.

Je connais cela ; il apporte des instructions. — J'ai assez d'expérience dans les affaires d'État pour savoir comment on évince les gens sans leur ôter les marques de leurs dignités. Il va d'abord montrer des instructions vagues et louches ; puis il empiétera sur mes droits, car il a la force. Si je me plains, il alléguera des instructions secrètes ; si je demande à les voir, il trouvera des délais ; si j'insiste, il me montrera un papier qui renfermera toute autre chose ; et si je ne veux pas m'en contenter, il fera comme si je ne parlais pas. Et, en attendant, ce que je craignais aura été fait, ce que je désirais mis de côté.

MACHIAVELL.

Je voudrais pouvoir contester la vérité de ce que vous dites.

MARGUERITE.

Ce qui m'a coûté tant de patience à apaiser, il va le ranimer à force de violences et de cruautés. Je verrai sous mes yeux périr mon ouvrage, et j'aurai, de plus, à répondre de ses fautes.

MACHIAVELL.

Votre Altesse peut y compter.

MARGUERITE.

J'ai assez d'empire sur moi pour me contenir. Qu'il vienne, je lui céderai la place de la meilleure grâce du monde et avant qu'il m'y force.

MACHIAVELL.

Quoi ! si vite ? une démarche si grave !

MARGUERITE.

Moins légèrement que tu ne penses. Lorsqu'on s'est accoutumé à régner, qu'on a pris l'habitude de se dire chaque jour : Le sort de tant de milliers d'hommes est dans mes mains ! on descend du trône comme au tombeau. Mais plutôt cela que de demeurer ombre parmi les vivants, et de persister à remplir de sa vaine personne une place échue à un autre, qui déjà la possède et en jouit.

LA DEMEURE DE CLAIRE.

CLAIRE, SA MÈRE.

LA MÈRE.

Jamais je n'ai vu attachement pareil à celui de Brackenbourg. Je croyais que ces amours-là n'existaient que dans les romans.

CLAIRE, se promenant dans la chambre, et fredonnant un air.

> Seule est heureuse
> L'âme qui peut aimer.

LA MÈRE.

Il soupçonne ta liaison avec Egmont ; et je crois que si tu le traitais amicalement, si tu voulais, il t'épouserait encore.

CLAIRE, chantant.

> De joie
> Et de peine
> Avoir le cœur plein ;
> Languir
> Et gémir
> Dans le nuage obscur ;
> Jusqu'aux cieux ravie,
> Dans la mort plongée ;
> Seule est heureuse
> L'âme qui peut aimer.

LA MÈRE.

Laisse là ton refrain.

CLAIRE.

N'allez pas en dire de mal ; c'est une chanson magique. Elle m'a servi déjà plus d'une fois à endormir un grand enfant.

LA MÈRE.

Tu n'as en tête que ton amour. Si tu voulais bien ne pas tout sacrifier à cette seule chose! Tu devrais avoir des attentions pour Brackenbourg, te dis-je. Il peut encore te rendre heureuse.

CLAIRE.

Lui?

LA MÈRE.

Eh oui! il vient un temps... Vous autres enfants, vous ne prévoyez rien, et vous n'écoutez pas les leçons de notre expérience. Jeunesse et tendresse, tout a son terme; et il vient un temps où l'on rend grâces à Dieu d'avoir de quoi se mettre à couvert.

CLAIRE fait un mouvement d'effroi, reste muette quelques instants, puis s'écrie :

Ah! ma mère, ne parlez pas de ce temps-là! laissez-le venir comme la mort. L'idée en est horrible! Et quand il sera venu... quand il nous faudra... alors... nous nous en tirerons comme nous pourrons. (Elle pleure.) Egmont! être privée de toi! non, impossible! impossible!

EGMONT, dans un manteau de cavalier, le chapeau rabattu sur les yeux.

Clærchen!

CLAIRE jette un cri et recule.

Egmont! (Elle s'élance vers lui.) Egmont! (Elle l'embrasse et se pend à son cou.) O bon, cher, doux ami! viens-tu? es-tu là?

EGMONT, à la mère.

Bonsoir, mère.

LA MÈRE.

Que Dieu vous salue, noble seigneur! Ma petite est presque morte de ce que vous tardez tant : elle n'a encore parlé que de vous tout le jour.

EGMONT.

Vous me donnerez bien à souper?

LA MÈRE.

C'est trop d'honneur!... Si nous avions quelque chose...

CLAIRE.

Certainement! Soyez tranquille, ma mère, j'ai tout disposé

ACTE III.

pour le souper; j'ai préparé ce qu'il faut. — Ne me trahissez pas, ma mère.

LA MÈRE.

Maigre chère.

CLAIRE.

Attendez! et puis, je pense à une chose : quand il est près de moi, je n'ai pas faim du tout; il ne doit donc pas avoir non plus grand appétit quand je suis près de lui.

EGMONT.

Tu crois? (Claire frappe du pied et se détourne avec humeur.) Qu'as-tu donc?

CLAIRE.

Comme vous êtes froid aujourd'hui! vous ne m'avez pas encore embrassée une seule fois. Pourquoi avez-vous les bras emmaillottés dans un manteau, comme un enfant de deux jours? Il ne sied ni à un soldat ni à un amant d'avoir les bras emmaillottés.

EGMONT.

Quelquefois, chère petite, quelquefois. Quand le soldat est en embuscade, et qu'il veut surprendre l'ennemi, il se blottit, croise les bras et médite son coup. Et un amant...

LA MÈRE.

Ne voulez-vous pas vous asseoir, vous reposer? Moi, je m'en vais à la cuisine. Clærchen ne pense à rien quand vous êtes là. Il faudra vous contenter de ce que nous avons.

EGMONT.

Votre bonne volonté est le meilleur assaisonnement.

La mère sort.

CLAIRE.

Et mon amour, que sera-t-il donc?

EGMONT.

Tout ce que tu voudras.

CLAIRE.

Comparez-les, si vous en avez le cœur.

EGMONT.

Laissons cela.

Il rejette son manteau et paraît dans un costume magnifique.

CLAIRE.

Oh!

EGMONT.

J'ai les bras libres maintenant.

Il l'embrasse.

CLAIRE.

Laissez! laissez! vous allez vous salir. (Elle recule de quelques pas.) Quelle magnificence! Je n'ose vous toucher.

EGMONT.

Es-tu satisfaite? Je t'ai promis de venir un jour en Espagnol.

CLAIRE.

Il y a longtemps que je ne vous en disais plus rien : je pensais que vous ne vouliez pas... Ah! et la Toison d'or!

EGMONT.

Tu la vois enfin.

CLAIRE.

C'est l'Empereur qui t'a suspendu cela au cou?

EGMONT.

Oui, mon enfant; et cette chaîne et cette décoration sont pour celui qui les porte la source des plus nobles priviléges. Je ne reconnais sur la terre d'autre juge de mes actions que le grand maître de l'ordre avec le chapitre des chevaliers.

CLAIRE.

Tu peux hardiment accepter le monde entier pour juge... Mais ce velours! il est trop riche. Et cette broderie!... on ne sait par où commencer.

EGMONT.

Examine tout, rassasie-toi.

CLAIRE.

Et la Toison d'or! vous me disiez un jour que c'est une distinction d'un grand prix, qu'on ne mérite et qu'on n'obtient qu'à force de peines et de travaux. Elle est d'un grand prix! je puis donc la comparer à votre amour; je le porte de même ici, au cœur. -- Mais ensuite...

EGMONT.

Eh bien?

CLAIRE.

Ensuite la comparaison n'est plus juste.

EGMONT.

Comment?

CLAIRE.

C'est que, n'ayant pris aucune peine pour l'obtenir, je ne le mérite pas.

EGMONT.

En amour, c'est tout une autre affaire. C'est précisément parce que tu ne l'as pas recherché que tu le mérites. Et ceux-là l'obtiennent le plus tôt qui s'en inquiètent le moins.

CLAIRE.

Est-ce d'après toi que tu dis cela? Aurais-tu fait cette fière remarque sur toi-même, toi qui es aimé de tout le peuple?

EGMONT.

Oh! si j'avais fait quelque chose pour eux! si je pouvais les servir en quelque chose!... C'est pure bonne volonté s'ils m'aiment.

CLAIRE.

Tu as sûrement été chez la gouvernante aujourd'hui?

EGMONT.

Oui, j'ai été chez elle.

CLAIRE.

Es-tu bien avec elle?

EGMONT.

On le dirait. Nous avons des attentions l'un pour l'autre.

CLAIRE.

Et dans le fond?

EGMONT.

Moi, je lui veux du bien. Chacun a ses vues particulières; mais cela ne fait rien à la chose. C'est une bonne personne, qui connaît bien son monde, et serait douée d'assez de pénétration si elle n'était pas soupçonneuse. Je lui donne bien de l'occupation, parce que derrière ma conduite elle cherche toujours des mystères, et qu'il n'y en a aucun.

CLAIRE.

Vraiment; aucun?

EGMONT.

Eh! peut-être! Une petite arrière-pensée. Quel vin, avec le temps, ne dépose un peu de tartre au fond du tonneau! Mais dans Orange elle trouve encore bien plus ample matière à conjectures : il est pour elle un problème toujours nouveau. Il a la réputation d'un homme qui garde toujours quelque mystère par devers lui : aussi observe-t-elle sans cesse son front pour savoir ce qu'il pourrait bien penser, et ses pas pour savoir où il pourrait bien aller.

CLAIRE.

Est-elle dissimulée?

EGMONT.

Elle est gouvernante, et tu le demandes !

CLAIRE.

Pardon, je voulais dire : est-elle fausse?

EGMONT.

Ni plus ni moins que tous ceux qui veulent arriver à leurs fins.

CLAIRE.

Je ne suis pas faite pour le monde. — Elle a pourtant un esprit mâle. C'est une autre femme que nous autres ouvrières et ménagères : elle est noble, courageuse, déterminée.

EGMONT.

Sans doute, lorsque les affaires ne se compliquent pas trop; mais cette fois-ci elle a un peu perdu contenance.

CLAIRE.

Comment cela ?

EGMONT.

Elle a une petite moustache sur la lèvre supérieure et parfois une attaque de goutte; d'ailleurs vraie amazone.

CLAIRE.

Oh! c'est une femme majestueuse! Je tremblerais s'il me fallait paraître devant elle.

EGMONT.

Tu n'es pourtant pas timide; ce ne serait donc pas frayeur chez toi, mais pudeur virginale... (Claire baisse les yeux, prend

ACTE III.

la main d'Egmont et se penche vers lui.) Je t'entends, chère enfant ! tu voudrais ouvrir les yeux.

Il lui donne un baiser sur les yeux.

CLAIRE.

Ah! laisse-moi me taire! laisse-moi te tenir! laisse-moi regarder dans tes yeux! y trouver tout, consolation, espérance, joie, douleur! (Elle l'embrasse et le regarde fixement.) Dis-moi! dis! je ne comprends pas! es-tu bien Egmont? le comte d'Egmont? ce grand Egmont qui fait tant de bruit, dont on parle dans les gazettes, dont les provinces attendent leur bonheur?

EGMONT.

Non, Clærchen, je ne suis pas cet Egmont-là.

CLAIRE.

Comment !

EGMONT.

Vois-tu, Clærchen... — Que je m'asseye! (Il s'assied. Claire se met à genoux devant lui sur un tabouret, appuie ses deux bras sur les genoux d'Egmont et tient ses yeux attachés sur lui.) Cet Egmont-là est un Egmont chagrin, solennel, froid, contraint de s'observer sans cesse, de prendre tantôt un masque, tantôt un autre; il est persécuté, méconnu, ennuyé, pendant que le monde le tient pour gai, libre et joyeux; il est aimé d'un peuple qui ne sait pas ce qu'il veut, honoré et exalté par une multitude dont il n'a rien à attendre, entouré d'amis auxquels il n'ose se confier, observé par des hommes qui ont à cœur de le pénétrer et de s'emparer de lui; travaillant et se fatiguant souvent sans but, presque toujours sans fruit... Oh! laisse-moi te taire les douleurs qu'il pense et éprouve. Mais cet Egmont que voici, Clærchen, il est sincère, heureux, tranquille, aimé et connu du cœur le plus sensible, que de son côté il connaît à fond, et qu'avec un amour, une confiance infinis, il presse contre le sien. (Il la serre dans ses bras.) C'est ton Egmont!

CLAIRE.

Que je meure donc! le monde n'a pas de joies au-dessus de celles-ci.

ACTE QUATRIÈME

UNE RUE.

JETTER, UN CHARPENTIER.

JETTER.

Hé! pst! hé! voisin, un mot.

LE CHARPENTIER.

Passe ton chemin et reste coi!

JETTER.

Rien qu'un mot : point de nouvelles?

LE CHARPENTIER.

Point, si ce n'est qu'on vient de nous interdire de parler.

JETTER.

Comment?

LE CHARPENTIER.

Venez par ici, le long des maisons; prenez bien garde à vous! Dès son arrivée, le duc d'Albe a fait publier un édit par lequel sont déclarés, sans plus d'examen, coupables de haute trahison deux ou trois personnes qu'on trouverait causant dans la rue.

JETTER.

Miséricorde!

LE CHARPENTIER.

Il est défendu, sous peine de prison perpétuelle, de parler affaires d'État.

JETTER.

Oh! notre liberté!

LE CHARPENTIER.

Et il y a peine de mort pour ceux qui blâment la conduite du gouvernement.

JETTER.

Oh! nos têtes!

LE CHARPENTIER.

Et de grandes promesses sont faites aux pères, mères, enfants, parents, amis, domestiques, pour les engager à observer soigneusement tout ce qui se passe dans l'intérieur de la maison, et à en venir faire la déclaration devant le tribunal spécialement institué pour cela.

JETTER.

Rentrons à la maison.

LE CHARPENTIER.

Et ceux qui obéiront, on leur promet que, soit en corps, biens ou honneur, il ne leur sera fait nul dommage.

JETTER.

Belle grâce! — J'ai senti un vrai malaise dès que le duc a mis le pied dans la ville, et depuis lors je ne vis plus qu'à moitié. Il me semble que le ciel s'est couvert d'un crêpe noir, et qu'il pend si bas, si bas, que pour ne pas donner contre on est obligé de se courber en deux.

LE CHARPENTIER.

Et que dis-tu des soldats? Diable! c'est une autre espèce d'écrevisses que celles que nous sommes accoutumés à voir.

JETTER.

Ne m'en parle pas! Tiens, de voir seulement défiler par les rues un peloton d'Espagnols, j'en ai le cœur serré. Droits comme des cierges, le regard fixe, un seul pas pour tous. Et puis quand il y en a un en faction et que vous passez devant lui, ne dirait-on point qu'il veut voir à travers votre peau? Ils ont l'air si roide et si rébarbatif qu'à chaque pas on croit rencontrer un geôlier. Ils ne me vont pas! Notre milice, c'était là une troupe joviale! la tête haute, le jarret tendu, les jambes écartées, le chapeau sur l'oreille, vivant et laissant vivre! Mais ces drôles-ci, c'est comme des mannequins dont le diable tient les fils.

LE CHARPENTIER.

Si l'un d'eux crie : Halte-là! et ajuste son fusil, crois-tu qu'on résiste?

JETTER.

Je tomberais roide mort.

LE CHARPENTIER.

Rentrons à la maison.

JETTER.

Il ne fait pas bon ici. Adieu.

Arrive Sœst.

SŒST.

Amis, camarades !

LE CHARPENTIER.

Paix ! laissez-nous aller.

SŒST.

Savez-vous ?

JETTER.

Que trop !

SŒST.

La gouvernante est partie.

JETTER.

Mon Dieu, aie pitié de nous !

LE CHARPENTIER.

Elle nous protégeait encore.

SŒST.

Elle n'a pu s'arranger avec le duc. Avant de partir, elle a fait savoir à la noblesse qu'elle reviendrait bientôt ; personne n'y croit.

LE CHARPENTIER.

Dieu pardonne à la noblesse de nous avoir laissé venir ce nouveau fléau. Ils auraient si bien pu l'empêcher ! C'en est fait de nos priviléges.

JETTER.

Au nom de Dieu ! pas un mot de priviléges ; je flaire un jour d'exécution. Le soleil ne veut pas se montrer ; le brouillard pue.

SŒST.

Orange est aussi parti.

LE CHARPENTIER.

Nous sommes donc tout à fait abandonnés ?

SŒST.

Le comte d'Egmont est encore là.

JETTER.

Dieu soit loué! que tous les saints le fortifient et qu'il fasse de son mieux! lui seul à présent y peut quelque chose.

Arrive Vansen.

VANSEN.

Enfin j'en trouve deux qui n'ont pas détalé!

JETTER.

Faites-nous le plaisir de passer votre chemin.

VANSEN.

Vous n'êtes pas polis.

LE CHARPENTIER.

C'est moins que jamais le temps des compliments. Le dos vous démange-t-il encore? Êtes-vous déjà guéri?

VANSEN.

Est-ce qu'un soldat regarde à ses blessures? Si j'avais eu peur des coups, je ne serais jamais parvenu à rien.

JETTER.

Il peut arriver pis.

VANSEN.

L'approche de l'orage a engourdi vos membres, à ce qu'il paraît.

LE CHARPENTIER.

Tes membres iront bientôt se dégourdir autre part, si tu ne te tiens en repos.

VANSEN.

Misérables souris, qui désespèrent de tout quand le maître de la maison prend un nouveau chat! Il y a bien un petit changement; mais nous ne sommes pas moins en vie, comme devant. Soyez donc tranquilles.

LE CHARPENTIER.

Tu es un effronté coquin!

VANSEN.

Maître sot! laisse faire le duc. Notre vieux matou a l'air d'avoir avalé le diable en place de souris, et de ne pas pouvoir le digérer. Laissez-le faire, vous dis-je. Il faut bien, après tout, qu'il mange, boive et dorme comme d'autres. Quant à moi, je n'en suis pas en peine, pour peu que nous sachions choisir notre temps. D'abord il ira vite en besogne ; puis il finira par trouver qu'il fait meilleur vivre à l'office, auprès du garde-manger, et dormir la nuit, que se morfondre dans le grenier à guetter quelques rares souris. Allez donc, je connais les gouverneurs.

LE CHARPENTIER.

Où va-t-il pêcher tout ce qu'il dit, cet homme-là ? S'il m'était arrivé dans ma vie d'avoir tenu de pareils propos, je n'en dormirais plus.

VANSEN.

Soyez donc tranquille ! Dieu dans le ciel ne sait rien de ce que vous faites, vous autres vers de terre ; à plus forte raison le gouverneur.

JETTER.

Langue de vipère !

VANSEN.

Ce n'est pas que je n'en connaisse d'autres à qui un peu de sang de tailleur dans les veines ne ferait pas mal, au lieu de leur grand héroïsme.

LE CHARPENTIER.

Que voulez-vous dire par là ?

VANSEN.

Hem ! c'est le comte que j'entends.

JETTER.

Egmont ! qu'a-t-il à craindre ?

VANSEN.

Je ne suis qu'un pauvre diable qui pourrait vivre un an de ce qu'il perd dans une soirée ; eh bien ! lui, il pourrait me donner son revenu d'un an pour avoir ma tête seulement un quart d'heure.

JETTER.

Tu te crois donc un aigle ? Va, les cheveux d'Egmont sont plus sensés que ta cervelle !

VANSEN.

Plus sensés, dites-vous ? oui ! mais pas plus fins. Ces beaux messieurs se trompent des premiers. Il ne devrait pas s'y fier.

JETTER.

Quel bavardage! un homme semblable!

VANSEN.

Précisément, parce que ce n'est pas un tailleur...

JETTER.

Mal appris!

VANSEN.

Je lui souhaiterais votre courage dans les membres pour une petite heure. Il tremblerait comme la feuille, et n'aurait ni paix ni trêve qu'il ne fût hors des murs.

JETTER.

Ce que vous dites-là n'a pas le sens commun; il est aussi assuré que l'étoile au ciel.

VANSEN.

N'en as-tu jamais vu filer une? On regarde... elle n'y est plus.

LE CHARPENTIER.

Qui est-ce donc qui lui fera quelque chose?

VANSEN.

Qui? T'y opposeras-tu, toi? exciteras-tu une émeute, s'ils le mettent en prison?

JETTER.

Ah!

VANSEN.

Risquerez-vous vos côtes pour lui?

SŒST.

Eh!

VANSEN, les contrefaisant.

Ih! oh! uh! parcourez en exclamations toutes les lettres de l'alphabet; c'est ainsi, et cela sera ainsi! Que Dieu le protége!

JETTER.

Votre impudence me confond! Un si noble, un si honnête homme aurait quelque chose à craindre!

VANSEN.

Le coquin a partout l'avantage. Sur la sellette de l'accusé, il se moque de son juge ; sur le fauteuil du juge, il fait de l'accusé un coupable. J'ai, moi, copié un procès-verbal où le juge d'instruction reçut de la cour éloges et argent pour avoir trouvé des crimes à un pauvre diable, honnête s'il en fut, qu'on voulait perdre.

LE CHARPENTIER.

Voilà encore un de vos mensonges. Comment peut-on trouver des crimes à un homme innocent ?

VANSEN.

Tête de linotte ! là où il n'y a point de crimes à trouver, on en met. L'honnêteté rend imprudent et même un peu rogue ; on commence donc par interroger timidement. Le prévenu, fort, comme on dit, de son innocence, ne manque pas de révéler tout ce qu'un homme avisé cacherait. De ces réponses, le juge d'instruction tire de nouvelles demandes et guette la première contradiction apparente, qui n'est pas longue à se présenter. Alors il tend ses filets : l'autre imbécile se laisse déconcerter sur ce qu'on lui allègue qu'il a dit trop ici, pas assez là, ou bien que, Dieu sait par quel caprice ! il a tu une circonstance et a montré de la frayeur à quelque endroit de ses réponses. Et vous voilà en beau chemin ! Je vous réponds que les mendiantes ne mettent pas plus de soin à fouiller les tas d'ordures qu'un de ces faiseurs de criminels n'en met à construire de tous ces petits indices obscurs, faussés, détournés, pressurés, torturés, avoués ou niés, un mannequin de paille, un épouvantail d'oiseaux, pour avoir au moins la faculté de faire pendre son accusé en effigie ; et le pauvre diable peut bien encore remercier Dieu s'il a l'avantage de se voir pendre.

JETTER.

Quelle langue !

LE CHARPENTIER.

Passe pour les moucherons ; mais les guêpes se moquent de vos toiles d'araignée.

VANSEN.

C'est suivant les araignées. Ce grand flandrin de duc vous a toute la mine d'un faucheur ; non pas de ces araignées à gros ventre, dont on n'a guère à craindre, mais de celles à longues pattes et à petits corps, qui mangent sans engraisser, et tendent des fils qui pour être minces n'en sont que plus élastiques.

JETTER.

Egmont est chevalier de la Toison d'or; qui oserait mettre la main sur lui? Il ne peut être jugé que par ses pairs, par l'ordre assemblé. C'est ta méchante langue, c'est ta mauvaise conscience qui te fait tenir de ces propos.

VANSEN.

Est-ce que je lui veux du mal pour cela? Pas le moins du monde; c'est un excellent homme! Deux de mes bons amis, qui partout ailleurs auraient été pendus, il les a congédiés avec une bonne volée de coups de bâton... Mais détalons! je suis maintenant le premier à vous le conseiller. Je vois s'avancer par ici une patrouille, et ils n'ont pas du tout l'air de vouloir fraterniser avec nous le verre à la main. Attendons-les de pied ferme, et bornons-nous au rôle de paisibles spectateurs. J'ai une couple de nièces et un compère cabaretier; s'ils en ont tâté et qu'ils ne soient pas apprivoisés, ce sont alors de vrais loups enragés.

LE PALAIS D'EULENBOURG, DEMEURE DU DUC D'ALBE.

SILVA et GOMEZ se rencontrent.

SILVA.

As-tu exécuté les ordres du duc?

GOMEZ.

Ponctuellement; toutes les patrouilles de service ont reçu ordre de se rendre, à une certaine heure, dans divers lieux que je leur ai désignés; en attendant, elles parcourent la ville, comme à l'ordinaire, pour maintenir la tranquillité. Nul ne sait la consigne de son voisin, et chacun s'imagine que l'ordre est pour lui seul; de manière qu'en un clin d'œil le cordon peut être établi et toutes les avenues du palais occupées. Sais-tu le motif de cet ordre?

SILVA.

J'ai coutume d'obéir aveuglément; et quoi de plus commode que d'obéir au duc? L'événement ne tarde jamais à démontrer qu'il a bien ordonné.

GOMEZ.

Bon! bon! je ne vois rien d'étonnant à ce que tu sois, ainsi que lui, renfermé et monosyllabique, toi qui ne quittes pas sa personne d'un instant; mais c'est pour moi une chose tout à fait étrange, accoutumé comme je suis au service plus gai des Italiens. Pour la fidélité et l'obéissance, je suis toujours le vieux Gomez; mais j'ai pris l'habitude de discourir et de raisonner. Vous autres, vous êtes d'un taciturne! jamais vous ne vous mettez à l'aise. Le duc me fait l'effet d'une tour d'airain dont la garnison aurait des ailes. A table, dernièrement, je l'ai entendu comparer un homme gai et accueillant à un mauvais cabaret où l'on vend de l'eau-de-vie pour attirer les oisifs, les gueux et les voleurs.

SILVA.

Et ne vient-il pas de nous amener ici dans le plus profond silence?

GOMEZ.

A cela il n'y a rien à dire. Certes, celui qui a été témoin de la prudence qu'il vient de déployer en conduisant l'armée d'Italie jusqu'ici, celui-là peut se vanter d'avoir vu quelque chose. Avec quelle adresse il s'est glissé à travers amis et ennemis, Français, royalistes et huguenots, Suisses et confédérés! comme il a su maintenir la plus exacte discipline, et achever sans le moindre accident cette expédition qu'on croyait si dangereuse! — Oui, oui, nous avons vu quelque chose, et nous en avons appris long.

SILVA.

Et ici, tout n'est-il pas calme et tranquille, comme si aucune sédition n'avait eu lieu?

GOMEZ.

Mais la tranquillité régnait déjà presque partout quand nous sommes arrivés.

ACTE IV.

SILVA.

Dans les provinces le calme est devenu bien plus grand, et si quelqu'un remue encore, c'est pour s'enfuir. Mais il s'occupera aussi bientôt de leur barrer les chemins, je pense.

GOMEZ.

C'est à présent qu'il va gagner la faveur du roi!

SILVA.

Et nous, ce que nous avons de mieux à faire est de nous conserver dans la sienne. Si le roi vient ici, le duc reste, et ceux qu'il recommande ne sont pas sans récompense.

GOMEZ.

Crois-tu que le roi vienne?

SILVA.

A voir tous les préparatifs qu'on fait ici, la chose me paraît fort vraisemblable.

GOMEZ.

Ils ne me persuadent pas, moi.

SILVA.

N'en dis rien, au moins; car si le roi n'a pas l'intention de venir, il a au moins celle de le faire croire.

Entre Ferdinand (fils naturel d'Albe).

FERDINAND.

Mon père n'est pas encore sorti?

SILVA.

Nous l'attendons.

FERDINAND.

Les nobles seront bientôt ici.

GOMEZ.

Viennent-ils aujourd'hui?

FERDINAND.

Orange et Egmont.

GOMEZ, bas à Silva.

Je comprends.

SILVA.

Eh bien, garde-le pour toi.

Entre le duc d'Albe. — Les autres se retirent.

ALBE.

Gomez!

GOMEZ, s'avançant.

Seigneur !

ALBE.

Tu as disposé les patrouilles?

GOMEZ.

Avec le plus grand soin. Les patrouilles de service...

ALBE.

Il suffit. Va attendre dans la galerie. Silva t'avertira quand il faudra les réunir et occuper les avenues du palais. Le reste, tu le sais.

GOMEZ.

Oui, seigneur.

Il sort.

ALBE.

Silva !

SILVA.

Me voici.

ALBE.

Écoute. Tout ce que j'ai prisé jusqu'ici en toi, courage, audace, fermeté inébranlable dans l'exécution, montre-le aujourd'hui.

SILVA.

Je vous remercie de ce que vous me donniez une occasion de vous prouver que je suis toujours le même.

ALBE.

Dès que les nobles seront chez moi, cours arrêter le secrétaire particulier d'Egmont. Tu as fait les préparatifs nécessaires pour saisir le reste de ceux qui sont désignés?

SILVA.

Reposez-vous sur nous. Leur sort les atteindra d'un coup terrible et à point nommé, comme l'éclipse de soleil la mieux calculée.

ALBE.

Les as-tu fait surveiller exactement?

SILVA.

Tous, Egmont le premier. Il est le seul qui, depuis ton arrivée ici, n'ait rien changé à sa conduite. Toute la journée, d'un cheval sur l'autre, tenant table ouverte, gai et causant aux repas, jouant aux dés, tirant au blanc, et la nuit se glissant chez sa maîtresse. Les autres, au contraire, ont sensiblement modifié leur train de vie accoutumé. Ils se tiennent renfermés chez eux, et à voir l'extérieur de leurs maisons, on jurerait qu'il y a dedans un malade.

ALBE.

Vite donc, avant qu'ils guérissent malgré nous.

SILVA.

J'en réponds. D'après vos ordres, nous les accablons d'honneurs et d'offres de service. Ils ont peur, et ils nous font par politique des remerciments forcés. Ils sentent bien que le plus sage serait de s'enfuir; mais nul ne hasarde le premier pas; ils hésitent, ne peuvent se concerter, et faire isolément une démarche aussi hardie, l'esprit de corps les en empêche. Ils voudraient écarter tout soupçon et se rendent de plus en plus suspects. — Je vois déjà avec joie votre plan réalisé.

ALBE.

Moi, je me réjouis de ce qui est fait; et encore pas aisément, car il reste toujours quelque sujet de réflexion et d'inquiétude. La fortune a des caprices : souvent elle couronne du plus beau succès d'ignobles entreprises, et les plans les mieux combinés, elle les déshonore par une ignoble issue. Attends que les nobles soient arrivés; donne alors à Gomez l'ordre d'occuper les avenues, et cours toi-même arrêter le secrétaire d'Egmont et les autres suspects. Cela fait, reviens ici, et que mon fils m'en apporte la nouvelle au conseil.

SILVA.

J'espère que ce soir je pourrai paraître devant vous en toute assurance. (Albe s'approche de son fils, qui jusque-là est resté dans la galerie.) J'ose à peine me l'avouer, mais mon espoir est chancelant. Je crains que les choses ne tournent autrement qu'il n'imagine. Je vois devant moi des esprits muets et pensifs qui pèsent dans de noires balances la destinée des princes et des peuples. Le fléau vacille longtemps incertain, les juges ont l'air de réfléchir profondément, puis vient un souffle capricieux du sort qui fait baisser un plateau, monter l'autre, et l'affaire est décidée.

Il sort.

ALBE.

Comment as-tu trouvé la ville?

FERDINAND.

Tout s'est rendu. J'ai parcouru toutes les rues à cheval, comme si je me promenais. Vos patrouilles, bien disposées, tiennent tout le monde dans une si grande frayeur, qu'à peine ose-t-on respirer. Bruxelles ressemble à une campagne, quand l'orage illumine l'horizon : on ne voit pas un oiseau, pas un animal dehors, que ceux qui cherchent un asile en tremblant.

ALBE.

N'as-tu rien rencontré encore?

FERDINAND.

Pendant que j'étais sur la place du Marché, Egmont y a passé avec une suite. Nous nous sommes salués ; il montait un beau cheval entier, dont je n'ai pu m'empêcher de lui faire compliment. « Exerçons nos chevaux, m'a-t-il crié de loin, nous en aurons besoin sous peu ! » Il a ajouté qu'il me verrait aujourd'hui, devant venir, sur votre invitation, se concerter avec vous.

ALBE.

Il te reverra.

FERDINAND.

De tous les nobles que je connais ici, c'est lui que je préfère. Il me semble que nous deviendrions amis.

ALBE.

Tu es trop vif et trop peu sur tes gardes ; je reconnais toujours en toi cette légèreté de ta mère, qui la mit sans condition dans mes bras. Sur la simple apparence, tu as déjà formé inconsidérément plus d'une dangereuse liaison.

FERDINAND.

Votre volonté ne m'a jamais trouvé indocile.

ALBE.

Je pardonne à ton jeune sang cette légèreté bienveillante, cette humeur étourdie; mais n'oublie pas quel est l'objet de ma mission, et quelle part je voudrais t'y donner.

FERDINAND.

Rappelez-le-moi, et ne m'épargnez pas quand vous le jugerez nécessaire.

ALBE, après un instant de silence.

Mon fils!

FERDINAND.

Mon père.

ALBE.

Les nobles viennent; Orange et Egmont viennent. Ce n'est pas une faible marque de confiance que de te révéler dès à présent ce qui doit arriver. Une fois ici ils n'en sortiront pas.

FERDINAND.

Quel projet médites-tu?

ALBE.

Il est décidé qu'on les retiendra. — Tu t'étonnes! Écoute ce que tu as à faire; les motifs, tu les sauras après. Maintenant le temps manque pour te les expliquer, j'ai à te communiquer un secret de la plus haute importance. Un lien sacré nous unit l'un à l'autre; tu m'es cher, je voudrais tout accumuler sur ta tête; je voudrais non-seulement t'inculquer l'habitude d'obéir, mais encore faire passer en toi, transplanter chez toi le talent de commander, d'exécuter : en un mot, je voudrais te laisser un riche héritage, au roi un serviteur utile. Ce que j'ai de plus précieux, je voudrais t'en doter, pour que tu puisses paraître sans rougir à côté de tes frères.

FERDINAND.

Quelle dette de reconnaissance je te devrai pour cet amour concentré sur moi seul, tandis que tout un royaume tremble devant toi.

ALBE.

Maintenant, écoute ce qu'il y a à faire. Les nobles ne seront pas plutôt ici que toutes les avenues du palais seront occupées ; Gomez en a reçu l'ordre. Silva ira de son côté arrêter le secrétaire d'Egmont avec les plus suspects. Toi, veille à ce que la garde soit sévère à la porte et dans les cours. Avant tout, place dans ces chambres-ci des hommes sûrs. Cela fait, reste dans la galerie et attends-y le retour de Silva. Tu viendras alors me remettre un papier quelconque, insignifiant, pour marquer que sa mission est remplie, et tu te posteras dans l'antichambre, jusqu'à ce qu'Orange sorte; suis-le. Je retiendrai Egmont, sous prétexte que j'ai quelque chose de particulier à lui dire. Au bout de la galerie, demande à Orange son épée, appelle la garde, assure-toi de cet homme dangereux. Je me charge d'Egmont.

FERDINAND.

J'obéis, mon père, pour la première fois à regret et avec douleur.

ALBE.

Je te le pardonne; c'est le premier grand jour de ta vie.

Entre Silva.

SILVA.

Un exprès d'Anvers. Voici une lettre d'Orange ! il ne vient pas.

ALBE.

Est-ce que le messager l'a dit?

SILVA.

Non, c'est le cœur qui me l'a dit.

ALBE.

Mon mauvais génie parle par ta bouche. (Après avoir lu la lettre, il leur fait un signe : tous deux se retirent dans la galerie du fond. — Il reste seul sur l'avant-scène.) Il ne vient pas! il attend le dernier moment pour se déclarer. Il ose ne pas venir! Ainsi donc, cette fois, contre toute apparence, l'homme prudent a été assez prudent pour n'être pas prudent ! — L'heure s'avance! encore quelques pas de l'aiguille, et un grand ouvrage est achevé ou perdu, perdu sans ressource; car, une fois faite, la chose sera irrévocable... et publique. J'ai longtemps pesé toutes ces choses dans mon esprit; j'ai prévu le cas où je me trouve, et j'ai arrêté ce qu'il y avait à faire en un tel cas; et, maintenant qu'il s'agit d'exécuter, le pour et le contre reviennent malgré moi jeter mon âme dans les tourments de l'incertitude. — Est-il sage de se saisir des autres, quand celui-ci m'échappe?... que je diffère encore, que je laisse évader Egmont et tant d'autres dont la vie est aujourd'hui dans mes mains, pour la dernière fois peut-être?... Le sort t'a donc aussi vaincu, toi l'invincible? Avoir si longtemps médité! si bien pris ses mesures! un si beau plan, si vaste, arrivé si près du but! et à présent, à l'instant décisif, te voici placé entre deux maux également funestes; ta main puise dans l'obscur avenir comme dans l'urne fatale : le billet sur lequel tu tombes est encore à dérouler; noir ou blanc, tu l'ignores... (Il prend tout à coup l'air attentif d'un homme qui vient d'entendre quelque bruit, et se met à la fenêtre.) C'est lui! — Egmont, ton cheval t'emporte dans ma cour bien rapidement! Il ne craint donc pas l'odeur du sang? il n'a donc pas vu sur le seuil le spectre qui l'a reçu l'épée nue! — Descends! — Bon, un pied dans la fosse! deux! — Oui, caresse-le un peu, quelques petits coups sur la croupe pour le dernier service qu'il vient de te rendre. — Il n'y a plus à délibérer, l'aveuglement d'Egmont me détermine; on ne se livre pas ainsi deux fois. — Holà! (Ferdinand et Silva accourent.) Faites ce que j'ai ordonné; je ne change rien à ma décision. D'une manière ou d'une autre, je retiens Egmont jusqu'à ce que tu m'apportes des nouvelles de Silva. Ne t'éloigne pas. Le sort t'enlève le mérite immense d'avoir pris de ta main le plus grand ennemi du roi. (A Silva.) Hâte-toi. (A Ferdinand.) Sors à sa rencontre.

Albe, resté seul un moment, se promène à grands pas en silence.

Entre Egmont.

EGMONT.

Je viens prendre les ordres du roi, et savoir de vous quels services il demande à notre fidélité, qui lui est éternellement acquise.

ALBE.

Il désire, avant toutes choses, vous consulter.

2.

EGMONT.

Sur quel objet? Orange ne vient-il pas aussi? Je le croyais ici.

ALBE.

Je suis fâché qu'il nous manque justement à une heure si importante. — Il veut avoir votre avis, votre pensée, sur les moyens à prendre pour pacifier ce pays, et il ne doute pas que vous ne mettiez tout votre zèle à apaiser ces troubles et à fonder dans ces provinces un ordre réel et durable.

EGMONT.

Vous devez savoir mieux que moi que tout est assez tranquille, et l'était encore bien davantage avant que l'apparition de nouveaux soldats eût frappé les esprits de crainte et d'inquiétude.

ALBE.

C'est-à-dire que, selon vous, le roi aurait mieux fait de ne pas m'envoyer ici?

EGMONT.

Pardon! si le roi aurait dû envoyer l'armée, ou si son auguste présence en aurait imposé davantage, ce n'est pas à moi de le juger : l'armée est ici, non le roi. Mais nous serions bien ingrats, bien oublieux de ne pas nous souvenir de ce que nous devons à la gouvernante. Avouons-le, par sa conduite aussi sage que ferme, en déployant tour à tour l'ascendant de son pouvoir et les ressources de son esprit persuasif, elle a su calmer les révoltés, et, à l'étonnement du monde, faire en peu de mois rentrer dans le devoir tout un peuple rebelle.

ALBE.

Je ne le nie pas. Le désordre est apaisé, chacun semble rentré dans les limites de l'obéissance. Mais ne dépend-il pas du caprice de chacun de les dépasser encore? Qui empêchera le peuple de déborder? Où est le pouvoir qui doit le contenir? Qui nous garantit la continuation de sa fidélité et de son obéissance? Sa bonne volonté, voilà le seul gage que nous en ayons.

ACTE IV.

EGMONT.

Et la bonne volonté d'un peuple, n'est-ce pas de tous les gages le plus sûr, le plus noble? Pour Dieu! quand est-ce donc qu'un roi peut se croire en sûreté, si ce n'est quand tous vivent pour un, un pour tous? Quand a-t-il moins à redouter les attaques des ennemis intérieurs et extérieurs!

ALBE.

Nous n'irons pourtant pas jusqu'à nous bercer de l'idée qu'il en est ainsi maintenant.

EGMONT.

Que le roi fasse publier une amnistie générale, qu'il tranquillise les esprits, et on verra bientôt l'amour et la fidélité renaître avec la confiance.

ALBE.

Et que tout homme qui aura insulté à la majesté royale et profané le sanctuaire de la religion puisse circuler sans gêne et librement, pour montrer aux autres qu'on laisse sans châtiment des crimes aussi abominables!

EGMONT.

Un crime commis dans l'ivresse ou dans la démence n'est-il pas plutôt à excuser qu'à punir cruellement? et surtout lorsqu'il y a un espoir aussi assuré, une certitude, que le mal ne se renouvellera pas. L'indulgence ne fut-elle pas de tout temps la sauvegarde des rois? Ne recueillent-ils pas d'âge en âge les éloges du monde, ceux qu'une offense n'irrite point, qui savent la pardonner, la plaindre et la mépriser? Ne seront-ils pas, pour cela même, comparés à Dieu, qui est trop grand pour que nos blasphèmes puissent l'atteindre?

ALBE.

Et c'est à cause de cela précisément que le roi doit veiller à ce qu'on respecte Dieu et la religion, et que nous, nous devons veiller à ce qu'on respecte le roi. Où le souverain dédaigne de descendre, c'est nous qui sommes chargés d'y porter la vengeance. — Si l'on suit mon conseil, aucun coupable ne jouira de l'impunité.

EGMONT.

Crois-tu que tu les atteindras tous? N'apprend-on pas tous

les jours que la peur les fait errer çà et là, et même sortir du pays? Les riches emmèneront dans leur fuite leurs biens, leur famille, leurs amis; le pauvre ira vendre à nos voisins ses mains industrieuses.

ALBE.

Oui, si on ne peut pas les en empêcher. — Le roi demande à tous les grands un service efficace, fermeté à tous les gouverneurs, et non pas seulement des rapports sur ce qui est et sur ce qui pourrait arriver dans le cas où on laisserait aller les choses comme elles vont. — Avoir devant les yeux un grand mal, se flatter d'espérances vagues, s'en remettre au temps, une fois par hasard frapper, comme dans une parade de carnaval, pour qu'il en résulte du tapage, et que, sans rien faire, on ait l'air de faire quelque chose, n'est-ce pas se rendre suspect d'envisager d'un œil content cette sédition, qu'on ne veut pas allumer, mais qu'on veut bien souffler?

EGMONT, sur le point de s'emporter, se retient, et, après une courte pause, reprend d'un ton calme :

Les intentions ne sont pas toutes également visibles, et il est certaines gens dont on peut aisément mal interpréter l'intention. Mais, de fait, on entend dire partout que l'intention du roi est moins de gouverner les provinces d'après des lois claires et uniformes, d'assurer la dignité de la religion, et de faire jouir ses peuples d'une paix durable, que de leur imposer un joug absolu, de les dépouiller de leurs antiques droits, de se rendre maître de leurs biens, et enfin de restreindre les beaux priviléges de la noblesse, unique gage en échange duquel le noble le sert et lui consacre son bras et sa vie. La religion, dit-on, n'est autre chose qu'une riche tenture derrière laquelle on médite plus à son aise des projets funestes : le peuple est là, agenouillé, adorant les saintes images, et, caché derrière, l'oiseleur guette l'instant de se jeter sur lui et de l'enchaîner.

ALBE.

Est-ce de ta bouche que je dois entendre de pareils discours?

ACTE IV.

EGMONT.

Je suis loin de les penser! mais voilà ce que disent, ce que publient en tous lieux toutes sortes de gens, grands et petits, sages et fous. Les Pays-Bas redoutent un joug plus pesant, et où est la garantie de leur liberté?

ALBE.

Liberté! beau mot pour qui l'entend bien. Quelle liberté demandent-ils? — La liberté de l'homme le plus libre au monde, qu'est-ce? bien faire! et en cela le roi ne les contrariera point. — Non, non, ils ne se croient pas libres tant qu'ils n'ont pas le pouvoir de nuire aux autres et de se nuire à eux-mêmes. Mieux vaudrait cent fois déposer la couronne que de régner sur un tel peuple! A-t-on affaire à des ennemis éloignés, qu'importe à ces bourgeois qui ne connaissent d'ennemis que leurs voisins? Dès que le roi leur demande secours, la discorde éclate parmi eux et ils se liguent avec les ennemis de l'État. Il est bien plus sage de les tenir à la lisière comme des enfants, de les conduire au bonheur comme des enfants. Car mets-toi dans l'esprit qu'un peuple ne vieillit jamais, ne devient jamais sage : un peuple reste toujours enfant.

EGMONT.

Combien il est rare qu'un roi sache la vérité! N'est-il pas tout simple que beaucoup aient plus de confiance en beaucoup qu'en un seul? et que dis-je, un seul! cette petite troupe, qui vieillit sous les regards du maître... Elle seule apparemment a le droit d'être sage!

ALBE.

Peut-être par la raison qu'elle n'est pas abandonnée à elle-même.

EGMONT.

Et c'est aussi par cette raison-là que personne ne veut s'abandonner à elle. Qu'on fasse maintenant ce qu'on voudra, j'ai répondu à ta question, et je répète encore : Cela ne va pas! cela ne peut pas aller! Je connais mes compatriotes; ce sont des hommes dignes de fouler la terre de Dieu. Maîtres chez eux, rois en petit, fermes, jaloux, habiles, loyaux, tenant à leurs vieilles institutions. Il est difficile de mériter leur confiance, aisé de la conserver. Fermes et braves, on peut les opprimer; les comprimer, jamais!

ALBE, *après avoir, à plusieurs reprises, jeté les yeux autour de lui.*
Répéterais-tu tout cela en présence du roi?

EGMONT.
Il serait bien malheureux que sa présence m'intimidât! heureux au contraire pour lui et pour son peuple qu'elle servît à redoubler mon zèle, et m'inspirât la confiance d'en dire encore davantage.

ALBE.
Ce qui est utile, je puis l'entendre comme lui.

EGMONT.
Je lui dirais : Il est aisé à un berger de chasser devant lui tout un troupeau de moutons; le bœuf tire sa charrue sans faire de résistance; mais le noble coursier que tu veux monter, il te faut étudier son allure, consulter ses penchants, ne rien exiger de lui que de sage et que sagement. Eh bien! il en est de même du bourgeois qui aime ses vieilles coutumes et tient à être gouverné par ses compatriotes; pourquoi? parce qu'il sait alors par qui et comment il est conduit, et qu'il attend d'eux désintéressement et participation à son sort.

ALBE.
Quoi! le gouvernement n'aurait pas la faculté de réformer ces vieilles coutumes? ce ne serait pas sa plus belle prérogative? Est-il en ce monde quelque chose d'immuable? et une organisation politique surtout peut-elle être immuable? Les rapports d'homme à homme ne doivent-ils pas changer avec les temps, et une vieille constitution devenir, à cause de cela, une source de maux sans nombre, parce qu'elle ne répond pas aux besoins actuels du peuple? J'ai bien peur que ces antiques droits ne plaisent justement par les moyens d'évasion grâce auxquels le puissant, l'habile peut, au péril du peuple, au péril de tous, se cacher et braver le glaive de la justice.

EGMONT.
Et ces réformes arbitraires, ces usurpations illimitées du pouvoir suprême, qu'annoncent-elles, sinon qu'un seul homme veut faire ce que ne doivent pas faire des milliers

d'hommes? Seul il veut être libre, libre de satisfaire tous ses penchants, de mettre à exécution tous ses caprices. Et si nous nous confions entièrement à lui, qui est un roi sage et bienfaisant, nous répond-il de ses successeurs? nous répond-il que nul d'entre eux ne règne sans ménagement et sans mesure? Qui nous sauvera du despotisme, s'il nous envoie ses valets et ses proches, qui, sans aucune connaissance du pays, sans aucun égard à ses besoins, disposent et ordonnent selon leur bon plaisir, ne rencontrant aucune résistance et se sentant libres de toute responsabilité?

ALBE, après avoir de nouveau jeté les yeux autour de lui.

Il est fort naturel qu'un roi pense à régner par lui-même, et qu'il choisisse pour l'exécution de ses volontés ceux qui le comprennent mieux, ceux qui veulent le comprendre, ceux enfin qui lui obéissent sans restriction.

EGMONT.

Et n'est-il pas fort naturel aussi que le bourgeois aime à être gouverné par celui qui est né et qui a été élevé avec lui, qui a pris sur le juste et l'injuste les mêmes idées que lui, qu'il peut enfin considérer comme son frère?

ALBE.

La noblesse n'a pourtant pas fait un partage trop équitable avec ses frères.

EGMONT.

Cela date de bien des siècles, et on le souffre aujourd'hui sans envie. Mais que maintenant on envoie sans nécessité des hommes nouveaux qui arrivent avec le projet de s'enrichir aux dépens du peuple, que le peuple se voie livré sans défense à une cupidité sans pudeur et sans frein; cela amènerait une fermentation qui, pour se calmer, demanderait plus d'un jour.

ALBE.

Tu me dis là des choses que je ne devrais pas entendre. Moi aussi je suis étranger.

EGMONT.

Te les dire, c'est te prouver que je ne t'ai pas en vue.

ALBE.

Il n'importe; elles m'offensent dans ta bouche. — Le roi

m'a envoyé ici avec l'espoir que je trouverais un appui dans la noblesse. Le roi veut ce qu'il veut. Le roi, après un mûr examen, a vu ce qui convenait au peuple; les choses ne peuvent ni ne doivent rester sur l'ancien pied. Les intentions du roi sont de réprimer le peuple pour son propre bien, de l'obliger, s'il le faut, à être sauvé, de sacrifier les citoyens dangereux pour que le reste vive en paix et jouisse à loisir des bienfaits d'une administration sage. C'est là sa volonté, c'est là ce que je suis chargé de faire savoir à la noblesse; et, en son nom, je demande comment je dois faire et non ce que je dois faire, car cela il l'a résolu.

EGMONT.

Hélas! ton langage ne justifie que trop la terreur du peuple, la terreur universelle! Il a donc résolu de faire ce que nul prince ne devrait tenter : il veut affaiblir, comprimer, détruire la vigueur de son peuple, son courage, l'estime qu'il a de lui-même, et tout cela pour le gouverner plus à l'aise! Il veut empoisonner les sources de sa vie, apparemment dans l'intention de le rendre plus heureux! Il veut l'anéantir pour en faire quelque chose de différent... — Oh! s'il le veut, c'est qu'il est étrangement trompé! On ne s'oppose jamais aux rois; on va au-devant d'eux, on les pousse de plus en plus dans la route funeste où ils ont eu le malheur de s'engager.

ALBE.

Avec des idées comme les tiennes, il me paraît tout à fait superflu d'essayer de nous entendre. Tu as une bien mince opinion du roi et un bien grand mépris de ses ministres, puisque tu doutes que toutes ces raisons aient été pesées, examinées, considérées. Moi, je ne suis pas chargé de discuter, encore une fois, le pour et le contre. Obéissance, voilà ce que je demande au peuple, et à vous, chefs de la noblesse, conseil et assistance, comme garantie de ce devoir absolu.

EGMONT.

Demande nos têtes, pour en finir d'un seul coup! Que ce soit sous un joug pareil ou sous la hache du bourreau qu'il faille courber la tête, pour une âme élevée, c'est tout un. En vain j'ai si longuement discouru, mes paroles n'ont ébranlé que l'air, et je n'ai rien gagné!

Entre Ferdinand.

FERDINAND.

Pardonnez si je vous interromps; c'est une lettre dont le porteur demande instamment la réponse.

ALBE.

Permettez que je voie ce qu'elle contient.

Il se retire à l'écart.

FERDINAND, à Egmont.

C'est un beau cheval, celui que vos gens ont amené pour vous chercher.

EGMONT.

Il n'est pas des plus mauvais. Voici déjà quelque temps que je l'ai, et je songe à m'en défaire. S'il vous convient, nous pourrons nous arranger.

FERDINAND.

Bien, nous verrons.

Albe fait un signe à son fils, qui se retire vers le fond.

EGMONT.

Adieu! laissez-moi m'en aller; car, pour Dieu! je ne saurais plus que dire.

ALBE.

Heureusement cette interruption t'a empêché de trahir ta pensée tout entière. Il est imprudent à toi de mettre ainsi à nu les replis de ton cœur, et ton mortel ennemi ne pourrait parler contre toi plus fortement que toi-même.

EGMONT.

Ce reproche ne me touche pas. Je me connais assez, et je sais trop combien est pur mon attachement au roi, comparé à celui de tant de gens, qui en le servant ne servent qu'eux-mêmes. C'est avec douleur que je mets fin à cette discussion sans la voir terminée, et tout mon désir serait que le service du maître pût s'accorder avec le bien des sujets. Un nouvel entretien, la présence des autres princes qui nous manquent aujourd'hui sera peut-être, à un instant plus favorable, ce qui aujourd'hui paraît impossible. J'emporte avec moi cette espérance.

ALBE, faisant signe à son fils Ferdinand.

Arrête! Egmont! — Ton épée!

La porte du fond s'ouvre : on voit la galerie pleine de gardes qui se tiennent immobiles.

EGMONT, après un instant de silence.

C'était là ton dessein? c'est pour cela que tu m'as fait venir? (Mettant la main sur son épée comme pour se défendre.) Suis-je donc sans armes?

ALBE.

Le roi l'ordonne; tu es mon prisonnier.

De chaque côté entre une file d'hommes armés.

EGMONT.

Le roi?... — Orange! Orange! (Après une pause, rendant son épée.) Prends-la donc! elle a plus souvent servi le roi qu'elle n'a protégé mon sein.

Il sort par la porte du fond : les soldats qui sont dans la salle le suivent; le fils d'Albe sort également. Albe reste seul; le rideau tombe.

ACTE CINQUIÈME

UNE RUE AU CRÉPUSCULE.

CLAIRE, BRACKENBOURG, BOURGEOIS.

BRACKENBOURG.

Au nom de Dieu, ma chère amie, que prétends-tu faire?

CLAIRE.

Viens avec moi, Brackenbourg. Tu ne connais pas les hommes! Viens, nous le délivrerons certainement; car est-il rien d'égal à leur amour pour lui? Chacun brûle, j'en réponds, du désir de le sauver, de soustraire au péril une vie si précieuse et de rendre à la liberté le plus libre des hommes. Viens, te dis-je! il ne faut qu'une voix pour les rassembler. Le sentiment de ce qu'ils lui doivent vit encore dans leur âme! ils savent qu'il n'y a que son bras puissant pour prévenir leur ruine. Pour lui et pour eux ils risqueront tout. Et que risquons-nous? tout au plus notre vie, et ce n'est pas la peine de la conserver s'il périt.

BRACKENBOURG.

Malheureuse! tu ne vois donc pas la puissance de fer qui nous tient enchaînés?

CLAIRE.

Je ne la crois point invincible. Mais ne perdons pas le temps en vaines paroles. Je vois venir à nous de ces hommes francs et braves comme il y en avait autrefois. — Holà! voisins, amis, écoutez! Qu'est devenu Egmont?

LE CHARPENTIER.

Que veut dire cette fille? Fais-la donc taire.

CLAIRE.

Approchez-vous encore un peu, que nous puissions parler à voix basse jusqu'à ce que nous nous entendions et que nous soyons en force. — Cette tyrannie insolente qui a osé le charger de fers lève déjà sur lui le poignard. O mes amis! chaque pas du crépuscule ajoute à mes angoisses. Je redoute cette nuit. Venez, partageons-nous, courons de quartier en quartier, appelons à grands cris nos concitoyens. Que chacun aille prendre ses armes : nous nous réunissons sur la place du Marché, et de là, nous répandant par la ville, nous entraînons comme un torrent tout ce qui se trouve sur notre passage. Les ennemis qui se voient cernés, enveloppés, sont anéantis. Une poignée d'esclaves peut-elle nous résister?... Et lui, il revient au milieu de nous, il se voit délivré, il peut enfin une fois nous remercier, nous qu'il a comblés de tant de bienfaits! Il revoit peut-être..... oui, il revoit l'aurore d'un ciel libre!

LE CHARPENTIER.

Qu'est-ce que tu dis donc là, jeune fille?

CLAIRE.

Quoi! vous ne me comprenez pas? Je parle du comte! je parle d'Egmont!

JETTER.

Ne prononcez pas son nom, il tue.

CLAIRE.

Son nom! Comment? que je ne prononce pas son nom! Eh! qui ne l'a point à la bouche à tout instant? où n'est-il point écrit? Jusque dans ces étoiles, il m'est souvent arrivé de le lire en toutes lettres. Et je ne dois pas le prononcer! Qu'est-ce à dire? Mes amis! mes bons, mes chers voisins, vous rêvez : remettez-vous. Ne me regardez donc pas avec cette inquiétude, cet égarement; ne tournez donc pas les yeux autour de vous d'un air si effaré. Ce que je dis tout haut, chacun le désire en secret; ma voix n'est-elle pas la voix de votre cœur? Qui de vous, dans cette affreuse nuit, avant d'entrer dans son lit sans sommeil, ne se jetterait pas à deux genoux pour demander ardemment au ciel qu'il nous soit rendu? Interrogez-vous l'un l'autre, interrogez-vous vous-mêmes; et qui de vous ne s'écriera pas avec moi : « La liberté d'Egmont ou la mort! »

JETTER.

Dieu nous soit en aide! elle va nous attirer quelque malheur.

CLAIRE.

Restez, restez! ne fuyez pas devant ce nom qui vous faisait accourir autrefois avec tant d'ardeur! — Quand la rumeur publique annonçait son arrivée, quand on disait : « Egmont vient! il vient de Gand! » c'était une fête pour les habitants des rues par lesquelles il devait passer. Et quand vous entendiez les pas de son cheval, chacun laissait son ouvrage, et, sur les figures chagrines que vous avanciez aux fenêtres, on voyait tout à coup briller un rayon de joie et d'espérance, comme émané de son front, vous vous teniez tous sur le seuil de vos portes, élevant dans vos bras vos enfants, et leur disant : « Regarde, c'est Egmont, ce grand-là! c'est lui! lui qui vous vaudra de meilleurs temps que n'en ont vu vos pauvres pères. » Ne donnez pas à vos enfants le droit de vous demander quelque jour : « Qu'est-il devenu? Où sont-ils, ces temps que vous nous promettiez ?..... » — Mais les heures se passent en discours ; rester oisifs, c'est le trahir.

SŒST.

C'est une honte à vous, Brackenbourg ! Ne la laissez donc pas faire ; empêchez un malheur.

BRACKENBOURG.

Chère Clærchen, rentrons ! Que va dire ta mère ? Peut-être...

CLAIRE.

Me prends-tu pour un enfant ou pour une folle ? Que veux-tu dire, avec ton *peut-être ?* Tu n'as pas une espérance à m'offrir pour m'arracher à cette affreuse certitude. — Écoutez-moi !... vous m'écouterez ; car, je le vois bien, la stupeur vous glace et vous n'êtes plus à vous-mêmes. A travers les dangers présents, laissez tomber un regard sur le passé, le passé d'hier ! Tournez ensuite vos pensées vers l'avenir : pouvez-vous vivre, Vivrez-vous s'il périt ? Avec sa vie s'exhale le dernier jour de votre liberté. Que n'était-il pas pour vous ? Pour qui l'a-t-on vu courir aux plus affreux dangers ? Ses blessures n'ont jamais saigné, n'ont jamais guéri que pour vous. Eh bien ! cette grande âme qui vous portait tous, un cachot la renferme, les horreurs de la mort planent autour d'elle ! Il pense peut-être à vous, il espère en vous, lui qui était votre unique espoir et qui ne l'a jamais trompé.

LE CHARPENTIER.

Venez, compère.

CLAIRE.

Et pourtant, je n'ai ni vos bras ni votre vigueur ; mais j'ai ce qui vous manque à tous, du courage et le mépris du danger. Mon souffle ne peut-il vous enflammer ? ne puis-je, en vous pressant contre mon sein, vous échauffer et vous animer ? Venez ! je marcherai au milieu de vous ! Ce qu'est pour une noble phalange un simple étendard flottant dans les airs, mon esprit le sera pour vous. L'amour et le courage sauront faire une terrible armée d'un peuple chancelant et dispersé.

JETTER.

Emmène-la, elle fait peine à voir.

Les bourgeois s'éloignent.

BRACKENBOURG.

Clærchen, ne vois-tu pas où nous sommes?

CLAIRE.

Où? sous le ciel qui se courbait en dais sur la tête d'Egmont, lorsqu'il paraissait. Voilà les fenêtres où ils se mettaient, quatre, cinq têtes l'une sur l'autre; voilà les portes où ils se fatiguaient à le saluer quand il jetait un regard sur les lâches! Oh! ils m'étaient si chers, alors qu'ils lui rendaient ces honneurs! S'il se fût fait leur tyran, il leur eût été permis de l'abandonner dans sa chute... mais ils l'aimaient!... Oh! ces mains si promptes à retirer vos bonnets ne sont-elles pas capables de tenir une épée?... Brackenbourg, et nous?... de quel droit leur adressons-nous des reproches? Ces bras dont il se sentit pressé tant de fois, que font-ils pour lui?... — La ruse est venue à bout de si grandes choses dans ce monde! Tu connais le vieux château, tu en connais les issues... Il n'est rien d'impossible. Donne-moi une idée.

BRACKENBOURG.

Si nous rentrons à la maison?

CLAIRE.

Bon.

BRACKENBOURG.

Je vois, au tournant de la rue, des soldats du duc d'Albe. Laisse-toi persuader par la voix de la raison. Me prends-tu pour un lâche? crois-tu que je ne saurais pas mourir pour toi? Nous sommes fous tous les deux, moi aussi bien que toi. Ne vois-tu pas l'impossibilité? ne peux-tu reprendre tes esprits?... Tu es hors de toi!

CLAIRE.

Hors de moi! fi! Brackenbourg, vous êtes seul hors de vous. — Autrefois, pendant que vous rendiez des honneurs publics à ce héros, pendant que vous le nommiez votre ami, votre soutien, votre espoir, que vous criiez *vivat* sur son passage, moi, je me tenais renfermée dans ma chambre, j'entr'ouvrais ma fenêtre, et je le regardais furtivement, et le cœur me battait plus fort qu'à vous tous. Maintenant, il me bat encore bien plus fort qu'à vous tous! Vous vous cachez au moment du danger, vous le trahissez, et ne voyez pas que s'il meurt, c'en est fait de vous.

BRACKENBOURG.

Viens à la maison.

CLAIRE.

A la maison?

BRACKENBOURG.

Remets-toi un peu! Regarde autour de toi, nous sommes dans des rues où jamais tu n'as passé que le dimanche pour te rendre pieusement à l'église; où ta pudeur s'alarmait, quand je voulais seulement t'aborder et te saluer d'un mot amical. Et t'y voilà parlant et gesticulant aux yeux de tout le monde. Remets-toi, mon amie! A quoi cela nous mène-t-il?

CLAIRE.

A la maison! Oui, je me remets un peu. Viens, Brackenbourg, viens à la maison. Sais-tu où je demeure?

Ils s'éloignent.

UNE PRISON ÉCLAIRÉE PAR UNE LAMPE, UN LIT DANS LE FOND.

EGMONT, seul.

Vieil ami, sommeil jusqu'ici fidèle, me fuis-tu aussi, à l'exemple de tous mes autres amis? Dans ma liberté, comme tu venais de toi-même te poser sur ma tête! L'amour m'eût touché de son rameau de myrte, qu'il eût répandu sur mes nuits moins de fraîcheur. Au milieu des armes, sur le flot de la vie, je m'endormais dans tes bras aussi paisiblement qu'un enfant nouveau-né; mon repos était profond, ma respiration légère comme la sienne. Quand les vents ont mugi dans la forêt, le tronc s'est incliné en gémissant, mais le cœur est demeuré sans atteinte. Qu'est-ce qui t'ébranle maintenant? qu'est-ce qui émeut ton âme solide et fidèle?... Ah! je le sens, c'est le bruit de la hache meurtrière qui sape mes racines. Je suis encore debout et je frissonne intérieurement. Oui, elle l'emporte, la puissance traîtresse; déjà elle mine sourdement le tronc élevé et fort que les vents ne purent abattre, et avant que l'écorce sèche elle va te précipiter avec fracas et mettre en pièces ta couronne. — Pourquoi donc maintenant, toi qui as si souvent chassé au loin, comme des bulles de savon, les soucis les plus violents, pourquoi ne peux-tu par aucun effort arracher de ton sein le pressentiment qui te ronge? Depuis quand la mort te trouve-t-elle tremblant, elle dont les images toujours présentes n'ont pas plus altéré le repos de ta vie que tous les autres fantômes de cette terre?... C'est que ce n'est plus cet ennemi rapide au-devant duquel s'élance avec ardeur une poitrine haletante; c'est la prison, image du tombeau, horrible pour le héros comme pour le lâche. Elle m'était déjà insupportable, dans mon fauteuil de velours, lorsque, solennellement assemblés, les nobles se livraient à des discussions sans fin sur ce qu'un mot eût décidé, et que moi, pressé entre deux murs sombres, les poutres du plafond m'écrasaient. Sitôt qu'il m'était possible, ah! comme je me hâtais de sortir! comme je m'élançais sur mon cheval, aspirant avec enivrement le grand air! Le grand air, voilà notre élément! Les champs, où de la terre s'exhale la bienfaisante action de la nature, où les astres du ciel versent sur nos têtes leurs influences propices. C'est là que, semblables aux géants, fils de la terre, nous puisons dans l'embrassement de notre mère une force nouvelle pour nous élancer plus haut; là que nous sentons courir dans nos veines l'humanité ou les désirs humains; là que l'envie de percer la foule, d'employer ses forces, de subjuguer, de vaincre, s'élève dans l'âme du jeune chasseur; là que le guerrier marchant d'un pas rapide fait valoir ses droits innés sur le monde, et dans son indépendance terrible, fond comme un nuage de grêle sur plaines, bois et prairies, renverse tout ce qui veut lui résister, méconnaît les limites assignées à l'homme ici-bas... — Hélas! tu n'es qu'une vaine ombre, souvenir du bonheur que j'ai possédé si longtemps : où le sort perfide t'a-t-il entraîné? Il ne t'aurait refusé la mort tant de fois bravée à la face du soleil que pour te préparer ici, dans la pourriture infecte, un avant-goût du sépulcre!... Quel malaise j'éprouve sur ces pierres froides!.. Déjà la vie se suspend en moi!... Devant ce lit, mon pied recule comme devant le tombeau... O angoisses! angoisses! vous me tuez avant le temps! éloignez-vous!... Depuis quand Egmont est-il seul, si absolument seul au monde? Ce n'est plus le bonheur qui t'accable, c'est le doute; le doute!... Quoi! la justice du roi, à laquelle tu as cru toute ta vie; quoi! l'amitié de la gouvernante, cette amitié qui (tu peux te l'avouer) touchait presque à l'amour; quoi! tout cela s'est évanoui comme un sillon de lumière dans la nuit, et tu restes abandonné sur une route obscure! — Orange ne tentera-t-il pas quelque chose, à la tête de ses nombreux amis? Le peuple ne s'assemblera-t-il pas, ne viendra-t-il pas en force délivrer son ancien ami?... O vous, murs de ma prison, n'empêchez point cette multitude dévouée de pénétrer jusqu'à moi; c'est maintenant à elle à me rendre ce que j'ai pu lui inspirer alors d'énergie et de courage... Oui, oui, ils se lèvent par milliers! ils viennent! ils sont près de moi! Leur pieuse prière monte au ciel, elle invoque un miracle; et si un ange ne descend pas à mon secours, je les vois saisir leurs lances et leurs épées. Les portes s'ouvrent, les grilles sautent, les murs tombent sous leurs coups; Egmont rayonnant s'avance aux lueurs de la liberté naissante. Que de visages connus, où se peint la joie, viennent me recevoir!... Ah! Clærchen, si tu étais un homme, je te verrais sans doute ici parmi les premiers, et je te devrais ce qu'il est dur de devoir à un roi, la liberté.

LA DEMEURE DE CLAIRE.

CLAIRE. *Elle sort de la chambre voisine, tenant d'une main un verre d'eau, de l'autre une lampe; elle pose le verre sur la table et court à la fenêtre.*

Brackenbourg, est-ce vous? Qu'est-ce donc que j'ai entendu? Personne encore? non, personne. Je vais mettre la lampe sur la fenêtre, pour qu'il voie que je veille encore, que je l'attends toujours. Il m'a promis des nouvelles... des nouvelles!... cruelle certitude!... — Egmont condamné! Quel tribunal a donc osé le citer?... Et ils le condamnent! le roi le condamne!... ou le duc... et la gouvernante s'en va! Orange hésite, et tous ses amis... Est-ce là ce monde qu'on m'a tant dit être inconstant, volage, sans que jamais j'en aie rien su par moi-même? est-ce là le monde? — Il y aurait un être assez pervers pour haïr l'idole du peuple! et la perversité serait assez puissante pour perdre en un clin d'œil celui que protége la faveur universelle? C'est ainsi, cependant... c'est ainsi... O Egmont! moi qui te croyais aussi sûr devant Dieu et devant les hommes que dans mes bras! Qu'étais-je pour toi? Tu m'as nommée *ta Claire*, j'avais consacré toute ma vie à ta vie... Et que suis-je maintenant? En vain je tends ma main pour rompre le réseau qui t'enchaîne. Toi sans ressource, et moi libre! — Ma clef est sur ma porte; je puis entrer et sortir à volonté... et je ne te suis bonne à rien!... — Oh! chargez-moi de fers, pour que je ne désespère pas tout à fait; jetez-moi dans le cachot le plus profond! qu'au moins je puisse me frapper la tête contre les murs humides, soupirer après la liberté, rêver comment je le délivrerais, comment je pourrais le délivrer, sans les liens qui m'accablent... Mais je suis libre, et dans ma liberté j'éprouve toutes les angoisses de l'impuissance! j'ai la douleur de ne pouvoir bouger un membre pour lui! — Hélas! cette faible portion de ton existence, ta Clærchen, est comme toi captive; et, séparée de toi, elle épuise les derniers restes de ses forces dans les convulsions de l'agonie!... J'entends marcher, on tousse... Brackenbourg... c'est lui! — Pauvre bon jeune homme! ton sort n'a point changé. Ton amie t'ouvre sa porte la nuit; mais quel lugubre rendez-vous, grand Dieu!

Entre Brackenbourg.

CLAIRE.

Quelle pâleur! quel tremblement! Brackenbourg, qu'y a-t-il?

ACTE V.

BRACKENBOURG.

Après tant de détours et de dangers, je te trouve enfin ! — Les grandes rues sont gardées; il m'a fallu, pour arriver jusqu'à toi, m'enfoncer dans les ruelles, dans les recoins les plus obscurs.

CLAIRE.

Dis, quelles nouvelles?

BRACKENBOURG, se jetant sur une chaise.

Ah! Claire, laisse-moi pleurer. Je ne l'aimais pas; il était riche et ôtait au pauvre son unique brebis en l'attirant à de meilleurs pâturages. Jamais je ne l'ai maudit; Dieu m'a fait tendre et fidèle. Ma vie s'écoulait dans la tristesse, et chaque jour j'espérais que ce serait le dernier.

CLAIRE.

Oublie tout cela, Brackenbourg; oublie-toi toi-même. Parle-moi de lui ! est-ce vrai? est-il condamné?

BRACKENBOURG.

Il l'est! j'en ai la certitude.

CLAIRE.

Vit-il encore?

BRACKENBOURG.

Oui, il vit encore.

CLAIRE.

Comment peux-tu l'affirmer? La tyrannie égorge dans la nuit l'homme généreux ! Son sang coule loin de tous les yeux. Le peuple abattu repose, et dans son mauvais sommeil il rêve la délivrance, il rêve l'accomplissement de ses vœux impuissants; mais, pendant ce temps, son âme indignée a déjà quitté le monde... Il n'est plus ! ne m'abuse pas, ne t'abuse pas toi-même!

BRACKENBOURG.

Non, te dis-je, il vit... hélas! et l'Espagnol prépare au peuple qu'il veut opprimer un épouvantable spectacle! sans doute pour briser à jamais tout cœur qui bat encore pour la liberté.

CLAIRE.

Poursuis, et ne crains pas de prononcer aussi ma sentence

de mort! Je sens, oui, je sens que je touche aux plages bienheureuses; déjà un souffle consolateur m'arrive de ces régions de paix. Parle.

BRACKENBOURG.

A la disposition des gardes et à quelques propos que je recueillis ici et là, je me doutai qu'il se faisait cette nuit sur la place du Marché des préparatifs funestes. Prenant des rues détournées et des passages à moi connus, j'allai chez mon cousin et me mis à une fenêtre de derrière qui a vue sur la place. Au milieu d'un cercle de soldats espagnols vacillait la lumière de torches; à force de regarder, je finis par voir se dresser à travers la nuit un noir échafaud; je frémis. Il y avait tout autour une foule d'hommes occupés à recouvrir de drap noir les places blanches où la charpente restait à nu; ils tendirent aussi en noir les marches de l'échafaud, je le vis bien; on eût dit qu'ils s'apprêtaient à offrir un sacrifice lugubre. Un crucifix blanc, qui brillait dans la nuit comme de l'argent, était placé à une grande hauteur sur l'un des côtés. Plus je regardais, plus se dévoilait à mes yeux l'affreuse vérité. La flamme des torches vacilla encore quelque temps, puis l'une après l'autre je les vis pâlir et s'éteindre. Tout à coup l'œuvre horrible de la nuit fut replongée dans le sein de sa mère.

CLAIRE.

Paix, Brackenbourg, paix! laisse, à présent, laisse aussi tomber ce voile sur mon âme. Les fantômes ont disparu, et toi, nuit favorable! viens jeter le manteau des ombres sur la terre agitée; viens, elle ne peut plus soutenir cet horrible fardeau : la voici qui ouvre ses abîmes pour y engloutir l'appareil homicide. Un ange descend envoyé par ce même Dieu qu'ils ont voulu, les impies! rendre témoin de leur fureur. Le messager céleste étend la main, les verrous cèdent, les chaînes tombent; il répand autour du juste une tendre lumière; il lui fait signe, et à travers la nuit le mène à la liberté d'un pas doux et tranquille. C'est à travers cette obscurité que passe aussi la route qui me guidera vers lui.

BRACKENBOURG, la retenant.

Où vas-tu, mon enfant? que prétends-tu faire?

ACTE V.

CLAIRE.

Plus bas, mon ami, n'éveillons personne, ne nous éveillons pas nous-mêmes! Connais-tu cette fiole, Brackenbourg? je te la pris en badinant, un jour que, selon ta coutume, tu parlais de te délivrer de la vie : et maintenant, mon ami...

BRACKENBOURG.

Au nom de tous les saints!

CLAIRE.

Tu n'y peux rien changer; la mort est mon partage; ne m'envie pas la mort douce et prompte que tu t'étais préparée. Donne-moi ta main!..... Dans un moment, lorsque j'ouvrirai la sombre porte qu'on ne passe pas deux fois, je voudrais pouvoir te redire, en te serrant ainsi la main, combien je t'ai aimé, combien j'ai pleuré sur ton sort. — Mon frère est mort jeune; je t'avais choisi pour le remplacer près de moi. Ton cœur n'accepta pas cette mission, et ce fut une source de tourments pour toi et pour moi. Tu aspirais toujours plus ardemment à une place qui ne t'était pas destinée. Pardonne-moi, et vis heureux. Laisse-moi te nommer mon frère! C'est un nom qui comprend bien des noms. Cueille la dernière fleur de ceux qui se séparent, et que ce soit de bon cœur..... prends ce baiser!..... La mort réunit tout, Brackenbourg, tout! nous aussi.

BRACKENBOURG.

Eh bien, laisse-moi mourir avec toi! Partage, ah! partage; il y en a assez pour éteindre deux vies!

CLAIRE.

Non, reste! tu dois vivre; tu le peux. — Reste auprès de ma mère, qui sans toi tomberait dans la misère; sois ce que je ne puis plus être pour elle, vivez ensemble et pleurez-moi. Pleurez sur la patrie, pleurez sur l'homme qui aurait pu la sauver! La génération d'aujourd'hui n'est pas au bout de ses maux. Toute la fureur de la vengeance échouerait contre de tels malheurs. Vivez, malheureux, jusqu'au jour où les jours s'arrêtent. Mais aujourd'hui se taisent pour moi tous les bruits du monde; la terre suspend sa marche... mon cœur n'a plus que quelques minutes à battre. Adieu!

BRACKENBOURG.

Nou! vis, oh! vis avec nous, comme nous pour toi seule! Tu nous tues en te tuant! Ah! vis et souffre. Nous resterons inséparables auprès de toi ; l'amour te rendra l'espérance, et dans ses bras vivifiants tu retrouveras peut-être la plus belle des consolations. Sois à nous!... à nous!... je n'ose dire à moi.

CLAIRE.

Silence, Brackenbourg! tu ne sens pas le mal que tu me fais. Où tu vois l'espérance, je vois le désespoir.

BRACKENBOURG.

Partage l'espérance avec tous ceux qui respirent! Arrête-toi sur le bord de l'abîme, jettes-y un regard, et ramène-le sur nous.

CLAIRE.

J'ai triomphé; ne me force pas de recommencer la lutte.

BRACKENBOURG.

La stupeur t'accable! tu cherches le précipice dans l'obscurité... mais toute lueur n'est pas éteinte encore; plus d'un jour...

CLAIRE.

Malheur, malheur sur toi! Barbare! tu déchires le voile qui couvrait ma vue. Oui, il poindra le jour! en vain s'enveloppera-t-il de nuages, il poindra malgré lui!... Le bourgeois tremblant se penche à sa fenêtre, il regarde : la nuit a disparu, mais en laissant après elle une tache sombre; il regarde, et l'échafaud se dresse terrible à la clarté du jour. Rendue à ses supplices, l'image profanée d'un Dieu lève pour la seconde fois vers son père des yeux en pleurs. Le soleil n'ose se montrer; il ne veut point marquer l'heure où Egmont doit mourir! les aiguilles marchent lentement, et l'une après l'autre on entend sonner les heures... Arrêtez! arrêtez! voici l'instant! le froid du matin me pousse dans la tombe.

Elle s'approche de la fenêtre, comme pour voir ce qui se passe dehors, et boit furtivement.

BRACKENBOURG.

Clærchen! Clærchen!

CLAIRE, prend sur la table le verre d'eau et le boit.

Voici le reste! Je ne t'engage pas à me suivre, fais ce que t'inspirera ton cœur; adieu. Éteins cette lampe; allons, point d'hésitations. Moi, je vais dormir! Sors sur la pointe des pieds, et tire après toi la porte. Silence! ne réveille pas ma mère! Va, sauve-toi! sauve-toi, te dis-je, si tu ne veux pas passer pour mon assassin.

Elle sort.

BRACKENBOURG, seul.

Elle me quitte pour la dernière fois, comme elle m'a toujours quitté! Oh! quelle âme humaine pourra comprendre jusqu'à quel point elle a pu déchirer mon cœur... Elle me laisse là, livré à moi-même, et la vie et la mort me sont également insupportables... Mourir seul!... Pleurez, vous qui savez aimer! Quel sort plus cruel que le mien! Elle partage d'abord avec moi la coupe de la mort, et me rejette ensuite, me rejette loin d'elle! Elle m'attire d'abord, et puis me repousse dans la vie! O Egmont, de quel prix inestimable est le sort qui t'attend! elle te précède: c'est de sa main que tu vas recevoir la palme. Déjà elle entraîne tout le ciel au-devant de toi!... Et dois-je les suivre pour me tenir encore à l'écart, attrister ces belles demeures, y porter l'envie qui ne s'éteint jamais?... Hélas! sur cette terre, il m'est impossible d'y rester, et le ciel et l'enfer m'offrent les mêmes supplices! — Qu'il serait doux à l'infortuné de se sentir saisi par la main froide de l'anéantissement!

Brackenbourg sort; la scène reste quelque temps vide. On entend une musique exprimant la mort de Claire. La lampe que Brackenbourg a oublié de souffler, jette encore quelques éclats et s'éteint. Alors seulement la scène change, et le théâtre représente la prison.

LA PRISON.

Egmont dort sur le lit. Tout à coup un bruit de clefs se fait entendre, et la porte s'ouvre. Des domestiques entrent avec des flambeaux; ils sont suivis de Ferdinand, fils du duc d'Albe, et de Silva, entouré de soldats. Egmont s'éveille en sursaut.

EGMONT.

Qui êtes-vous, vous qui venez si brusquement interrompre

mon sommeil? Pourquoi ces regards inquiets, effrontés? que m'annoncent-ils? Dites, quel est le rêve dont vous voulez effrayer mes esprits encore appesantis?

SILVA.

Le duc nous envoie pour te notifier ta sentence.

EGMONT.

Amènes-tu aussi le bourreau pour l'exécuter?

SILVA.

Écoute, et tu sauras ce qui t'attend.

EGMONT.

C'est bien digne de vous et de vos lâches menées! machiné dans la nuit, et dans la nuit consommé. Vous faites bien de la dérober au jour, cette œuvre d'insolence et d'injustice... Allons, toi, ne cache pas le glaive sous ton manteau; voici ma tête... la plus libre que jamais la tyrannie ait fait tomber.

SILVA.

Tu es dans l'erreur : ce que des juges intègres décident, ils ne craignent pas de le montrer au grand jour.

EGMONT.

Alors, l'insolence est portée à un excès qui passe toute idée et toute imagination.

SILVA prend la sentence des mains d'un assistant, la déploie et lit :

« Au nom du roi, et en vertu du pouvoir spécial à nous
« transmis par Sa Majesté de juger tous ses sujets, de
« quelque condition qu'ils soient, y compris les chevaliers de la
« Toison d'or, nous reconnaissons... »

EGMONT.

Le roi peut-il transmettre ce pouvoir?

SILVA.

« Nous reconnaissons, après une enquête scrupuleuse et
« légale, que toi, Henri, comte d'Egmont, prince de Gavre,
« tu t'es rendu coupable du crime de haute trahison. A rai-
« son de quoi nous ordonnons ce qui suit : qu'au point du
« jour, tu seras transféré du lieu de ta prison sur la place du
« Marché, et que là, aux yeux de tout le peuple, pour l'in-
« struction des traîtres, tu seras mis à mort par l'épée. Donné

« à Bruxelles le... (On doit lire la date et l'année de manière à n'être point entendu des spectateurs.)

« FERDINAND, DUC D'ALBE,
« Président du tribunal des Douze. »

A présent, tu connais ton sort. Il ne te reste que peu d'instants pour t'y résigner, mettre ordre à tes affaires et prendre congé des tiens.

Silva sort avec sa suite. Ferdinand reste. Il n'y a plus que deux flambeaux; le théâtre est faiblement éclairé.

EGMONT, *quelque temps absorbé en lui-même, laisse sortir Silva sans regarder autour de lui ; il se croit seul, et en levant les yeux il aperçoit le fils d'Albe.*

Tu es encore là? Tu restes? Veux-tu augmenter par ta présence ma surprise et mon horreur!... ou aurais-tu peut-être l'idée de porter à ton père l'agréable nouvelle que je me désespère lâchement? Va, va, jure-lui bien qu'il ne trompe ni moi ni le monde. Veux-tu savoir ce qu'on dira de lui, l'ambitieux, d'abord tout bas, et puis de plus haut en plus haut, et ce qu'un jour, lorsqu'il sera précipité du rang suprême, mille voix lui crieront sans relâche. Le voici : Ce n'est pas le bien de l'État, ce n'est pas l'autorité du roi, ce n'est pas le repos des provinces, qui l'ont conduit ici; c'est dans son propre intérêt qu'il a conseillé la guerre, parce que le guerrier trouve à y gagner; il a excité ces terribles troubles afin qu'on ait besoin de lui. Et moi, je tombe victime de sa basse haine, de sa petite envie... Oui, oui, je le sais et j'ose le dire ; blessé à mort, mourant, je puis le dire : cet homme me portait envie, il a préparé de loin ma ruine, et l'a méditée de longue main. Dès notre jeunesse, aux parties de dés que nous faisions ensemble, quand les monceaux d'or passaient l'un après l'autre de lui à moi, il se vexait, simulait l'indifférence et, au fond, il étouffait, se rongeait, non pas tant parce qu'il perdait que parce que je gagnais. — J'ai encore présents les éclairs de ses yeux et la pâleur sinistre de ses joues, à cette fête publique où nous tirâmes au but devant la foule assemblée. Ce fut lui qui me provoqua : les deux nations étaient là, l'Espagne et les Pays-Bas pariaient. J'eus l'avantage sur lui ; son coup écarta, le mien porta ; un cri de joie s'éleva du milieu des miens... Il m'atteint à présent, son coup ! Dis-lui que je le sais, que je le connais, que le monde méprise tout trophée acquis par la bassesse et la ruse. — Et toi ! s'il est possible à un fils de fuir les traces de son père, rougis, pendant qu'il en est temps, rougis de celui que tu voudrais de tout ton cœur pouvoir estimer.

FERDINAND.

Je t'écoute sans t'interrompre, tes reproches tombent sur moi comme des coups de massue sur un casque ; je sens la secousse, mais je suis armé : tu m'atteins, tu ne me blesses pas. Elle m'est toutefois sensible, la douleur qui me déchire le sein. Malheur sur moi ! malheur ! C'est donc pour un tel spectacle que j'ai grandi, pour une telle scène qu'on m'a amené ici !

EGMONT.

Tu éclates en plaintes? Qu'est-ce qui te touche, t'afflige? Est-ce un tardif repentir d'avoir prêté ton ministère à l'infâme conjuration? Tu es si jeune ! et tu as une physionomie heureuse : tu étais si ouvert, si amical envers moi ! Quand je te vis, je fus raccommodé avec ton père. Et ta dissimulation, dissimulation plus profonde que la sienne, m'a fait tomber dans le piége... Tu es un misérable ! Qui se fie à lui en court les risques ; mais qui croirait risquer en se fiant à toi? Va, fuis ! ne m'ôte pas encore le peu d'instants qui me restent ! fuis, te dis-je, que je me recueille, que j'oublie le monde, et toi le premier !

FERDINAND.

Que dois-je te répondre? Je suis là devant toi, je te vois... et je ne te vois pas, et je ne me sens pas moi-même. Dois-je me justifier? dois-je te jurer que j'appris tard, que dis-je ! au dernier moment, les desseins de mon père? que je n'ai agi que comme instrument passif et contraint de sa volonté? Qu'importe l'opinion que tu peux avoir de moi? tu es perdu;

et moi, misérable, je suis là pour t'en convaincre... et te pleurer !

EGMONT.

Quelle voix étrange, quelle consolation inespérée s'offre à moi sur le chemin de la tombe ? Toi, le fils de mon mortel, je dirai presque de mon seul ennemi, tu me plains, tu n'es pas de mes assassins ! Parle, pour qui dois-je te prendre ?

FERDINAND.

Père barbare, je te reconnais à cet ordre. Tu connais mon cœur, mes sentiments que tu me reproches souvent d'avoir hérités de ma pauvre mère. C'est pour me rendre semblable à toi, que tu m'as envoyé ici. Cet homme au bord du tombeau, sous la main de la mort, d'une mort injuste, tu me forces à le visiter, pour briser mon cœur, pour que la violence de cette émotion me rende sourd à toute autre, pour que je devienne insensible comme toi, quelque chose qu'il m'arrive !

EGMONT.

C'est étrange ! Reviens à toi, relève-toi un peu, parle comme un homme.

FERDINAND.

Plût au ciel que je fusse une femme, et qu'on pût me dire : Qu'est-ce qui te touche ? qu'est-ce qui t'afflige ?... Dis-moi un malheur plus grand, plus affreux, rends-moi témoin d'une action plus infâme ; je te remercierai, je dirai : Ce n'était rien.

EGMONT.

Tu te perds. Où es-tu ?

FERDINAND.

Laisse un libre cours à mon indignation, laisse-moi gémir à mon gré ! je ne veux pas avoir l'air calme quand tout au dedans de moi se brise et se déchaîne ! — Faut-il que je te voie ici ;... toi !... c'est horrible !... Tu ne me comprends pas ! et dois-tu me comprendre ? Egmont ! Egmont !

Il se jette à son cou.

EGMONT.

Explique-moi ce mystère.

FERDINAND.

Quel mystère?

EGMONT.

Comment se peut-il faire que le sort d'un étranger t'émeuve si profondément?

FERDINAND.

Étranger! tu ne m'es pas étranger. Ton nom, comme une étoile, éclaira mes premiers pas dans la vie. Que de fois je me suis fait raconter ton histoire! L'espoir de l'enfant, c'est l'adolescent; celui de l'adolescent, c'est l'homme : eh bien! tu marchais ainsi devant moi, toujours devant; et sans jalousie je te voyais devant moi, et je courais après toi, et toujours et toujours. J'eus enfin l'espérance de te voir, je te vis, mon cœur vola au-devant de toi. Je m'étais déjà voué à toi : en te voyant, je t'avais choisi de nouveau. Je me disais : je vais être avec lui, vivre avec lui, lui serrer la main, le... tout s'est évanoui, et je te retrouve ici!...

EGMONT.

Mon ami, si cela peut te faire quelque bien, reçois ici l'assurance que dès l'abord mon cœur fut à toi. Mais écoute-moi, parlons tranquillement : dis-moi, est-ce bien l'intention de ton père de me mettre à mort?

FERDINAND.

Oui.

EGMONT.

Ce jugement ne serait pas un simple épouvantail pour me tourmenter, pour me punir en m'effrayant, pour m'humilier, et dont la clémence royale me relèverait?

FERDINAND.

Hélas! non. Je me flattais d'abord de cette vaine espérance, et déjà je m'affligeais de te voir réduit à un tel état d'humiliation; mais il n'est que trop vrai! il n'est que trop sûr!... Non, je ne suis plus maître de moi. Qui me donnera un conseil? qui m'aidera à échapper à l'inévitable?

EGMONT.

Eh bien! écoute. Puisque tu souhaites avec tant d'ardeur

de me sauver, puisque tu abhorres le pouvoir qui m'a mis dans les fers, sauve-moi. Les moments sont précieux. Tu es le fils de celui qui peut tout! tu peux beaucoup toi-même. Fuyons! je connais les chemins; les moyens ne peuvent pas t'être inconnus. Ces murs seulement et quelques milles me séparent de mes amis. Brise mes chaînes, guide-moi vers eux, et sois à nous. Sûrement le roi te saura gré un jour de ma délivrance. Maintenant il est surpris, et peut-être il ignore tout. Ton père prend sur lui d'agir, et Sa Majesté est obligée d'accepter ce qui est accompli, quelque horreur qu'elle en éprouve. Tu cherches? Oh! cherche le chemin de la liberté! Parle, et nourris l'espérance dans une âme vivace.

FERDINAND.

Silence! oh! silence! chacun de tes mots augmente mon désespoir. Il n'y a aucune issue, aucun moyen, aucune fuite. C'est pour moi une idée horrible! j'ai moi-même tendu le filet, j'en connais les nœuds indissolubles; je sais comment on a fermé la route à toute audace et à toute ruse; je me sens, moi et tous les autres, garrotté comme toi. Passerais-je le temps à gémir si je n'avais tout essayé? Je me suis jeté à ses pieds, j'ai parlé, prié, conjuré. Pour toute réponse, il m'a envoyé ici perdre tout ce qui peut rester en moi d'amour pour la vie, de joie...

EGMONT.

Et aucun moyen de s'échapper?

FERDINAND.

Aucun.

EGMONT, frappant du pied.

Aucun moyen de s'échapper!... — Douce vie, aimable habitude d'être et d'agir! je dois donc te quitter, et te quitter de sang-froid! Ce n'est pas dans le tumulte du combat, ce n'est pas au bruit des armes, dans l'ivresse de la mêlée, que tu me dis un brusque adieu! tu ne prends pas un congé rapide, tu n'abréges pas le temps de la séparation. Il me faut prendre ta main, la serrer dans la mienne, ramener encore une fois mes yeux sur les tiens, admirer ta beauté, sentir vivement tout ton prix; puis faire un suprême effort, m'arracher de toi, et te dire : Va-t'en !

FERDINAND.

Et moi, il faut que je reste auprès de toi, et que je te regarde mourir, sans pouvoir l'empêcher! Oh! quelle voix suffirait à cette plainte? quel cœur ne succomberait sous cette douleur?

EGMONT.

Du courage!

FERDINAND.

Du courage! tu peux en avoir, toi; tu peux te résigner et marcher héroïquement au-devant de la mort, guidé par la fatalité. Mais moi, que dois-je, que puis-je faire? Tu triomphes de toi-même et de nous; tu te survis dans ta gloire, et moi, je te survis misérablement, je me survis à moi-même. J'ai perdu ma lumière dans le festin, mon drapeau dans le combat; l'avenir est sombre et triste pour moi.

EGMONT.

Jeune ami, que, par un sort étrange, je gagne et perds au même instant, toi qui ressens pour moi les angoisses de la mort, qui souffres pour moi, non, tu ne me perds pas. Si ma vie fut un miroir où tu aimais à te contempler, que ma mort le soit aussi. Les hommes ne vivent pas ensemble uniquement lorsqu'ils sont rapprochés : l'absent peut vivre aussi avec nous. Je vis avec toi... avec moi j'ai assez vécu. — Chacun de mes jours a été marqué par quelque plaisir; j'ai fait chaque jour, sans hésiter, ce que ma conscience m'a dit être mon devoir. Aujourd'hui finit ma vie, comme elle aurait pu finir plus tôt, bien plus tôt! aux sables de Gravelines. Je cesse de vivre; mais j'ai vécu. Vis de même, mon ami; jouis de la vie, et ne crains point la mort.

FERDINAND.

Tu aurais dû te conserver pour nous, tu l'aurais pu, tu t'es tué toi-même. J'ai entendu plus d'une fois des hommes sages s'entretenir de toi. Sur ton mérite, les avis étaient partagés; mais tous, amis et ennemis, se réunissaient à blâmer ta conduite : « Oui, disaient-ils, il s'est engagé dans une route périlleuse. » Que de fois n'ai-je pas souhaité de pouvoir t'en avertir! N'avais-tu point d'amis?

EGMONT.

Je fus averti.

FERDINAND.

Et toutes ces charges, comme je les retrouvai mot pour mot dans l'accusation! et tes réponses! assez bonnes pour te justifier, pas assez pour te faire rendre justice.

EGMONT.

Ne parlons plus de cela. L'homme croit mener sa vie, se diriger lui-même; mais une force irrésistible l'entraîne à sa destinée. Pensons à tout cela le moins que nous pourrons. Quant à moi, je me soustrais facilement à ces idées... plus difficilement à mes inquiétudes pour ma malheureuse patrie! — Il n'importe; d'autres y pourvoiront. Si mon sang est versé pour tous, s'il procure à mon peuple la paix et la liberté, je le verse avec plaisir... Hélas! il n'en sera point ainsi... Mais il ne convient pas à l'homme qui va mourir de s'inquiéter de ce qui se fera sans lui. — Toi, si tu peux modérer, guider le zèle exterminateur de ton père, n'y manque pas... Qui le pourrait?... Adieu.

FERDINAND.

Je ne puis te quitter!

EGMONT.

Je te recommande mes gens. J'ai de braves garçons à mon service : qu'ils ne soient pas dispersés, maltraités! — Qu'est devenu Richard, mon secrétaire?

FERDINAND.

Il t'a précédé; ils l'ont décapité, comme complice du crime de haute trahison.

EGMONT.

Pauvre âme! — Encore un mot, et puis adieu, car je n'en puis plus! Quelque occupé que soit l'esprit, la nature est là qui réclame impérieusement ses droits : de même qu'un enfant sommeille dans les replis du serpent, ainsi l'homme fatigué s'étend sur le seuil de la mort, et y repose profondément, comme s'il avait encore un long chemin à faire. — Un seul mot donc. Je connais une jeune fille ! tu ne la mépriseras pas, parce qu'elle s'était donnée à moi. En te la recommandant, je meurs tranquille : tu es un homme d'honneur, et une femme qui trouve un tel homme n'a rien à craindre. — Mon vieil Adolphe vit-il ? est-il libre ?

FERDINAND.

Ce bon vieillard qui vous accompagnait toujours à cheval ?

EGMONT.

Lui-même.

FERDINAND.

Il vit, il est libre.

EGMONT.

Il sait sa demeure : fais-toi conduire par lui, et récompense-le jusqu'à la fin de ses jours de t'avoir guidé vers ce trésor. — Adieu.

FERDINAND.

Non, je ne sortirai pas.

EGMONT, le poussant vers la porte.

Adieu.

FERDINAND.

Oh ! laisse-moi ! encore un mot !

EGMONT.

Ami, point d'adieux !

Il accompagne Ferdinand jusqu'à la porte, et s'arrache de ses bras. Ferdinand, éperdu, s'éloigne précipitamment.

EGMONT, seul.

Barbare ! tu ne croyais pas me faire tant de bien en m'envoyant ton fils. Par lui, je suis délivré des inquiétudes, du chagrin, de la crainte, de tous sentiments pénibles. — Je sens la nature qui demande son dernier tribut. — C'est fini, la sentence est portée ! la nuit dernière, l'incertitude me tenait éveillé ; cette nuit, la certitude va m'endormir. (Il s'assied sur le lit. Musique.) Doux sommeil, tu t'empares de nous, ainsi qu'un bonheur pur, inattendu, qu'on n'a point invoqué. Tu dénoues les pensées douloureuses, tu confonds toutes les images de la tristesse et de la joie, le cercle des harmonies

ACTE V.

intérieures se dessine à son aise... Saisis d'un doux égarement, nous nous sentons faillir et nous cessons d'être...

Il s'endort ; la musique accompagne son sommeil. Le mur contre lequel est adossé son lit s'entr'ouvre, et on voit se déployer une brillante apparition. La Liberté, en habits célestes, baignée de clarté, repose sur un nuage. Elle a les traits de Claire; elle se penche vers le héros endormi. Sa physionomie exprime un sentiment triste et tendre : elle paraît gémir sur lui. Mais bientôt elle se relève, et, d'un geste encourageant, lui montre le faisceau de flèches, le sceptre et le bonnet. Elle semble l'inviter à la joie, et, en lui annonçant que sa mort affranchira les provinces, elle le reconnaît vainqueur, et lui tend une couronne de laurier. Au moment où elle s'apprête à poser la couronne sur son front, Egmont fait un mouvement comme quelqu'un qui s'agite en dormant ; de sorte que son visage se trouve dirigé vers elle. Elle tient la couronne suspendue sur sa tête. On entend de fort loin une musique guerrière de fifres et de tambours ; aux premiers sons de cette musique, l'apparition s'évanouit. Le bruit devient plus fort ; Egmont s'éveille. La prison est faiblement éclairée des rayons du matin. Son premier mouvement est de porter la main sur son front ; il se lève et regarde autour de lui en tenant toujours la main sur son front.

... Elle n'y est plus, la couronne !... Vision enchanteresse, la lumière du jour t'a fait disparaître !... Oui, c'étaient elles, elles y étaient réunies, les deux plus douces joies de mon cœur. La divine Liberté avait emprunté les traits de ma bien-aimée ; cette fille charmante avait pris le céleste costume de la protectrice de mes jours. En ce grave moment, elle semblait plus sérieuse qu'aimable. Elle marchait devant moi les pieds teints de sang, les plis flottants de sa robe souillés de sang. C'était mon sang, le sang de bien des nobles... Non, il n'aura pas coulé en vain. Accours, brave peuple! la déesse victorieuse te guide! Comme on voit la mer rompre ses digues, rompez, démolissez de concert le rempart de la tyrannie, précipitez-la du terrain qu'elle s'arroge insolemment...
(Les tambours approchent.) Silence!... Ah! que de fois ce bruit m'a ouvert le champ libre du combat et de la victoire! Avec quels transports de joie mes compagnons s'élançaient dans le sentier périlleux de la gloire!... En sortant de ce cachot, je marche aussi à une mort glorieuse! je meurs pour la liberté. Pour elle, j'ai vécu et j'ai combattu ; maintenant, je lui offre ma vie en sacrifice.

Une ligne de soldats espagnols, portant des hallebardes, vient se ranger au fond du théâtre.

EGMONT, aux Espagnols.

Oui, avancez en front de bataille! serrez vos rangs! vous ne m'effrayez pas, je suis accoutumé à regarder des lances. C'est lorsque l'appareil menaçant de la mort m'environne que je sens redoubler la vie au fond de mon cœur. (Tambours.) L'ennemi t'enveloppe de toutes parts! les épées brillent! Courage, amis, vous avez derrière vous parents, femmes, enfants!... Mais ceux-ci (montrant du doigt les Espagnols), par quoi sont-ils excités? par leur courage? non, par une parole du maître. — Peuple, défends tes biens! et pour sauver ce que tu as de plus cher, tombe avec joie, comme je t'en donne ici l'exemple.

Tambours. Il marche aux Espagnols d'un pas ferme, et sort par la porte du fond. — Le rideau tombe. — La musique reprend et termine la pièce par une symphonie triomphale.

FIN D'EGMONT.

TORQUATO TASSO

PIÈCE EN CINQ ACTES
— EN VERS —
1790

PERSONNAGES

ALPHONSE II, duc de Ferrare.
LÉONORE D'ESTE, sa sœur.
LÉONORE SANVITALE, comtesse de Scandiano.
TORQUATO TASSO.
ANTONIO MONTECATINO, secrétaire d'État.

La scène est à Belriguardo, maison de plaisance du duc.

ACTE PREMIER

Le théâtre représente un parterre orné de gaines supportant les bustes des poètes épiques. Sur le devant de la scène, à droite celui de Virgile, à gauche celui de l'Arioste.

SCÈNE I
LA PRINCESSE, LÉONORE.

LA PRINCESSE.

Tu me regardes, Léonore, et tu souris; tu te regardes toi-même et tu souris encore : qu'as-tu? dis-le à ton amie. Tu parais à la fois pensive et satisfaite.

LÉONORE.

Oui, princesse, je me plais à nous voir toutes deux parées ici de ces habits champêtres. Nous semblons d'heureuses bergères; et comme elles heureuses, nous travaillons, comme elles, à tresser des guirlandes. Celle-ci, formée par moi de simples fleurs, s'épaissit de plus en plus sous mes doigts; pour toi, d'un cœur plus grand et d'un esprit plus fier, tu as choisi le flexible laurier.

LA PRINCESSE.

Ces rameaux, que j'ai enlacés tout en rêvant, ont déjà

trouvé une tête digne d'eux : je les place, en signe de reconnaissance, sur le front de Virgile.

LÉONORE.

Moi, je pose ma riche et joyeuse guirlande sur le front élevé de maître Ludovico. (Elle couronne le buste de l'Arioste.) Qu'il ait aussi sa part des prémices du printemps nouveau, celui dont la grâce ne se flétrira jamais.

LA PRINCESSE.

Que nous devons savoir gré à mon frère de nous avoir amenées à la campagne! Nous pouvons y être à nous; nous pouvons, durant des heures entières, rêver que nous vivons dans l'âge d'or des poëtes. J'aime Belriguardo; c'est là que j'ai passé tant de beaux jours de ma jeunesse : cette verdure renaissante, ce soleil font revivre en moi le sentiment de ces temps heureux.

LÉONORE.

Oui! un nouveau monde nous environne! L'ombre de ces arbres toujours verts a déjà des attraits, déjà le murmure de ces fontaines revient nous récréer; les jeunes rameaux se balancent, bercés par le souffle matinal; les fleurs des parterres nous regardent amicalement de leurs yeux enfantins. Le jardinier consolé dépouille de leurs vêtements d'hiver l'oranger et le citronnier; le ciel bleu dort au-dessus de nos têtes, et vers l'horizon la neige des montagnes lointaines se dissout en légère vapeur.

LA PRINCESSE.

Le printemps serait le bienvenu, s'il ne devait pas m'enlever mon amie.

LÉONORE.

Ne me fais pas souvenir, à cette heure de sérénité, ô princesse! qu'il faudra bientôt nous séparer.

LA PRINCESSE.

La grande ville te rendra au double ce que tu peux laisser ici.

LÉONORE.

Le devoir, l'amour, me rappellent près de l'époux qui s'est si longtemps privé de moi. Je lui ramène un fils que cette année a vu croître et se former si rapidement. Je partage d'avance sa joie paternelle. Florence est grande et magnifique; mais toutes ses richesses assemblées ne valent pas les nobles joyaux de Ferrare. C'est le peuple qui a fait de Florence une ville : Ferrare est devenue grande par ses princes.

LA PRINCESSE.

Dis plutôt par les hommes excellents que le hasard y a conduits, et que notre fortune y retient.

LÉONORE.

Le hasard disperse aisément ce qu'il réunit. Un noble esprit attire les nobles esprits et sait les fixer près de lui. C'est ce qu'on vous voit faire : autour de toi et de ton frère se rallient des âmes dignes des vôtres, et vous êtes dignes de vos illustres ancêtres. Ici s'est allumé le sublime éclat de la science et de la pensée libre, tandis que la barbarie couvrait encore d'un lourd crépuscule les régions voisines. Je n'étais encore qu'une enfant, et déjà le nom d'Hercule, le nom d'Hippolyte d'Este résonnaient à mon oreille : mon père vantait Ferrare à l'égal de Rome et de Florence. J'ai souvent aspiré à visiter cette ville; m'y voici maintenant. — Ici fut accueilli et fêté Pétrarque; ici l'Arioste trouva ses modèles : l'Italie ne cite pas un grand nom que ce brillant séjour n'ait appelé son hôte; et ce n'est pas sans fruit qu'on prête asile au génie. Ce que lui donne l'hospitalité, il le rend avec usure; les lieux où vécut un homme généreux sont à jamais consacrés, et la postérité retentit encore, après des siècles, de son nom et de ses bienfaits.

LA PRINCESSE.

La postérité? oui, lorsqu'elle sent aussi vivement que toi; bien souvent je t'ai envié ce bonheur...

LÉONORE.

Que tu goûtes, comme bien peu, dans le calme et la pureté. Mon cœur, lorsqu'il est plein, me pousse à exprimer tout ce qu'il sent; toi tu sens mieux, tu sens profondément, et — tu te tais. Le prestige du moment ne t'éblouit point; les jeux aiguisés de l'esprit ne te piquent point; en vain la flatterie s'adresse avec art à ton oreille : ton sens demeure impassible

15.

et ferme; ton goût conserve sa justesse, ton jugement sa rectitude; toujours un intérêt puissant te porte vers ce qui est grand; et ce qui est grand, tu le reconnais, parce que tu t'y reconnais toi-même.

LA PRINCESSE.

Voilà une flatterie bien outrée, que tu ne devrais pas revêtir du manteau d'une amitié intime.

LÉONORE.

L'amitié est juste; elle seule peut apprécier ce que tu vaux. Je veux bien accorder au sort, aux circonstances, qu'ils ont contribué à te former; mais tu es telle enfin, et le monde t'honore avec ta sœur au-dessus de toutes les femmes célèbres de votre âge.

LA PRINCESSE.

Cela me touche bien légèrement, Léonore, quand je pense combien l'on est peu de chose, et que ce peu même, on le doit toujours à d'autres. La connaissance des langues anciennes et des plus beaux monuments que l'antiquité nous ait laissés, c'est à ma mère que je la dois, et encore aucune de ses deux filles ne l'égale en savoir, en jugement; ou, si l'on pouvait lui en comparer une, c'est assurément Lucrétia qui aurait le droit d'y prétendre. Aussi, je puis te l'affirmer, je n'ai jamais regardé comme une propriété, comme un titre, ce que m'ont prêté la nature et la fortune : seulement, quand les sages parlent, je me réjouis de pouvoir comprendre leurs opinions. S'ils jugent un homme des temps anciens, s'ils pèsent le mérite de ses actions, ou bien s'ils discourent d'une science qui, accrue par l'expérience, profite à l'homme en l'élevant, quelque tournure que prenne leur conversation, j'aime à la suivre, car cela m'est facile. J'aime à prêter l'oreille à ces combats paisibles, où les lèvres de l'orateur se jouent avec grâce des puissances qui remuent le cœur humain d'une manière si aimable ou si terrible. J'aime à écouter encore, lorsque le désir de la gloire, cette passion princière, devient pour le simple penseur un vaste sujet qu'il s'approprie; et lorsqu'une fine sagesse, développée par un sage, nous instruit, au lieu de nous tromper.

LÉONORE.

Puis, à la suite de ces entretiens sérieux, l'oreille et le cœur se reposent aux rimes du poëte, dont les suaves accords font pénétrer dans l'âme les plus intimes et les plus délicieux sentiments. Ton esprit plus élevé embrasse une sphère plus haute; moi, je préfère l'île de la poésie et ses bois touffus de lauriers.

LA PRINCESSE.

Le myrte, on me l'a dit, croît plus que tout autre arbre en ce pays charmant. Les muses sont nombreuses, et pourtant on pense moins à chercher parmi elles une amie, une compagne, qu'à rencontrer le poëte, qui semble nous éviter, nous fuir, et poursuivre quelque chose que nous ne connaissons pas, qu'au fond peut-être il ignore lui-même. Ne serait-il pas bien doux que nous pussions paraître à ses yeux à l'heure favorable, et que son cœur, soudainement épris, nous reconnût pour le trésor qu'il chercha si longtemps et si vainement dans le vaste univers?

LÉONORE.

Il faut bien me prêter à cette plaisanterie. Le trait m'atteint, mais la blessure est peu profonde. J'honore le mérite dans chaque homme, et je ne suis que juste envers le Tasse. Son œil s'arrête à peine sur la terre, et son oreille n'entend que l'harmonie de la nature. Ce que présente l'histoire, ce que fournit la vie, il s'en saisit aussitôt pour le déposer dans son sein; son esprit rassemble ce qui se répand au loin dans l'espace, et son cœur anime l'inanimé. Souvent il ennoblit ce qui nous semble vulgaire, et ce que nous admirons reste à ses yeux dans le néant. Cet homme prodigieux s'avance dans la région magique qu'il s'est créée; il nous y entraîne après lui, il nous force de prendre part à ses enchantements. Il semble s'approcher de nous, et il reste toujours hors de notre portée; il semble jeter sur nous la vue, et peut-être, à notre place, voit-il apparaître des esprits.

LA PRINCESSE.

C'est faire une peinture fine et délicate du poëte, qui va planant dans l'empire des doux songes; mais le monde réel, je pense, l'attire aussi et le retient par des liens non moins puissants. Les vers charmants que nous lisons, attachés çà et là à nos arbres, ces vers qui, semblables aux fameuses pommes d'or, réalisent pour nous un nouveau jardin des Hespérides, n'y reconnais-tu pas les fruits gracieux d'un véritable amour?

LÉONORE.

Je jouis aussi de ces feuilles passionnées. — Il est une image unique, que le génie de notre poëte célèbre sous mille formes variées. Tantôt il l'élève jusqu'au ciel brillant des étoiles, il s'incline devant elle et l'adore comme un ange au sein des nuages ; tantôt il se glisse mystérieusement à sa suite, à travers la campagne paisible, et de chaque fleur lui tresse une couronne. Si la déesse s'éloigne, il consacre la voie légèrement foulée par son joli pied ; caché dans le bocage, et tel que le rossignol, il remplit l'air et les bois des plaintes harmonieuses d'un cœur qu'amour rend malade : ses chants délicieux et sa douce mélancolie attirent toutes les oreilles; tous les cœurs sont entraînés !

LA PRINCESSE.

Et quand il nomme celle qu'il aime, il nomme Léonore.

LÉONORE.

C'est ton nom comme le mien, et je lui en voudrais d'en faire entendre un autre. J'aime que, sous cette équivoque, il puisse cacher le sentiment qu'il éprouve pour toi ; j'aime aussi que ce nom chéri lui doive en même temps rappeler mon souvenir. Je ne parle point d'un amour qui veuille subjuguer l'objet qui l'inspire, le posséder exclusivement, en envier à tout autre l'aspect adoré. Lorsque, plongé dans une douce contemplation, il s'occupe de tes attraits, qu'il se plaise aussi dans l'idée d'un être moins élevé, tel que moi! — Ce n'est pas nous qu'il aime ; pardonne-moi de le dire, mais, de toutes les sphères où son génie le transporte, il rassemble tout ce qu'il aime sur un nom qui est le nôtre ; il nous attribue ce qu'il sent : nous paraissons l'aimer lui-même, et pourtant, nous n'aimons en lui que ce que nous pouvons aimer de plus parfait.

LA PRINCESSE.

Tu as bien approfondi cette science, Léonore ; tu me dis des choses qui n'atteignent guère que mon oreille, et arrivent à peine jusqu'à mon âme.

LÉONORE.

Toi, disciple de Platon ! toi, ne pas concevoir ce qu'une novice se hasarde à bégayer devant toi? Il faudrait que je me trompasse beaucoup, et cependant je sais bien que je ne me trompe pas si complétement. L'Amour, dans l'école épurée du philosophe grec, ne se montre pas, comme ailleurs, sous les traits d'un enfant gâté ; c'est l'adolescent qui fut l'époux de Psyché, celui qui a voix dans le conseil des dieux immortels. Il ne passe pas, dans sa fougue coupable, d'un cœur à un autre qu'il doit trahir encore. Une douce erreur ne l'attache pas d'abord à la beauté, à la figure fragile, et il n'expie point par le dégoût et l'ennui les écarts d'une ivresse passagère.

LA PRINCESSE.

Mon frère s'approche, ne lui laissons pas voir où nous a conduites cette fois encore notre entretien : nous aurions à supporter de nouveau les railleries que notre costume a déjà provoquées.

SCÈNE II

Les précédentes, ALPHONSE.

ALPHONSE.

Je cherche partout le Tasse et ne le trouve nulle part ; — pas même auprès de vous. Ne pouvez-vous point me donner de ses nouvelles?

LA PRINCESSE.

Je l'ai peu vu hier, et pas du tout aujourd'hui.

ALPHONSE.

Rechercher la solitude plus que la société, c'est son ancien défaut. Je le lui pardonne lorsqu'il se dérobe à l'essaim bigarré des hommes, pour s'entretenir avec son génie, en silence et en liberté ; mais je ne puis pas approuver qu'il évite même le cercle formé par ses amis.

LÉONORE.

Si je ne me trompe, ô prince! tu changeras bientôt le blâme en éloge. Je l'ai aujourd'hui aperçu de loin ; il tenait un livre et des tablettes, il écrivait, il marchait, et écrivait encore. Un mot qu'il me dit hier en passant me semble annoncer la fin de son ouvrage. Sans doute il s'occupe à en corriger quelques traits pour offrir enfin un digne hommage à la bienveillance royale qui lui a tant accordé.

ALPHONSE.

Qu'il me l'apporte enfin, et il sera le bienvenu ; de longtemps même je consens à ne lui plus rien demander. Plus je prends de part à ses travaux, plus ce grand œuvre me cause et me doit causer de plaisir, et plus aussi s'accroît mon impatience. Il ne peut achever, il ne peut finir ; il change perpétuellement, il avance lentement, il s'arrête, et recule toujours mon espérance. — On voit avec peine s'éloigner une jouissance que l'on croyait si prochaine.

LA PRINCESSE.

Pour moi, je loue la précaution qu'il met à marcher pas à pas vers le but. Ce n'est que par une faveur marquée des muses qu'on parvient à fondre tant de vers en un seul tout, et son génie ne tend qu'à perfectionner, à arrondir l'ensemble de son vaste poëme. Il ne veut point entasser les uns sur les autres des contes qui charment d'abord, et dont les mots sonores, mais vides, ne font que vous tromper. Laisse-le, mon frère! le temps n'est pas la mesure d'un bon ouvrage, et lorsque les siècles futurs sont appelés à partager les plaisirs qu'il procure, il faut que l'âge contemporain de l'artiste sache s'oublier lui-même.

ALPHONSE.

Eh bien donc, chère sœur, agissons de concert, comme nous l'avons fait souvent pour l'avantage de tous deux. Quand mon impatience m'entraînera trop loin, modère-la. Par contre, si tu es trop modérée, je t'exciterai, moi, j'exciterai ta lente réserve à mon tour. Peut-être alors le verrons-nous atteindre au terme où nous avons si longtemps souhaité qu'il parvînt. Alors aussi la patrie, l'univers, s'étonneront en apprenant quelle œuvre aura été accomplie. Je prendrai ma part de cette gloire, et le Tasse enfin entrera dans la vie. Un noble esprit ne peut trouver dans un cercle étroit le développement de son être. Il faut que la patrie, il faut que l'univers agisse sur son génie; il faut qu'il s'instruise à supporter le blâme et la louange, qu'il soit contraint d'apprendre à apprécier et les autres et lui-même. La solitude ne le berce plus alors de ses flatteuses illusions; un ennemi ne veut pas, un ami n'ose pas le ménager. C'est ainsi que le jeune homme exerce ses forces en luttant; il sent ce qu'il est, et bientôt il se sent homme.

LÉONORE.

Il faudra donc, seigneur, que tu fasses tout encore pour le Tasse, comme tu as tout fait pour lui jusqu'à ce jour. Le talent se forme dans le silence; le caractère se façonne au courant du monde; et puisse-t-il disposer son âme comme son génie à tes heureuses leçons; qu'il cesse d'éviter les hommes! que sa défiance ne se change pas en haine et en pusillanimité!

ALPHONSE.

Celui-là seul craint les hommes qui ne les connaît pas, et celui qui les fuit les méconnaîtra bientôt tout à fait. Telle est la condition du Tasse, et c'est ainsi qu'un esprit indépendant perd peu à peu sa justesse et sa liberté. Par exemple, le Tasse s'inquiète plus de ma faveur qu'il ne le devrait. Il nourrit de la défiance contre bien des gens qui, j'en suis sûr, ne sont pas ses ennemis. S'il arrive qu'une lettre s'égare, qu'un valet passe de son service à celui d'un autre, qu'un papier sorte de ses mains, aussitôt il voit un projet arrêté, une trahison, des intrigues, tout conspire contre son sort.

LA PRINCESSE.

N'oublions pas, cher frère, que l'homme ne peut se séparer de lui-même; et si un ami, en cheminant avec nous, se blessait au pied, ne ralentirions-nous pas volontiers notre marche, ne lui prêterions-nous pas avec empressement le secours de notre bras?

ALPHONSE.

Mieux vaudrait chercher à le guérir, et tenter au plus vite la cure ordonnée par les sages conseils du médecin; puis, la guérison faite, reprendre gaiement avec lui les sentiers nouveaux d'une vie nouvelle. J'espère, au surplus, chères amies, ne mériter jamais le reproche d'avoir agi en médecin trop rigoureux. Je fais tout ce que je puis pour inspirer au cœur du Tasse confiance et sécurité; je lui donne souvent, en présence de nombreux témoins, des marques décisives de ma bienveillance. Vient-il se plaindre à moi, je sais examiner ses griefs, comme dernièrement, lorsqu'il s'imagina qu'on avait forcé sa demeure. Si rien ne se découvre, je lui expose de sang-froid la chose comme je la vois, et, puisqu'il faut s'exercer à tout en ce monde, je m'exerce à la patience avec le Tasse, qui la mérite. Je sais qu'en cela vous me secondez avec plaisir. Je vous ai amenées à la campagne, mais je retourne ce soir à la ville. Dans un instant vous allez voir Antonio; il arrive de Rome et viendra me chercher ici. Nous avons beaucoup à dire, beaucoup à faire : des résolutions à prendre, nombre de lettres à écrire, et tout me force de retourner à Ferrare.

LA PRINCESSE.

Nous permettras-tu de t'y suivre?

ALPHONSE.

Restez à Belriguardo; allez toutes deux à Consandoli. Jouissez en toute liberté des premiers beaux jours.

LA PRINCESSE.

Ne peux-tu rester près de nous? Les affaires ne peuvent-elles aussi bien s'expédier ici qu'à la ville?

LÉONORE.

Quoi! déjà nous enlever Antonio, lorsqu'il aurait tant de choses à nous raconter de Rome!

ALPHONSE.

Cela ne se peut, enfants que vous êtes! mais je reviendrai avec lui dès que cela sera possible. Alors il vous racontera ce qu'il a vu, et vous m'aiderez à votre tour à récompenser un homme qui vient de se donner tant de peine pour mon service. Enfin, quand nous aurons bien parlé entre nous, que la cour vienne alors animer ces jardins et m'offrir sous leurs frais ombrages quelque beauté qui n'ait pas l'injustice de me fuir lorsque j'irai chercher ses traces.

LÉONORE.

Nous ne manquerons pas, en amies, de regarder à travers nos doigts.

ALPHONSE.

Vous savez, en revanche, que je suis indulgent.

LA PRINCESSE, se tournant vers le fond de la scène.

Depuis longtemps je vois le Tasse s'approcher. Il marche à pas lents, il demeure parfois immobile et comme irrésolu, puis se hâte vers nous, et s'arrête encore.

ALPHONSE.

Lorsqu'il pense et qu'il compose, ne l'interrompez pas dans ses rêveries. Laissez-le errer en liberté.

LÉONORE.

Non, il nous a vus. Le voici.

SCÈNE III
Les précédents, LE TASSE.

LE TASSE. Il tient un livre relié en parchemin.

Je viens lentement t'apporter un ouvrage que j'hésite encore à t'offrir. Je sais trop bien qu'il est imparfait, quoiqu'il puisse sembler achevé; mais si j'étais retenu par la crainte de te le présenter dans cet état, une autre crainte l'emporterait, celle de paraître trop inquiet, celle surtout de paraître ingrat. De même qu'un homme ne peut, pour satisfaire ses amis et obtenir leur indulgence, que leur dire : Me voici, je ne puis de même que te dire : Prends ce livre.

Il lui donne le livre.

ALPHONSE.

Ton présent me vaut une surprise bien douce, et ce beau jour devient une vraie fête pour moi. Je le tiens donc enfin, et puis en quelque sorte dire qu'il est à moi. J'ai déjà bien des fois souhaité que tu pusses te décider à me dire : Le voilà ! c'est assez.

LE TASSE.

Si vous êtes satisfait, mon poëme est parfait ; il vous appartient à tous les titres. Quand je considérais le travail qu'il m'a coûté, quand je ne voyais que les traits tracés par ma plume, je pouvais m'écrier : Cet ouvrage est le mien ! Mais quand j'y regarde de plus près, quand j'observe ce qui lui donne sa valeur propre et son mérite, je reconnais bien que je le tiens de vous seul. Si la nature bienveillante me fit dans sa largesse le don gracieux de la poésie, la capricieuse fortune employa à me repousser sa puissance cruelle ; quand la beauté du monde, étalant ses trésors dans toute leur plénitude, attirait les regards de l'enfant, l'injuste détresse d'une famille chérie vint flétrir mon jeune cœur. Mes lèvres s'ouvraient-elles pour chanter, il n'en sortait que de tristes mélodies, j'accompagnais de mes faibles accents les douleurs de mon père et les angoisses de ma mère. Toi seul, ô mon prince, tu me tiras de cette existence étroite pour me donner une douce liberté ; c'est toi qui déchargeas ma tête de tous soucis, toi qui me rendis l'indépendance pour que mon âme pût s'éployer en chants impétueux. Oui, si mon ouvrage a quelque prix, je vous en rends grâces, car c'est à vous que je le dois.

ALPHONSE.

Pour la seconde fois tu mérites toutes nos louanges ; ta modestie t'honore en nous rendant hommage.

LE TASSE.

Oh ! si je pouvais exprimer combien je sens vivement ne tenir que de vous ce que je vous offre ! Est-ce de lui-même que le jeune homme désœuvré a tiré son poëme ? Cette sage conduite de la guerre fougueuse, l'a-t-il devinée ? La science des armes, que chaque héros montre avec tant de vigueur au jour marqué pour le combat, la prudence du chef et le courage des chevaliers, la lutte entre la ruse et la vigilance, n'est-ce pas toi, prudent et valeureux prince, qui m'as tout inspiré, comme si tu étais mon génie, et que tu misses ta joie à révéler, par la bouche d'un simple mortel, un être sublime, un être inaccessible à l'humaine pensée?

LA PRINCESSE.

Ne songe plus maintenant qu'à jouir du chef-d'œuvre qui fera nos délices.

ALPHONSE.

Réjouis-toi du suffrage de toutes les belles âmes.

LÉONORE.

Réjouis-toi de la gloire universelle qui t'attend.

LE TASSE.

Ah! ce moment me suffit. Je ne pensais qu'à vous, en composant, en écrivant : vous plaire était mon vœu le plus ardent; vous récréer, mon dernier but. Celui qui ne voit pas l'univers dans ses amis n'est pas digne que le monde entende parler de lui. Ici est ma patrie, ici finit le cercle dans lequel mon âme aime à se circonscrire; ici j'écoute, ici je révère chaque signe; ici parlent l'expérience, le goût, le savoir. Oui, je vois devant moi le monde présent, le monde à venir. La multitude épouvante, elle égare l'artiste : celui qui vous ressemble, celui qui vous comprend, qui sympathise avec vous, celui-là seul peut juger et louer.

ALPHONSE.

S'il est vrai que nous représentions le présent et l'avenir, nous ne devons pas nous borner à recevoir ton offrande. J'aperçois sur le front de ton premier maître le signe glorieux qui honore le poëte, celui dont le héros voit sans envie couronner l'enfant des muses, dont il a toujours besoin. (Il montre le buste de Virgile.) — Est-ce le hasard, est-ce un bon génie qui a tressé cette guirlande, qui l'a portée en ces lieux? Ce n'est pas en vain qu'elle se montre à nos regards. J'entends Virgile lui-même me dire : A quoi bon honorer les morts? Ils ont eu, lorsqu'ils vivaient, et leurs récompenses et leurs joies; ou si vous nous admirez, si vous nous célébrez encore, donnez aussi leur part aux vivants. Mon marbre est assez couronné; ces verts rameaux appartiennent à la vie.

Alphonse fait un signe à sa sœur; elle enlève la couronne de laurier placée sur le buste de Virgile, et s'approche du Tasse, qui fait un pas en arrière.

LÉONORE.

Quoi! tu refuses? Vois donc quelle main te présente ce beau, cet impérissable laurier.

LE TASSE.

Oh! souffre que je diffère! Aussi bien je ne saurais prévoir ce que sera ma vie après cette heure délicieuse.

ALPHONSE.

Elle se passera à jouir en repos du noble honneur qui t'a d'abord effrayé.

LA PRINCESSE, tenant la couronne au-dessus de la tête du Tasse.

Tu m'accorderas bien cette joie rare de t'exprimer sans paroles ce que je pense.

LE TASSE.

Je présente à genoux ma faible tête au fardeau que tes mains chéries veulent lui imposer.

Il s'agenouille, la princesse le couronne.

LÉONORE, applaudissant.

Vive celui qu'on vient de couronner pour la première fois! Voyez comme cette guirlande orne l'homme modeste!

Le Tasse se relève.

ALPHONSE.

Ce n'est que le présage de la couronne qui t'attend au Capitole.

LA PRINCESSE.

Là des voix plus éclatantes salueront ton triomphe; l'amitié t'honore ici à voix basse.

LE TASSE.

Oh! enlevez-la! enlevez-la! elle embrase mes cheveux; attachée à mon front, elle consume les puissances de la pensée, comme un rayon de soleil qui atteindrait ma tête. L'ardeur de la fièvre agite mon sang. Grâce! c'en est trop!

LÉONORE.

Non, non, ces rameaux protégent au contraire la tête de celui qui doit s'avancer dans les brûlantes régions de la gloire: ils rafraîchissent son front.

LE TASSE.

Le mien ne mérite point l'ombrage qui ne doit protéger

que le front des héros. O dieux! enlevez jusqu'à vous cette couronne; qu'elle se transfigure au sein des nuages, qu'elle plane haut, plus haut! dans l'inaccessible! et puisse ma vie elle-même s'avancer sans cesse vers ce but!

ALPHONSE.

Celui qui acquiert de bonne heure apprend de bonne heure aussi à estimer la valeur des biens de cette vie. Celui qui jouit de bonne heure ne renonce jamais volontairement à ce qu'il a possédé une fois; mais celui qui possède doit être armé de toutes pièces pour le combat.

LE TASSE.

Oui; mais celui qui s'arme pour le combat doit sentir au cœur une force qui ne l'abandonne jamais, et la mienne me délaisse à cette heure! elle me délaisse au moment heureux, cette force native qui m'apprit à supporter l'infortune et à braver l'injustice. La joie et ses transports ont-ils donc consumé jusqu'à la moelle de mes os? — Mes genoux fléchissent. Tu me vois, ô princesse! prosterné de nouveau à tes pieds. Exauce ma prière, ôte-moi cette couronne; que, sortant d'un beau rêve, je retrouve une fraîche et nouvelle vie.

LA PRINCESSE.

Puisque tu sais porter modestement le talent que les dieux t'ont donné, sache aussi porter cette couronne, hommage le plus glorieux que nous puissions te rendre. Qu'elle plane pour toujours sur le digne front qu'elle a touché!

LE TASSE.

Laissez alors, laissez-moi, dans ma confusion, me dérober à vos regards; laissez-moi cacher ma félicité dans ces bois épais, où j'ai tant de fois enseveli mes douleurs. Là, je veux errer solitaire; là, nul témoin ne me fera souvenir d'un bonheur que je ne méritais pas. Si par hasard une claire fontaine me montre, dans son miroir limpide, un homme qui, merveilleusement couronné à la face brillante du ciel, se repose pensif au milieu des rochers et des bois, je croirai, oui, je croirai voir l'Elysée reproduit dans ce cristal magique! Je rêve en silence et je me demande : Quel est ce mort, ce jeune homme d'un temps passé, si glorieusement couronné?

Qui me dira son nom, ses mérites? — J'attends longtemps et je me dis : Que ne vient-il quelqu'un pour se joindre à lui dans un entretien amical! Oh! que ne vois-je assemblés autour de cette fontaine les héros, les poëtes des jours antiques! Que ne les vois-je ici, toujours inséparables, toujours associés comme au temps de la vie! Comme l'aimant, par sa vive puissance, attache le fer au fer, ainsi une tendance mutuelle lie le poëte et le héros. Homère s'oublia lui-même; sa vie tout entière fut consacrée à contempler deux hommes, et Alexandre dans l'Élysée s'empresse à la recherche d'Homère et d'Achille. Oh! que n'y suis-je pour voir ces grandes âmes maintenant réunies!

LÉONORE.

Réveille-toi! réveille-toi! ne nous fais pas sentir que tu négliges si fort le présent qui t'entoure.

LE TASSE.

C'est lui qui exalte mon âme. Ce n'est qu'en apparence que je suis absent! Je suis transporté.

LA PRINCESSE.

J'aime qu'en t'adressant aux esprits, tu leur parles encore une langue humaine.

Un page s'approche du prince et lui parle bas.

ALPHONSE.

Il est arrivé! — Et fort à propos. — Antonio! — Qu'il entre! — Le voici!

SCÈNE IV

LES PRÉCÉDENTS, ANTONIO.

ALPHONSE.

Sois le bienvenu, toi qui nous apportes à la fois ta personne et une bonne nouvelle.

LA PRINCESSE.

Nous te saluons.

ANTONIO.

J'ose à peine vous dire quel plaisir vient me ranimer à votre aspect : je retrouve près de vous tout ce qui m'a si longtemps manqué. Vous paraissez satisfaits de ce que j'ai entrepris et achevé : je suis assez payé de mes soins, vous me dédommagez de chacun des jours impatiemment écoulés ou sacrifiés à nos desseins. Nous avons enfin ce que nous souhaitions; plus de dissensions à craindre.

LÉONORE.

Je te salue à mon tour, quoique fâchée contre toi; tu arrives au moment même où je dois partir.

ANTONIO.

Ainsi mon bonheur ne doit pas être complet, si tu m'en ravis sitôt une part si belle.

LE TASSE.

Et moi aussi, salut! j'espère n'être pas le dernier à me réjouir du commerce d'un homme plein d'une si haute expérience.

ANTONIO.

Tu me trouveras toujours sincère, si de ton monde tu veux pénétrer dans le mien.

ALPHONSE.

Bien que tu m'aies annoncé par tes lettres et ce que tu as fait et ce qui t'est arrivé, il me reste encore à apprendre avec plus de détails par quels moyens tu as pu réussir. Il faut bien mesurer ses pas, dans cet étrange pays de Rome, pour parvenir enfin à son but. Le serviteur fidèle des intérêts de son maître s'y trouve placé dans une position bien difficile : Rome veut tout prendre et ne rien donner; lorsqu'on y va solliciter quelque concession, on ne l'obtient qu'en y portant soi-même quelque chose en échange : heureux même si l'on obtient d'elle ce qu'on lui paye.

ANTONIO.

Ce n'est ni par ma conduite ni par mon adresse, seigneur, que j'ai rempli tes volontés. Quel homme expert, d'ailleurs, ne trouverait son maître au Vatican? mais j'ai profité des diverses circonstances qui aidaient à nos vues. Grégoire t'estime, il te salue et te bénit. Ce vieillard, le plus digne de ceux dont une couronne charge la tête, se rappelle avec plai-

sir le temps où il te serrait dans ses bras. Cet homme, qui se
connaît en hommes, t'apprécie et te vante hautement. Il a
beaucoup fait par amitié pour toi.

ALPHONSE.

Je suis sensible à cette estime flatteuse, — pour peu
qu'elle soit sincère; mais tu sais que du haut du Vatican on
voit les royaumes bien petits à ses pieds, sans parler des
princes et des hommes. Avoue-moi donc les causes qui ont
le plus concouru au succès de tes négociations.

ANTONIO.

Puisque tu l'exiges, c'est surtout le sens exquis du pape.
Il voit petit ce qui est petit, et grand ce qui est grand. Pour
commander à un monde entier, il cède volontiers aux désirs
de ses voisins. Il sait aussi bien le prix du mince territoire
qu'il t'abandonne que celui de ton amitié. L'Italie doit rester
en repos; il ne veut voir que des amis dans son voisinage; il
veut fixer la paix sur ses frontières, afin que sous sa main
puissante les forces entières de la chrétienté puissent détruire,
ici les Turcs, là les hérétiques.

LA PRINCESSE.

Connaît-on les hommes qu'il honore d'une faveur particulière, ceux qui l'approchent de plus près?

ANTONIO.

L'homme expérimenté possède seul son oreille; l'homme
actif sa confiance, sa faveur. Lui, qui dès sa jeunesse a
servi l'État, il le gouverne aujourd'hui, et il étend son influence sur ces cours qu'en qualité d'ambassadeur il a vues
jadis, qu'il a connues et dirigées plus d'une fois. Il voit le
monde entier aussi clairement que l'avantage de ses propres
États. Lorsqu'on peut enfin le voir agir, on le loue et l'on se
félicite de ce que le temps découvre les projets que son génie
a longtemps préparés et accomplis dans le silence. Il n'est
point au monde de spectacle plus beau que celui d'un prince
qui gouverne avec art, d'un pays où l'orgueil même se soumet, où chacun croit n'obéir qu'à soi seul parce qu'on ne
commande à chacun que ce qui est juste.

ACTE I.

LÉONORE.

Avec quelle ardeur je désirerais voir un jour de près cette cour !

ALPHONSE.

Sans doute pour y agir ? car Léonore ne se contentera jamais du simple rôle de spectateur. Ne serait-il pas bien doux, mon amie, de pouvoir mêler parfois ces belles mains aux jeux graves de la politique ? N'est-ce pas ?

LÉONORE.

Tu veux me fâcher, mais tu n'y parviendras point.

ALPHONSE.

Oh ! à cet égard, je suis depuis longtemps en reste avec toi.

LÉONORE.

Eh bien donc, je ne m'acquitterai pas encore aujourd'hui. Pardonne et n'interromps pas mes questions. — (A Antonio.) A-t-il beaucoup fait pour ses neveux ?

ANTONIO.

Ni plus ni moins que ce qu'il doit. L'homme puissant qui ne sait pas veiller au bien de sa maison serait blâmé même par le peuple. Grégoire sait avec modération et mesure faire du bien aux siens, qui servent l'État avec distinction, et il satisfait ainsi au double devoir de chef de famille et d'empire.

LE TASSE.

Les sciences, les arts ont-ils à se louer de sa protection ? Est-il jaloux d'imiter les grands princes des temps passés ?

ANTONIO.

Il honore la science en tant qu'elle est profitable, qu'elle apprend à gouverner l'État et à connaître les hommes ; il aime les arts en tant qu'ils décorent et agrandissent sa ville de Rome ; les arts qui élèvent dans ses murs un palais, un temple, véritables merveilles du monde. Sous ses yeux personne n'ose rester oisif ; tout ce qui veut être compté pour quelque chose doit agir et se rendre utile.

ALPHONSE.

Enfin, crois-tu que nous puissions bientôt conclure notre

affaire avec lui? qu'ils ne finiront point par nous susciter çà et là quelques difficultés?

ANTONIO.

Je me tromperais fort, si ta signature, si quelque lettre de ta part, ne faisaient aussitôt et pour jamais disparaître nos sujets de discorde.

ALPHONSE.

Ce jour est donc pour moi un jour de bonheur et de conquête. Je vois mes frontières étendues et assurées pour l'avenir. Sans avoir recours aux armes, tu m'as valu ces heureux résultats. Tu as bien mérité une couronne civique. Il faut que, par une belle matinée, nos femmes en tressent une des premiers rameaux de chêne, et la posent sur ton front. — Le Tasse, cependant, m'a aussi payé son tribut; il a conquis pour nous Jérusalem; à la honte de la chrétienté moderne, c'est lui, c'est son noble courage, sa persévérance énergique, qui ont atteint un but si haut et si éloigné; pour prix de ses efforts, tu le vois couronné.

ANTONIO.

Tu m'expliques une énigme. L'aspect de ces deux têtes couronnées m'avait d'abord surpris.

LE TASSE.

Puisque tu es témoin de mon bonheur, je voudrais que tu pusses, du même regard, voir toute ma confusion.

ANTONIO.

Je savais depuis longtemps qu'en fait de récompenses Alphonse ne connaît point de bornes, et il vient de faire pour toi ce que ses ancêtres ont fait pour tant d'autres.

LA PRINCESSE.

Quand tu connaîtras ce qu'il nous a donné, tu ne nous trouveras que modérés et justes. Nous ne sommes ici que les premiers et paisibles spectateurs du triomphe que le monde ne lui refusera pas, et que les siècles futurs lui décerneront au centuple.

ANTONIO.

Grâce à vous, sa gloire est déjà certaine. Qui oserait douter, quand vous avez prononcé? Mais, dis-moi, qui a placé cette couronne sur la tête de l'Arioste?

LÉONORE.

Cette main!

ANTONIO.

Et elle a bien fait. Ces fleurs l'ornent mieux que les plus fastueux lauriers. De même que la nature recouvre son sein précieux d'un vêtement de verdure nuancé de mille couleurs, ainsi l'Arioste enveloppe des draperies fleuries de la fable tout ce qui peut seul faire aimer et respecter l'homme. La joie, l'expérience, la raison, la force d'esprit, le goût et le sens pur du vrai beau, tout dans ses chants se spiritualise et se personnifie à la fois; tout semble s'y reposer comme au sein des fleurs, s'imprégner de la poussière argentée qui satine leurs feuilles légères, se couronner de roses et l'entourer comme par magie des folâtres jeux de l'amour. Non loin murmure la source de l'abondance, offrant à nos yeux mille sirènes enchanteresses. L'air est rempli d'oiseaux rares, le bocage, la prairie de troupeaux venus des régions étrangères. La malice est aux aguets, à demi cachée dans le feuillage; la sagesse, du fond d'un nuage d'or, fait retentir parfois quelques sentences sublimes, tandis que la folie, sur un luth harmonieux, semblant chercher en désordre quelques accords sauvages, garde cependant toujours la mesure. Celui qui ose se risquer près de l'Arioste mérite déjà une couronne pour son audace. Pardonnez si je me sens inspiré moi-même, et si, semblable à l'homme en extase, je ne songe ni au temps, ni au lieu, ni à mes paroles : ces poëtes, ces couronnes, les vêtements de fête de ces belles femmes, tout me transporte à mon tour dans un autre monde.

LA PRINCESSE.

Celui qui sait si bien apprécier le mérite de l'un ne peut rester aveugle au mérite de l'autre. Tu nous montreras quelque jour, dans les chants du Tasse, ce que nous sentons, et ce dont toi seul sais te rendre compte.

ALPHONSE.

Suis-moi, Antonio. J'ai encore à te demander bien des choses que je suis curieux d'apprendre. Ensuite, jusqu'au déclin du soleil, tu seras tout entier aux dames. Viens. — Adieu.

Antonio suit le prince. — Le Tasse s'éloigne avec les femmes.

ACTE DEUXIÈME
UNE SALLE.

SCÈNE I
LA PRINCESSE, LE TASSE.

LE TASSE.

O princesse! mes pas mal assurés te suivent, et des pensées sans ordre et sans mesure s'agitent dans mon âme. La solitude semble m'appeler, et murmurer avec complaisance ces mots à mon oreille : Viens, je chasserai les doutes qui s'élèvent en ton sein. Cependant, lorsque je jette un regard sur toi, quand un mot de ta bouche vient frapper mon oreille attentive, un nouveau jour m'environne, et les liens qui m'entouraient tombent aussitôt. Je te l'avouerai sans peine, cet homme et son arrivée imprévue m'ont brusquement réveillé d'un songe bien doux. Ses manières, ses paroles ont agi si singulièrement sur moi, que je sens plus que jamais mon être se dédoubler et combattre tout éperdu avec lui-même.

LA PRINCESSE.

Il est impossible qu'un ancien ami, après avoir longtemps mené loin de nous une existence étrangère, puisse, à l'instant même où il nous revoit, se retrouver comme par le passé; mais il n'est pas changé au fond; quand nous aurons vécu quelques jours avec lui, l'accord renaîtra bien vite pour produire la plus belle et la plus heureuse harmonie. Lorsqu'il

connaîtra mieux l'ouvrage que tu viens d'achever, il n'hésitera certainement point à te placer à la hauteur du poëte qu'il t'oppose aujourd'hui comme un géant sans égal.
LE TASSE.
Ah! princesse, l'éloge de l'Arioste m'a plutôt réjoui qu'offensé dans sa bouche. Il est consolant pour nous d'entendre célébrer l'homme qui se montre à nos yeux comme un grand modèle à suivre. Nous pouvons alors dire tout bas dans notre cœur : Prends une part de son mérite, et tu ne peux manquer d'obtenir une part de sa gloire. Non, ce qui m'a ému jusqu'au fond de l'âme, ce qui m'occupe encore tout entier, c'est de songer au train ordinaire de ce monde, qui, vif, infatigable, immense, tourne aveuglément autour d'un seul homme sage ou supérieur, et accomplit la route qu'ose lui prescrire ce demi-dieu. J'écoutais, attentif et curieux, je recueillais avec empressement les paroles assurées de cet homme plein d'expérience; et plus j'écoutais, hélas! plus je m'écroulais à mes propres yeux, plus je tremblais de me perdre, comme Écho dans les montagnes, et de m'évanouir dans le néant comme les vains sons qu'elle répète.
LA PRINCESSE.
Ne semblais-tu pas naguère sentir nettement comment le héros et le poëte vivent l'un pour l'autre, comment le poëte et le héros se cherchent tour à tour, comment aucun des deux ne peut envier l'autre? Certes, ils sont grands les hauts faits qui méritent l'honneur d'être chantés; mais elle est belle aussi la mission d'en porter jusqu'à la postérité, par des chants dignes de leur sujet, le récit énergique et plein. Au sein de l'État borné qui te protége, contente-toi de voir en paix, et comme du rivage, le courant déréglé du monde.
LE TASSE.
Et n'est-ce pas en ces lieux mêmes que j'ai vu d'abord avec quelle magnificence on récompense avant tout l'homme vaillant? J'arrivai ici, enfant inexpérimenté au moment même où des fêtes multipliées semblaient faire de Ferrare le rendez-vous de l'honneur. Oh! quel spectacle! Un cercle, tel que le soleil n'en verra point de sitôt un semblable, ceignait la place

immense où la valeur adroite allait se montrer dans tout son éclat. Là siégeaient pressés les plus belles femmes, les hommes les plus illustres de nos jours : l'œil parcourait avec surprise cette noble foule ; on s'écriait : La patrie seule, l'étroite péninsule, les a tous réunis dans ces murs ; ils forment ensemble le plus majestueux tribunal qui ait jamais prononcé sur l'honneur, sur la vertu, sur le mérite ; examinez-les l'un après l'autre, et vous n'en trouverez pas un seul qui ait à rougir de son voisin. Et alors s'ouvraient les barrières ; les coursiers piaffaient, les casques et les boucliers brillaient, les écuyers se pressaient, le son des trompettes retentissait ; les lances criaient en se brisant, le casque et le bouclier résonnaient sous les atteintes des combattants, et tout à coup la poussière enveloppait de ses tourbillons la gloire du vainqueur et la honte du vaincu. Oh ! laisse-moi tirer le voile sur un spectacle qui m'éblouit. Qu'en ce moment le sentiment de ma nullité ne devienne pas trop vif.

LA PRINCESSE.

Tandis que l'aspect de ce noble concours et de ces jeux guerriers t'enflammait d'émulation, te commandait la peine et l'effort, j'aurais pu, jeune ami, te donner une leçon muette de patience. Ces fêtes que tu vantes, que cent témoins m'ont alors et longtemps après vantées comme toi, je ne les ai point vues. Reléguée dans un lieu solitaire, où, à de longs intervalles, le dernier écho de la joie pouvait à peine venir expirer, il me fallait supporter plus d'une douleur et plus d'une pensée triste. Les ailes étendues, l'image de la mort planait à mes regards, me cachant la vue d'un monde où tout était nouveau pour moi. Peu à peu le spectre s'éloigna et souffrit que j'entrevisse, comme à travers un crêpe, les couleurs pâles mais agréables de la vie : je voyais des formes animées s'élever de nouveau et se déployer doucement à mes faibles yeux. Quand, pour la première fois, je quittai le lit de souffrance, encore appuyée sur le bras de mes femmes, Lucrétia vint à moi, pleine d'une vie joyeuse, te conduisant par la main. Tu fus le premier qui, au moment où se renouvelait mon être, t'offris à ma vue, objet inconnu et nouveau.

Alors j'espérai beaucoup pour toi et pour moi, et cet espoir ne nous a pas encore trompés.

LE TASSE.

Et moi, étourdi par la confusion de la foule bruyante, aveuglé par tant d'éclat, ému de passions diverses, j'avançais en silence, près de ta sœur, à travers les détours paisibles du palais; puis je pénétrai dans l'asile où tu nous apparus bientôt, soutenue par tes femmes. — Quel moment ce fut pour moi! — Oh! pardonne! — De même que la Divinité se plaît à dissiper sans peine, par sa présence, le prestige des idées et du fracas du monde; de même, en voyant ton céleste regard, je me sentis guéri de toute vaine fantaisie, dégagé de toute ambition mensongère, enlevé à toute fausse impulsion. Dans mon inexpérience, j'avais adressé mes désirs à mille objets divers : et, en ce moment, honteux, je rentrai pour la première fois en moi-même, et j'appris enfin à connaître ce qui est digne d'être désiré. C'est ainsi qu'on cherche vainement sur le vaste sable des mers une perle qui repose et se cache enfermée dans une écaille solitaire.

LA PRINCESSE.

D'heureux jours commencèrent alors; et si le duc d'Urbino ne nous eût pas ravi ma sœur, nos années auraient fui au sein d'un bonheur sans mélange. — Mais, hélas! nous n'avons que trop à regretter aujourd'hui l'âme enjouée, le cœur plein de vie et de force, l'esprit riche et ingénieux de cette aimable femme.

LE TASSE.

Je le sais trop bien; depuis le jour qui la vit quitter ces lieux, nul autre n'a pu te rendre à la douce joie. Combien cette idée n'a-t-elle pas de fois déchiré mon âme! Combien de fois, dans le silence des forêts, n'ai-je pas soupiré des douleurs dont tu étais l'objet! Ah! m'écriai-je, cette sœur a-t-elle donc seule le bonheur, le droit de suffire à celle qui m'est si chère? N'est-il donc plus de cœur qui soit digne de sa confiance, qui puisse répondre au sien? L'esprit et ses traits piquants ont-ils perdu leur feu? Est-il possible qu'une femme, quelque parfaite qu'elle puisse être, soit tout pour elle ? Pardonne, ô princesse ! parfois alors je pensais à moi-même, et je souhaitais pouvoir devenir quelque chose à tes yeux ; peu de chose seulement, mais au moins quelque chose ; je souhaitais te prouver, non par de vains discours, mais par des faits, par ma vie tout entière, jusqu'à quel point mon cœur s'est en secret consacré à ton culte. Mais je n'y ai point réussi ; j'ai souvent fait par erreur ce qui devait t'affliger ; j'offensais celui que tu protégeais ; maladroitement j'ai compliqué ce que tu voulais démêler ; et c'est ainsi qu'au moment même où je voulais me rapprocher de toi, je sentais que je m'en éloignais toujours davantage.

LA PRINCESSE.

Je ne me suis jamais trompée sur tes intentions, et je sais combien tu prends à tâche de te nuire à toi-même. Tandis que ma sœur sait l'art de vivre avec chacun, quel qu'il puisse être, toi, tu ne saurais, même après des années, te retrouver dans un ami.

LE TASSE.

Blâme-moi ! Mais ensuite, dis-moi où est l'homme, où est la femme, avec qui je puisse me risquer à parler librement comme j'ose le faire avec toi.

LA PRINCESSE.

Tu devrais te fier à mon frère.

LE TASSE.

Il est mon prince ! Ne crois pas toutefois qu'un amour outré de l'indépendance enorgueillisse mon cœur : l'homme n'est pas né pour être libre, et le sort le plus beau pour une âme élevée, c'est de servir sous un prince qu'elle honore. Mais enfin ton frère est mon maître, et je sens toute la force de ce grand mot. Je dois apprendre à me taire quand il parle, à agir quand il ordonne, lors même que ma raison, que mon cœur pourraient vivement le contredire.

LA PRINCESSE.

Tel n'est jamais le cas avec lui. Maintenant d'ailleurs qu'Antonio est de retour, tu as certainement retrouvé un sage ami de plus.

LE TASSE.

Je m'en flattais autrefois, à présent j'en désespère presque. Que son commerce serait instructif pour moi! son conseil utile en mille circonstances! Il possède, je puis bien le dire, tout ce qui me manque : mais les dieux se sont-ils tous réunis pour orner son berceau? Non, les Grâces, hélas! ne s'en sont point approchées, et celui que ces vierges aimables n'ont pas doué de leurs faveurs peut sans doute en posséder beaucoup, en donner beaucoup; mais jamais il ne se laissera aller aux mouvements de son cœur.

LA PRINCESSE.

On peut du moins, et c'est beaucoup, avoir confiance en lui. Tu ne peux tout exiger d'un seul homme, et celui-ci donne tout ce qu'il te promet. S'il s'est d'abord déclaré ton ami, il se chargera lui-même de suppléer à ce qui te manque. Soyez unis! je me flatte d'achever en peu de temps cet heureux dessein. Mais ne va point t'y opposer comme à ton ordinaire! Léonore a longtemps vécu parmi nous, elle est remplie de finesse et d'élégance, il est aisé de se faire à elle ; et pourtant tu ne t'en es jamais tant rapproché qu'elle l'eût voulu...

LE TASSE.

Je t'ai obéi : autrement je m'en fusse éloigné, bien loin de l'approcher davantage. Quelque aimable qu'elle puisse paraître, je ne sais comment il arrive qu'il m'est presque toujours impossible de me découvrir entièrement à ses yeux. Lors même qu'elle a dessein de plaire à ses amis, on sent qu'elle s'y prépare, et la sympathie se détruit.

LA PRINCESSE.

De cette manière, nous ne pourrions jamais, dans ce monde, trouver de compagnie ; le sentier où tu vas te perdre nous égare à travers de solitaires bocages, de silencieuses vallées. Plus l'âme aspire à rétablir en elle-même l'âge d'or qu'elle ne retrouve point au dehors, moins elle peut y parvenir.

LE TASSE.

Oh! quel mot a prononcé ma princesse! L'âge d'or, où s'est-il réfugié? Lui que chaque cœur cherche vainement!

cet âge où comme de joyeux essaims, les hommes se répandaient, pour jouir, sur la surface libre de la terre ; où le berger et la bergère trouvaient sur la prairie un lit émaillé de fleurs et l'ombrage sous un arbre séculaire, tandis qu'un bocage plus jeune entrelaçait familièrement ses tendres rameaux pour l'amour et ses transports passionnés : cet âge où, paisible et clair, sur un sable toujours pur, le ruisseau flexible embrassait mollement les nymphes ; où le serpent alors timide se perdait, sans nuire, dans le gazon ; où le faune entreprenant fuyait, bientôt châtié par une brave jeunesse : cet âge où chaque oiseau, dans le libre espace de l'air, chaque bête errant à travers les prairies et les montagnes, disait à l'homme : — Tout ce qui plaît est permis.

LA PRINCESSE.

Mon ami, l'âge d'or est bien loin ; mais les belles âmes le ramènent ; et, s'il faut t'avouer ce que j'en pense, celui dont le poëte se plaît à nous flatter n'a jamais, ce me semble, plus existé qu'aujourd'hui ; ou, s'il a régné sur la terre, ce ne fut assurément point à d'autres conditions qu'à celles qui peuvent toujours nous le rendre. Des cœurs unis se rencontrent encore pour goûter ensemble les plaisirs de la belle nature, et il n'est qu'un mot de changé, mon ami, dans la devise du monde : — Tout ce qui est convenable est permis.

LE TASSE.

Ah ! si du moins un tribunal suprême, formé de cœurs nobles et bons, décidait de ce qui convient ! Au lieu de cela, chacun juge tel ce qui lui profite. Nous le voyons, tout sied à l'homme puissant ou à l'homme adroit, et l'un et l'autre se croient tout permis.

LA PRINCESSE.

Veux-tu savoir exactement ce qui est réellement convenable, interroge des femmes dignes de leur sexe ; car les hommes, pour la plupart, ont pour principe que ce qui réussit convient toujours. Les convenances entourent d'un rempart protecteur notre sexe, tendre, léger, vulnérable : là où règne la moralité, les femmes règnent ; elle ne sont rien là où la corruption effrontée commande. Interroge les deux portions de l'espèce humaine : l'homme veut la liberté ; la femme appelle les mœurs.

LE TASSE.

Ainsi donc, tu nous crois intraitables, grossiers, dépourvus de tout sentiment ?

LA PRINCESSE.

Non pas ! mais vous aspirez à des biens éloignés, et vos efforts doivent être pleins de violence. Vous vous risquez à engager l'éternité, tandis que nous ne pouvons posséder sur cette terre qu'un bien, un seul bien, limité ; tous nos vœux se bornent à souhaiter qu'il puisse être durable. Nous ne sommes sûres du cœur d'aucun homme, pas même de celui qui s'est le plus ardemment donné à nous. La beauté est passagère, et c'est la beauté seule que vous paraissez estimer ; ce qui reste après elle ne charme plus, et ce qui ne charme plus est mort. S'il existait des hommes qui sussent apprécier le cœur d'une femme, qui pussent découvrir quel gracieux trésor de constance et d'amour le sein d'une femme peut recéler ; si le souvenir de moments sublimement beaux pouvait rester vivant dans votre âme ; si votre regard, ordinairement pénétrant, pouvait aussi percer le voile que jettent sur nous l'âge ou les souffrances ; si la possession, qui devrait vous calmer, ne vous poussait à poursuivre d'autres biens, alors de beaux jours renaîtraient sans peine pour nous, alors nous célébrerions aussi notre âge d'or.

LE TASSE.

Tu me dis des choses qui viennent avec violence réveiller dans mon cœur des craintes déjà presque assoupies.

LA PRINCESSE.

Quelle est ta pensée ? parle-moi librement.

LE TASSE.

J'ai souvent, et dernièrement encore, entendu dire (je l'aurais dû penser, lors même qu'on ne me l'eût point dit) que de nobles princes aspiraient à ta main. Nous redoutons un malheur auquel nous devons nous attendre, et nous pourrions presque désespérer. Tu nous quitteras, et la chose est toute simple ; mais comment pourrons-nous supporter ta perte? Je l'ignore.

LA PRINCESSE.

Sois sans crainte pour le moment : je pourrais presque dire : A cet égard, sois toujours sans crainte. Je me trouve bien ici, et j'y resterai volontiers. Je ne vois encore aucune raison pour m'engager : et si vous voulez que je demeure avec vous, prouvez-le-moi par votre conduite ; que notre vie soit heureuse, et que la mienne le soit par vous.

LE TASSE.

O dis-moi comment? je ferai l'impossible! tous mes jours te sont voués. Quand mon cœur se déploie pour t'apprécier, pour te rendre grâces, j'éprouve la félicité la plus pure que les mortels puissent goûter ; la plus céleste de toutes, je ne puis la sentir qu'en toi. Autant le destin suprême s'élève au-dessus des jugements et des volontés des hommes, même les plus sages, autant les dieux de la terre se séparent du reste des humains. Quand nous voyons, sur l'océan du monde, la vague se heurter, elle passe inaperçue, et semble à peine murmurer à leurs pieds, comme des ondes légères ; ils n'entendent point la tempête qui nous engloutit et nous précipite ; à peine si nos supplications parviennent jusqu'à eux ; ils nous laissent remplir les airs de sanglots et de clameurs, comme nous faisons des pauvres enfants que les langes emprisonnent. Pour toi, ô divine femme, ta patience a souvent toléré mes défauts, et ton regard, comme un rayon de soleil, a plus d'une fois séché la rosée sur mes paupières.

LA PRINCESSE.

Il est juste que les femmes te traitent comme leur meilleur ami : tes chants rendent à leur sexe plus d'un genre d'hommages. Tendre ou vaillant, tu as toujours su le représenter aimable et noble ; et lors même qu'Armide paraît odieuse, ses charmes et son amour nous réconcilient bientôt avec elle.

LE TASSE.

Ce qu'il y a d'harmonieux dans mes chants c'est à une femme, à une seule, que je le dois. Mon cerveau n'a point cru voir, dans l'espace imaginaire, de ces formes vagues, indéterminées, qui tantôt se soient approchées trop éblouissantes de mon âme, et tantôt lui aient échappé; j'ai vu de mes yeux le modèle de chaque attrait, de chaque vertu. Ce que j'ai peint d'après lui restera; l'amour héroïque de Tancrède pour Clorinde, la constance ignorée et silencieuse d'Herminie, la grandeur d'âme de Sophronie et les malheurs d'Olinde; ce ne sont point des fantômes évoqués par l'imagination; je le sais, cela est éternel, car cela est. Et quoi plus que le secret d'un noble amour, discrètement confié à la poésie qui le favorise, a le droit de passer aux siècles futurs et de se perpétuer?

LA PRINCESSE.

Et dois-je dire quel autre privilége la poésie s'arroge encore à notre insu? Elle nous attire peu à peu; nous prêtons l'oreille, nous écoutons, et nous croyons comprendre; nous ne pouvons blâmer ce que nous comprenons, et c'est ainsi qu'enfin elle nous séduit.

LE TASSE.

Quels cieux viens-tu m'ouvrir, ô princesse! j'en verrais, si tant d'éclat ne m'aveuglait point, j'en verrais descendre sur des rayons d'or un bonheur éternel autant qu'inespéré.

LA PRINCESSE.

Arrête! Il est des choses que nous devons saisir avec empressement; mais il en est d'autres que nous ne pouvons nous approprier que par la modération et la privation même. Que l'amour, on l'a dit, soit comme la vertu dont il est frère. Songes-y bien!

SCÈNE II

LE TASSE, seul.

T'est-il permis d'ouvrir enfin les yeux? Oseras-tu regarder autour de toi? Tu es seul! Ces colonnes ont-elles donc entendu ses paroles, et dois-tu craindre des témoins, ces témoins muets d'une félicité si haute? Le soleil de ta nouvelle vie se lève, et ce jour n'est en rien semblable à ceux qui l'ont précédé. En descendant jusqu'au mortel, la Divinité m'a tout d'un coup élevé à sa hauteur. Quel nouvel empire se découvre à ma vue! comme l'ardent désir qui consumait mon âme est payé de délices! Je rêvais un bonheur suprême, et voilà que ce bonheur est encore au-dessus de mes rêves! Que l'aveugle-né se figure à son gré la lumière, les couleurs; si le jour inconnu se révèle à lui, il acquiert un nouveau sens. Plein de courage et de pressentiments, mon cœur, ivre de joie, entre en chancelant dans la voie qui lui est ouverte. Tu me donnes beaucoup, tu fais comme le ciel et la terre quand ils nous comblent de leurs dons; et tu exiges ce qu'une pareille faveur seule peut te donner le droit d'exiger : que je sache me modérer, me priver, et mériter ainsi que tu te confies à moi! Qu'ai-je donc jamais fait pour qu'elle ait daigné me choisir? Que dois-je faire pour me rendre digne d'elle? Tu l'es, puisqu'elle a pu te donner sa confiance. Oui, princesse, que mon âme soit éternellement soumise à tes paroles, à tes regards! oui, ordonne ce que tu voudras, car je suis à toi! Qu'elle m'envoie dans les pays lointains chercher le travail, le danger et la gloire; que dans un bois silencieux elle me présente la lyre d'or; qu'elle consacre mes jours au repos et à son culte; je suis à elle, elle possédera l'homme qu'elle a créé; mon cœur gardait pour elle tous ses trésors. Un dieu m'eût-il accordé mille fois plus de facultés, à peine si elles auraient suffi à exprimer mon adoration ineffable : je me souhaitais le pinceau du peintre et les lèvres du poëte, les plus douces qui eussent été nourries par le premier miel de l'abeille. Non, le Tasse, à l'avenir, n'ira plus, faible et troublé, se perdre solitaire au milieu des bois, au milieu des hommes; il n'est plus seul, il est avec toi. Oh! que la plus grande entreprise ne vient-elle s'offrir à mes yeux, environnée du plus affreux danger! je m'élancerais, et j'exposerais avec joie une vie que je tiens aujourd'hui de ses mains; je sommerais l'élite des hommes de s'unir à moi, et de rallier leur noble troupe, pour accomplir l'impossible, à son ordre, à son geste.—Tu t'es trop hâté. Pourquoi ta bouche n'a-t-elle pas caché ce que tu sentais, jusqu'au moment où, digne et toujours plus digne d'elle, tu aurais pu te mettre à ses pieds? Tel était d'abord ton dessein; c'était le vœu que t'avait prescrit la raison. N'importe cependant! il vaut mieux recevoir sans l'avoir mérité un pareil don, que de se croire peu à peu des droits à exiger. Laisse voir ta joie! ce qui se montre à tes yeux est si grand et si vaste! La jeunesse, pleine d'espérance, t'appelle de nouveau vers l'avenir inconnu et tout éclatant de lumière. Gonfle-toi, mon cœur! Atmosphère du bonheur, une fois au moins, favorise cette plante généreuse! Elle s'élance vers le ciel! mille rameaux sortent de sa tige, ils se déploient en fleurs brillantes! Oh! puisse-t-elle porter des fruits, porter de la joie, et qu'une main adorée vienne cueillir une riche parure sur ses branches abondantes et fraîches!

SCÈNE III
LE TASSE, ANTONIO.

LE TASSE.

Sois le bienvenu, toi qu'il me semble en ce moment voir pour la première fois. Nul homme ne m'a jamais été annoncé sous de plus beaux auspices. Sois le bienvenu! je te connais maintenant, toi et tout ce que tu vaux, et je t'offre, sans plus tarder, mon cœur et ma main : j'espère aussi que tu ne les dédaigneras pas.

ANTONIO.

L'offre est grande et généreuse, et j'en sens, comme je dois, tout le prix. Souffre donc, avant tout, que je diffère de l'accueillir; car j'ignore si je puis te donner en retour quelque chose qui l'égale. Je ne voudrais ni trop me hâter, ni paraître ingrat. Laisse-moi me prémunir sagement contre ce double danger.

LE TASSE.

Qui blâmerait une telle réserve? Chaque pas dans la vie montre combien elle est nécessaire. Mais il est plus beau que notre âme nous dise : Tu n'as pas besoin de ta prudence!

ANTONIO.

Que chacun sur ce point consulte son caractère, puisque chacun est responsable de son erreur.

LE TASSE.

Soit! — J'ai fait mon devoir : je me suis soumis avec respect aux ordres de la princesse, qui désire que nous soyons amis. Je me suis offert à toi, et je n'ai pas dû rester en arrière; mais je ne veux assurément pas être importun. Qu'il en soit donc ainsi qu'il te plaira. Le temps, un commerce plus fréquent, te feront peut-être réclamer plus vivement un jour les dons que tu mets aujourd'hui si froidement à l'écart, et que tu sembles presque dédaigner.

ANTONIO.

L'homme circonspect est souvent taxé de froideur par ceux qui, sur les accès d'une ardeur soudaine, se croient une chaleur d'âme dont nul autre n'approche.

LE TASSE.

Tu blâmes ce que je blâme, ce que j'évite. Si jeune que je sois, je comprends qu'il faut préférer ce qui est durable à ce qui est violent.

ANTONIO.

Sagement dit! Maintiens-toi toujours dans ce principe.

LE TASSE.

Tu as droit de me conseiller, de m'avertir; car l'expérience se tient à tes côtés comme une amie longtemps éprouvée. Crois néanmoins aussi qu'un cœur peut écouter dans le silence les avis que chaque jour, que chaque heure lui répète, et qu'il peut en secret s'exercer à chacune des qualités dont ton esprit sévère pense lui révéler l'existence.

ANTONIO.

Il est intéressant de s'occuper de soi-même, du moment qu'on tire profit de ce travail secret. En se renfermant dans l'intimité de son être, nul homme n'apprend à le connaître, parce qu'usant de sa propre mesure, il se trouve parfois trop petit et, hélas! souvent trop grand! L'homme ne se reconnaît que dans les hommes; la vie seule apprend à chacun ce qu'il est.

LE TASSE.

J'accorde à tes paroles mon assentiment et mon respect.

ANTONIO.

Et cependant mes paroles te donnent certainement à penser autre chose que ce que je veux dire.

LE TASSE.

De cette manière, nous ne nous rapprocherons jamais pour nous entendre. Il n'est pas sage, il n'est pas juste de méconnaître à dessein un homme, quel qu'il soit. Pour moi, c'est tout au plus si j'avais besoin d'attendre que la princesse eût parlé; j'ai sans peine reconnu ce que tu vaux. Je sais que tu veux et que tu fais le bien; ton sort te laissant sans inquiétude pour toi-même, tu penses aux autres, tu viens à leur aide; ton cœur reste impassible au milieu des flots si facilement agités de la vie. C'est ainsi que je te juge; et, quel que je sois moi-même, n'ai-je pas été au-devant de toi? n'ai-je point cherché aussi avec empressement une part du trésor caché que tu mets en réserve? Je sais que tu n'as pas regret d'ouvrir ton âme; je sais que, lorsque tu me connaîtras, tu seras mon ami, et un pareil ami m'est depuis longtemps bien nécessaire; car je ne rougis point de mon inexpérience et de ma jeunesse. Les nuages d'or de l'avenir enveloppent encore ma tête. Oh! prends-moi, noble Antonio, sur ton cœur, et daigne former au sobre usage de la vie le jeune homme fougueux et sans expérience.

ANTONIO.

Tu veux acquérir en un moment ce que le temps peut seul obtenir de la réflexion.

LE TASSE.

L'amitié accorde en un moment ce que de longs efforts peuvent à peine atteindre. Je ne demande pas, j'exige! je te somme au nom de la vertu qui aime à unir les belles âmes. Et, — dois-je invoquer ce nom? — la princesse l'espère, Léonore le veut, elle veut me conduire à toi, et toi à moi. Ah! prévenons ses désirs! Paraissons unis aux yeux de la déesse, et offrons-lui d'accord nos services, notre âme tout entière. Allions-nous, afin de faire pour elle tout ce qui mérite le plus de lui plaire. Encore une fois, voici ma main, prends-la. Ne recule pas, ne me refuse pas davantage, et que je te doive cette volupté, la plus douce aux gens de bien, celle de s'abandonner avec confiance et sans réserve à l'homme qui vaut mieux qu'eux encore !

ANTONIO.

Tu vogues à pleines voiles! On voit bien que tu es habitué à vaincre, à trouver toutes les voies larges, toutes les portes ouvertes. Il n'est pas de succès, de bonheur que je ne te souhaite volontiers; mais, je le vois trop, une distance trop grande nous sépare.

LE TASSE.

Celle de l'âge, celle du mérite éprouvé, j'y consens; mais je ne cède à personne en courage et en bonne volonté.

ANTONIO.

La bonne volonté ne produit pas les actions, le courage nous fait juger trop courte la route qui doit nous mener au but. On couronne celui qui l'atteint, et souvent le plus digne athlète n'obtient pas le prix. Mais il est des couronnes faciles, il en est de toutes sortes, qui se laissent commodément gagner au milieu d'une promenade.

LE TASSE.

La faveur qu'une divinité accorde librement à l'un et refuse sévèrement à l'autre, chacun ne l'obtient pas comme il veut.

ANTONIO.

Attribue-la à la Fortune plus qu'à toute autre divinité, et j'aurai plaisir à t'entendre, car elle est aveugle dans ses choix.

LE TASSE.

La Justice porte aussi un bandeau et ferme les yeux à tout prestige, à toute illusion.

ANTONIO.

L'homme heureux a raison de vanter le bonheur. Il lui suppose cent yeux pour le mérite, il vante ses scrupules et la sagesse de ses choix. Qu'il le nomme Minerve, qu'il le nomme comme il voudra, toujours voit-il une récompense dans une grâce, un honneur mérité dans une décoration donnée au hasard.

LE TASSE.

Tu n'as pas besoin de parler plus clairement; il suffit! Je lis au fond de ton cœur, et je te connais pour la vie. Oh! la princesse te connût-elle comme moi! Épargne les traits que lancent tes yeux et ta langue : tu les diriges en vain contre cette couronne, qui reste hors de leur portée sur ma tête. Sois d'abord assez grand pour ne pas me l'envier; alors peut-être tu pourras me la disputer. Je la révère, cette couronne, comme un objet sacré, comme le premier des biens; et cependant, montre-moi le héros dont l'histoire me raconte seulement les hauts faits, le poëte qui ose se comparer à Homère, à Virgile; oui, pour dire plus encore, fais-moi connaître l'homme qui ait trois fois mérité ce beau prix, et que ce prix ait, plus que moi, fait trois fois rougir : tu me verras alors m'agenouiller devant la divinité qui m'a si généreusement traité, et ne me plus relever qu'elle n'ait fait passer sur le front de mon vainqueur les rameaux qui ornent ma tête.

ANTONIO.

Jusque-là, sans doute, tu resteras digne de les porter.

LE TASSE.

Qu'on pèse mes droits, je ne fuirai pas le jugement; mais je n'ai pas mérité le mépris. La couronne dont mon prince m'a cru digne, que la main de ma souveraine a tressée pour moi, personne ne me la disputera, personne n'en fera un sujet de risée.

ANTONIO.

Ce ton hautain, cette ardeur si prompte ne conviennent ni de toi à moi, ni de toi à ces lieux.

LE TASSE.

Ce que tu t'y permets m'y convient comme à toi. La vérité en est-elle donc bannie? L'esprit indépendant est-il esclave dans ce palais? Un noble cœur n'a t-il ici qu'à tolérer l'injure? Ici, je pense, la grandeur, la grandeur de l'âme, est surtout à sa place! N'osera-t-elle pas se féliciter du voisinage des grands de ce monde? Elle l'ose et le doit. La noblesse que nous devons à nos aïeux suffit pour nous approcher des princes; pourquoi pas aussi la noblesse d'âme, celle que la nature n'a pas accordée à tous les grands, comme elle n'a pu donner à tous les hommes une longue suite d'illustres ancêtres? C'est à la petitesse d'esprit seule à se sentir gênée dans ces lieux, à l'envie qui se décèle à sa honte, semblable à l'araignée qui ne peut attacher sa toile impure à ces murs de marbre.

ANTONIO.

Tu me montres le droit même que j'ai de te dédaigner. Le jeune homme emporté veut arracher par la violence à l'homme mûr sa confiance et son amitié! Te crois-tu bon parce que tu es grossier?

LE TASSE.

J'aime bien mieux ce que vous autres appelez grossier, que ce que moi, j'appellerais ignoble.

ANTONIO.

Tu es encore assez jeune pour qu'une bonne discipline puisse t'enseigner une meilleure route.

LE TASSE.

Je ne le suis pas assez pour m'incliner devant de faux dieux, et j'ai assez d'âge pour réprimer l'arrogance par l'arrogance.

ANTONIO.

Là où le jeu des lèvres et le jeu de la lyre décident du combat, tu peux bien t'en tirer en héros.

LE TASSE.

Il serait téméraire de vanter mon bras, il n'a rien fait encore; et, pourtant, j'ai confiance en lui.

ANTONIO.

Tu te fies aux ménagements qui t'ont par trop gâté dans le cours hardi de tes succès.

LE TASSE.

Je suis homme, et je le sens maintenant! Tu es le dernier avec qui j'aurais souhaité de tenter les chances du jeu des armes; mais tu attises la flamme, elle embrase la moelle de mes os! le désir cuisant de la vengeance bouillonne en écumant dans mon sein! Si tu es tel que tu le dis, défends-toi!

ANTONIO.
Tu sais aussi peu qui tu es, qu'où tu es.
LE TASSE.
Il n'est point de sanctuaire qui nous impose l'outrage. C'est toi qui offenses, qui profanes ces lieux, non pas moi qui suis venu t'offrir confiance, respect, amitié, le plus beau des hommages. C'est ton esprit qui infecte ce paradis, tes paroles qui souillent cette salle sainte, et non pas le bouillant ressentiment de mon cœur qui se soulève pour repousser l'injure.
ANTONIO.
Quelle humeur hautaine dans une âme étroite!
LE TASSE.
Il y a encore assez de place ici pour lui donner carrière.
ANTONIO.
C'est ce que fait le vulgaire avec des mots.
LE TASSE.
Si tu es gentilhomme comme moi, montre-le.
ANTONIO.
Je le suis, certes; mais je sais où je suis.
LE TASSE.
Viens avec moi là où nous pourrons user de nos armes.
ANTONIO.
Comme tu ne devrais pas l'exiger, je ne te suivrai point.
LE TASSE.
Une pareille raison n'est bien accueillie que de la lâcheté.
ANTONIO.
Le lâche ne menace qu'en lieu sûr.
LE TASSE
C'est une sauvegarde que je repousse avec joie.
ANTONIO.
Si tu n'as point égard aux lieux où tu te trouves, aie au moins pitié de toi-même.
LE TASSE.
Que ces lieux me pardonnent de les violer! (Il met l'épée à la main.) En garde! ou suis-moi, si tu ne veux pas que j'aie éternellement pour toi autant de mépris que de haine!

18.

SCÈNE IV

Les Précédents, ALPHONSE.

ALPHONSE.

Dans quel combat vous trouvé-je engagés? Qui aurait pu s'y attendre?

ANTONIO.

Tu me vois, ô prince! opposer la patience à un homme que la rage a saisi.

LE TASSE.

Je te conjure comme mon Dieu de le dompter d'un seul de tes regards!

ALPHONSE.

Racontez-moi l'un et l'autre comment la discorde a pu pénétrer dans mon palais. Comment s'est-elle emparée de vous? comment, dans son délire, a-t-elle entraîné des hommes raisonnables hors des voies des convenances? Je reste confondu!

LE TASSE.

Tu ne nous connais pas, je le crois bien. Cet homme fameux par sa sagesse, par l'urbanité de ses mœurs, vient d'agir envers moi avec autant de grossièreté que de malice, en homme sans éducation, sans nobles sentiments. Je m'approchais de lui avec confiance, il m'a repoussé; mon amitié insistait, et il n'a cessé de me traiter toujours avec plus d'aigreur et d'amertume, jusqu'à ce qu'il ait changé en fiel les plus pures gouttes de mon sang! Pardonne! j'ai paru à tes yeux comme un furieux; mais si je me suis rendu coupable, la faute en est à lui tout entière; à lui, qui a violemment attisé dans mon âme l'incendie qui pouvait devenir funeste à tous les deux.

ANTONIO.

L'élan poétique l'entraîne! Prince, c'est à moi que tu t'es d'abord adressé; qu'il me soit maintenant permis de parler à mon tour après ce fougueux plaideur.

LE TASSE.

Oh! oui, raconte, raconte la chose mot pour mot; et si tu peux reproduire devant notre juge chaque syllabe, chaque geste, ose-le seulement! insulte-toi toi-même pour la seconde fois! viens témoigner contre ta propre cause. Mon pouls, mon souffle ne te démentiront pas un instant.

ANTONIO.

Si tu as encore quelque chose à dire, parle; sinon, tais-toi, et ne m'interromps point. — Ai-je commencé la querelle, ou bien est-ce cette tête chaude? Qui que ce soit, est-ce là qu'est la faute? C'est ce qu'il faut examiner avant tout.

LE TASSE.

Comment cela? La première question, ce me semble, est de savoir qui de nous deux a tort ou raison.

ANTONIO.

Non pas : ton esprit égaré peut le croire.

ALPHONSE.

Antonio!

ANTONIO.

Je révère un signe de Ton Altesse; mais ordonne qu'il se taise : quand j'aurai parlé il pourra répondre; tu décideras ensuite. Ainsi je me borne à dire que je ne puis raisonner avec lui, récriminer, me justifier moi-même, ni m'offrir maintenant à le satisfaire; car dans l'état où tu le vois, il n'est pas maître de lui. Une force rebelle le gouverne, que ta bonté pourra tout au plus adoucir. Ici même, il m'a menacé, il m'a défié; à peine si devant toi il a caché son épée nue; et si tu n'étais point intervenu, seigneur, je paraîtrais moi-même en ce moment à tes yeux, oubliant mes propres devoirs, complice de cet homme, et rougissant devant toi.

ALPHONSE, au Tasse.

Tu n'as pas bien agi.

LE TASSE.

Seigneur, mon cœur est libre aussi sûrement que le tien. Oui, c'est vrai, j'ai menacé, défié, tiré l'épée; mais tu ne sais pas jusqu'à quel point sa langue perfide et ses paroles trop bien choisies m'ont blessé, de quelle manière sa dent acérée et rapide a lancé dans mes veines le plus subtil poison ; comment il a de plus enflammé la fièvre qui m'aveuglait, tu ne peux le savoir ! avec le même calme, la même froideur qu'il opposait à mes attaques, il m'a provoqué au dernier degré de la colère. Ah ! tu ne le connais pas, et tu ne le connaîtras jamais ! Je suis venu lui offrir avec chaleur l'amitié la plus belle, il m'a jeté mes dons aux pieds ; et si mon âme n'avait pas bouillonné en ce moment, je devenais pour toujours indigne de te plaire et de te servir. Pardonne, si j'ai oublié et les lois et les lieux ; je ne puis nulle part être vil, endurer nulle part l'humiliation. En quelque lieu que je me trouve, si mon cœur manque jamais à ce qu'il se doit, comme à ce qu'il te doit, punis-moi alors, chasse-moi, et que je ne revoie jamais ton regard !

ANTONIO.

Voyez avec quelle aisance ce jeune homme porte le poids des torts les plus graves, et secoue ses fautes comme la poussière de ses vêtements ! Il y aurait de quoi s'étonner, si l'on ne connaissait déjà le pouvoir magique de la poésie, si l'on ne savait combien elle aime à se faire un jeu de l'impossible. Je doute un peu, seigneur, que la chose soit jugée si légèrement, par toi, par tous tes serviteurs. La majesté des princes étend son égide sur quiconque s'approche d'elle comme d'une divinité, et de son séjour comme d'un inviolable asile. Les passions s'apaisent au seuil du palais qu'elle habite, comme au pied des autels. Là, jamais ne brille le glaive, nul mot menaçant ne se fait entendre ; là, l'offensé lui-même n'exige point de vengeance. La terre offre un espace assez vaste à la fureur, à la haine irréconciliable ; et si le lâche craint de porter un défi dans cette arène ouverte, l'homme de cœur n'y fuira pas le combat. Mais ces murs ! tes ancêtres les ont fondés sur la sécurité, ils ont affermi ce sanctuaire de leur dignité suprême, et maintenu sagement la paix qui doit y régner, par de stricts et sévères châtiments. Le bannissement, les fers, la mort atteignaient le coupable : on n'avait point d'égard aux personnes ; la clémence ne retenait point le bras de la justice, et le crime audacieux se sentait épouvanté. Et maintenant, après une douce et longue paix, nous voyons la rage grossière rentrer en délire dans le domaine même des mœurs! Prononce, seigneur! châtie! car qui peut rester dans les bornes de son devoir, si la loi, si le pouvoir du prince ne se chargent pas de le protéger!

ALPHONSE.

Laissez-moi prêter une oreille impartiale plutôt à ce que me dicte mon cœur qu'à ce que vous avez dit et pourriez dire encore tous deux. Vous eussiez mieux fait votre devoir, si je n'avais pas eu à décider entre vous; car ici le droit et le tort se touchent de bien près. Si Antonio t'a offensé, il a peut-être à t'offrir une satisfaction telle que tu l'exigeras; je verrais avec plaisir que vous me choisissiez pour arbitre. Cependant, Tasso, ta faute entraîne la prison. Je veux bien, par grâce, adoucir la loi en ta faveur : retire-toi! tu garderas la chambre. Tu y resteras avec toi-même, surveillé par toi seul.

LE TASSE.

O prince! est-ce là ta sentence?

ANTONIO.

N'y reconnais-tu pas la douceur d'un père?

LE TASSE, à Antonio.

Tu n'as plus le droit de me parler. (A Alphonse.) O prince, ton arrêt sévère me condamne à la captivité. Soit! tu le crois juste. Plein de respect pour tes ordres sacrés, je commande à mon cœur le plus profond silence. Prisonnier! la chose est nouvelle pour moi; si nouvelle, qu'à peine je puis reconnaître, toi, moi-même et ces beaux lieux. Mais je connais cet homme! J'obéirai; quoique je puisse et doive ajouter ici quelques mots, mes lèvres restent muettes. Était-ce un crime? il paraît du moins qu'on me juge criminel, et mon cœur me le dit aussi : je suis prisonnier.

ALPHONSE.

Tu prends la chose plus au sérieux que moi-même.

LE TASSE.

Je ne puis la comprendre, et pourtant je ne suis pas un enfant; j'aurais presque dû m'y attendre. Une clarté nouvelle vient tout à coup frapper mes yeux, mais elle disparaît aussitôt; je n'entends plus que mon arrêt, et je m'incline. Voilà déjà trop d'inutiles paroles! accoutume-toi désormais à obéir. Impuissante créature! tu as oublié en quels lieux tu étais; la salle des dieux t'a paru au niveau de la terre, et maintenant une chute rapide t'entraîne. Obéis sans effort; car il sied à l'homme de faire de bon gré même ce qui est pénible. — Prends d'abord cette épée que tu me donnas quand je suivis le cardinal en France. Je l'ai portée sans gloire, mais aussi sans honte, en ce jour comme en tout autre. Le cœur profondément ému, je me dépouille aussi de ce don si plein de promesses...

ALPHONSE.

Tu ne sens pas dans quelles dispositions je suis à ton égard.

LE TASSE.

Mon lot est d'obéir, et non pas de penser! — Le sort, hélas! exige que je renonce à ce magnifique présent; une couronne ne sied pas au prisonnier, et je dégarnis moi-même ma tête des rameaux que j'y avais crus placés pour l'éternité. Le bonheur suprême me fut accordé trop tôt; et, comme si je m'en étais prévalu, ce bonheur me sera trop tôt ravi. Tu reprends ce que nul autre ne pouvait reprendre, et ce qu'aucun dieu ne donne deux fois. Nous autres hommes, nous sommes mis à d'étranges épreuves; nous ne pourrions les supporter, si la nature ne nous prêtait une salutaire légèreté. La nécessité nous apprend du reste à jouer insoucianment avec les plus inestimables biens : nous consentons à ouvrir la main pour laisser échapper une félicité qui ne revient plus. Une larme s'unit à ce baiser, couronne chérie, et te voue à l'instabilité des choses de ce monde. Ces tendres marques de regret sont permises à notre faiblesse; et qui ne pleurerait, en voyant que le gage même de l'immortalité n'est pas à l'abri de la destruction? Associe-toi à cette épée, qui ne t'a point conquise, hélas! Repose enlacée autour d'elle, sur le tombeau de mon bonheur et de mes espérances, comme sur le cercueil des braves. Prince, je les dépose sans peine à tes pieds, l'une et l'autre; car quel homme est assez armé contre ta colère, assez paré quand tu le repousses? Captif, je me retire, j'attends ton arrêt.

A un signe du prince, un page enlève et emporte la couronne et l'épée du Tasse.

SCÈNE V

ALPHONSE, ANTONIO.

ANTONIO.

Ce jeune homme extravagant! De quelles couleurs se peint-il son mérite et sa destinée! Bornée et sans expérience, la jeunesse pense être l'élue de ce monde; plus que tous elle se croit tout permis! Notre poëte s'imagine être puni, et son âge voit un châtiment dans un bienfait qui inspirerait des actions de grâces à l'homme mûr.

ALPHONSE.

Je crains, au contraire, qu'il ne soit trop puni.

ANTONIO.

Si tu crois devoir agir doucement avec lui, prince, rends-lui la liberté, et que l'épée décide de notre différend.

ALPHONSE.

Oui, si l'opinion l'exige. Mais, dis-moi, comment as-tu excité sa colère?

ANTONIO.

J'aurais de la peine à te dire de quelle manière la chose s'est passée. Je l'ai peut-être mortifié comme homme; comme gentilhomme, je ne l'ai point insulté : et pour lui, dans la plus grande chaleur de son emportement, aucun mot outrageant n'est sorti de sa bouche.

ALPHONSE.

C'est ainsi que j'avais jugé votre querelle, et tes paroles confirment encore ce que j'avais d'abord pensé. Quand deux hommes sont aux prises, c'est justice que de tenir pour coupable le plus sage des deux. Tu n'aurais pas dû l'irriter comme lui; il te convenait mieux de détourner sa fougue. Il est encore temps d'y remédier : rien dans cette affaire ne vous oblige au combat. Aussi longtemps que la paix doit me rester, je veux en jouir dans ma demeure. Ramènes-y le calme, cela t'est facile. Léonore Sanvitale peut d'abord chercher à l'adoucir par de tendres paroles : alors, va vers lui, rends-lui la liberté en mon nom, et gagne sa confiance par des discours nobles et vrais. Fais cela le plus tôt qu'il te sera possible : tu lui parleras comme un ami, comme un père! Je compte apprendre que la paix est conclue avant que nous partions pour la ville, et rien ne t'est impossible lorsque tu le veux. Nous resterons, s'il le faut, une heure de plus, puis nous laisserons les femmes achever doucement ce que tu auras commencé, et à notre retour elles auront effacé jusqu'à la dernière trace de ces vives impressions. Il semble, Antonio, que tu ne veuilles pas tenter l'entreprise! Tu as à peine accompli une première tâche, tu reviens, et déjà tu t'en prépares une semblable! J'espère que celle-ci ne te réussira pas moins que l'autre.

ANTONIO.

Je suis tout honteux, et dans tes paroles j'aperçois ma faute comme dans le miroir le plus clair. On obéit aisément au noble prince qui sait joindre la persuasion à ses ordres.

ACTE TROISIÈME

SCÈNE I
LA PRINCESSE, seule.

Que devient Léonore? Chaque instant redouble au fond de mon cœur la douloureuse anxiété qui l'agite. Je sais à peine ce qui s'est passé, je sais à peine qui des deux est coupable. Oh! que ne vient-elle! car je ne pourrais jamais me décider sans peine à parler à mon frère, à Antonio, avant de savoir au juste où en sont les choses, et comment elles doivent tourner.

SCÈNE II

LA PRINCESSE, LÉONORE.

LA PRINCESSE.

Quelles nouvelles m'apportes-tu, Léonore? Dis-moi : que deviennent nos amis? Qu'est-il donc arrivé?

LÉONORE.

Je n'ai pu rien apprendre de plus que ce que nous connaissons déjà. Ils ont eu une altercation violente; le Tasse a mis l'épée à la main, ton frère les a séparés. Mais il semble que le Tasse a commencé la querelle; Antonio marche en liberté et parle avec son prince : le Tasse est relégué solitaire et captif dans sa chambre.

LA PRINCESSE.

Assurément Antonio l'aura poussé à bout. Sa froideur, ses formes étrangères, auront blessé cette âme irritable.

LÉONORE.

Je le crois aussi. Ce matin déjà, lorsqu'il se présenta à nous, un nuage obscurcissait son front.

LA PRINCESSE.

Pourquoi faut-il que nous négligions si facilement de suivre les simples et muettes inspirations de notre cœur? Un dieu est dans notre âme, qui nous avertit tout bas, qui nous indique doucement, mais avec clarté, ce qu'il faut faire et ce qu'il faut fuir. Antonio m'a paru ce matin plus roide encore que de coutume, plus retiré que jamais en lui-même. Mon esprit me dit de me tenir en garde, quand le Tasse s'avança vers lui. Il suffit de les voir l'un et l'autre, de voir leur figure, leur voix, leur regard, leur démarche, tout en eux se repousse : ils ne peuvent jamais faire échange d'amitié. Et cependant l'espérance, cette flatteuse hypocrite, me persuadait le contraire : ils sont raisonnables tous deux, me disait-elle, nobles, instruits; ce sont tes amis. Quel lien plus sûr que celui de la bonté? J'ai encouragé notre jeune ami; il s'est tout entier livré à ma discrétion : avec quelle louable ardeur ne l'a-t-il pas fait? Ah! pourquoi n'avais-je pas d'abord prévenu Antonio! J'hésitais; il arrivait à peine, je craignais dès le premier mot de le presser, de le lui recommander; je me fiais d'ailleurs à cette politesse de mœurs, à cet usage du monde, qui s'entremet si doucement même entre ennemis; je ne redoutais point, de la part d'un homme éprouvé par l'âge, ces prompts emportements de la vive jeunesse. Le mal est fait! je le croyais bien loin, et le voici maintenant au milieu de nous. Oh! conseille-moi! que faut-il faire?

LÉONORE.

D'après ce que tu viens de dire, tu sens toi-même combien il me sera difficile d'ouvrir un avis. Il ne s'agit point ici d'une mésintelligence entre deux esprits qui d'ailleurs peuvent s'entendre : quelques paroles, et, s'il le faut, une réparation à main armée, les rapprochent heureusement et les réconcilient sans peine. Je vois deux hommes, — j'en étais depuis longtemps convaincue, — qui sont ennemis parce que la nature même s'oppose à ce qu'ils confondent leur être. S'ils entendaient sagement leurs mutuels intérêts, ils s'uniraient; ils agiraient comme s'ils n'avaient qu'un corps, et marcheraient dans la vie forts, heureux, joyeux : je l'espérais, mais en vain, je le vois maintenant. La querelle d'aujourd'hui s'apaisera certainement; mais cela ne nous rassure ni pour l'avenir, ni même pour demain. Le mieux serait, je pense, que le Tasse s'éloignât pour un temps de ces lieux. Il pourrait se diriger vers Rome, vers Florence! je l'y suivrais dans quelques semaines, et je pourrais, au nom de l'amitié, agir sur son âme aigrie. Cependant, tu chercherais à rapprocher de toi, de ton ami, Antonio que l'absence nous a rendu à tel point étranger. De cette façon, sans doute, le temps, qui peut beaucoup, amènerait ce qui semble à présent impossible.

LA PRINCESSE.

Mon amie, tu prendrais pour toi la jouissance, et tu me laisserais la privation! Est-ce là être juste?

LÉONORE.

Tu ne seras privée que d'un bien dont tu ne pourrais jouir dans cette circonstance.

LA PRINCESSE.

Dois-je si tranquillement bannir un ami?

LÉONORE.

C'est conserver celui que tu bannirais seulement pour la forme.

LA PRINCESSE.

Mon frère ne voudra point le laisser partir.

LÉONORE.

Il le permettra s'il voit la chose comme nous.

LA PRINCESSE.

Il est si dur de se condamner dans son ami!

LÉONORE.

Mais c'est le sauver, cet ami!

LA PRINCESSE.

Je ne consens point à ce qu'il parte.

LÉONORE.

Attends toi donc à un mal plus grand.

LA PRINCESSE.

Tu me tourmentes sans savoir si tu me sers.

LÉONORE.

Nous apprendrons bientôt qui de nous deux se trompe.

LA PRINCESSE.

S'il doit nous quitter, ne me parle pas plus longtemps de cela!

LÉONORE.

Qui peut se décider triomphe de la douleur.

LA PRINCESSE.

Décidée! je ne le suis pas. Cependant que la chose se fasse, s'il ne doit point s'éloigner pour longtemps. Songeons au moins pour lui, Léonore, à parer à ses besoins futurs : faisons en sorte que le duc consente à lui laisser, même loin de nous, ce que son entretien exige. Parles-en à Antonio; son crédit est grand auprès de mon frère, et il ne voudra point que nous et notre ami nous ne puissions jamais oublier cette fatale querelle.

LÉONORE.

Un mot de toi, princesse, aurait plus de pouvoir.

LA PRINCESSE.

Je ne puis, tu le sais, je ne puis, comme ma sœur, me résoudre à solliciter quelque faveur pour moi ou pour les miens. J'aime à vivre sans bruit dans ma retraite, et je me borne à recevoir avec reconnaissance de mon frère ce qu'il lui plaît de me donner. Je me suis jadis reproché plus d'une fois cette timidité. Maintenant j'ai pris mon parti. Une ancienne amie m'en a blâmée souvent : Tu es désintéressée, disait-elle, cela est assurément très-louable ; mais tu l'es tellement, que tu ne peux bien ressentir non plus les besoins de ceux que tu aimes. Je ne me suis cependant pas vaincue sur ce point, et je mériterai encore aujourd'hui ce même reproche. Aussi suis-je d'autant plus heureuse de pouvoir prêter à notre ami un secours efficace : l'héritage de ma mère me tombe en partage, et je l'aiderai avec joie dans son exil.

LÉONORE.

Et moi aussi, princesse, je me trouve en état de faire preuve de mon amitié pour lui. C'est un mauvais économe : mais je saurai pourvoir à ce qui lui est nécessaire.

LA PRINCESSE.

Emmène-le donc! Et puisqu'il faut m'en priver, qu'il te soit donné plutôt qu'à toute autre! Je le vois bien, c'est ce qu'il y a de mieux à faire. Dois-je donc cette fois encore considérer ma douleur comme bonne et salutaire? Dès mon plus jeune âge mon sort fut toujours tel, et maintenant j'en ai pris l'habitude. Aussi bien nous ne perdons qu'à moitié le bonheur même le plus doux lorsque nous ne pouvons espérer d'en jouir avec sécurité.

LÉONORE.

J'espère te voir aussi heureuse que tu le mérites!

LA PRINCESSE.

Léonore! heureuse? Qui donc est heureux? Mon frère, peut-être, parce que son grand cœur porte sa destinée d'une âme toujours égale ; mais le sort dont il est digne ne lui a point été départi. Heureuse! ma sœur l'est-elle? ma sœur, cette femme si belle, ce cœur si grand et si noble!

Elle ne donne point d'enfants à son jeune époux. Il la respecte, et ne lui fait point souffrir la peine de sa stérilité; mais la joie n'habite point leur maison. Que servit à ma mère sa sagesse si haute, son sens si parfait, ses connaissances en tout genre? A-t-elle su se préserver des erreurs du dehors? Non. On nous enleva à ses caresses; elle est morte maintenant, et n'a pas même laissé à ses enfants la consolation de la voir mourir réconciliée avec son Dieu.

LÉONORE.

Ah! ne pense point à ce dont chacun manque! Considère plutôt ce qui reste à chacun! Et il te reste beaucoup à toi, ô princesse.

LA PRINCESSE.

Que me reste-t-il? la patience! j'ai pu l'exercer dès mon âge le plus tendre. Quand mes amis, quand mon frère et ma sœur allaient ensemble chercher la joie au milieu des plaisirs et des fêtes, la maladie me retenait dans ma chambre. Il me fallut m'habituer de bonne heure à la souffrance et aux privations, et j'eus pour fidèle compagne la douleur et son cortége. Un seul plaisir, le plaisir du chant, charmait encore ma solitude : je m'amusais alors avec moi-même; je berçais, j'endormais par de doux accords mes regrets, mes vœux, mes ennuis; souvent ainsi la peine se changeait en jouissance, l'affliction même devenait harmonie! On ne me laissa pas longtemps goûter ce dernier bonheur; le médecin me l'interdit, et son arrêt sévère me prescrivit le silence. Il me fallut vivre, souffrir et renoncer à l'unique et faible consolation qui me restait encore!

LÉONORE.

Mais tant d'amis se pressaient autour de toi! Et maintenant tu es guérie, tu peux jouir de la vie.

LA PRINCESSE.

Je suis guérie, c'est-à-dire que je ne suis pas malade. J'ai des amis, et leur fidélité me rend heureuse. J'en avais un aussi...

LÉONORE.

Tu l'as encore.

19.

LA PRINCESSE.

Et je vais bientôt le perdre. L'instant où je le vis pour la première fois fut solennel : j'échappais à peine à mes nombreuses souffrances, la douleur et la maladie venaient à peine de me quitter. Humble et silencieuse, j'apparaissais de nouveau dans la vie; je commençais à jouir du jour et de la société des miens; je reprenais courage et je savourais à longs traits le baume le plus pur de la douce espérance. J'osais lancer mes regards plus loin dans l'avenir, et des images caressantes s'avançaient à ma rencontre. C'est alors, Léonore, que ma sœur vint me présenter le jeune poëte; elle le tenait par la main, et alors je te l'avoue, mon âme se saisit de lui pour le garder éternellement.

LÉONORE.

Ne t'en repens point, ô princesse! On gagne à reconnaître ce qui est digne de nous, un bien qui ne peut jamais nous être ravi.

LA PRINCESSE.

Le beau, la perfection même est à craindre comme la flamme; elle est utile tant qu'elle brûle à ton foyer, ou brille pour toi du haut d'un flambeau : comme alors elle est bienfaisante! qui saurait, qui pourrait s'en passer? Mais aussi que de maux ne va-t-elle pas causer, si, mal surveillée, elle s'élance, et dévore tout autour d'elle! Laisse-moi maintenant. J'en dis trop, et je ferais mieux de cacher, même à toi, combien je suis faible et malade.

LÉONORE.

Le mal de l'âme ne se dissipe jamais mieux que par la confiance et la plainte.

LA PRINCESSE.

Si la confiance en guérit, je serai bientôt délivrée; car la mienne pour toi est pure et parfaite. Ah! mon amie, il est vrai, j'y suis résolue; qu'il parte! mais je sens d'avance les longues douleurs qui m'attendent aux jours où je serai privée du bien qui me charmait. L'aurore ne vient déjà plus enlever au sommeil, qui fuit mes paupières, sa douce image réfléchie dans un songe; l'espoir de le revoir ne remplit plus d'un joyeux empressement mes sens à peine éveillés, et mon premier regard le cherche vainement dans nos jardins, sous l'ombrage des bois humides de la rosée du matin. Comme mes vœux étaient satisfaits, lorsque je passais avec lui les paisibles soirées des beaux jours! Comme s'accroissait, dans ces aimables entrevues, le désir de se mieux connaître, de se mieux comprendre! Chaque fois nos cœurs s'accordaient davantage pour arriver à une harmonie toujours plus pure. Maintenant, quelles ténèbres tombent autour de moi! L'éclat du soleil, le sentiment vivifiant dont le jour nous pénètre à son midi, le riche et brillant aspect de la nature et de ses milles merveilles, tout disparaît dans le vide, tout se perd dans le nuage qui m'environne! Jadis chaque journée était pour moi une vie tout entière : les soucis se taisaient, les tristes pressentiments mêmes étaient réduits au silence et, passagers heureux, le fleuve du monde nous portait sur ses flots légers, sans le secours des rames. En présence d'un sombre avenir, mon âme est aujourd'hui la proie d'une secrète terreur.

LÉONORE.

L'avenir! il te rendra tes amis, il t'apportera de nouvelles joies et un bonheur nouveau.

LA PRINCESSE.

Je ne demanderais qu'à conserver ce que je possède : le changement peut plaire parfois ; mais il est bien rarement profitable. Quant à moi, l'impatience du jeune âge n'a jamais plongé ma main curieuse dans l'urne où s'agite la loterie des choses inconnues, et mon cœur, sans expérience, ne chercha point à y saisir l'objet désiré. Le Tasse força mon estime, c'est à cause de cela que je l'aimai : je dus l'aimer, parce qu'il fit de mon existence une vie que j'avais ignorée jusqu'alors. D'abord je me disais : Éloigne-toi de lui! mais je cédais, je cédais peu à peu, et je m'en rapprochais davantage. Il m'attirait si doucement! Et je vois s'évanouir une félicité si pure, un bien si vrai m'échappe! un mauvais génie soustrait à mes désirs le bonheur, qu'il remplace par une longue suite de douleurs.

LÉONORE.

Si la voix d'une amie ne peut te consoler, l'action muette et bienfaisante du monde et du temps soulageront peu à peu tes ennuis.

LA PRINCESSE.

Oui, le monde est beau! tant de biens s'agitent çà et là sur sa vaste étendue! Ah! pourquoi semblent-ils toujours ne s'éloigner de nous que d'un pas? Pourquoi, par cette perfide manœuvre, attirent-ils insensiblement nos vœux inquiets à travers la vie et jusqu'au tombeau même? Il est si rare que les hommes trouvent ce qui paraissait leur être destiné, si rare seulement qu'ils retiennent ce que leur main plus heureuse a pu toucher une fois! Ce qui d'abord s'était livré à nous nous abandonne, et nous abandonnons ce que nous avions saisi avec ardeur. Un bonheur nous arrive, mais nous l'ignorons, ou nous le connaissions et nous ne savions pas l'apprécier.

SCÈNE III

LÉONORE, seule.

Que je plains ce cœur si noble, si beau! Infortunée princesse, quel triste sort est le tien! Elle perd, hélas!... et toi, songes-tu donc à gagner? Est-il si nécessaire qu'il s'éloigne? ou ne le supposes-tu que pour jouir seule du talent et du cœur que tu as jusqu'ici partagés avec une autre... et partagés inégalement? N'es-tu pas assez riche? Que te manque-t-il donc? Époux, fils, fortune, et le rang, et la beauté, tu as tout cela, et tu veux y joindre encore le Tasse. L'aimes-tu? Pourquoi, si tu ne l'aimes, ne pouvoir plus te passer de lui? Tu oses te l'avouer. Mais aussi quel charme de voir son image réfléchie dans ce brillant génie! Le bonheur n'est-il pas doublement grand, doublement glorieux quand ces chants sublimes nous élèvent avec eux et nous ravissent jusqu'au ciel! Ta destinée devient alors digne d'envie! tu es, tu possèdes non-seulement ce que tant d'autres désirent, mais chacun sait encore chacun connaît aussi ce que tu possèdes!

Ta patrie répète ton nom, ses regards sont fixés sur toi, et c'est là le comble de toutes les félicités humaines. Le nom de Laure est-il donc le seul qui doive retentir sur les lèvres de tous ceux qui aiment, et Pétrarque aurait-il seul le droit de déifier sa beauté inconnue? Où est l'homme qui ose se comparer à mon ami? De même que le monde entier l'honore, la postérité l'honorera aussi : quoi de plus délicieux que de l'avoir à ses côtés tout éclatant de cette vie glorieuse, et de marcher ensemble à pas légers vers cet immortel avenir! Le temps alors, l'âge ne peuvent plus rien sur toi; rien non plus, la renommée hardie qui pousse çà et là la vague inconstante du succès. Ses chants préservent de mort ce qui doit périr. Tu seras encore belle, encore heureuse, quand déjà le cercle des choses t'aura entraînée dans sa révolution éternelle. Oui, le Tasse doit être à moi; ce n'est rien ravir à la princesse : son penchant pour ce grand homme ne diffère point de ses autres passions. Elles brillent comme le paisible éclat de la lune, dont la lueur avare s'épanche à peine sur le sentier du voyageur : elles brillent, elles n'échauffent point, et ne répandent autour d'elles ni le plaisir ni les joies de la vie. Comme elle jouissait de sa vue, lorsqu'elle le voyait chaque jour, elle se réjouira de le savoir loin d'elle, s'il est heureux. Je ne prétends pas d'ailleurs me bannir avec lui de la cour; j'y reviendrai et je l'y ramènerai à ma suite. Puisse-t-il en être ainsi! Je vois venir un ami moins traitable. Tâchons de l'apaiser.

SCÈNE IV

LÉONORE, ANTONIO.

LÉONORE.

Ainsi tu nous apportes la guerre au lieu de la paix! On croirait que tu arrives d'un camp, d'une bataille, où la force commande, où le bras décide, et non pas de Rome, où la sacrée sagesse lève, en bénissant, les mains, et voit à ses pieds un monde qui lui obéit sans efforts.

ANTONIO.

Il faut bien, belle amie, souffrir ton blâme; et pourtant je n'irai pas chercher mon excuse bien loin. C'est une tâche périlleuse que d'avoir trop longtemps à se montrer sage et maître de soi. Notre mauvais génie s'attache à notre suite; il nous guette, et de temps en temps réclame une victime. Cette fois, hélas! c'est aux dépens de mes amis.

LÉONORE.

Il t'a fallu si longtemps faire effort auprès d'hommes nés en d'autres climats, il t'a fallu régler ta manière sur la leur; et maintenant que tu revois tes amis, tu ne les reconnais plus, tu leur cherches querelle comme à des étrangers!

ANTONIO.

Là est l'écueil, chère Léonore! Avec des étrangers, on prend garde, on s'observe, et, pour se les rendre utiles, on poursuit son but jusque dans leurs bonnes grâces; mais, près de ses amis, on se laisse aller en toute liberté, on se fie à leur tendresse, on se permet l'humeur, la passion agit sans entraves; et c'est ainsi que nous blessons plus souvent que d'autres ceux que nous chérissons le mieux.

LÉONORE.

Dans ce froid retour sur toi-même, j'aime à te retrouver tout entier, cher ami.

ANTONIO.

Oui, je m'afflige, et je l'avoue sans peine, d'avoir tant dépassé la mesure. Mais conviens-en à ton tour, lorsqu'un homme dévoué arrive le front baigné de la sueur d'un rude travail, que pour mieux s'apprêter à de nouvelles fatigues il compte se reposer vers le soir sous l'ombrage après lequel il soupire, et qu'il voit son asile occupé tout à l'aise par un rival oisif, ne doit-il pas sentir dans son âme un mouvement bien pardonnable à la nature humaine?

LÉONORE.

S'il est vraiment homme, il cédera avec joie une part de ce frais ombrage à celui dont l'entretien, dont les accords gracieux lui rendront le repos plus doux et le travail plus facile. L'arbre est assez grand, mon ami, pour donner une ombre large, et il n'est besoin pour en jouir de chasser personne.

ANTONIO.

Ne jouons pas avec cette comparaison. Il est beaucoup de choses en ce monde que l'on cède, que l'on communique avec plaisir aux autres; mais il est un trésor qu'on n'abandonne volontiers qu'au mérite éminent; il en est un autre qu'on ne partage jamais de bon gré, même avec le plus digne. Veux-tu les connaître tous deux? C'est une branche de laurier; c'est la faveur des femmes.

LÉONORE.

La couronne placée sur la tête de notre jeune poëte a-t-elle donc déplu à l'homme grave? Tu n'aurais pu trouver toi-même un plus modeste salaire de ses efforts et de son bel ouvrage. Pour un talent qui n'a rien de terrestre, qui plane dans l'espace et voltige autour de notre âme comme un son aérien, comme une forme légère, la récompense doit n'être aussi qu'un signe, qu'un gracieux emblème; et, quand lui-même touche à peine à la terre, son noble prix doit à peine toucher son front. Un rameau stérile est le don qu'il reçoit de la tendresse stérile de son adorateur, qui acquitte ainsi sans peine une dette sacrée. Tu envies à l'image du martyr l'auréole d'or qui couvre sa tête chauve? Crois-moi, la couronne de laurier, sur le front où tu l'as vue, est le gage de la souffrance bien plus que du bonheur

ANTONIO.

Ta bouche charmante veut-elle donc m'instruire à mépriser les vanités du monde?

LÉONORE.

Je n'ai pas besoin de t'enseigner à apprécier chaque chose selon sa juste valeur. Il semble, cependant, que le sage ait parfois besoin, tout comme un autre, qu'on lui montre sous leur vrai jour les biens qu'il possède. Noble Antonio, iras-tu donc courir après un vain fantôme de grâce et d'honneur? Les services par lesquels tu t'attaches à ton prince, par lesquels tu t'attaches à toi-même tes amis, sont réels, efficaces, la récompense doit de même être réelle et efficace.

Ton laurier, c'est la confiance de ton maître, fardeau précieux qui repose tout entier sur tes épaules, mais sans t'accabler; ta gloire, c'est l'estime publique.

ANTONIO.

Et ne me dis-tu rien de la faveur des femmes? Tu ne veux pourtant pas, je pense, que je la regarde comme superflue.

LÉONORE.

Que veux-tu dire par là, si cette faveur ne t'est pas refusée? Il te serait plus aisé du moins de t'en passer qu'à ce jeune homme. Que servirait, dis-moi, à une femme de vouloir user envers toi de soins à sa manière, de penser à s'employer pour toi? Chez toi tout est sûr et réglé. Tu songes à toi-même comme tu songes aux autres, et tu as ce qu'on pourrait t'offrir. Mais le Tasse! il nous occupe à des choses qui sont de notre domaine; il a mille de ces petits besoins qu'une femme se donne volontiers la peine de surveiller. Il aime à porter le plus beau linge, un vêtement de soie orné de quelques broderies. Il aime la parure; bien plus, il ne peut souffrir sur son corps délicat l'étoffe grossière qui ne sied qu'à un valet : il faut que sa mise lui aille bien, qu'elle soit élégante et noble. Mais il n'est pas capable de se procurer tous ces agréments, ni de les conserver quand il les a : il manque toujours d'argent ou de soin. Il laisse ici une pièce de son ajustement, plus loin c'en est une autre : il ne revient jamais d'un voyage sans avoir perdu un bon tiers de ce qu'il a emporté. Puis c'est un serviteur qui le vole. Tu vois, Antonio, qu'on a toute l'année à s'occuper de lui.

ANTONIO.

Et cette perpétuelle sollicitude le fait chérir toujours davantage. Heureux jeune homme, à qui l'on tient compte de son incapacité comme d'une vertu, et dont le sort est si favorable, qu'il peut, étant homme, jouer l'enfant, et se faire encore honneur de sa gracieuse faiblesse! En vérité, tu devrais m'excuser, belle amie, si j'avais laissé paraître un peu d'humeur contre lui. Tu ne dis pas tout d'ailleurs, tu ne dis pas ce qu'il ose, ni qu'il est plus adroit qu'on ne pense. Il se vante d'avoir allumé une double flamme! il noue à la fois et dénoue deux intrigues, et par *certains* artifices il gagne *certains* cœurs. Que faut-il en croire?

LÉONORE.

Bon! c'est justement une preuve que la seule amitié nous anime; et, lors même que nous aurions échangé amour pour amour, ne serait-ce pas la récompense méritée de celui qui s'oublie lui-même tout entier, et vit pour ses amis, abandonné à d'aimables songes?

ANTONIO.

Gâtez-le donc de plus en plus, prenez pour de l'amour son humeur singulière; rebutez tous les amis qui se consacrent à vous dans la sincérité de leur âme; payez à l'orgueilleux un tribut volontaire, et détruisez enfin le cercle agréable d'une société confiante.

LÉONORE.

Notre partialité ne va pas si loin que tu penses; nous avons plus d'une fois grondé notre jeune ami. Nous voudrions le former, pour qu'il jouît davantage de lui-même, et qu'il en fît plus jouir les autres. Nous ne nous dissimulons pas les défauts qu'il peut avoir.

ANTONIO.

Et cependant vous louez souvent en lui ce qu'il faudrait blâmer. Je connais le Tasse depuis longtemps; il est facile à connaître, et trop fier pour se cacher. Parfois il s'abîme en lui-même, comme si l'univers s'était retiré dans son âme; le monde qu'il se crée, son être qu'il y renferme tout entier, lui suffisent, et les objets qui l'entourent au dehors disparaissent tous à ses yeux. Il les laisse s'agiter, il les laisse choir, il les heurte, et se retrouve immobile. Tout à coup, comme l'étincelle inaperçue qui enflamme la mine — est-ce joie, douleur, colère ou caprice? — il éclate avec violence. Alors il veut tout saisir, tout retenir; alors tout ce qu'il peut imaginer doit se faire; ce qu'il faudrait préparer pendant de longues années doit naître en un moment; un moment doit enlever l'obstacle qu'un long travail pourrait à peine écarter. Il exige de lui-même l'impossible, pour avoir droit de l'exiger des autres. Son esprit veut embrasser à la fois les fins dernières de toutes choses. Cela réussit tout au plus à un homme entre des millions d'hommes; et il n'est pas cet homme : fatigué de ses efforts, il retombe sur lui-même, sans avoir rien retiré de tant de peine.

LÉONORE.

Il ne fait tort qu'à lui, jamais aux autres.

ANTONIO.

Il ne les offense pourtant que trop. Nieras-tu qu'au moment où la passion rapide s'empare de lui, il ose attaquer, réprimander le prince, la princesse elle-même, n'importe qui enfin ? Sa fougue ne dure qu'un instant, il est vrai ; mais cet instant ne revient que trop souvent. Il commande aussi peu à sa langue qu'à son âme.

LÉONORE.

Aussi je pense que, s'il s'éloignait d'ici quelque temps, les autres et lui s'en trouveraient bien.

ANTONIO.

Peut-être oui, et peut-être non. Ce n'est pas d'ailleurs le moment d'y songer, je ne voudrais pas en porter le blâme; et l'on pourrait croire que c'est moi qui le chasse, tandis qu'il n'en est rien. Il faut pour moi-même qu'il reste dans cette cour, et qu'il y reste en paix. S'il veut se réconcilier avec moi, s'il peut suivre mes conseils, nous finirons par nous entendre à peu près.

LÉONORE.

Espères-tu maintenant agir sur un caractère qui te semblait tout à l'heure impraticable?

ANTONIO.

Nous espérons toujours, et en toutes choses il vaut mieux espérer que désespérer; car qui peut calculer ce qui est possible? Il est cher à notre prince, il faut qu'il reste avec nous; et si c'est en vain que nous aurons cherché à le corriger, il ne sera pas le seul dont nous supportions les défauts.

LÉONORE.

Je ne te crois pas à ce point affranchi de passion et de partialité! Tu t'es bien vite converti.

ACTE IV.

ANTONIO.

Il faut bien que l'âge ait du moins cette prérogative de savoir s'arrêter à temps, s'il n'a pas réussi à éviter l'erreur. Tu voulais d'abord m'amener à pardonner à ton ami : c'est à présent moi qui t'en prie. Fais ce que tu pourras pour qu'enfin il revienne à lui, et que tout rentre bientôt dans l'ordre accoutumé. J'irai moi-même à sa rencontre, dès que tu m'auras dit qu'il est calmé, que ma présence ne peut plus accroître le mal. Mais ne perds pas de temps : Alphonse repart ce soir, et je dois l'accompagner. En attendant, adieu.

SCÈNE V

LÉONORE, seule.

Pour cette fois, cher ami, nous ne sommes pas d'accord; mon intérêt et le tien ne se donnent pas la main aujourd'hui. Je vais mettre le temps à profit, et chercher à gagner le Tasse. — Hâtons-nous !

ACTE QUATRIÈME

UNE CHAMBRE.

SCÈNE I

LE TASSE, seul.

Sors-tu d'un songe, et la plus douce illusion t'a-t-elle abandonné tout à coup? ou bien, après un jour de félicité suprême, un affreux sommeil s'est-il saisi de toi, qui tourmente ton âme et la retient encore captive en de lourdes chaînes? Oui, tu veilles et tu rêves à la fois. Où sont les heures qui se jouaient sur ta tête en la couvrant de guirlandes de fleurs? les jours où ton esprit, libre dans ses désirs, pénétrait au delà de l'immense azur des cieux? Et cependant tu vis encore; tu te sens; tu te sens et tu ne sais si tu vis. Est-ce pour expier ma faute ou celle d'un autre que je suis enfermé comme un criminel? et suis-je criminel parce que je suis puni? Ah! plutôt tout mon crime n'est-il pas mon mérite? Je le regardais, et je me pressais vers lui, entraîné par l'élan d'une présomptueuse espérance : je le regardais, et sous des formes humaines ne devais-je pas supposer un homme? Les bras ouverts, je m'élançais vers lui; je trouvai des serrures et des verroux, et pas de cœur. Oh! que ne m'étais-je prémuni d'avance contre un homme qui m'était depuis bien longtemps suspect! Mais, quoi qu'il te soit arrivé, attache-toi fortement à cette bienheureuse certitude : je l'ai vue! elle était devant moi, elle m'a parlé, je l'ai comprise! Son regard, sa voix, le sens divin de ses paroles, tout cela est à moi pour l'éternité! le temps, le sort, la fortune jalouse, rien ne peut me le ravir. Et quand il serait vrai que mon âme se fût trop facilement emportée, que j'eusse laissé s'allumer dans mon sein la flamme trop prompte du courroux qui maintenant me dévore moi-même et me perd, je ne pourrais m'en repentir, dût le destin de ma vie en dépendre à jamais! Ne m'étais-je pas voué à ses ordres, et ne dois-je pas me féliciter d'avoir suivi avec tant de joie le signe qui m'a poussé dans l'abîme? Soit! je me suis du moins montré digne de la précieuse confiance qui me console; oui! qui me console à cette heure même, où pour moi s'ouvre avec violence l'autre du deuil voilé de crêpe. — C'en est fait maintenant! le soleil de la faveur souveraine disparaît tout à coup. Le prince me prive de ses gracieux regards, et me laisse ici m'égarer dans un sentier étroit et sombre; l'essaim hideux, obscur et fatal cortége des nuits, se précipite et frémit en cris lugubres autour de ma tête. Où donc, où porterai-je mes pas, pour échapper aux dégoûts qui m'entourent, pour éviter le gouffre ouvert à mes pieds?

SCÈNE II

LÉONORE, LE TASSE.

LÉONORE.

Que s'est-il donc passé, cher Tasse? Ton ardeur, ta défiance, ont-elles pu l'emporter si loin? Comment est née cette querelle? nous sommes tous consternés. Qu'est devenue ta douceur, ta manière d'être si prévenante, ta vue rapide, cette raison droite qui rendait à chacun ce qui lui appartient? cette égalité d'âme qui supportait ce qu'un noble cœur, et rarement un esprit frivole, apprend aisément à supporter? Qu'est devenu ce sage empire qui maîtrisait ta langue et tes lèvres? Cher ami, je puis à peine te reconnaître.

LE TASSE.

Et quand j'aurais perdu tout cela! quand l'ami que tu croyais si riche se laisserait tout à coup voir à toi comme un mendiant? Tu n'as que trop raison, je ne suis plus moi-même. Je le suis toutefois autant que je l'étais naguère. Ceci te semble une énigme, et ce n'en est point une. La lune paisible, qui te réjouit durant la nuit, qui charme alors tes yeux et ton âme de son éclat irrésistible; la lune, pendant le jour, plane comme un petit nuage, pâle. Je suis, comme elle, effacé par la splendeur du jour; vous me connaissez maintenant, je ne me connais plus.

LÉONORE.

Que me dis-tu, mon ami? je ne te comprends pas. Explique-toi: les outrages de l'intraitable Antonio ont-ils tellement abattu tes esprits, que tu puisses te méconnaître, et nous méconnaître à ce point? Aie confiance en moi.

LE TASSE.

A les entendre, je ne suis point l'offensé, et tu me vois puni comme agresseur! Il y aurait là beaucoup à dire, ou plutôt l'épée trancherait aisément la question; mais je suis prisonnier. Tendre amie, ne t'effraye pas! tu ne pensais guère trouver ton ami dans cet état. Le prince me châtie comme un écolier! Je ne veux, je ne puis disputer contre lui.

LÉONORE.

Tu me sembles ému plus qu'il ne convient.

LE TASSE.

Me crois-tu donc l'esprit assez faible, assez puéril, pour qu'une telle chose puisse le troubler? Je ne m'afflige pas de ce qui m'arrive; c'est l'augure que j'en tire qui me désespère. Repose-toi sur mes envieux, sur mes ennemis, du soin de le justifier ! Un champ libre leur est ouvert.

LÉONORE.

Tes soupçons portent souvent à faux, et j'ai pu m'en convaincre. Antonio lui-même n'a pas pour toi l'inimitié que tu lui supposes ; le différend d'aujourd'hui...

LE TASSE.

Je le laisse de côté, et je juge Antonio tel qu'il était auparavant et tel qu'il sera toujours. Sa sagesse empesée m'a de tout temps été odieuse, ainsi que ses manières pédantesques. Au lieu de chercher si l'esprit de ceux qui l'écoutent n'est pas déjà dans la bonne voie, il se met à vous expliquer gravement ce que vous savez mieux ou sentez plus profondément que lui-même : il reste sourd à tout ce qu'on peut lui dire, et il se trompe toujours sur celui qui lui parle. Se voir méconnu ! méconnu par l'homme orgueilleux qui pense, en se moquant, examiner les autres ! Je ne suis ni assez âgé ni assez sage pour le supporter et m'en tenir à lui rendre dérision pour dérision. Il fallait en finir, il fallait rompre tôt ou tard ; et, plus tard, la rupture eût été plus pénible encore. Je ne reconnais qu'un seigneur, celui qui me nourrit ; je me soumets à lui avec joie, mais je ne veux pas souffrir de maître. Je veux être libre dans mes pensées comme dans mes vers ; c'est déjà bien assez que le monde restreigne si fort l'indépendance de nos actions.

LÉONORE.

Antonio s'exprime souvent avec considération sur ton compte.

LE TASSE.

Avec ménagement, veux-tu dire, par calcul et par adresse. Cela même me fâche ; car il sait de telle sorte manier, disposer ses paroles, que l'éloge sur ses lèvres équivaut au blâme, et que rien ne blesse plus vivement dans sa bouche que les louanges qu'il semble accorder.

LÉONORE.

Que n'as-tu entendu comme il parlait de toi, mon ami, comme il vantait le talent que la nature bienveillante t'a accordé plus qu'à tout autre! Il sait ce que tu vaux; et ce que tu possèdes, il sait aussi l'apprécier.

LE TASSE.

Ah! crois-moi, une âme vaine ne peut échapper au supplice étroit de l'envie. Un pareil homme pardonnera bien aux autres la fortune, un rang, des honneurs, car il se dit : tu as tout cela, ou tu l'auras quand tu voudras, parce que tu l'obtiendras par la persévérance. Mais ce que la nature seule peut donner, ce qui ne peut s'acquérir, ni par l'intrigue, ni par l'or, ni par les armes, ni par l'opiniâtreté, cela, il ne vous pardonnera jamais de l'avoir. Il me l'accorde, cette supériorité, dis-tu? lui! qui croit arracher les faveurs des Muses en roidissant ses esprits; lui! qui, lorsqu'il a compilé tant bien que mal les idées de quelques poëtes, s'imagine mériter aussi ce beau titre! Bien qu'il fût charmé de la réunir tout entière sur lui seul, il me laisserait plutôt la faveur du prince que le talent donné par ces filles célestes au pauvre orphelin qu'il envie.

LÉONORE.

Oh! que ne vois-tu les choses aussi clairement que je les vois! Tu te trompes; il n'est pas tel que tu le penses.

LE TASSE.

Si je me trompe, Léonore, je me plais dans mon erreur. Je regarde Antonio comme le plus acharné de mes ennemis, et je serais inconsolable d'être forcé de lui croire plus d'indulgence. C'est une folie que d'être toujours juste; c'est vouloir contredire sa nature. Les hommes le sont-ils donc pour nous? Hélas! non; l'homme, cet être borné, a cependant besoin du double sentiment de l'amour et de la haine. Ne lui faut-il pas une nuit comme un jour, le sommeil comme la veille? Oui! et je veux, moi, voir désormais dans Antonio l'objet de ma haine la plus profonde. Je ne renoncerai jamais au plaisir de penser mal et toujours plus mal de lui.

LÉONORE.

Si tu persistes, cher ami, dans ces sentiments hostiles, je ne comprends pas que tu veuilles rester plus longtemps dans cette cour. Tu sais combien son crédit y est et doit y être grand.

LE TASSE.

Depuis longtemps j'y suis de trop, chère amie, et je le sais bien.

LÉONORE.

Non, certes, jamais! Ne sais-tu pas plutôt combien le prince, combien la princesse aiment à vivre avec toi, et que Lucretia même, lorsqu'elle vient en ces lieux, vient presque autant pour toi que pour les siens? Leur estime pour toi est toujours égale, et leur confiance sans bornes.

LE TASSE.

O Léonore! qu'est-elle, cette confiance? Le duc m'a-t-il jamais dit un mot, un mot sérieux de ses affaires d'État? Lorsqu'en ma présence il prend, pour une circonstance difficile, l'avis de sa sœur, un conseil des autres, s'adresse-t-il jamais à moi? Jamais! et l'on entend toujours ce seul nom : Qu'Antonio vienne! écrivez à Antonio! consultez Antonio!

LÉONORE.

Tu te plains, et tu devrais le remercier. En te laissant une liberté entière, il t'honore de la seule manière qui te convienne.

LE TASSE.

Il me laisse oisif, parce qu'il me croit inutile.

LÉONORE.

Tu sers, lors même que tu te reposes. Jusqu'à quand veux-tu couver dans ton sein, comme un enfant chéri, la méfiance et ses peines? Je l'ai souvent pensé, tu ne prospères point sur ce sol brillant où le bonheur semblait pourtant l'avoir transplanté. Te le dirai-je, ô Tasse! dois-je te le conseiller? tu devrais t'éloigner.

LE TASSE.

Ne ménage point le malade, charmant médecin! offre-lui le remède sans t'inquiéter s'il est trop amer. Examine bien seulement, tendre et prudente amie, si ce malade peut encore guérir. Je le vois moi-même, tout est fini! Je puis lui pardonner, il ne me pardonnera pas. On a besoin de lui, hélas! et non de moi ; il est sage et, hélas ! je ne le suis pas ; il travaille à ma perte, et je ne puis, je ne saurais me défendre. Mes amis même laissent aller les choses, ils les voient avec d'autres yeux que les miens : à peine s'ils résistent quand ils devraient combattre. Tu crois qu'il faut que je parte? je le crois aussi. Vous tous donc, adieu ! je supporterai encore cette douleur nouvelle. Vous vous êtes séparés de moi : force et courage me soient donnés pour me séparer de vous !

LÉONORE.

Tout ce qui, vu de trop près, se confond à nos regards, s'éclaircit par l'éloignement. Peut-être reconnaîtras-tu plus tard quelle affection te suivit en tout lieu, de quel prix est la constance de véritables amis, et combien peu le monde, avec toute sa grandeur, remplace ceux qui se serrent autour de nous !

LE TASSE.

C'est ce que nous verrons. Mais n'ai-je pas déjà vu, jeune encore, de quel train va le monde, avec quelle aisance il nous abandonne au dénûment, à la solitude, et poursuit loin de nous sa route, impassible comme le soleil, la lune et les dieux ?

LÉONORE.

Écoute-moi, mon ami, et tu n'auras jamais à renouveler cette triste expérience. Si tu m'en crois, rends-toi d'abord à Florence, et là, l'amitié d'une femme se plaira tendrement à veiller sur ton sort. Console-toi, cette femme, c'est moi-même. Je pars au premier jour pour rejoindre mon époux, et je ne puis rien faire qui lui soit, comme à moi, plus agréable que de t'amener au milieu de nous. Je n'ajoute pas, tu le sais déjà, auprès de quel prince tu viendrais t'établir, quels hommes et quelles femmes cette belle cité garde en son sein. Tu te tais ? Réfléchis bien, décide-toi.

LE TASSE.

Ce que tu me proposes me ravit, tant cette offre est conforme au vœu que je nourris en silence ; mais elle est encore trop nouvelle ; laisse-moi, je t'en prie, y penser. Je me déciderai bientôt.

LÉONORE.

Je te quitte, emportant pour nous et pour toi, pour cette maison même, la plus douce espérance. Réfléchis seulement; et, si tu le fais avec justesse, tu trouveras difficilement un meilleur parti.

LE TASSE.

Encore un mot, chère amie! Dis-moi : quels sont, à mon égard, les sentiments de la princesse? Était-elle irritée contre moi? Que disait-elle? Elle m'a beaucoup blâmé? Parle-moi franchement.

LÉONORE.

Elle te connaît, et t'a facilement excusé.

LE TASSE.

Ai-je perdu dans son esprit? Ne me flatte point.

LÉONORE.

La faveur des femmes ne se perd ni si aisément ni pour si peu de chose.

LE TASSE.

Me verra-t-elle partir de bon gré?

LÉONORE.

Assurément, si ce départ doit tourner à ton avantage.

LE TASSE.

Ne perdrais-je point les bonnes grâces du prince?

LÉONORE.

Tu peux te fier à sa générosité.

LE TASSE.

Et laisserons-nous donc la princesse toute seule? Tu pars aussi, et moi-même, si peu que je sois, je sais que je suis pourtant quelque chose à ses yeux.

LÉONORE.

Même dans l'éloignement, l'ami que nous savons heureux nous tient encore agréablement compagnie. Tout va bien, et je vois ta joie; tu ne partiras pas d'ici mécontent. Antonio te cherche, le prince l'a ordonné. Le ministre blâme lui-même l'amertume des paroles par lesquelles il t'a blessé. Je t'en prie, accueille-le avec calme.

LE TASSE.

Rien ne me fait craindre sa présence.

LÉONORE.

Et fasse pour moi le ciel, cher ami, que vous ne vous quittiez pas sans que tes yeux se soient ouverts! Puisses-tu te persuader enfin que personne, dans ta patrie, ne te hait, ne te persécute; que personne, en secret, ne t'attaque, ne se joue de toi! Assurément tu te trompes, et l'imagination, qui te fait si souvent créer pour le plaisir des autres, ourdit cette fois, hélas! la trame bizarre où tu vas te prendre toi-même. Je veux tout faire pour la rompre, cette trame funeste, afin que, dégagé du piége, tu puisses marcher en liberté dans les voies enchantées de la vie. Adieu! j'attends bientôt de toi une heureuse parole.

SCÈNE III

LE TASSE, seul.

Reconnaître que personne ne me hait, ne me persécute! que tout complot n'est ourdi, que toute trame secrète n'est tissue que dans ma tête! reconnaître que j'ai tort, que j'ai fait injure à des hommes qui ne le méritaient pas, et cela au moment même où la justice de ma cause, aussi bien que leur malice, se montre à la clarté du jour! Quoi donc! il me faut sentir jusqu'au fond de mon âme avec quelle bonté le prince m'a ouvert son cœur et réservé sa bienveillance, avec quelle riche mesure il m'a partagé ses dons, et cela au moment où sa faiblesse laisse mes ennemis obscurcir sa vue et enchaîner sa main.

Il ne peut voir qu'il est trompé, je ne puis lui prouver qu'ils le trompent; et pour qu'il reste plus en repos dans l'erreur, pour qu'ils puissent l'y induire plus à leur aise, je dois me taire... m'éloigner!

Qui donc me donne cette étrange conseil! Quelle est celle dont la foi, l'amitié, la sagesse, me font ainsi violence? Léonore elle-même! Léonore Sanvitale, cette amie si tendre!

Ah! je te connais maintenant! et pourquoi me suis-je jamais confié à ses lèvres flatteuses! Quoi! elle n'était pas sincère, lorsqu'elle me témoignait par de si douces paroles son affection, sa tendresse. Non : son cœur méditait, il médite encore la ruse. La femme de cour adroite règle doucement sa marche sur les retours de la faveur.

Que de fois me suis-je plu à m'abuser moi-même sur son compte! et cependant, au fond, la vanité seule m'abusait. Fort bien, je la connaissais, et je voulais me flatter. Pour les autres, me disais-je, elle est ainsi, mais, pour toi, sa pensée est ouverte, et son cœur sans artifice. Maintenant, je le vois bien, je ne le vois que trop tard : j'étais le favori, et Léonore s'inclinait avec tendresse vers l'homme que caressait la fortune. Aujourd'hui je tombe... Ainsi que la fortune, Léonore me tourne le dos.

Elle est venue vers moi comme l'instrument de mon ennemi! Elle s'approchait en rampant, la petite vipère, et sa langue aiguisée sifflait quelques sons magiques. Qu'elle semblait aimable! plus aimable que jamais! Que chaque parole avait de charme dans sa bouche! Mais la sirène n'a pu me cacher longtemps ses intentions perfides; sur son front était écrit trop clairement le contraire de tout ce qu'exprimaient ses lèvres. Oh! je sens bien vite quand on cherche à trouver le chemin de mon cœur et qu'on n'agit pas loyalement. Il faut que je parte, il faut que je me rende à Florence aussitôt que je le pourrai!

Et pourquoi à Florence? Je le vois bien! Là règne la maison nouvelle des Médicis : l'inimitié entre elle et Ferrare n'est pas ouvertement déclarée; mais une muette jalousie sépare toutefois, de sa main glacée, ces nobles esprits. Si, comme assurément j'oserais m'y attendre, je recevais quelques marques de la bienveillance de ces princes généreux, le courtisan perfide aurait bientôt rendu suspectes à mon premier protecteur et ma fidélité et ma reconnaissance : il y réussirait sans peine.

Oui, je veux partir! mais non pas comme vous l'espérez; je veux partir, et je porterai mes pas plus loin que vous ne pensez.

Qu'ai-je à faire en ces lieux? qui m'y retient encore? Ah! je comprends trop bien chaque mot sorti de sa bouche. A peine si je pouvais les en arracher syllabe à syllabe; mais je sais maintenant ce que la princesse a dans le cœur. Oui, oui! ce soupçon aussi n'est que trop fondé. Ne te désespère pas! — « Elle consentira sans peine à mon départ, s'il doit tourner à mon avantage. » A mon départ! Oh! que ne sent-elle au cœur une passion qui aimât mieux voir s'anéantir et mon avantage et moi-même! Fussé-je plutôt cent fois à la mort qu'à celle dont la main s'ouvre si froidement pour lâcher la mienne! — Je pars! Prends garde à toi maintenant; ne te laisse surprendre à nul dehors de douceur ou d'amitié. Personne ne te trompera désormais, si tu veux ne pas te tromper toi-même.

SCÈNE IV

ANTONIO, LE TASSE.

ANTONIO.

Je viens, Tasse, te parler, si tu peux, si tu veux m'entendre avec calme.

LE TASSE.

Je ne puis agir, tu le sais; il faut bien que j'attende et que j'écoute.

ANTONIO.

Je te trouve calme comme je le souhaitais, et j'aurai plaisir à te parler librement. Je romps d'abord, au nom du prince, le faible lien qui semblait te retenir captif.

LE TASSE.

Une volonté arbitraire me délivre, comme elle m'avait enchaîné; j'accepte, et je ne demande point de juges.

ANTONIO.

C'est maintenant en mon nom propre que je m'adresse à toi. Mes paroles, on le croirait, t'ont profondément mortifié, et plus, assurément, que les diverses passions dont j'étais agité ne m'ont permis de le sentir moi-même. Nul mot insultant toutefois n'est sorti, même par mégarde, de ma bouche : comme gentilhomme, tu n'as point lieu d'exiger vengeance; et, comme homme, tu ne te refuseras point à m'excuser.

LE TASSE.

Je ne veux point examiner qui blesse le plus d'une humiliation ou d'un outrage. L'une pénètre nos moelles, l'autre nous déchire la peau : le trait lancé par l'outrage revient du moins contre celui qui croyait nous frapper, et l'épée sait alors satisfaire aux lois de l'opinion. L'âme, il est vrai, qu'on humilie, ne se contient qu'avec peine.

ANTONIO.

C'est à mon tour maintenant d'insister et de te dire : Ne recule pas; remplis mes désirs, ceux du prince qui m'envoie vers toi.

LE TASSE.

Je connais mon devoir, et je cède. Soit, oublions autant que nous pourrons oublier. Les poëtes nous parlent d'un javelot qui, par une réparation bienfaisante, guérissait les coups qu'il avait portés; la langue de l'homme possède aussi ce privilége, et je ne veux pas que le ressentiment résiste à son pouvoir.

ANTONIO.

Je t'en remercie, et je désire que tu puisses bientôt mettre avec confiance à l'épreuve le désir que j'ai de te rendre service. Dis, puis-je t'être utile? Je me plairais à te le prouver.

LE TASSE.

Tu m'offres ce que je ne pouvais que souhaiter. Tu me rends la liberté; maintenant, je t'en prie, donne-moi le moyen de m'en servir.

ANTONIO.

Qu'entends-tu par ces mots? explique-toi clairement.

LE TASSE.

Mon poëme, tu le sais, est terminé; mais il s'en faut de beaucoup encore qu'il soit achevé. Lorsque j'en fis aujourd'hui l'hommage au prince, j'espérais en même temps lui soumettre une demande. Plusieurs de mes amis sont en ce moment réunis à Rome; chacun d'eux m'a déjà fait connaître son opinion par écrit sur divers passages de ce long ouvrage : j'en ai souvent pu profiter; mais il en est beaucoup qui me semblent avoir encore besoin d'un nouvel examen, et j'avouerai qu'il en est d'autres que je ne voudrais point changer sans être plus convaincu de la justesse des critiques qui les condamnent. Tout cela ne peut se faire par lettres, et, en nous rapprochant, nous trancherons plus aisément toutes ces difficultés. Aussi pensais-je à prier aujourd'hui le prince lui-même de me laisser partir. Je n'en ai pas trouvé l'occasion; je n'ose plus maintenant hasarder ma demande, et c'est par toi que je me flatte d'obtenir la permission qui m'est nécessaire.

ANTONIO.

Je ne crois pas qu'il soit dans ton intérêt de t'éloigner au moment même où l'achèvement de ton poëme te recommande plus que jamais à la bienveillance du prince et de sa sœur. Le jour de la faveur est comme le jour de la moisson : il faut en profiter aussitôt qu'elle est mûre. En quittant ces lieux, tu ne gagneras rien, et tu perdras peut-être ce que tu as déjà gagné. La présence est une puissante déesse : apprends à connaître son influence, et reste ici.

LE TASSE.

Je n'ai rien à craindre; Alphonse est noble, il s'est toujours montré grand envers moi : et, quant à ce que j'ai le droit d'espérer, je veux ne le devoir qu'à son cœur; je ne veux surprendre aucune grâce, et rien recevoir de lui qu'il puisse se repentir de m'avoir donné.

ANTONIO.

N'exige donc point qu'il te laisse partir en ce moment; il ne le ferait qu'à regret, et je craindrais presque qu'il ne le fît pas.

LE TASSE.

Il y consentira s'il en est prié comme il faut, et c'est ce que tu peux faire, si tu le veux.

ANTONIO.

Mais quels motifs, dis-moi, faut-il que je fasse valoir?

LE TASSE.

Laisse seulement parler mon poëme par chacune de ses stances! Mon entreprise est louable, lors même que le but resterait au-dessus de mes forces. La constance et la peine n'ont pas manqué à mes travaux : le cours serein de plus d'un beau jour, les heures silencieuses de tant de nuits profondes, ont été uniquement consacrés à ces chants religieux! J'espérais me rapprocher des grands maîtres que l'antiquité propose à notre émulation; j'espérais, plein de courage, réveiller mes contemporains d'une longue léthargie, les appeler aux nobles actions, et peut-être alors partager avec quelque héros chrétien le danger et la gloire de saintes batailles. Mais, si mes vers doivent animer les âmes généreuses, il faut qu'ils soient dignes d'elles. Je suis redevable à Alphonse de ce que j'ai fait, et je pourrais encore lui devoir la perfection de mon ouvrage.

ANTONIO.

Ne trouves-tu pas ici des hommes, ce prince lui-même, qui peuvent te guider aussi bien que tes amis de Rome? Achève ici ton poëme; c'est ici qu'il convient d'y mettre la dernière main. Va chercher ensuite à Rome le théâtre des effets qu'il doit produire.

LE TASSE.

Alphonse a le premier inspiré ma muse, et c'est assurément lui qui, le dernier, réglera ses accords. Pour tes avis, pour ceux des hommes de goût que cette cour rassemble, je sais les apprécier hautement : vous déciderez donc si mes amis ne parviennent pas à me convaincre entièrement; mais il faut que je les voie. Gonzague a réuni pour moi un tribunal devant lequel je dois d'abord paraître, et je pouvais à peine compter sur de tels juges : Flaminio dei Nobili, Angelio da Barga, Antoniano, Speron Speroni! Tu les connaîtras. — Quels noms! la confiance et la crainte agitent à la fois mon esprit, qui s'y soumet avec joie.

ANTONIO.

Tu ne penses qu'à toi et tu ne penses pas au prince. Je te le dis, il ne te laissera point partir; ou, s'il y consent, ce consentement lui coûtera. Peux-tu bien désirer ce qu'il ne pourra t'accorder qu'à regret? et dois-je moi-même m'employer pour une chose que je ne puis approuver?

LE TASSE.

Ainsi tu me refuses le premier service qui mette à l'épreuve l'amitié que tu viens de m'offrir?

ANTONIO.

L'amitié véritable se montre à refuser quand il le faut, et l'on obtient d'elle un bien trop souvent funeste quand elle consulte plutôt les vœux que l'intérêt de celui qui la sollicite. Tu me sembles en ce moment trouver raisonnable ce que tu désires ardemment, et tu veux tout d'un coup l'obtenir. L'homme qui se trompe remplace en violence ce qui lui manque en force, en vérité; mais mon devoir m'oblige à modérer autant qu'il m'est possible l'empressement qui t'égare.

LE TASSE.

Je connais depuis longtemps cette tyrannie de l'amitié, qui de toutes les tyrannies me semble la plus insupportable. Tu penses autrement que moi, tu crois pour cela penser avec plus de justesse. Je me plais à le reconnaître, tu veux mon bien; n'exige pas cependant que je le cherche à ta manière.

ANTONIO.

Et dois-je donc ainsi te nuire de sang-froid, avec pleine et entière conviction?

LE TASSE.

Je veux te délivrer de cette crainte! Tes discours ne me retiendront pas. Je suis libre, m'as-tu dit; la porte m'est donc ouverte pour parvenir jusqu'au prince. Je te laisse le choix : toi ou moi! Alphonse va partir, il n'y a pas un moment à perdre; choisis vite! Si tu ne vas pas lui parler, j'y vais moi-même. Advienne que voudra.

ANTONIO.

Accorde-moi au moins quelque délai! Attends le retour du prince! Pas aujourd'hui!

LE TASSE.

Non, s'il se peut, à cette heure! les pieds me brûlent sur

ces pavés de marbre! mon âme ne peut trouver de repos jusqu'à ce que mes pas précipités soulèvent en liberté la poussière des voies qui conduisent à Rome. Je t'en prie! Tu vois combien peu, dans ce moment, je suis en état de parler à mon maître; tu vois, — et comment le cacher? — qu'en ce moment je ne puis me contenir, que nul pouvoir au monde ne le pourrait. Non, il n'y a que des chaînes qui puissent me retenir! Mais Alphonse n'est pas un tyran, ses ordres me rendent la liberté. Avec quelle joie je leur obéissais autrefois! obéir aujourd'hui m'est impossible! Aujourd'hui seulement, laisse-moi à toute cette énergie de l'indépendance; que mon esprit puisse enfin se retrouver lui-même! je rentrerai bientôt dans le devoir.

ANTONIO.

Tu me jettes dans une cruelle incertitude. Que dois-je faire? Je le sens bien, l'erreur est contagieuse.

LE TASSE.

Si je dois croire que tu veux mon bien, fais ce que je désire, fais ce que tu peux! Que le prince me laisse partir, et que je ne perde pas ses bonnes grâces, ses secours! voilà ce que je te devrai, voilà ce qu'il me sera doux de te devoir. Mais, si tu gardes dans ton cœur une vieille haine contre moi, si tu veux me bannir à jamais de cette cour, si tu veux à jamais ruiner ma destinée, me pousser, sans appui, dans l'immense désert du monde, persiste alors dans tes refus, et résiste à mes prières.

ANTONIO.

Puisqu'il faut absolument que je te nuise, ô Tasse! je choisirai du moins la route que toi-même as choisie. L'issue prouvera qui de nous deux se trompe. Tu veux partir! je te le prédis, à peine auras-tu quitté le seuil de cette maison que ton cœur t'y rappellera; mais l'obstination pressera ta marche, et tu iras trouver à Rome le trouble et les chagrins qui t'y attendent, manquant ainsi ton but là comme ici. Je ne t'en parle plus pour t'offrir un conseil : je t'annonce seulement ce qui doit infailliblement t'arriver. Du reste, lors même que tout serait désespéré, je te prie par avance de compter toujours sur moi. Je vais maintenant parler au prince comme tu l'exiges.

SCÈNE V

LE TASSE, seul.

Va! Va! emportant l'idée que tu me fais croire tout ce que tu veux que je croie! Et moi aussi j'apprends à feindre; car, si tu es un grand maître en cet art, je te saisis rapidement. Ainsi la vie nous force de paraître, que dis-je? d'être semblables à ceux que notre âme hardie et fière était d'abord en droit de mépriser! Je vois bien clairement désormais tout l'artifice des trames de cour. Antonio veut m'éloigner de ces lieux, mais il voudrait s'en cacher. Il joue l'homme mesuré, l'homme sage, pour qu'on me trouve moi-même d'autant plus mal appris : il se fait mon tuteur pour ramener à l'enfance celui dont il n'a pu faire un valet; et c'est ainsi qu'il couvre d'un nuage épais le front d'Alphonse et les yeux de la princesse.

Que suis-je, à l'entendre? Si la nature m'a doué d'un beau talent, elle a fait suivre, hélas! ses dons précieux de mainte faiblesse, d'un orgueil sans bornes, d'une sensibilité outrée, d'une opiniâtreté sombre. Et quand cela serait, quand le sort aurait formé de la sorte l'homme qui n'a point son pareil, ne devrait-on pas le prendre tel qu'il est, le supporter, et jouir, comme d'un profit inattendu, des instants plus heureux que la joie lui donnerait peut-être aux bons jours, enfin le laisser vivre et mourir tel qu'il est né?

Puis-je encore reconnaître l'âme solide et ferme d'Alphonse? Puis-je reconnaître, dans ce que je vois aujourd'hui, le prince qui brave ses ennemis et protége ses amis avec constance? Ah! je vois maintenant toute l'étendue de mon malheur! Il entrait dans ma destinée que chacun de ceux mêmes qui restent fidèles à tout autre changeassent pour moi, changeassent en un instant et comme par un souffle.

N'est-ce pas du retour seul de cet homme que me vient ma

ruine? N'a-t-il pas renversé jusqu'en ses derniers fondements tout l'édifice de mon bonheur? Était-ce aujourd'hui que je devais m'attendre à un revers si soudain de fortune? Oui, aujourd'hui, tout m'abandonne, comme tout se pressait naguère autour de moi. Chacun se disputait le Tasse, chacun aurait voulu s'en emparer ; tous maintenant me repoussent et m'évitent. Et pourquoi cela? Le seul Antonio l'emporte donc de son poids sur tous les trésors de gloire et d'amour dont on était envers moi si prodigue.

Oui, tous m'évitent! Toi aussi! toi aussi, ô princesse adorée, tu me fuis! M'a-t-elle accordé, dans ces heures de tristesse, une seule, la plus faible marque de souvenir? Ai-je mérité d'elle un pareil oubli? Pauvre cœur, toi qui lui rendais si naturellement hommage! Quand j'entendais sa voix, comme un sentiment ineffable pénétrait mon âme! quand je l'apercevais, la lumière même du jour, la lumière brillante se troublait à ma vue! Son regard, sa bouche, m'attiraient irrésistiblement; mes genoux se soutenaient à peine, et j'avais besoin de toutes les forces de ma raison pour ne pas me prosterner et tomber à ses pieds divins! A peine pouvais-je dissiper cette ivresse! Tiens-toi ferme, mon cœur! Mon esprit, ne te laisse plus prendre de vertige! Elle aussi! Osé-je le dire? Je ne puis le croire. Je le crois trop bien! mais puissé-je le taire! elle aussi! elle aussi! Pardonne-lui tout le mal qu'elle te fait, mais ne te le cache pas : elle aussi! elle aussi!

Oh! ce mot dont j'aurais douté tant qu'un souffle de croyance eût survécu en moi, oui, ce mot se grave comme un suprême arrêt du sort sur la marge d'airain de la table où sont tracées nos douleurs. C'est de ce seul instant que mes ennemis sont forts! c'est maintenant que je cesse de l'être et pour jamais! Comment combattre lorsqu'elle se mêle à la foule de mes ennemis? comment prendre patience, puisqu'elle ne me tend plus de loin sa main secourable, puisque son regard n'accueille plus mes prières? Tu as osé le penser, osé le dire, et cela se vérifie avant que tu aies pu le croire. Maintenant, avant que le désespoir ait déchiré tes entrailles de ses griffes de fer, oui! hâte-toi de plaindre tes amères destinées, et contente-toi de répéter : Elle aussi! elle aussi!

ACTE CINQUIÈME
UN JARDIN

SCÈNE I
ALPHONSE, ANTONIO.

ANTONIO.

Par ton ordre, je viens, pour la seconde fois, de parler au Tasse. J'ai essayé de le persuader, je l'ai pressé : il reste inébranlable et te supplie de lui permettre d'aller passer quelque temps à Rome.

ALPHONSE.

Son obstination m'afflige, je te l'avoue, et j'aime mieux en convenir que d'accroître, en la cachant, la peine que j'éprouve. Il veut partir? eh bien! je ne le retiens pas. Il veut partir, il veut aller à Rome? soit! pourvu seulement que Gonzague, que l'adroit Médicis, ne me l'enlèvent pas. L'Italie doit sa grandeur à cette émulation de ses princes, qui se disputent la gloire de posséder, d'employer les hommes de génie. Le souverain qui ne les rassemble pas autour de lui me semble un général sans armée, et celui qui n'entend pas la voix mélodieuse des poëtes n'est, quel qu'il soit, qu'un barbare. J'ai trouvé, j'ai choisi le Tasse, je suis fier de lui comme de mon serviteur, et, après avoir déjà tant fait pour lui, je ne pourrais me résoudre à le perdre sans nécessité.

ANTONIO.

Je suis tout honteux, car je porte à tes yeux la faute de ce qui s'est passé aujourd'hui. Je confesse volontiers mes torts, et il appartient à ta bonté de me les pardonner ; mais, si tu pouvais croire un moment que je n'ai pas fait pour les réparer tout ce que j'ai pu faire, je serais vraiment inconsolable.

Oh! regarde-moi avec bienveillance, pour que je puisse retrouver mes esprits et reprendre confiance en moi-même.

ALPHONSE.

Non, Antonio, ne crains rien ; je ne t'accuse en aucune façon. Je connais trop bien le caractère du Tasse ; et ne sais-je pas trop bien aussi ce que j'ai fait pour lui, les égards que j'ai eus pour lui, et comme souvent j'ai oublié d'exiger de lui ce que j'étais en droit de lui demander. L'homme peut maîtriser bien des choses ; mais la nécessité, le temps peuvent à peine dompter sa nature.

ANTONIO.

Quand les autres s'oublient pour un seul, il est juste qu'à son tour celui-là cherche avec empressement ce qui peut leur plaire. Celui qui a si bien formé son esprit, celui qui a amassé toutes les richesses du savoir, et acquis toutes les connaissances que nous pouvons acquérir, ne devrait-il pas être doublement obligé à se dominer lui-même? Mais y songe-t-il?

ALPHONSE.

Nous ne pouvons jamais goûter le repos! Au moment où nous croyons en jouir, un ennemi nous arrive pour exercer notre courage, un ami pour exercer notre patience.

ANTONIO.

Le premier devoir de l'homme, puisque la nature ne l'a pas aussi étroitement borné que la bête, celui de choisir avec une sobriété prudente des aliments, des breuvages qui ne l'enlèvent pas à sa raison, voit-on que le Tasse le remplisse? Ne se laisse-t-il pas plutôt séduire comme un enfant par tout ce qui flatte son palais? Quand mêle-t-il de l'eau à son vin? Épices, plats délicats, boissons fortes, il absorbe tout cela. Puis il se plaint du trouble de ses sens, du feu qui embrase ses veines, qui porte l'incendie dans tout son être ; et, souffrant par sa faute, il maudit la nature et le sort! Combien de fois n'ai-je pas entendu l'insensé disputer avec amertume contre son médecin! C'eût été presque risible, s'il y avait rien de plaisant à voir souffrir un autre et à souffrir soi-même de sa folie. — Je suis malade, dit-il, plein d'inquiétude et de tristesse : à quoi sert de vanter votre art? Guérissez-moi ! — Bon, dit le médecin, changez de régime. — Je ne le puis. — Prenez du moins ce breuvage. — Oh non! cela a mauvais goût et révolte ma nature. — Alors buvez de l'eau. — De l'eau? moins encore! je la hais comme un hydrophobe. — Il n'y a pas moyen de vous secourir. — Et pourquoi? — Vous ajoutez sans cesse à vos maux; et, si vous n'en mourez pas, vos douleurs augmenteront tous les jours. — Fort bien! pourquoi donc êtes-vous médecin? Vous connaissez mon mal; vous devez aussi en connaître le remède, et savoir le rendre agréable, afin que, pour chasser la souffrance, je ne sois pas d'abord forcé de souffrir. — Tu ris, prince, et pourtant, j'en suis sûr, c'est ce que tu as toi-même entendu de sa bouche.

ALPHONSE.

Oui, souvent! et souvent je l'ai excusé.

ANTONIO.

Il est certain qu'une vie déréglée enfante des songes pénibles, et finit par nous faire rêver même en plein jour. Sa défiance est-elle autre chose qu'un rêve? Il se croit, en tout lieu, environné d'ennemis : il ne voit point d'hommes qu'il n'accuse d'envie, et envier son talent c'est haïr sa personne, le persécuter sans relâche. Combien de fois n'as-tu pas été importuné de ses plaintes? Des portes forcées, des lettres surprises, et du poison, et des poignards! Sais-je quels monstres son imagination ne se crée pas? Alors tu ordonnes des recherches; tu en fais toi-même, et qu'as-tu jamais trouvé? à peine une apparence. La protection d'aucun prince ne le tranquillise; le cœur d'aucun ami ne le rassure. Peux-tu donc lui promettre repos et bonheur? Peux-tu bien en attendre quelque plaisir pour toi-même?

ALPHONSE.

Tu aurais raison, Antonio, si je ne cherchais en lui que mon propre avantage. N'en est-ce pas un déjà que de ne pas compter sur des jouissances parfaites? Toutes choses ne nous servent pas de la même manière, et l'homme qui veut user d'un grand nombre de moyens ne manque jamais son but quand il sait les manier. Les Médicis, les papes mêmes, nous l'ont appris et prouvé. Quelle indulgence, quelle patience princières n'ont-ils pas montrées pour plus d'un grand talent qui, tout en ayant besoin de leurs faveurs, semblait par sa conduite pouvoir s'en passer.

ANTONIO.

Qui ne sait, prince, que les privations de la vie peuvent seules nous apprendre à en apprécier les jouissances? Dès sa jeunesse il a déjà trop obtenu pour trouver ses vœux pleinement satisfaits. Certes, s'il lui eût fallu d'abord gagner ce qu'on lui prodigue maintenant à pleines mains, il aurait virilement déployé toutes ses forces, et chaque pas vers le but eût été pour lui une jouissance. N'est-ce donc pas, pour un pauvre gentilhomme, avoir atteint le terme le plus élevé de ses désirs que d'être choisi par un grand prince pour habiter sa cour, et de devoir à sa main bienfaisante une existence assurée? Et si ce prince lui accorde en outre faveur et confiance, s'il l'élève jusqu'à lui et au-dessus des autres, soit dans la guerre, soit dans les emplois, dans sa familiarité même; alors, ce me semble, ne devrait-il pas, dans sa reconnaissance, rendre humblement grâces à sa bonne fortune? Et le Tasse n'a-t-il pas obtenu le succès le plus doux à son âge? Sa patrie proclame déjà son nom et met en lui ses espérances? Crois-moi : c'est sur l'oreiller de son bonheur que repose son humeur capricieuse. Qu'il parte, laisse-le s'éloigner, donne-lui du temps : qu'il aille chercher à Rome, à Naples, partout où il voudra, ce qu'il ne sait pas trouver ici et ne retrouvera qu'auprès de toi.

ALPHONSE.

Veut-il d'abord retourner à Ferrare?

ANTONIO.

Il demande à rester quelques jours encore à Belriguardo. Il doit s'y faire envoyer par un ami tout ce que son voyage rend nécessaire.

ALPHONSE.

J'y consens de grand cœur. Ma sœur et son amie vont retourner à Ferrare, je les y précéderai à cheval : toi, tu nous suivras dès que tu auras pourvu à ce qu'il désire. Donne au chambellan l'ordre de le laisser ici tout le temps qu'il voudra, jusqu'à ce qu'il ait reçu ce dont il a besoin pour partir, et que nous lui ayons envoyé les lettres que je veux lui donner pour Rome, — Il vient! Adieu!

SCÈNE II
ALPHONSE, LE TASSE.

LE TASSE, avec réserve.

La bonté dont tu m'as si souvent donné des marques ne s'est jamais fait voir à moi si clairement qu'en ce jour. Tu m'as pardonné le criminel écart dont je m'étais rendu coupable au sein de ta demeure, tu m'as réconcilié avec mon adversaire, et maintenant tu permets que je m'éloigne de ta présence, sans m'enlever ta généreuse protection. Je pars donc, plein d'une douce sécurité, et dans cette courte absence j'espère trouver un terme aux angoisses qui me serrent le cœur. Mon esprit abattu va se relever, il se rendra digne encore de te plaire. Je le vois s'élancer de nouveau dans la route où j'avançai d'abord, plein de joie et de courage, animé par ton puissant regard.

ALPHONSE.

Je te souhaite un heureux voyage, et j'espère bientôt te revoir exempt de maux et de tristesse. Rapporte-nous alors, pour chaque heure dont tu nous auras privés, le double de plaisirs. Je te donnerai des lettres pour mes amis, pour mes serviteurs de Rome, et je désire vivement que ce soit en tout lieu aux miens que tu te fies; je ne cesserai même, malgré ton éloignement, de te considérer comme à moi.

LE TASSE.

Seigneur, tu combles de tes bienfaits un homme qui s'en trouve indigne, et qui ne peut même, en ce moment, t'exprimer sa profonde reconnaissance. Au lieu d'actions de grâces, je te soumets une autre prière! Mon poëme est ce qui m'importe le plus. J'ai déjà beaucoup fait, je n'ai épargné ni soins ni travail; mais je suis loin d'avoir atteint le but. Je voudrais, d'une manière efficace, dans la cité antique où le génie des grands hommes plane encore, retourner auprès de mes premiers maîtres. Mes chants leur devront de nouveaux titres à ton suffrage ; ils en seront plus fiers en le méritant davantage. Daigne donc me rendre les pages imparfaites que je rougis de savoir dans tes mains.

ALPHONSE.

Tu ne me reprendras pas aujourd'hui ce que tu viens de m'offrir aujourd'hui ! laisse-moi me placer, comme un médiateur, entre ton poëme et toi ! Prends garde de flétrir, par une critique trop rigoureuse, cette nature aimable qui vit dans tes vers, et ne va pas prêter l'oreille aux conseils qui t'assiégeront de toutes parts ! Le poëte avec sagesse doit concilier les multiples pensées d'hommes qui se contredisent dans leurs opinions comme dans la vie ; mais il ne doit pas craindre de déplaire à beaucoup, pour plaire d'autant mieux à beaucoup. Pourvu qu'elle soit maniée par une main scrupuleuse, la lime peut toutefois être çà et là nécessaire : je m'engage donc à te faire remettre bientôt une copie de ton poëme. L'original restera dans mes mains, pour que mes sœurs et moi nous puissions en jouir les premiers ; et si tu nous en rapportes un plus parfait, heureux de voir s'accroître nos plaisirs, nous te donnerons encore, au nom de la seule amitié, notre avis sur quelques passages.

LE TASSE.

Je n'oserais répéter ma prière. Que j'aie promptement du moins cette copie. Mon âme est maintenant attachée tout entière à cet ouvrage. C'est maintenant qu'il va devenir ce qu'il doit être.

ALPHONSE.

J'approuve le zèle qui t'anime ! mais, cher Tasse, il faudrait d'abord, si cela était possible, te distraire, jouir en liberté du monde, et reposer ton sang par un régime plus sain. Tu retrouveras alors la douce harmonie des sens rétablis, que tu cherches vainement dans une existence agitée.

LE TASSE.

On le croit ; et cependant je ne me porte bien que si je

peux me laisser aller à mon activité : c'est en m'y livrant que je guérirai tous mes maux. Tu me vois depuis assez longtemps pour savoir qu'une vie libre et voluptueuse ne me convient pas ; ce qui me repose le moins, c'est le repos. Ce cœur, je le sens, hélas ! ne fut point fait par la nature pour s'abandonner sur la mer des âges au mol élément de ces jours de délices.

ALPHONSE.

Tous tes sentiments, tous tes efforts, te ramènent bien avant dans toi-même ! Des abîmes nous entourent, que le sort a creusés ; mais le plus profond de tous est dans notre cœur, et un irrésistible penchant nous y entraîne ! Arrache-toi à toi-même, je t'en conjure ! l'homme gagnera ce que perdra le poëte.

LE TASSE.

Je voudrais vainement contenir cette pression qui, nuit et jour, tourmente mon cœur. Si je ne peux ni penser, ni rêver, la vie n'en est plus une pour moi. Défendras-tu au ver industrieux de filer la soie, lors même que son travail le rapproche incessamment de la mort? C'est de ses entrailles qu'il tire le linceul précieux où il s'ensevelira, et il ne s'arrête qu'après s'être enfermé dans son cercueil. Oh ! puisse un jour quelque dieu favorable nous accorder un sort si digne d'envie, afin que, pleins de joie, nous déployions nos ailes agiles dans l'espace éclairé par un soleil nouveau !

ALPHONSE.

Écoute ! Toi qui sais doubler pour les autres les jouissances de la vie, apprends, je t'en supplie, à les connaître enfin à ton tour. Cette vie ne s'offre-t-elle pas encore à toi, riche de tous ses trésors ? Adieu ! plus prompt sera ton retour, et plus tu seras le bienvenu parmi nous.

SCÈNE III
LE TASSE, seul.

Courage ! mon cœur ! Tu t'es bien conduit ! Il t'en coûte, car c'est la première fois, de vouloir feindre et de le pouvoir si bien. Tu l'as bien entendu, ce n'était pas son cœur, ce n'était pas sa bouche qui parlait. Il me semblait n'entendre que la voix d'Antonio. Oh! prends garde! c'est ainsi désormais qu'elle résonnera de tous côtés à tes oreilles. Courage! courage encore pour le moment! Celui qui, dans la vie, s'instruit tard à dissimuler, conserve quelque temps les dehors de la franchise. Cela passera bientôt; exerce-toi du moins avec tes maîtres. (Après une pause.) Tu triomphes trop vite! Elle vient! la princesse, ton ami s'approche! Oh! quelle sensation! La voici! Dépit, soupçons, tout dans mon sein devient douleur.

SCÈNE IV

LA PRINCESSE, LE TASSE; les autres personnages paraissent à la fin de la scène.

LA PRINCESSE.

Tu veux nous quitter, ou plutôt rester quelques jours encore à Belriguardo, et t'éloigner ensuite, ô Tasse! J'espère que cela ne sera point pour longtemps. Tu vas à Rome?

LE TASSE.

C'est là que se porteront d'abord mes pas, et si, comme j'ose m'y attendre, mes amis m'accueillent avec bonté, je m'y arrêterai peut-être pour mettre patiemment la dernière main à mon poëme. J'y trouverai réunis des hommes qui pourraient à juste titre se nommer maîtres en tout genre! Chaque place, dans cette capitale du monde, chaque pierre ne nous parlent-elles pas? Là, quelques milliers de muets instituteurs nous font signe et nous appellent, tout pleins d'une majesté à la fois grave et bienveillante! Si ce n'est pas à Rome que j'achève mon poëme, je ne l'achèverai jamais. Hélas! je sens déjà que le succès m'est refusé pour toute entreprise! Je le changerai, ce poëme, mais l'achever, non! Je le sens bien aussi, cet art dont profitent les autres, et qui donne aux esprits sains la force et le repos il me perdra, il me chassera toujours devant lui! Hâtons-nous de partir! bientôt j'irai à Naples.

LA PRINCESSE.

Imprudent! L'arrêt qui t'a proscrit en même temps que ton père n'est pas encore levé.

LE TASSE.

Tu dis vrai, mais j'y ai déjà songé. — Écoute! je passe à la faveur d'un déguisement, couvert de la robe indigente du pèlerin ou de l'habit du berger; je me glisse à travers la ville; le concours des citoyens cache aisément la trace d'un seul homme; je cours au rivage, j'arrive, et j'y trouve une barque montée par de bons paysans qui venaient au marché, et qui regagnent leur demeure. Des gens de Sorrente, car c'est à Sorrente que doit tendre ma course; c'est là qu'est retirée ma sœur, ma sœur qui fut avec moi la joie des tristes auteurs de nos jours. Durant le trajet, je garde le silence; j'aborde, toujours en silence; je monte lentement le sentier qui conduit aux portes de la ville, et je demande : Où demeure Cornélia? Dites-le-moi, je vous prie; Cornélia Sersale? Aussitôt une fileuse me montre avec complaisance la rue, la maison; je monte encore : les enfants courent à mes côtés, et regardent, tout surpris, l'étranger à l'air sombre, et sa chevelure en désordre. C'est ainsi que j'arrive au seuil; la porte est ouverte, j'entre...

LA PRINCESSE.

Lève les yeux, ô Tasse! reconnais, si tu peux, le danger où tu vas te jeter! Si je ne voulais ménager une âme malade, je te dirais : Est-il généreux de parler ainsi? est-il généreux de ne penser qu'à toi, comme si tu ne déchirais pas le cœur de tes amis? Ignores-tu donc ce que pense mon frère? combien ma sœur et moi nous savons t'apprécier? et ne l'as-tu pas reconnu? Eh quoi! tout est-il changé en si peu d'instants? O Tasse! si tu veux nous quitter, ne nous laisse pas du moins après toi l'inquiétude et la douleur. (Le Tasse détourne la tête.) Qu'il serait doux d'offrir à l'ami qui s'éloigne un faible présent, ne fût-ce qu'un manteau neuf, une arme! Mais que peut-on te donner, à toi qui rejettes avec dédain ce que possèdes? La coquille du pèlerin, sa robe brune et son bourdon, voilà ce que tu t'es choisi! Tu pars avec la pauvreté que tu te fais à plaisir, et tu nous enlèves des jouissances que tu ne pouvais goûter toi-même qu'avec nous.

LE TASSE.

Il n'est donc pas vrai que tu veuilles me chasser? O douce parole! précieuse consolation! défends-moi, prends-moi sous ta garde! Laisse-moi à Belriguardo, transporte-moi à Consandoli, partout où tu voudras! Le prince a tant de châteaux superbes, tant de jardins qu'on soigne à grands frais durant toute l'année, et où vous paraissez à peine un jour, peut-être même une heure! Oui, choisissez le plus éloigné de tous, celui que vous ne visitez jamais, qu'on laisse peut-être même sans culture; envoyez-moi là! Que je sois à vous! Comme je soignerai tes arbres! Je veux, dans l'automne, couvrir les citronniers d'un impénétrable abri, et les préserver des dangers de l'hiver en les entourant d'un chaume épais. De plus belles fleurs pousseront dans les parterres leurs racines nombreuses; chaque sentier, chaque recoin sera propre et attrayant. Abandonne-moi aussi l'entretien du palais: j'ouvrirai de temps en temps les fenêtres, pour que l'humidité n'endommage pas les peintures; je chasserai la poussière qui se sera déposée sur le stuc des murailles; les plafonds brilleront de blancheur et de pureté! pas une pierre qui se détache, pas un brin d'herbe qui pousse dans les fentes!

LA PRINCESSE.

Mon âme me refuse tout conseil, je n'y trouve rien de consolant pour toi et... pour nous. Mes yeux cherchent de tous côtés si un dieu ne viendrait pas à notre aide, s'il ne pourrait m'indiquer quelque plante salutaire, un breuvage qui rendît le calme à tes sens, à nous-mêmes. Les paroles les plus vraies qui puissent sortir d'une bouche sincère, le remède le plus doux, n'ont plus de pouvoir. Il faut que je te quitte, et mon cœur ne peut t'abandonner.

LE TASSE.

O dieux! est-ce bien elle qui te parle, et qui prend pitié de toi? Et tu as pu méconnaître ce noble cœur! Comment en sa présence le découragement a-t-il pu saisir et abattre ton âme? C'est bien toi! Et c'est bien moi, aussi! Continue, laisse-moi entendre de ta bouche tout ce que peut dicter la compassion! Ne me refuse pas tes avis! Oh! parle, que dois-je faire pour que ton frère me pardonne, pour que tu trouves toi-même plaisir à me pardonner, et que je puisse avec transport me compter encore au nombre des vôtres? Dis-le-moi!

LA PRINCESSE.

Nous ne voulons de toi que bien peu de choses, et il semble pourtant que ce soit trop. Nous demandons de l'abandon, de l'amitié, rien qui te sorte de ce que tu es réellement, rien, si tu n'es d'abord content de toi-même. Ta joie fait naître la nôtre; tu la détruis en la repoussant; et si parfois notre patience se lasse, c'est que, pleins du désir de venir à ton secours, nous voyons, hélas! qu'il n'y a point de secours à te donner, et que tu ne fais rien pour saisir la main que nous tendons avec effort vers toi, sans pouvoir atteindre la tienne.

LE TASSE.

Tu es encore telle que tu m'apparus pour la première fois : un ange, un ange sacré! Pardonne à la vue troublée du mortel, s'il t'a méconnue un instant. Maintenant il te reconnaît! son âme s'ouvre tout entière pour te rendre hommage, son cœur tout entier se remplit de tendresse! La voilà, elle est devant toi! que sens-tu donc? Ce qui l'entraîne vers toi, est-ce du délire? est-ce de la frénésie? ou bien n'obéit-elle qu'à un sentiment plus relevé, qui embrasse la plus haute, la plus pure vérité? Oui, c'est ce sentiment qui seul peut me rendre heureux dans ce monde et qui me faisait tant souffrir quand je lui résistais et voulais le bannir de mon cœur. Cette passion, j'essayais d'y résister. Je combattais et combattais encore, avec le plus intime de mon être; j'osais vouloir anéantir cet être qui t'appartient si pleinement.

LA PRINCESSE.

Si tu veux que je t'écoute plus longtemps, ô Tasse, modère des transports qui m'effrayent.

LE TASSE.

Le bord du vase retient-il le vin généreux qui bout, écume, monte, et s'élance en petillant? Chaque mot de ta bouche révèle mon bonheur; tes yeux, à chaque mot, brillent d'une lueur plus vive. Je suis changé, je le sens, jusqu'au fond de mon âme; je me sens dégagé de toute nécessité commune, libre comme un dieu, et tout cela je te le dois! Un pouvoir ineffable qui me subjugue découle de tes lèvres. Oui, tu me fais tout à toi; rien de moi-même ne m'appartient plus désormais. Mon regard se trouble à tant de bonheur et à tant d'éclat; mes sens chancellent, mon pied ne me fixe plus à ma place! Tu m'entraînes irrésistiblement vers toi; mon cœur s'élance vers le tien sans que je puisse l'arrêter! Tu m'as conquis tout entier pour toujours; prends donc aussi mon âme tout entière!

Il tombe dans ses bras, et la serre avec force contre lui.

LA PRINCESSE, *le repoussant et reculant avec précipitation.*

Arrière!

LÉONORE, *accourant, après avoir paru depuis quelques instants au fond de la scène.*

Qu'est-il arrivé? Ô Tasse! ô Tasse!

Elle suit la princesse.

LE TASSE, *sur le point de les suivre.*

O Dieu!

ALPHONSE, *qui, avec Antonio, s'était déjà approché des autres personnages.*

Il perd l'esprit, arrête-le.

Il sort.

SCÈNE V
LE TASSE, ANTONIO.

ANTONIO.

Si quelqu'un des ennemis dont tu te crois toujours entouré était maintenant près de toi, comme il triompherait, malheureux! J'ai peine à me remettre. Lorsque nos yeux sont frappés d'un aspect inattendu, d'un monstrueux spectacle, notre esprit demeure quelque temps immobile; nous n'avons rien à quoi nous puissions comparer ce qui nous semble incroyable.

LE TASSE, après une longue pause.

Remplis ta charge; je vois celle qu'on t'a confiée, et tu mérites bien cette confiance de ton prince! Remplis ta charge, et, par un long martyre, traîne ta proie à la mort! Lance, lance le trait déchirant! que je sente sa pointe recourbée sillonner mes entrailles! Tu es pour la tyrannie un précieux instrument! Chef des geôliers ou valet du bourreau, que l'un ou l'autre emploi te va bien! Comme Antonio y est propre! (Il descend vers la scène.) Va, tyran, tu n'as pu feindre jusqu'au bout; triomphe! tu as rivé les fers de l'esclave; tu l'avais sciemment épargné pour des supplices longtemps médités! Va, je te hais! je sens dans toute sa force l'horreur qu'inspire le pouvoir, lorsqu'il agit avec injustice et passion. (Après une pause.) — Ainsi donc, je me vois à la fin banni, chassé de ces lieux comme un mendiant! Ainsi l'on a paré, couronné la victime pour la conduire au sacrifice : ainsi l'on m'a, au dernier jour, dérobé mon unique bien, soustrait mon poëme par de flatteuses paroles; lui qui m'aurait recommandé en tout lieu à la bienveillance des hommes, la seule chose qui me restât encore pour échapper au besoin qui me suit. Je vois bien maintenant pourquoi l'on me pressait tant de me livrer au repos : c'était une conspiration et tu en es le chef. Pour que mes chants demeurassent imparfaits, pour que mon nom ne s'étendît pas plus loin, que mes envieux trouvassent mille faibles passages dans mes vers, et qu'on finît par m'oublier; pour cela il fallait m'habituer à la paresse, il fallait me ménager et reposer mes sens. O digne amitié, chère sollicitude! Je m'étais fait une affreuse idée des complots qui s'appliquaient sans relâche à m'entourer de leurs filets invisibles; mais la trame est encore plus affreuse que je ne me le figurais.

Et toi, sirène! toi qui m'as si doucement, si angéliquement séduit, un moment t'a décelée; je te vois à présent! O Dieu! pourquoi si tard!

Mais n'est-ce pas aussi que nous trouvons un merveilleux plaisir à nous tromper nous-mêmes, à honorer les misérables qui nous honorent? Les hommes ne se connaissent pas entre eux. Les galériens seuls se connaissent, qui, tout haletants et rivés à leurs bancs, n'ont rien à demander, rien à perdre, se donnent pour ce qu'ils sont, c'est-à-dire des criminels, et savent que leur voisin est aussi criminel qu'eux. — Mais nous! nous nous méprenons poliment sur le compte de ceux qui nous entourent, pour qu'à leur tour ils se méprennent sur le nôtre.

Combien de temps l'image sacrée que se créait mon âme a-t-elle couvert à mes yeux la coquette et ses subtils artifices! Le masque tombe, Armide se laisse voir dépouillée de tous ses charmes. Oui, c'est bien là ton nom! c'est toi que mes pressentiments avaient chantée dans mes vers.

Et la rusée entremetteuse, quel avilissement l'accable devant moi! J'entends maintenant le bruit léger de ses pas, et je connais le cercle autour duquel elle rampe. Vous tous, je vous connais! Que cela me suffise; et quand le malheur m'enlève tout, que je lui sache gré du moins de me donner une leçon : la vérité!

ANTONIO.

Je t'écoute avec étonnement, bien que je sache avec quelle facilité ton âme impétueuse passe d'un extrême à l'autre. Modère-toi, commande à tes transports! Tu calomnies, tu te permets des paroles qu'il faut pardonner à ta douleur, mais que tu ne pourras jamais te pardonner à toi-même.

LE TASSE.

Oh! ne me parle pas d'un ton si doux! que je n'entende de toi aucune sage parole! Laisse-moi m'étourdir; ne me condamne pas à réfléchir sitôt sur mon égarement. Je sens mes os se briser, et je ne vis plus que pour sentir cette souffrance. Le désespoir me saisit de toute sa rage, et, dans les maux d'enfer qui m'anéantissent, l'injure n'est qu'un faible cri de douleur. Je veux partir! et si tu es un homme loyal, prouve-le, laisse-moi m'éloigner à l'instant.

ANTONIO.

Je ne te quitterai pas dans cette détresse, et si tu manques à tel point d'empire sur toi-même, je ne manquerai certainement pas de patience.

LE TASSE.

Il faut donc que je me livre prisonnier dans tes mains? Je me livre, et c'en est fait! Je ne résiste pas, et ce n'en est que mieux pour moi. Laisse-moi ramener ma triste pensée sur la grandeur du bien que j'ai perdu par ma faute. Ils partent. O Dieu! déjà je vois d'ici la poussière qui s'élève sous les roues des voitures... les cavaliers courent en avant... ils s'avancent vers la ville, ils en approchent! n'en suis-je pas aussi venu avec eux? Ils partent, irrités contre moi! Ah! si j'avais du moins baisé la main du prince! Ah! si j'avais pu seulement prendre congé, pour dire une fois encore : Oh! pardonnez! et l'entendre me répondre : Va, l'on te pardonne. — Tu ne les entendras pas, jamais! — Je veux, je veux y aller! Des adieux au moins, des adieux! Rendez, oh! rendez-moi pour un instant, pour un seul instant, votre présence tutélaire! Peut-être puis-je guérir. Mais non, je suis chassé, je suis banni, et... je me suis banni moi-même. Je ne rencontrerai plus ce regard, je n'entendrai plus cette voix!

ANTONIO.

Écoute celle d'un homme qui n'est point insensible à des peines si vives. Tu n'es pas si malheureux que tu le crois. Reprends courage! c'est trop t'abandonner à toi-même.

LE TASSE.

Et suis-je donc aussi malheureux que je le parais? Suis-je aussi faible que je me montre à tes yeux? Tout est-il donc perdu? La douleur, comme si la terre tremblait, a-t-elle changé l'édifice en un affreux monceau de ruines? Le talent n'est-il plus là pour distraire, pour soutenir mon âme? La force qui s'élevait autrefois dans mon sein est-elle tout entière éteinte? Ne suis-je plus rien enfin? Je me sens ravi à moi-même, et cette force généreuse m'est ravie à son tour.

TORQUATO TASSO.

ANTONIO.

Tu te crois perdu tout entier? Compare-toi donc! Reconnais ce que tu es!

LE TASSE.

Oui, tu me le rappelles à propos! L'histoire ne nous fournit-elle point d'exemples? N'est-il point de grand homme qui ait plus souffert que je ne souffrirai jamais, et qui apparaisse pour m'engager à recouvrer mes esprits en me comparant à lui? Non! tout est perdu! — Une seule chose me reste. La nature nous a donné des larmes et ce cri de la douleur qui échappe à l'homme quand il ne peut plus la supporter. — Elle m'a laissé encore une voix mélodieuse pour déplorer toute ma peine, alors même qu'elle se fait sentir jusqu'au fond du cœur; et, quand les autres se taisent accablés par la souffrance, un Dieu propice m'accorda de dire combien je souffre. (Antonio s'approche et le prend par la main.) O noble Antonio! tu restes ferme, immobile, et moi je ressemble à la vague remuée par les orages. Mais considère, et ne te prévaux pas trop de ta force! La puissante nature qui fonda ces rochers donne aussi aux flots leur mobilité. Elle envoie sa tempête, et l'onde fuit, chancelle, s'enfle et se courbe en écumant. Le soleil se mirait dans le cristal des eaux, les astres reposaient sur leur sein tendrement agité; mais l'éclat a disparu, et le calme s'est enfui. — Je ne me reconnais plus dans le péril, je ne rougis pas de l'avouer. Le gouvernail est brisé, le vaisseau craque de toutes parts, le plancher s'ouvre brusquement sous mes pieds! Antonio, mes deux bras te saisissent! Ainsi le matelot s'attache avec effort au roc contre lequel il devait échouer.

FIN DE TORQUATO TASSO

LE GRAND COPHTE

COMÉDIE EN CINQ ACTES
— EN PROSE —

---1796---

PERSONNAGES

LE CHANOINE.
LE COMTE.
LE CHEVALIER.
LE MARQUIS.
LA MARQUISE.
LEUR NIÈCE.
LE COLONEL des gardes Suisses.
SAINT-JEAN, domestique du chanoine.
LAFLEUR, domestique du marquis.
DEUX JOAILLIERS de la Cour.
JEUNES GARÇONS.
ENFANTS.
UNE FEMME DE CHAMBRE.
SIX SUISSES.
DOMESTIQUES.

ACTE PREMIER

Le théâtre représente une salle éclairée. Au fond du théâtre une société de douze à quinze personnes soupe autour d'une table. A droite est assis le chanoine ; près de lui la marquise ; puis une suite de convives ; le dernier à gauche est le chevalier. Le dessert est servi et les domestiques se retirent. Le chanoine se lève, puis va et vient sur l'avant-scène d'un air pensif ; la compagnie paraît s'entretenir de lui ; enfin, la marquise quitte sa place, et s'approche du chanoine. L'ouverture, qui a continué jusqu'à ce moment, s'arrête, et le dialogue commence.

SCÈNE I

LA MARQUISE.

Est-il permis d'être ainsi préoccupé, de fuir une aimable compagnie, et de détruire le plaisir que ses amis goûteraient dans ces heures de confiance? Croyez-vous que nous puissions jouir et nous égayer, quand notre hôte quitte une table qu'il nous a si gracieusement préparée? Déjà toute la soirée vous n'avez paru assister que de corps à cette fête. Nous espérions à la fin du repas, au moment où les valets se sont retirés, vous voir plus gai, plus ouvert; au contraire, vous vous levez, vous vous éloignez de nous, vous allez à l'extrémité de la salle, et vous vous promenez tout pensif, comme si rien ici ne pouvait vous intéresser, vous distraire.

LE CHANOINE.

Vous demandez ce qui m'occupe? Marquise, ma situation vous est connue. Serait-il étonnant que je sortisse de mon caractère? Est-il possible que l'esprit, le cœur d'un homme reçoive à la fois plus d'assauts que le mien? Quelle nature ne faudrait-il avoir pour n'y pas succomber? Vous savez ce qui m'agite à ce point, et vous me faites cette demande!

LA MARQUISE.

Vraiment, je ne vois pas cela si clairement. Tout ne va-t-il pas au gré de vos désirs?

LE CHANOINE.

Et cette attente! et cette incertitude!

LA MARQUISE.

Vous n'avez que peu de jours à la supporter : le comte notre oracle, notre maître, n'a-t-il pas promis de nous faire avancer tous, et vous particulièrement, dans la science des mystères? N'a-t-il pas promis de calmer cette soif de connaissances secrètes qui nous tourmente, et de satisfaire chacun suivant la portée de ses moyens? et pouvons-nous douter qu'il tienne parole?

LE CHANOINE.

Sans doute; il l'a promis. Mais n'a-t-il pas défendu aussi toute réunion semblable à celle que nous formons aujourd'hui à son insu? Ne nous a-t-il pas ordonné le jeûne, la retraite, l'abstinence? Ne nous a-t-il pas commandé de recueillir et de méditer en silence les dogmes qu'il nous a livrés? — Et je suis assez léger pour rassembler en cette campagne une société joyeuse, pour consacrer au plaisir cette importante nuit, où je devrais me préparer à une grande et sainte apparition. — Dût-il tout ignorer, ma conscience ne m'en tourmenterait pas moins : et quand je songe que ses esprits lui ont certainement tout appris, qu'il est peut-être en route pour nous surprendre! ah! — Qui pourra soutenir sa colère? —

Quelle honte ! j'en serais atterré. — Chaque moment... Je crois l'entendre... J'entends les pas d'un cheval, le bruit d'une voiture...

Il court à la porte.

LA MARQUISE, à part.

O comte ! tu es un vaurien sans pareil ! un maître trompeur ! je ne te quitte pas, et chaque jour pourtant je découvre en toi quelque chose de nouveau ! Comme il sait mettre à profit et développer les passions de ce jeune homme ! Comme il s'est emparé de toute son âme ! Quel empire sans bornes il exerce sur lui ! — Voyons un peu si ma feinte réussira. (Le chanoine revient.) Haut. Soyez sans inquiétude ; le comte sait beaucoup de choses, mais il ne sait pas tout, et il ignorera cette fête. Depuis quinze jours je ne vous ai pas vu ; je n'ai pas vu mes amis ; je me suis ensevelie pendant ce temps dans une triste campagne, où j'ai dû passer bien des heures ennuyeuses, dans le seul but de me rapprocher de notre princesse adorée, d'épier l'instant de l'aborder sans témoins, et de l'entretenir des intérêts d'un ami bien cher. Aujourd'hui que je retourne à la ville, ç'a été fort aimable de votre part de me préparer un festin dans cette maison à moitié route, de venir à ma rencontre, et de rassembler mes meilleurs amis pour me faire accueil. Certes, vous êtes digne des bonnes nouvelles que je vous apporte. Vous êtes le plus chaud, le plus obligeant des amis. Vous êtes heureux et vous le serez. Je désirerais seulement que vous jouissiez de votre bonheur.

LE CHANOINE.

Bientôt, bientôt.

LA MARQUISE.

Venez, asseyez-vous. Le comte est absent ; il subit dans la solitude ses quarante jours de retraite pour se préparer au grand œuvre. Il ne saura pas plus nos réunions qu'il ne connaîtra le secret qui nous occupe. (Après quelques instants de réflexion.) Si l'on découvrait trop tôt que la princesse vous pardonne, que probablement le prince va se laisser attendrir par une fille chérie, tout l'édifice de nos projets croulerait sous les efforts de l'envie. La princesse, qui connaît votre liaison avec le comte, m'a ordonné expressément de cacher notre importante affaire à cet homme qu'elle redoute.

LE CHANOINE.

Je dépends entièrement de votre volonté. Je me conformerai à cet ordre, quoique persuadé que cette crainte n'est pas fondée. Ce grand homme nous serait plutôt utile que nuisible. Devant lui tous les rangs sont égaux. Unir deux tendres cœurs est sa plus douce occupation. Mes élèves, a-t-il coutume de dire, sont des rois dignes de gouverner le monde, dignes de toute espèce de bonheur. — Et si ses esprits lui apprennent la vérité? s'il voit que la défiance s'est glissée dans nos cœurs, dans le moment même où il nous ouvre les trésors de sa sagesse?...

LA MARQUISE.

Tout ce que je peux vous dire, c'est que la princesse le désire expressément.

LE CHANOINE.

Soit ; je lui obéirai, quand même je devrois me perdre.

LA MARQUISE.

Et notre secret est d'autant plus facile à garder, que nul ne vous croira rétabli dans les bonnes grâces de la princesse.

LE CHANOINE.

En effet, chacun me croit en disgrâce et pour toujours éloigné de la cour. Les yeux de ceux qui me rencontrent expriment la compassion et même le dédain. C'est uniquement par une grande dépense, par le crédit de mes amis, par l'appui de plusieurs mécontents, que je parviens à me conserver. Fasse le ciel que mes espérances ne soient pas trompées, et que votre promesse s'accomplisse!

LA MARQUISE.

Ma promesse? — Ne dites plus cela, mon cher. Jusqu'ici c'était une promesse ; mais depuis cette soirée, depuis que je vous ai remis une lettre, ne vous ai-je pas en même temps donné les plus belles certitudes?

LE CHANOINE.

Je l'ai déjà baisé mille fois ce papier (il tire un papier de sa poche); laissez-moi le baiser mille fois encore. Il ne quittera mes lèvres qu'au moment où ces lèvres brûlantes pourront s'arrêter sur sa belle main, sur cette main qui me cause un ravissement inexprimable, puisqu'elle m'assure un éternel bonheur.

LA MARQUISE.

Et quand alors le voile qui couvre ce secret tombera, quand vous paraîtrez aux yeux des hommes dans l'entier éclat de votre bonheur passé, et même dans une splendeur plus vive encore, à côté d'un prince qui vous reconnaît de nouveau, d'une princesse qui ne vous a jamais méconnu, comme cette nouvelle et brillante fortune éblouira les yeux de l'envie, et avec quelle joie je vous verrai à la place que vous méritez si bien !

LE CHANOINE.

Et moi, de quelle reconnaissance je saurai payer une amie à qui je dois tout !

LA MARQUISE.

Ne parlez pas de cela. Qui peut vous connaître et ne pas se sentir vivement entraîné vers vous ? Qui ne désirerait vous être utile, même à ses dépens ?

LE CHEVALIER.

Eh ! j'entends une voiture. Qu'est cela ?

LA MARQUISE.

Soyez sans inquiétude : elle ne s'arrête pas ici ; les portes sont closes ; les volets aussi ; j'ai fait boucher exactement les fenêtres, de manière que personne ne puisse remarquer l'éclat des lumières. Il est impossible de soupçonner qu'il y ait ici de la société.

LE CHANOINE.

Quel bruit ! quel tumulte !

Un domestique entre.

LE DOMESTIQUE.

Une voiture vient de passer : on frappe à la porte comme si on voulait l'enfoncer. J'entends la voix du comte ; il menace et veut entrer.

LA MARQUISE.

La porte est-elle verrouillée ? ne lui ouvrez pas : ne vous

troublez pas; ne répondez rien; quand il sera las de tempêter, il s'en ira.

LE CHANOINE.

Vous ne réfléchissez pas à qui nous avons affaire. — Ouvrez-lui! la résistance serait inutile.

LES DOMESTIQUES courant avec précipitation.

Le comte! le comte!

LA MARQUISE.

Comment donc est-il entré?

UN DOMESTIQUE.

Les portes se sont ouvertes d'elles-mêmes à deux battants.

LE CHANOINE.

Où fuir?

LES DAMES.

Qui nous sauvera?

LE CHEVALIER.

Du courage!

LES DAMES.

Il vient! il vient!

SCÈNE II

Les Précédents, LE COMTE.

LE COMTE, sous la porte. (Il se retourne pour parler.)

Assaraton! Pantassaraton! Esprits soumis à mon empire, demeurez à cette porte, et ne laissez échapper personne! que nul n'en franchisse le seuil si je ne l'ai désigné.

LES DAMES.

Malheur à nous!

LES HOMMES.

Que deviendra tout ceci?

LE COMTE.

Uriel, à ma droite; Ithruriel, à ma gauche. Punissez les coupables auxquels je ne pardonnerai pas cette fois!

LES FEMMES.

Dans quel coin nous blottir?

ACTE I.

LE CHANOINE.

Tout est perdu!

LE COMTE.

Uriel! (Pause, comme s'il écoutait une réponse.) Bien! — « Me voilà! » C'est ton mot ordinaire, esprit docile! — Uriel, saisis ces femmes! (Les femmes poussent un grand cri.) Enlève-les bien loin par delà la montagne et la vallée, et va les déposer dans un carrefour inconnu; car elles ne croient point, elles n'obéiront pas avant d'avoir éprouvé. Saisis-les.

LES FEMMES.

Aïe! aïe! il me saisit! Puissant maître! au nom du ciel!...

LA MARQUISE.

Monsieur le comte!

LES FEMMES.

Nous demandons à genoux notre pardon.

LE COMTE.

Uriel, tu pries pour elles! Dois-je me laisser fléchir?

LES FEMMES.

Prie pour nous, Uriel!

LA MARQUISE.

Est-il permis de tourmenter ainsi ces pauvres créatures!

LE COMTE.

Quoi! quoi! — A genoux, madame! non pas devant moi, mais devant les puissances invisibles qui sont à mes côtés : à genoux! — Pouvez-vous présenter un cœur innocent, un visage assuré à ces esprits célestes?

UNE JEUNE FILLE.

Vois-tu quelque chose?

LES AUTRES.

Une ombre tout près de lui.

LE COMTE.

Que se passe-t-il dans votre cœur?

LA MARQUISE.

Puissant maître, épargne un sexe faible.

LE COMTE.

Je suis ému, mais non fléchi. Ithruriel, saisis ces hommes. Conduis-les dans mon plus profond caveau.

LE CHANOINE.

Mon seigneur et maître.

LE CHEVALIER.

Pas un mot de plus ! tes esprits ne nous épouvantent point, et voici une épée qui te défie toi-même. Crois-tu donc que nous n'avons ni bras ni courage pour défendre ces dames et nous-mêmes ?

LE COMTE.

Jeune insensé ! poursuis !... frappe ici, frappe ce sein désarmé ! Frappe, afin qu'un signe céleste te confonde, toi et tous les autres. Une triple armure de loyauté, de sagesse et de puissance magique protége ce sein. Frappe, et cherche avec honte les morceaux de ton épée brisée à mes pieds !

LES HOMMES.

Quelle majesté !

LES FEMMES.

Quelle puissance !

LES HOMMES.

Quelle voix !

LES FEMMES.

Quel homme !

LE CHEVALIER.

Que dois-je faire ?

LE CHANOINE.

Que deviendra ceci ?

LA MARQUISE.

Que dois-je dire ?

LE COMTE.

Levez-vous ; je fais grâce à votre étourderie ; je ne veux pas délaisser tout à fait mes enfants égarés : cependant je ne vous dispense pas de tout châtiment. (Aux hommes.) Éloignez-vous ! (Les hommes se retirent au fond.) (Aux femmes.) Et vous, remettez-vous, et recueillez-vous. (Comme s'il parlait confidentiellement aux esprits :) Uriel ! Ithruriel ! allez rejoindre vos frères. (Aux femmes.) Voyons maintenant si vous vous souvenez de mes leçons. Quelles sont les vertus essentielles des femmes ?

PREMIÈRE FEMME.

Patience et obéissance.

LE COMTE.

Quel est l'emblème de votre sexe?

SECONDE FEMME.

La lune.

LE COMTE, à la marquise.

Pourquoi ?

LA MARQUISE.

Parce qu'elle rappelle que les femmes n'ont point de lumière propre, mais qu'elles empruntent de l'homme tout leur éclat.

LE COMTE.

Bien! écoutez ceci : en retournant chez vous, vous apercevrez, à gauche, sur un ciel clair, le premier quartier de la lune; alors vous vous direz l'une à l'autre : voyez, quelle forme élégante! quelle lumière douce! quelle belle taille! quelle modestie! c'est l'image véritable d'une jeune fille grandissant sous l'aile maternelle. Quand plus tard vous verrez cet astre dans son plein, alors vous vous avertirez l'une l'autre, et vous direz : comme elle brille! comme elle est belle cette image d'une heureuse mère de famille! elle tourne son visage vers son époux; elle recueille les rayons de sa lumière, qu'elle réfléchit ensuite amoureux et purs. Faites bien attention à cet emblème, et donnez-lui entre vous le plus de vérité qu'il vous sera possible; portez vos méditations le plus loin que vous pourrez; formez votre esprit; élevez votre âme; car c'est alors seulement que vous serez dignes de contempler le visage du Grand-Cophte. Allez; ne transgressez aucun de mes ordres, et que le ciel vous préserve du déclin de la lumière, du triste veuvage! Partez à l'instant toutes ensemble pour la ville; un repentir sincère peut seul vous acquérir le pardon, et hâter l'arrivée du Grand Cophte. Adieu.

LA MARQUISE.

Le maudit fripon! c'est un fou, un menteur, un trompeur! je le sais, j'en suis convaincue, et cependant il m'en impose.

Les femmes s'inclinent et se retirent.

SCÈNE III

Les Précédents, excepté les dames.

LE COMTE.

Maintenant, chevalier, et tous les autres, approchez. Je vous ai pardonné; je vous vois confus, et ma générosité laisse à votre propre cœur le soin de vous punir et de vous corriger.

LE CHEVALIER.

Nous reconnaissons cette faveur, ô notre maître! ô notre père!

LE COMTE.

Mais si, par la suite, vous violez mes ordres; si vous ne mettez pas tous vos soins à réparer la faute que vous avez commise, n'espérez pas voir le visage du Grand Cophte, ni rafraîchir jamais vos lèvres altérées aux sources de la sagesse. Maintenant, dites-moi, avez-vous retenu ce que je vous ai appris? A quel moment un écolier doit-il se livrer à ses méditations?

LE CHEVALIER.

La nuit.

LE COMTE.

Pourquoi?

PREMIER ÉCOLIER.

Afin qu'il sente plus vivement qu'il erre dans les ténèbres.

LE COMTE.

Quelles nuits doit-il choisir de préférence?

SECOND ÉCOLIER.

Celles où le ciel est clair et les étoiles étincelantes.

LE COMTE.

Pourquoi?

LE CHEVALIER.

Afin qu'il comprenne que des milliers de flambeaux ne suffisent pas pour produire la lumière, et que sa passion pour le seul véritable et brillant soleil devienne de plus en plus vive.

LE COMTE.

Quelle étoile doit-il surtout avoir devant les yeux?

PREMIER ÉCOLIER.

L'étoile polaire.

LE COMTE.

Que doit-il se figurer par là?

SECOND ÉCOLIER.

L'amour du prochain.

LE COMTE.

Comment s'appelle l'autre pôle?

PREMIER ÉCOLIER.

L'amour de la sagesse.

LE COMTE.

Ces deux pôles n'ont-ils pas un axe.

LE CHEVALIER.

Sans doute, car autrement ils ne pourraient pas être des pôles; cet axe passe par notre cœur quand nous sommes de vrais disciples de la sagesse, et l'univers tourne autour de nous.

LE COMTE.

Dites-moi la devise du premier grade?

LE CHEVALIER.

Fais pour les autres ce que tu désires qu'ils fassent pour toi.

LE COMTE.

Expliquez-moi cette sentence.

LE CHEVALIER.

Elle est claire; elle n'a besoin d'aucune explication.

LE COMTE.

Bien : allez maintenant au jardin et fixez bien vos yeux sur l'étoile polaire.

LE CHEVALIER.

Il fait bien sombre, puissant maître; à peine une faible étoile brille çà et là dans l'obscurité.

LE COMTE.

Tant mieux. Déplorez votre désobéissance, votre légèreté,

votre frivolité : ce sont des nuages que dissipe la lumière céleste.

LE CHEVALIER.

Il fait froid; il souffle un vent désagréable; nous sommes légèrement vêtus.

LE COMTE.

Descendez, descendez. Un disciple de la sagesse doit-il se plaindre du froid? Vous devriez jeter vos vêtements avec transport; et les désirs ardents de votre cœur, la soif des connaissances secrètes devraient faire fondre pour vous toutes les glaces et les neiges. Sortez! sortez!

Le chevalier et les autres sortent après s'être inclinés.

SCÈNE IV

LE COMTE, LE CHANOINE.

LE COMTE.

A votre tour, maintenant, chanoine. Une justice sévère vous attend. Je n'aurais pas cru cela de vous. L'élève auquel je tends la main plus qu'à tous les autres, que j'attire vers mon sein, à qui j'ai dévoilé déjà les mystères du deuxième grade, soutient si mal une aussi faible épreuve! Les menaces de son maître, l'espérance de voir le Grand Cophte, rien n'a pu le décider à différer de quelques nuits son banquet. Fi! cela est-il mâle? Cela est-il sage? Les leçons du plus grand des mortels, la protection des esprits, la révélation de tous les secrets de la nature, une éternelle jeunesse, une santé toujours florissante, une force inébranlable, une impérissable beauté, tu brigues ces trésors, les plus grands que puisse posséder un mortel; et, pour les obtenir, tu ne peux pas renoncer à un souper!

LE CHANOINE à genoux.

Tu m'as vu souvent à tes pieds; je m'y jette encore. Pardonne-moi; ne m'enlève pas tes bonnes grâces. L'entraînement... l'occasion... l'égarement... je ne te désobéirai plus jamais. Ordonne, impose-moi la punition que tu jugeras convenable.

LE COMTE.

Comment puis-je me fâcher contre toi, toi, mon favori! Comment t'abandonner, toi l'élu du Destin! Lève-toi! viens sur mon sein d'où rien, même la force, ne pourrait t'arracher!

LE CHANOINE.

Que tu me ravis! Mais, dans ce moment où je devrais pleurer et expier ma faute, oserais-je te demander une grâce en signe de réconciliation?

LE COMTE.

Parle, mon cher.

LE CHANOINE.

Ne me laisse pas plus longtemps dans l'incertitude; donne-moi quelques lumières plus précises sur l'homme étonnant que tu appelles le Grand Cophte, que tu veux nous faire voir et dont tu nous promets tant de merveilles! Quel est-il? Où est-il? Est-il près d'ici? Le verrai-je? Peut-il encore m'estimer? M'accueillera-t-il? Me livrera-t-il les secrets auxquels mon cœur aspire si ardemment?

LE COMTE.

Doucement, doucement, mon fils : si je ne te découvre pas tout sur-le-champ, c'est avec intention et pour ton bien. Éveiller ta curiosité, exercer ton intelligence, vivifier ta science, tel est mon vœu. C'est ainsi que je mériterai bien de toi et de moi. Écouter et s'instruire, c'est ce que peut faire un enfant; observer et deviner, c'est ce que doivent faire mes élèves. Quand j'ai prononcé le mot Cophte, rien ne t'est-il venu à l'esprit?

LE CHANOINE.

Cophte! Cophte! Oui, si je puis te l'avouer franchement, mon imagination quittait alors tout à coup cette partie du monde froide et resserrée; elle s'élançait vers ces brillantes régions où le soleil couve incessamment d'ineffables mystères. L'Égypte s'offrait soudain à mes yeux; de saintes ténèbres m'environnaient; je m'égarais au milieu des pyramides, des obélisques, des sphinx monstrueux, des hiéroglyphes : tout mon corps frissonnait. Là je voyais marcher le Grand Cophte;

je le voyais entouré d'une foule de disciples qui semblaient attachés comme par des chaînes à sa bouche divine

LE COMTE.

Cette fois ton imagination ne t'a point trompé. Oui, ce grand, ce sublime, et je le dirai même cet immortel vieillard, est le personnage dont je vous parlais, que vous espérez voir un jour. Depuis plusieurs siècles il habite cette terre, florissant d'une éternelle jeunesse. Les Indes, l'Égypte, sont le séjour qu'il préfère. Il se promène nu dans les déserts de la Lybie, et là scrute avec ardeur les mystères de la nature; le lion affamé s'arrête devant son bras terrible et puissant; le tigre furieux fuit au bruit de ses paroles magiques, pour que sa main savante puisse rechercher paisiblement les plantes salutaires, et distinguer les pierres qui, par leurs vertus occultes, sont plus précieuses que l'or et les diamants.

LE CHANOINE.

Et cet homme admirable, devons-nous le voir ? Indique-m'en les moyens.

LE COMTE.

Oh! que ta vue est bornée! Quels signes t'offrir à toi dont les yeux sont fermés ?

LE CHANOINE.

Un seul mot.

LE COMTE.

C'en est assez. J'ai coutume de ne jamais dire à mes élèves ce qu'ils doivent savoir.

LE CHANOINE.

Je brûle de curiosité, surtout depuis que tu m'as élevé au deuxième grade des mystères. Plût à Dieu que tu m'accordasses bientôt le troisième!

LE COMTE.

Cela ne peut pas être.

LE CHANOINE.

Pourquoi ?

LE COMTE.

Parce que je ne sais pas encore comment tu as compris les leçons du deuxième grade, et comment tu les pratiqueras.

LE CHANOINE.

Éprouve-moi donc à l'instant même.

LE COMTE.

Ce n'est pas le moment.

LE CHANOINE.

Ce n'est pas le moment?

LE COMTE.

As-tu donc oublié que les apprentis du deuxième grade doivent se livrer à leurs méditations le jour et principalement le matin.

LE CHANOINE.

Que ce soit donc demain à l'heure convenable.

LE COMTE.

Bien! Mais avant tout maintenant, que la pénitence ne soit pas négligée. Descends au jardin avec les autres. Mais tu vas avoir sur eux un grand avantage. Tourne-leur le dos et regarde vers le midi : c'est du midi que vient le Grand Cophte; je te révèle ce secret à toi seul. Découvre-lui tous les vœux de ton cœur; parle aussi bas que tu voudras, il t'entendra.

LE CHANOINE.

J'obéis avec joie.

Il baise la main du comte et s'éloigne.

SCÈNE V
LE COMTE, SAINT-JEAN.

SAINT-JEAN, qui entre avec précaution.

N'ai-je pas bien fait mes affaires?

LE COMTE.

Tu as rempli ton devoir.

SAINT-JEAN.

Les portes ne se sont-elles pas ouvertes comme si des esprits les eussent enfoncées? Mes camarades pleins de frayeur ont pris la fuite; aucun n'a rien vu ni remarqué.

LE COMTE.

C'est bien. Je les aurais bien ouvertes sans toi; mais une

telle opération demande plus de peine. J'ai quelquefois recours à des moyens ordinaires pour ne pas importuner toujours les génies qui me sont familiers. (Ouvrant une bourse.) Voici pour ta peine. Ne dépense pas légèrement cet or; c'est un or philosophique; il porte bonheur. Tant qu'on le garde dans sa poche, elle ne se vide jamais.

SAINT-JEAN.

Bah! alors je veux le bien conserver.

LE COMTE.

C'est cela; ménage-t'en toujours deux ou trois pièces; tu verras l'effet du prodige.

SAINT-JEAN.

Avez-vous fait cet or vous-même, M. le comte?

LE COMTE.

Je n'en donne jamais d'autre.

SAINT-JEAN.

Que vous êtes heureux!

LE COMTE.

De faire des heureux.

SAINT-JEAN.

Je vous suis dévoué corps et âme.

LE COMTE.

Tu n'y perdras pas; va et garde le silence, afin que nul ne connaisse cette mine précieuse. Dans peu tu auras la place que tu as demandée.

Le domestique sort.

SCÈNE VI
LE COMTE.

Heureusement, je trouve ici une table bien servie, un dessert délicat, d'excellents vins. Le chanoine pourvoit à tout cela. Bravo! je puis en ce lieu restaurer mon estomac, tandis qu'on croit dans le monde que je fais mon carême. Je leur parais un demi-dieu, parce que je sais leur cacher mes besoins.

ACTE DEUXIÈME
MAISON DU MARQUIS.

SCÈNE I
LE MARQUIS, puis LAFLEUR.

LE MARQUIS, *revêtu d'un habit élégant et se mirant dans une glace.*
Naissance, rang, beauté, qu'est-ce que cela auprès de l'argent! Combien je rends grâce à la courageuse industrie de ma femme qui a été pour moi une vraie source de biens! Quelle différence dans ma tournure aujourd'hui que, pour la première fois, je suis vêtu suivant mon rang! Non, je ne puis attendre l'instant où je paraîtrai en public.
Il sonne.

LAFLEUR.
Qu'ordonne M. le marquis?

LE MARQUIS.
Donne-moi mon écrin.

LAFLEUR *l'apporte.*
Je n'ai jamais rien porté de si lourd.

LE MARQUIS, *pendant qu'il ouvre l'écrin.*
Qu'en dis-tu? ces deux montres que j'achetai hier ne sont-elles pas belles?

LAFLEUR.
Superbes.

LE MARQUIS.
Et cette tabatière?

LAFLEUR.
Riche et précieuse.

LE MARQUIS.
Cet anneau?

LAFLEUR.
C'est encore à vous?

LE MARQUIS.

Ces boucles! ces boutons d'acier! tout cela! en voilà-t-il assez! Ne me trouves-tu pas élégant et mis en homme de qualité?

LAFLEUR.

Vous éclipserez certainement bien du monde à la promenade.

LE MARQUIS.

Que cela me rend heureux! Porter éternellement l'uniforme par nécessité; être incessamment perdu dans la foule; n'attirer l'attention de personne; j'aurais préféré mourir à vivre plus longtemps de la sorte! Ma nièce n'est-elle point encore levée?

LAFLEUR.

Je crois qu'elle l'est à peine; du moins elle n'a pas encore demandé le déjeuner. Il me semble qu'elle ne s'est endormie qu'après que vous vous êtes échappé ce matin de chez elle.

LE MARQUIS.

Impertinent! silence!

LAFLEUR.

Entre nous, je peux bien être vrai.

LE MARQUIS.

Si un pareil mot t'échappait en présence de ma femme!

LAFLEUR.

Croyez-vous donc que je ne sois pas maître de ma langue?

LE MARQUIS.

Il est impossible que la marquise soupçonne rien. Elle regarde notre nièce comme une enfant : depuis trois ans elles ne se sont point vues; cependant je crains que si elle considère cette enfant...

LAFLEUR.

Tout irait bien si elle ne connaissait ce vieux sorcier, que je redoute si fort. C'est un prodige que cet homme! il sait tout; ses esprits lui rapportent tout. Mais comment est-il entré dans la maison du chanoine? si ce magicien a découvert un important secret, son valet devrait déjà l'avoir divulgué.

LE MARQUIS.

Autant que je puis savoir, il n'est pas grand ami de ma femme.

LAFLEUR.

Ah! il s'occupe de tout; et quand il interroge ses esprits, rien ne lui demeure caché.

LE MARQUIS.

Tout ce qu'on raconte de lui serait-il vrai?

LAFLEUR.

Nul n'en doute. Seulement les prodiges que je connais positivement...

LE MARQUIS.

C'est extraordinaire! Mais j'entends une voiture; cours voir ce que c'est. (Lafleur sort.) Si ma femme venait à découvrir mes liaisons avec ma jolie nièce! Et pourtant cela arrivera un jour ou l'autre. Si elle vient à bout de son plan, si elle parvient à faire de moi un instrument, alors elle ne me laissera pas faire ce que je projette. C'est elle-même!

SCÈNE II
LE MARQUIS, LA MARQUISE.

LA MARQUISE.

Je viens plus tôt que je ne l'espérais.

LE MARQUIS.

Je suis heureux de te revoir enfin.

LA MARQUISE.

Pourquoi n'es-tu pas venu au-devant de moi? le chanoine t'avait invité.

LE MARQUIS.

Pardonne-moi; j'avais précisément hier beaucoup de choses à mettre en ordre; car tu m'avais écrit de me préparer à un voyage.

LA MARQUISE.

Tu n'as pas beaucoup perdu; le chanoine a été insupportable, et la société maussade. Enfin, le comte nous surprit encore et nous chassa. Et il faut supporter les folies de cet homme!

LE MARQUIS, souriant.

Qu'est devenue ta négociation? (avec ironie.) As-tu conquis les faveurs de la cour?

LA MARQUISE.

C'est vrai, nous ne nous sommes pas vus depuis longtemps. Tu étais absent quand je partis. Lorsque le prince et la princesse eurent quitté leur château de plaisance, je louai une petite maison de campagne dans le voisinage, et j'y habitai dans un calme absolu, tandis que le chanoine se figurait que je voyais chaque jour la princesse. Je lui envoyai des messages; je reçus de lui des lettres; enfin son espoir parvint au comble : car l'on ne peut s'imaginer le malheur de ce pauvre homme depuis que sa conduite imprudente l'a éloigné de la cour, et combien il est crédule quand on caresse ses espérances. J'aurais pu lui en faire accroire aisément, sans mettre autant d'art dans mes plans.

LE MARQUIS.

Mais cette fable ne peut se soutenir longtemps.

LA MARQUISE.

Ce soin me regarde. Il touche maintenant au comble de la félicité. La nuit dernière, lorsqu'il me reçut à sa campagne, je lui donnai une lettre de la princesse...

LE MARQUIS.

De la princesse!

LA MARQUISE.

Que j'avais écrite moi-même; elle était conçue en termes généraux : la porteuse, était-il dit, ajouterait le reste.

LE MARQUIS.

Eh bien!

LA MARQUISE.

Je lui annonçais les bonnes dispositions de la princesse; je l'assurais qu'elle intercéderait auprès de son père, et obtiendrait qu'il lui rendît ses bonnes grâces.

LE MARQUIS.

Bien! mais quel avantage te promets-tu de tout cela?

LA MARQUISE.

D'abord une bagatelle que nous allons partager sur l'heure.

Elle tire une bourse.

LE MARQUIS.

Excellente femme !

LA MARQUISE.

Je l'ai reçue du chanoine pour me concilier les gens de la princesse. Prends-en ta moitié.

Le marquis s'approche d'une table et compte sans prêter attention à ce que dit la marquise.

LA MARQUISE.

Mais comme je le disais, c'est une bagatelle. Si mon projet réussit, nous sommes sauvés pour toujours. Les joailliers de la cour ont depuis longtemps un collier précieux qu'ils désireraient bien vendre : le chanoine a tant de crédit qu'ils le lui remettront facilement, pourvu qu'il leur garantisse un payement à terme, et je...

LE MARQUIS, *la regardant.*

Que parles-tu de terme, de payement !

LA MARQUISE.

Tu n'écoutes donc pas? Tu es tout à l'argent.

LE MARQUIS.

Voici ta moitié ; la mienne sera, dans peu, bien employée : regarde comme je me suis paré.

Il se montre à elle, et court ensuite au miroir.

LA MARQUISE, *à part.*

Homme vain et frivole !

LE MARQUIS.

Que voulais-tu dire?

LA MARQUISE.

Tu aurais été plus attentif, si tu avais pu imaginer de quelle importante chose je parlais. Il ne s'agit de rien moins que de fonder notre prospérité d'un seul coup.

LE MARQUIS.

Et comment

LA MARQUISE.

Te souviens-tu d'avoir entendu parler du collier précieux que les joailliers de la cour ont exécuté dans l'espoir que le prince en ferait cadeau à sa fille?

LE MARQUIS.

Parfaitement; je l'ai même vu cette semaine chez eux, quand j'ai acheté cette bague; il est d'une incroyable beauté. On ne sait ce qu'on doit le plus admirer de la grosseur des pierres, de leur égalité, de leur eau, de leur quantité, ou du goût avec lequel elles sont montées. Je ne pouvais cesser de les considérer; cette bague disparaissait auprès d'elles, je m'en allai mécontent, et je fus quelques jours sans que le collier pût me sortir de la tête.

LA MARQUISE.

Eh bien, ce collier nous appartiendra!

LE MARQUIS.

Ce collier! à nous! tu m'effrayes! quelle monstrueuse pensée!

LA MARQUISE.

Crois-tu que mes vues se bornent à te procurer des montres, des bagues et des boutons d'acier. Je suis habituée à une vie chétive, mais à de riches pensées; depuis assez longtemps nous sommes réduits à vivre misérablement, au-dessous de notre état, au-dessous du rang de mes ancêtres; aujourd'hui, puisque l'occasion se présente, je ne veux point la laisser échapper, je veux sortir de la médiocrité.

LE MARQUIS.

Mais, au nom du ciel, quel est ton plan? comment est-il possible de l'exécuter?

LA MARQUISE.

Écoute-moi, je fais croire au chanoine que la princesse désire avoir le collier, et en cela je ne blesse pas la vérité, car on sait qu'il lui a plu extraordinairement et qu'elle aurait une grande joie de le posséder. Je dis en outre au chanoine que la princesse désire acheter ce collier, et souhaite qu'il veuille seulement pour cela prêter son nom, qu'il conclue le marché avec les joailliers, fixe les termes, et opère le premier payement, dans tous les cas; qu'elle le dédommagera complétement, et regardera ce service comme un gage de sa fidélité et de son dévouement.

LE MARQUIS.

Il faut qu'il soit bien aveuglé pour risquer autant.

LA MARQUISE.

Il croit agir en toute sûreté. Aussi lui ai-je déjà adressé une lettre dans laquelle la princesse lui inspire de la sécurité.

LE MARQUIS.

Chère femme, cela est dangereux.

LA MARQUISE.

Fi donc! avec moi tu peux tout tenter. J'ai pris toutes mes précautions à l'égard des expressions et de la signature; sois tranquille, quand même tout viendrait à se découvrir, ne suis-je pas une branche indirecte de la famille du prince, aussi réelle que si elle était reconnue? Écoute; le chanoine est maintenant plein de joie de cette confiance, il y voit une marque certaine d'un retour de faveur, et ne désire rien plus ardemment que de consommer la vente et d'avoir le collier dans ses mains.

LE MARQUIS.

Et le collier, penses-tu l'intercepter?

LA MARQUISE.

Naturellement. Seulement, tiens-toi toujours prêt à partir. Aussitôt que le trésor sera en nos mains, il nous faudra en tirer parti. Nous rompons le bijou, tu passes en Angleterre, tu vends, tu échanges d'abord avec prudence les petites pierres; j'y vais ensuite aussitôt que ma sûreté ne me permettra plus de rester ici; pendant ce temps-là, je conduirai, j'embrouillerai si bien l'affaire que le chanoine sera la seule dupe.

LE MARQUIS.

C'est une entreprise hardie : mais, dis-moi, ne crains-tu pas de former un pareil plan si près du comte? c'est un grand magicien!

LA MARQUISE.

C'est un grand fripon ! Sa magie consiste dans sa finesse, dans son impudence. Il sent bien que je le connais ; nous réglons notre conduite sur les circonstances ; nous nous entendons sans nous parler ; nous nous secourons mutuellement sans en être convenus.

LE MARQUIS.

Mais les esprits qui l'entourent !

LA MARQUISE.

Chansons !

LE MARQUIS.

Les miracles qu'il fait !

LA MARQUISE.

Contes !

LE MARQUIS.

Tant de gens cependant ont vu...

LA MARQUISE.

Aveugles !

LE MARQUIS.

Tant de personnes croient...

LA MARQUISE.

Sots !

LE MARQUIS.

C'est trop universel ; tout le monde en est convaincu.

LA MARQUISE.

Parce que tout le monde est simple.

LE MARQUIS.

Ses cures merveilleuses !

LA MARQUISE.

Charlatanerie !

LE MARQUIS.

Les trésors qu'il possède !

LA MARQUISE.

Il peut les avoir acquis comme nous projetons d'acquérir le collier.

LE MARQUIS.

Tu crois donc qu'il n'est pas plus sage qu'un autre ?

LA MARQUISE.

Juge-le, si tu peux. Ce n'est point un coquin ordinaire. Il est aussi entreprenant et puissant que rusé, aussi impudent que prévoyant; il dit les choses les plus sensées et les plus déraisonnables. La plus pure vérité et le plus vil mensonge sortent fraternellement de sa bouche. Lorsqu'il entreprend de vous vanter, il n'est pas possible de distinguer s'il se moque de vous ou bien s'il est fou; et il faut moins que cela pour égarer l'esprit des hommes.

JACK, entrant.

Votre nièce demande si elle peut vous rendre visite. Qu'elle est jolie, votre nièce!

LE MARQUIS.

Te plaît-elle?... fais-la venir.

Jack sort.

LA MARQUISE.

Je voulais précisément te demander comment tout cela s'est passé, si tu l'as amenée heureusement à la ville, ce qu'elle est devenue. Penses-tu qu'elle puisse y être heureuse?

LE MARQUIS.

Elle est belle, aimable, pleine d'attraits, et plus formée que je ne l'aurais cru, ayant été élevée à la campagne.

LA MARQUISE.

Sa mère était une femme d'un grand sens, et il ne manquait dans son pays rien de ce qui compose une bonne société. La voici.

SCÈNE III
Les Précédents, LA NIÈCE.

LA NIÈCE.

Que je suis heureuse de vous revoir, très-chère tante!

LA MARQUISE.

Chère nièce, sois la bienvenue; je te le dis de tout cœur.

LE MARQUIS.

Bonjour, petite nièce; comment avez-vous passé la nuit?

LA NIÈCE, confuse.

Très-bien.

LA MARQUISE.

Qu'elle est grandie depuis que je ne l'ai vue !

LA NIÈCE.

Il y aura bientôt trois ans.

LE MARQUIS.

Belle, grande, aimable ; elle a tenu toutes les promesses de son enfance.

LA MARQUISE, au marquis.

N'admires-tu pas comme elle ressemble à notre princesse ?

LE MARQUIS.

Superficiellement. Dans la figure, dans la taille, dans le port, il peut y avoir une ressemblance générale, mais cette physionomie appartient à elle seule, et je pense qu'elle ne voudra jamais l'échanger.

LA MARQUISE.

Vous avez perdu une bonne mère.

LA NIÈCE.

Que je retrouve en vous.

LA MARQUISE.

Votre frère est aux îles.

LA NIÈCE.

Je désire qu'il y trouve le bonheur.

LE MARQUIS.

C'est moi qui le remplace, ce frère.

LA MARQUISE, au marquis.

C'est un poste dangereux, marquis.

LE MARQUIS.

Nous avons du courage.

JACK, entrant.

Le chevalier. — Il n'est pas devenu plus aimable.

LA MARQUISE.

Il est le bienvenu.

Jack sort.

LA MARQUISE, à sa nièce.
Vous allez faire connaissance avec un aimable homme.

LE MARQUIS.
Je serais tenté de croire qu'elle en a déjà vu de semblables.

SCÈNE IV

Les Précédents, LE CHEVALIER.

LA MARQUISE.
Il paraît que vous avez aussi peu dormi que moi.

LE CHEVALIER.
Certes, cette fois, le comte a bien exercé notre patience, et particulièrement la mienne. Il nous a fait rester une grande heure dans le jardin; puis il nous a ordonné de monter en voiture et de retourner chez nous; pour lui, il est entré dans la maison avec le chanoine.

LA MARQUISE.
Enfin, nous voici donc tous arrivés heureusement à la ville.

LE CHEVALIER.
Mademoiselle est votre nièce que vous nous avez annoncée?

LA MARQUISE.
C'est elle.

LE CHEVALIER.
Je vous prie de me présenter à elle.

LA MARQUISE.
Voici le chevalier Greville, mon digne ami.

LA NIÈCE.
Je me réjouis de faire une aussi agréable connaissance.

LE CHEVALIER, la considérant avec attention.
Votre tante n'a rien dit de trop; certes, vous serez le plus bel ornement de notre société.

LA NIÈCE.
Je m'aperçois qu'il faut s'accoutumer dans le grand monde à entendre ces expressions flatteuses. Je sens combien je les mérite peu, et j'en suis confuse au fond du cœur; il y a peu

de temps encore, de pareils compliments m'auraient fort embarrassée.

LE CHEVALIER.

Qu'elle parle bien !

LA MARQUISE *s'assied*.

Ne vous disais-je pas d'avance qu'elle pourrait vous devenir dangereuse ?

LE CHEVALIER *s'assied près d'elle*.

Vous plaisantez, marquise.

Le marquis prie par gestes sa nièce de lui arranger quelque chose à la cocarde de son chapeau, au cordon de sa canne ; elle le fait en s'asseyant à une petite table en face de la marquise ; le marquis demeure debout auprès d'elle.

LA MARQUISE.

Comment avez-vous laissé le chanoine ?

LE CHEVALIER.

Il paraissait triste et embarrassé ; je ne l'en blâme pas ; le comte nous a surpris ; et je dirai même qu'il venait pour nous tous fort à contre-temps.

LA MARQUISE.

Et ne vouliez-vous pas lutter à main armée contre ses esprits ?

LE CHEVALIER.

Je vous assure que depuis très-longtemps l'arrogance du comte m'était insupportable ; je lui aurais déjà plusieurs fois offert le duel si son état, son âge, son expérience et ses autres qualités, plus que sa bonté pour moi, ne m'eussent inspiré le plus grand respect ; je ne le nie pas : souvent il m'est suspect ; parfois il me fait l'effet d'un menteur, d'un imposteur, et en même temps je suis attaché et comme enchaîné à lui, par le pouvoir de sa présence.

LA MARQUISE.

A qui cela n'arrive-t-il pas ?

LE CHEVALIER.

A vous aussi ?

LA MARQUISE.

A moi aussi.

LE CHEVALIER.

Et ses miracles! ses esprits!

LA MARQUISE.

Nous avons des preuves si fortes, si sûres de sa puissance surnaturelle, que ma raison y est prise, quand même mon cœur ne s'accommoderait pas de ses façons.

LE CHEVALIER.

Je me trouve dans le même cas, quoique mes doutes soient plus forts. Mais cela doit se décider bientôt, aujourd'hui même, car je ne crois pas qu'il y ait moyen de l'éviter. Lorsque aujourd'hui, vers le midi, il nous donna la liberté de sortir du jardin (car je dois avouer que nous lui obéissions ponctuellement, et qu'aucun de nous ne hasardait un seul pas sans son ordre), il vint à nous et s'écria : « Soyez bénis, vous qui obéissez à la main d'un père qui vous châtie; la plus belle récompense vous est assurée. J'ai vu le fond de vos cœurs. Je les ai trouvés droits. Aussi devez-vous aujourd'hui même connaître le Grand Cophte. »

LA MARQUISE.

Aujourd'hui même?

LE CHEVALIER.

Il l'a promis.

LA MARQUISE.

A-t-il expliqué comment il le ferait voir, en quel lieu?

LE CHEVALIER.

Dans la maison du chanoine, dans la loge égyptienne, où il nous a initiés. Ce soir.

LA MARQUISE.

Je ne comprends pas. Le Grand Cophte serait-il déjà arrivé?

LE CHEVALIER.

C'est incompréhensible pour moi.

LA MARQUISE.

Le chanoine le connaîtrait-il, et l'aurait-il caché jusqu'à présent?

LE CHEVALIER.

Je ne sais que penser; mais, quoi qu'il en soit, je suis

déterminé à démasquer l'imposteur dès que je le découvrirai.

LA MARQUISE.

En amie, je ne puis vous conseiller une aussi héroïque entreprise; croyez-vous que ce soit une chose si facile?

LE CHEVALIER.

Quel miracle a-t-il donc fait devant nos yeux? et, je vous le demande, s'il continue à nous faire attendre le Grand Cophte, si enfin tout cela aboutit à une mascarade, s'il veut nous imposer un vagabond de son espèce comme le grand maître de son art, avec quelle facilité les yeux du chanoine et de toute la bande se dessilleront!

LA MARQUISE.

Ne le croyez pas, chevalier; les hommes aiment mieux l'obscurité que le grand jour, et c'est précisément dans l'obscurité qu'apparaissent les fantômes : et réfléchissez alors à quel danger vous vous exposez si, par une action précipitée et inconsidérée, vous offensez un tel homme. Je le vénère toujours comme un être surnaturel. Et sa magnanimité, sa libéralité, sa bienveillance pour vous! ne vous a-t-il pas présenté dans la maison du chanoine? ne vous favorise-t-il pas de toutes les manières? ne pouvez-vous pas espérer de faire par lui votre bonheur, bonheur qui est pour vous très-éloigné, puisque vous n'êtes que le troisième de votre famille? Mais vous êtes distrait. Je me trompe fort, chevalier, ou vos yeux sont plus occupés de ma nièce que votre esprit ne l'est de mes paroles.

LE CHEVALIER.

Pardonnez-moi ma curiosité. Un objet nouveau attire toujours les regards.

LA MARQUISE.

Surtout quand il est séduisant.

LE MARQUIS, qui jusqu'alors s'est entretenu bas avec la nièce.

Vous êtes distraite et vos yeux semblent dirigés de ce côté

LA NIÈCE.

Je regardais ma tante; elle n'a pas changé depuis que je ne l'ai vue.

LE MARQUIS.

Je la trouve changée depuis que le chevalier est entré.

LA NIÈCE.

Depuis si peu de temps?

LE MARQUIS.

O femmes! femmes!

LA NIÈCE.

Calmez-vous, marquis; quelle idée vous prend!

LA MARQUISE.

Ne faisons-nous pas un tour ce matin, petite nièce?

LA NIÈCE.

Comme il vous plaira.

LE CHEVALIER.

Oserai-je m'offrir pour vous accompagner?

LA MARQUISE.

Pas cette fois; le temps vous semblerait long; nous allons nous faire conduire de boutique en boutique; nous avons beaucoup d'emplettes à faire, car ce joli visage ne doit manquer d'aucune parure. Ce soir nous nous trouverons réunis à la loge égyptienne.

SCÈNE V

Les Précédents, JACK, LE COMTE.

JACK.

Le comte!

LE COMTE, qui entre immédiatement après Jack.

Nulle part il n'est annoncé, aucune porte n'est fermée pour lui, il entre à l'improviste dans tous les lieux. Et ne fût-il pas attendu, arrivât-il sans être désiré, comme un coup de tonnerre, il ne se retire jamais sans laisser derrière lui, comme un orage bienfaisant, la bénédiction et la fécondité.

Jack, qui pendant ce temps est resté immobile les yeux fixés sur le comte et l'écoutant, secoue la tête et sort. — Le comte s'assied et demeure dans cette scène, comme dans les précédentes et les suivantes, le chapeau sur la tête, qu'il soulève tout au plus pour saluer.

Je vous retrouve ici, chevalier? sortez, et livrez-vous à la méditation, et ce soir, à l'heure fixée, trouvez-vous dans l'antichambre du chanoine.

LE CHEVALIER.

J'obéis, et vous présente toutes mes civilités.

Il sort.

LA NIÈCE.

Qui est monsieur?

LE MARQUIS.

Le comte Rostro, le plus grand et le plus étonnant des mortels.

LE COMTE.

Marquise, marquise, si je n'étais pas aussi indulgent, que deviendriez-vous?

LA MARQUISE.

Comment cela, monsieur le comte?

LE COMTE.

Si je n'étais pas si indulgent et si puissant tout ensemble? Vous êtes une espèce bien légère! Combien de fois ne m'avez-vous supplié à genoux de vous faire pénétrer plus avant dans les mystères! n'avez-vous pas promis de vous soumettre à toutes les épreuves, si je vous faisais voir le Grand Cophte; si je vous montrais clairement et d'une manière palpable sa puissance sur les esprits? qu'avez-vous tenu?

LA MARQUISE.

Point de reproches, cher comte; vous nous avez assez punis.

LE COMTE.

Je me laisse fléchir. (Après un moment de réflexion.) Je vois bien que je dois procéder différemment; je dois, en vous initiant d'une manière particulière, en vous communiquant les dons merveilleux que je possède, vous purifier rapidement et vous rendre capables de paraître devant l'Être admirable. C'est une opération qui, si elle ne réussit pas, peut nous être dangereuse à tous. J'aime beaucoup mieux que mes élèves se préparent d'eux-mêmes : car alors je puis les introduire sans crainte dans le commerce des esprits, comme des hommes métamorphosés.

LA MARQUISE.

Ne nous faites pas attendre plus longtemps : rendez-nous heureux dès aujourd'hui, si cela est possible. J'aime mieux m'exposer au plus grand péril, s'il ne doit durer qu'un instant, que me soumettre à une loi sévère qui, pendant des mois, consume mes jours et mes nuits.

LE COMTE.

Vous voulez que tout soit pour vous facile et commode, et vous ne vous inquiétez pas combien ce travail maintenant devient difficile pour moi!

LA MARQUISE.

Difficile! je ne pensais pas que quelque chose pût être difficile pour vous.

LE COMTE.

Difficile! amer! dangereux! Croyez-vous qu'un commerce avec les esprits soit une chose agréable? On ne vient pas à bout d'eux comme de vous autres hommes, avec un regard ou un geste. Vous ne songez pas qu'ils me résistent, qu'ils cherchent à me subjuguer, qu'ils épient chacune de mes actions pour me surprendre en faute. Déjà deux fois dans ma vie j'ai craint de succomber à leur puissance; aussi, je porte toujours cette arme sur moi (Il tire de sa poche un pistolet.), afin de me délivrer de la vie si je venais à craindre de tomber dans leur dépendance.

LA NIÈCE au marquis.

Quel homme! mes jambes en tremblent! je n'ai jamais entendu parler ainsi! ni de choses semblables! je n'ai jamais songé à rien de pareil!

LE MARQUIS.

Si vous pouviez connaître dès à présent les lumières et puissance de cet homme, vous seriez frappée d'étonnement

LA NIÈCE.

Cet homme est dangereux! j'ai peur, je suis troublée!

Pendant ce temps le comte s'assied, et, immobile, fixe les yeux devant lui.

LA MARQUISE.

Où êtes-vous, comte? vous semblez absent? — Écoutez-moi, de grâce! (Elle le prend par le bras et le secoue.) Qu'est cela? Il ne bouge pas! Comte, écoutez-moi!

LE MARQUIS, s'approchant.

Vous êtes connaisseur en pierreries; à combien estimez-vous cette bague? — Il a les yeux ouverts et ne me regarde pas.

LA MARQUISE, le prenant encore par la main.

Il est roide comme du bois; on dirait que la vie l'a quitté.

LA NIÈCE.

Se serait-il évanoui? il parlait avec tant de chaleur! voici une odeur qu'on pourrait lui faire respirer.

LE MARQUIS.

Non, non; il est assis droit sur son siége; il n'éprouve aucune faiblesse.

LA MARQUISE.

Paix! il fait un mouvement!

Le marquis et la nièce s'éloignent de lui.

LE COMTE, très-haut et d'une voix animée, se levant soudain de son siége.

Ici, arrête, cocher; je veux descendre ici!

LA MARQUISE.

Où êtes-vous, comte?

LE COMTE, poussant un profond soupir.

Ah! Voyez-vous? voilà comme je suis! (Pause.) Vous en avez sous les yeux un exemple. (Pause.) Je puis bien vous le confier! Un ami qui vit en Amérique se trouva tout à coup en proie à un danger imminent; il prononça la formule que je lui ai apprise; alors je ne pouvais résister! mon âme fut enlevée de mon corps, et s'envola vers cette contrée. En peu de mots il me fit part de sa demande; je lui donnai un conseil prompt; maintenant mon esprit est de retour ici, attaché à cette enveloppe de terre qui, durant cet intervalle, était demeurée comme un bloc inanimé. (Pause.) Le plus extraordinaire, c'est qu'il me semble toujours, lorsque cette absence se termine, que je vais en voiture prodigieusement vite, que je vois ma demeure et que je crie au postillon de s'arrêter au moment où il va passer outre. N'ai-je pas fait entendre un cri de ce genre?

LA MARQUISE.

Oui, vous nous avez effrayés. Chose étonnante et bizarre! (A part.) Quelle effronterie!

LE COMTE.

Mais vous ne pouvez concevoir à quel point je suis fatigué. Toutes mes articulations sont comme rompues. J'ai besoin de quelques heures pour me remettre. Vous ne vous doutez point de cela; vous pensez qu'on peut tout faire commodément avec une baguette magique.

LE MARQUIS.

Homme vénérable et surprenant! (A part.) Le menteur!

LA NIÈCE, s'approchant du comte.

Vous m'avez donné bien de l'inquiétude, monsieur le comte.

LE COMTE.

Aimable enfant, quelle naïveté! (A la marquise.) C'est votre nièce?

LA MARQUISE.

Oui, monsieur le comte; elle a perdu depuis peu sa mère; élevée à la campagne, elle n'est à la ville que depuis trois jours.

LE COMTE, regardant fixement la nièce.

Ainsi donc, Uriel ne m'a pas trompé.

LA MARQUISE.

Uriel vous a parlé de ma nièce?

LE COMTE.

Non pas directement; il m'a seulement préparé à la voir.

LA NIÈCE, bas au marquis.

Ciel! il sait tout; il va tout trahir!

LE MARQUIS.

Calmez-vous et écoutons.

LE COMTE.

J'étais ces jours-ci dans une grande perplexité en méditant sur l'importante action qui doit avoir lieu aujourd'hui. Aussitôt que le Grand Cophte se sera manifesté à vous, il jettera les yeux autour de lui et demandera : Où est l'innocente? où est la colombe? Il faudra que je lui présente alors une jeune fille sans tache. Je cherchais où je pourrais la trouver, comment je pourrais la faire conduire ici. Uriel sourit alors et me dit : « Console-toi, tu la trouveras sans la chercher. Quand tu reviendras d'un grand voyage, la plus belle, la plus pure colombe se présentera devant toi. » Tout s'est accompli, sans que je pusse le prévoir. Je reviens d'Amérique, et cette innocente enfant est devant mes yeux.

LE MARQUIS, bas.

Uriel, cette fois, s'est grandement trompé.

LA NIÈCE, bas.

Je tremble, je chancelle!

LE MARQUIS, bas.

Écoutez donc jusqu'à la fin. (Haut.) Une jeune fille innocente doit être présentée au Grand Cophte? le Grand Cophte vient de l'Orient? Je ne pense pas...

LE COMTE.

Éloignez toute idée étrangère, toute idée malveillante. (A la nièce, d'une voix douce et amicale.) Approchez, mon enfant; soyez sans crainte, approchez. Bien, comme cela. Montrez-vous de cette manière au Grand Cophte. Ses yeux pénétrants vont vous éprouver. Il vous conduira devant un cristal d'un éclat éblouissant; vous y apercevrez les esprits qui répondent à sa voix, vous jouirez du bonheur vers lequel les autres aspirent en vain, vous instruirez vos amis, et aussitôt vous prendrez un rang distingué dans la société vers laquelle vous marchez; vous, la plus jeune, mais aussi la plus pure. Parions, marquise, que cette enfant verra les choses qui rendent le chanoine si heureux. Parions, marquise?

LA MARQUISE.

Parier! avec vous qui savez tout!

LA NIÈCE qui, jusqu'alors, a cherché à dissimuler son embarras.

Épargnez-moi, monsieur le comte, épargnez-moi, je vous en prie.

ACTE II.

LE COMTE.

Soyez sans inquiétude, chère enfant; l'innocence n'a rien à craindre.

LA NIÈCE, avec une émotion extrême.

Je ne puis voir les esprits! j'en mourrais!

LE COMTE, la flattant.

Prenez courage. Cette crainte même, cette humilité vous sied à ravir, et vous rend digne de paraître devant nos maîtres. Donnez-lui des encouragements, marquise.

La marquise parle tout bas avec sa nièce.

LE MARQUIS.

Ne puis-je aussi être témoin de cette merveille?

LE COMTE.

Cela n'est pas certain. Vous êtes encore moins préparé que ces dames. Vous vous êtes, pendant tout le temps, abstenu de nos assemblées.

LE MARQUIS.

Pardonnez-moi, j'étais occupé.

LE COMTE.

A vous parer, occupation que vous devriez abandonner aux femmes.

LE MARQUIS.

Vous êtes sévère!

LE COMTE.

Pas si sévère; car je devrais exclure celui qui ne me donne pas d'espérance. Venez, venez; allons nous promener un quart d'heure; au moins faut-il que je vous examine et que je vous prépare. Adieu, mesdames, au revoir.

LA NIÈCE, arrêtant le comte.

Je vous supplie, je vous conjure!

LE COMTE.

Encore une fois, mon enfant, reposez-vous sur moi; aucun danger ne vous menace, et vous trouverez les immortels disposés à la douceur, à la bienveillance. Marquise, donnez-lui une idée de nos réunions; instruisez cette pure créature. Notre ami le chanoine n'aspire qu'à voir le Grand Cophte; ce désir lui tient beaucoup au cœur; je suis convaincu que cette apparition fortifiera ses espérances. Il mérite d'être content, d'être heureux, et quelle reconnaissance n'aura-t-il pas pour vous, lorsque les esprits lui annonceront son bonheur par votre bouche! Adieu; venez, marquis...

LA NIÈCE, *courant sur les pas du comte.*
Monsieur le comte, monsieur le comte...

SCÈNE VI
LA MARQUISE, LA NIÈCE.

Lorsque le comte et le marquis sont sortis, la nièce demeure debout au fond du théâtre dans l'attitude du désespoir.

LA MARQUISE, *sur le devant de la scène, à part.*
Je comprends ce signe; je te remercie, comte, de me regarder comme égale à toi. Le désir que tu as de m'être utile ne doit pas tourner à ta perte. Il remarque depuis longtemps que je berce le chanoine avec l'espérance de gagner pour lui la princesse. Il ne soupçonne rien de mon vaste plan, il croit tout cela concerté pour une simple duperie; il pense maintenant à m'être utile, parce qu'il a besoin de moi; il me donne la faculté de tromper comme je voudrai le chanoine au moyen de ma nièce, et je ne le puis faire sans fortifier la croyance qu'il a pour les esprits. Bien, comte! voilà comme les forts d'esprit doivent s'entendre pour soumettre les faibles, les imbéciles. (*Se retournant.*) Petite nièce, où êtes-vous? que faites-vous?

LA NIÈCE.
Je suis perdue!
Elle avance d'un pas mal assuré vers sa tante, et s'arrête à moitié chemin.

LA MARQUISE.
Remettez-vous, ma chère!

LA NIÈCE.
Je ne puis voir, je ne verrai pas les esprits.

LA MARQUISE.
Chère enfant, laissez-moi ce soin. Je veux vous donner des conseils, vous soulager.

LA NIÈCE.
Point de conseil; point de secours; sauvez-moi! sauvez

une infortunée d'un affront public! Le magicien veut me perdre; je ne verrai point les esprits! je resterais là couverte de honte aux yeux de tous.

LA MARQUISE, à part.

Que peut signifier cela?

LA NIÈCE.

Je vous supplie, je vous implore à genoux, sauvez-moi! Je vais tout avouer. Ah! ma tante! ah! chère tante! si je puis encore vous donner ce nom. La jeune fille que vous voyez devant vous n'est point innocente. Ne me méprisez pas, ne me repoussez pas!

LA MARQUISE, à part.

Quel discours inattendu! (A sa nièce.) Levez-vous, mon enfant.

LA NIÈCE.

Je ne le pourrais pas, quand je le voudrais; mes genoux ne me soutiennent plus. Être ainsi à vos pieds me fait du bien. Ce n'est qu'en cette position que j'oserai vous dire... Peut-être suis-je excusable! ma jeunesse! mon inexpérience! ma situation! ma crédulité!

LA MARQUISE.

Je vous croyais plus en sûreté sous les yeux de votre mère que dans un couvent. Levez-vous.

Elle relève sa nièce.

LA NIÈCE.

Ah! dois-je parler! dois-je tout avouer!

LA MARQUISE.

Parlez!

LA NIÈCE.

Depuis la mort de ma mère le repos et le bonheur ont fui loin de moi.

LA MARQUISE.

Comment! (se détournant) serait-il possible? (Haut.) Poursuivez.

LA NIÈCE.

Oh! vous allez me haïr, me repousser. Malheureux jour, où votre bonté même m'accable!

LA MARQUISE.

Expliquez-vous!

LA NIÈCE

Oh! Dieu! qu'il est pénible d'avouer ce qu'un instant maudit nous fit envisager comme si doux! Pardonnez-moi de l'avoir trouvé aimable; ah! qu'il était aimable! c'est le premier homme qui me pressa les mains avec ardeur, dont les yeux cherchèrent les miens, qui me jura qu'il m'aimait. Et en quel temps? au moment où mon cœur, froissé d'une manière inexprimable par la perte la plus cruelle, se fondait en larmes amères, et était devenu si tendre! lorsque dans le monde désert, à travers les nuages de la douleur, je n'apercevais autour de moi qu'absence et chagrin. Il me parut alors semblable à un ange; l'homme que j'avais déjà respecté dans mon enfance, il me parut un consolateur. Il serra son cœur contre le mien. J'oubliai qu'il ne peut jamais devenir mon époux... qu'il vous appartient... Le voilà dit mon secret! vous détournez de moi votre visage! haïssez-moi, je le mérite; repoussez-moi; laissez-moi mourir!

Elle se jette sur un siège.

LA MARQUISE, à part.

Séduite... par mon mari! ces deux faits me surprennent, et viennent mal à propos! remettons-nous! Loin de moi tout sentiment étroit! la question est de savoir si je ne puis pas mettre aussi à profit cette circonstance. Sans doute. Oh! elle sera désormais bien plus docile, et m'obéira aveuglément. Et cette découverte me donne en outre sur mon mari de nouveaux avantages. Pourvu que j'atteigne mon but, tout le reste m'est indifférent! (Haut.) Venez ma nièce. Remettez-vous. Vous êtes une bonne, une digne enfant. Je pardonne tout. Venez! baissez votre voile : nous allons sortir en voiture; il faut vous distraire.

LA NIÈCE, se levant et se jetant au cou de la marquise.

Chère et excellente tante, que vous me confondez!

LA MARQUISE.

Vous trouverez en moi une amie, une confidente; seulelement, le marquis doit l'ignorer; épargnons-lui cet embarras.

LA NIÈCE.

Quelle grandeur d'âme!

LA MARQUISE.

Il faudra que vous l'évitiez adroitement; je vous aiderai de mon secours.

LA NIÈCE.

Je suis toute entre vos mains!

LA MARQUISE.

Et quant à ce qui touche les esprits, je vous révélerai des secrets très-singuliers, et vous verrez que cette compagnie si terrible n'est qu'une simple plaisanterie. Venez, venez seulement.

ACTE TROISIÈME

CHAMBRE DU CHANOINE.

Au fond, une cheminée aux deux côtés de laquelle sont deux portraits de grandeur naturelle, représentant un homme âgé et une jeune dame.

SCÈNE I

LE CHANOINE, tenant des papiers à la main.

Reparaîtrai-je encore, le cœur plein de joie et d'espérance, levant tes beaux yeux, adorable princesse? ma tristesse peut-elle attendre enfin de tes lèvres quelque consolation? — Je flotte encore dans l'incertitude. — Les voilà ces traits précieux (montrant les papiers); je reconnais ta main, tes sentiments; mais ce n'est encore qu'une politesse banale; il n'y a pas encore sur ces feuillets une seule syllabe de ce que je désire si ardemment. — Insensé, et que souhaites-tu? — N'est-ce pas déjà assez qu'elle t'écrive? qu'elle t'écrive une si longue lettre, — et la simple initiale de son nom mise au bas de cette lettre ne serait-elle pas une preuve de ses sentiments heureusement changés? — Changés? — Non, elle n'a jamais changé! elle s'est tue quand on m'a repoussé; elle a dissimulé afin de m'être utile; elle me récompense maintenant par une confiance dix fois plus grande, et elle trouvera bientôt l'occasion de me replacer au faîte de la faveur. — Elle désire un collier précieux, et me charge de lui procurer ce bijou à l'insu de son père; elle m'envoie sa garantie, et cette circonstance entretiendra ses relations avec moi à cause des payements; j'avance volontiers le premier terme, pour me l'attacher d'une manière encore plus indissoluble. — Oui, tu seras... tu seras... dois-je prononcer ce mot devant ton image? tu seras à moi!... Quelle parole! quelle pensée! déjà la félicité comble de nouveau mon cœur. — Oui, cette image semble se mouvoir, me sourire, m'adresser un signe amical. La sévérité s'éloigne du front du prince. Il me regarde d'un air gracieux, comme dans ces jours où il me fit présent, par une aimable surprise, de ces précieux tableaux. Et elle! — Ah! descends vers moi, divinité, descends!... Ou élève-moi jusqu'à ta hauteur, si je ne dois pas mourir à tes yeux!

SCÈNE II

LE CHANOINE, un Domestique, puis les Bijoutiers de la cour.

LE DOMESTIQUE.

Votre Grâce a demandé les bijoutiers de la cour; les voici.

LE CHANOINE.

Fais-les entrer. (Aux bijoutiers.) Que dites-vous du projet de contrat que je vous ai envoyé?

UN BIJOUTIER.

Nous aurions encore quelques observations à faire au sujet de la somme.

LE CHANOINE.

Je pensais pourtant offrir un bon prix de ce bijou. Vous ne lui trouverez pas aisément un acheteur. N'y a-t-il pas un an déjà que ce collier vous reste?

UN BIJOUTIER.

Hélas! — Eh bien! pardonnez, monseigneur...

LE CHANOINE.

Qu'est-ce encore?

UN BIJOUTIER.

Quoique nous nous contentions de la somme offerte et que nous acceptions les termes fixés, vous ne vous irriterez pas néanmoins si nous faisons difficulté de vous livrer une pièce si précieuse sur votre reconnaissance pure et simple. Ce n'est point assurément méfiance de notre part, mais pour notre sûreté dans une affaire de cette importance.

LE CHANOINE.

Je ne trouve pas mauvais que vous ne vouliez pas me confier sans précautions une si grande valeur. Mais je vous ai déjà dit que je n'achète pas le collier pour moi; c'est pour une dame qui doit certainement avoir un grand crédit auprès de vous.

UN BIJOUTIER.

Nous nous fions entièrement à votre parole, et désirerions seulement un mot de la main de celle qui nous fait l'honneur de nous acheter.

LE CHANOINE.

Je vous ai déjà dit que cela n'est pas praticable, et vous ordonne de nouveau le secret. Je deviens votre débiteur; mais, pour que vous ne pensiez pas que j'ai agi précipitamment et que je n'ai pas su mettre à couvert vos intérêts et les miens, lisez ceci. (Il leur donne un papier et parle à part pendant qu'ils lisent.) Il est vrai que la marquise a désiré expressément que je ne montrasse ce papier à personne, et que je le conservasse seulement pour ma sûreté personnelle. Mais si ces gens songent aussi à leur sûreté, s'ils veulent savoir quel est notre garant à eux et à moi, pour une si forte somme... (Haut.) Eh bien! que dites-vous, messieurs?

UN BIJOUTIER, rendant le papier.

Mille pardons, monseigneur; nous n'hésitons plus un seul instant : nous vous aurions livré le collier, même sans cela. Le voici. Vous plairait-il de signer le contrat?

LE CHANOINE.

Très-volontiers. (Il signe et échange le papier contre l'écrin qui contient le bijou.) Adieu, messieurs ; les termes seront acquittés exactement, et dorénavant nous ferons encore d'autres affaires ensemble.

Les bijoutiers se retirent avec une révérence profonde.

SCÈNE III
LE CHANOINE, ensuite UN DOMESTIQUE, puis JACK.

LE CHANOINE, considérant le collier.

Superbe! magnifique! et bien digne du cou blanc et délié qui doit te porter; digne du céleste sein que tu dois effleurer. Vole vers elle, brillant bijou! qu'elle sourie un moment et pense avec complaisance à l'homme qui hasarde beaucoup pour lui procurer cette jouissance. Va, sois-lui une preuve que je suis prêt à tout faire pour elle. (Regardant le collier.) Si j'étais roi, tu serais pour elle une surprise, un présent, et bientôt tu serais éclipsé par des présents plus précieux. — Ah! qu'il est triste et pénible pour moi de ne faire ici que la fonction de courtier!

UN DOMESTIQUE, portant un billet.
Un messager de la marquise.

LE CHANOINE.
Qu'il attende. (Le domestique sort. — Il lit.) « Si le bijou est entre vos mains, veuillez le remettre à l'instant au porteur. J'ai la plus belle occasion de le faire partir; une femme de chambre de la princesse est à la ville; j'envoie à notre divinité différents objets de toilette, et j'y joindrais les joyaux. La récompense pour ce petit service vous attend cette nuit même. Dans un quart d'heure je serai chez vous. Quel surcroît de bonheur en un jour! la vue du Grand Cophte et celle d'un ange! Adieu, mon cher ami, le plus heureux des élus. Brûlez cette lettre. » En croirai-je mes yeux? Cette nuit! vite! vite! sois l'avant-coureur du plus heureux des mortels! (Il écrit quelques mots et cachète l'écrin.) Pourquoi tout se presse-t-il à la fois aujourd'hui? une seule soirée m'indemnisera-t-elle de tant d'ennuis, d'impatiences et de chagrins? Arrive enfin, moment ardemment attendu de mon bonheur!

Esprits célestes, conduisez-moi vers le sanctuaire des connaissances secrètes! Amour, introduis-moi dans le tien! (Il sonne. — Un domestique entre.) Qui est là de chez la marquise?

LE DOMESTIQUE.

Jack, son laquais.

LE CHANOINE.

Qu'il entre. (Le domestique sort.) Je n'aurai point de repos jusqu'à ce que je sache le bijou dans ses mains.

JACK, s'approchant.

Qu'ordonne Votre Grâce?

LE CHANOINE.

Porte ce paquet à ta gracieuse maîtresse. Dépêche-toi, et tiens-le bien pour ne point le perdre.

JACK.

J'en réponds comme de ma tête.

LE CHANOINE.

Tu es si étourdi!

JACK.

Non pas dans les commissions.

LE CHANOINE.

Allons, va.

JACK.

Monseigneur, vous êtes bien bon avec les messagers.

LE CHANOINE.

J'entends. (Il lui donne de l'argent.) Tiens, emploie bien cela.

JACK.

Je le dépenserai bientôt, afin de ne pas le perdre. Je vous remercie humblement. (A demi-voix, comme s'il parlait à lui-même, mais de manière cependant à ce que le chanoine l'entende.) Quel maître! il mérite d'être prince!

Il se retire après plusieurs salutations.

LE CHANOINE.

Cours, vole! Quel bonheur pour moi d'avoir pu exécuter si promptement cette commission! La seule chose qui m'afflige, c'est d'être obligé de le cacher au comte. C'est la volonté expresse de la princesse. O bons esprits qui me secondez si visiblement, demeurez près de moi et cachez cette aventure à votre maître, pour quelque temps!

SCÈNE IV

LE CHANOINE, LE CHEVALIER, Saint-Jean.

SAINT-JEAN.

Le chevalier!

LE CHANOINE.

Trois siéges.

Saint-Jean place les siéges.

LE CHEVALIER.

Me voici. A peine ai-je pu attendre ce moment. Depuis longtemps je me promène çà et là avec impatience. L'heure sonne et j'accours.

LE CHANOINE.

Soyez le bienvenu.

LE CHEVALIER.

J'ai rencontré le comte sur l'escalier; il m'a adressé la parole avec affabilité, d'un ton plein de douceur que je n'ai pas coutume de remarquer en lui. Il sera bientôt ici.

LE CHANOINE.

Est-il passé de l'autre côté, dans la chambre qui forme la loge?

LE CHEVALIER.

C'est ce qui m'a semblé.

LE CHANOINE.

Il se prépare à l'acte solennel de vous recevoir d'abord ici au second grade; de m'élever ensuite au troisième, et de nous présenter tous deux au Grand Cophte.

LE CHEVALIER.

Oui, il avait le visage d'un bienfaiteur, d'un père. Cela m'a comblé d'espérance. Ah! que la bonté brille avec grâce sur la figure de cet homme puissant!

SCÈNE V

Les Précédents, LE COMTE.

LE COMTE, *ôtant son chapeau et le replaçant aussitôt.*

Je vous salue, hommes du second grade!

LE CHANOINE.

Nous te remercions.

LE CHEVALIER.

Me donnes-tu aussi déjà ce nom?

LE COMTE.

Celui que je salue ainsi, le porte. (Il s'assied sur le siége du milieu.) Couvrez-vous.

LE CHANOINE.

Tu l'ordonnes!

Il se couvre.

LE COMTE.

Je n'ordonne pas, vous exercez votre droit; je ne fais que vous le rappeler.

LE CHEVALIER, à part, tandis qu'il se couvre.

Quelle douceur! quelle indulgence! je brûle d'envie de savoir les mystères du deuxième grade.

LE COMTE.

Placez-vous, mes amis; placez-vous, mes compagnons.

LE CHANOINE.

Des compagnons devraient se tenir debout devant leur maître, pour exécuter promptement ses ordres comme des esprits disposés à le servir.

LE COMTE.

Bien dit; mais vous vous asseyez près de lui, parce que vous êtes plutôt ses conseillers que ses serviteurs. (Tous deux s'asseyent.—Au chevalier.) Comment appelle-t-on les hommes du second grade?

LE CHEVALIER.

Si je l'ai bien entendu, ils s'appellent compagnons.

LE COMTE.

Pourquoi portent-ils ce nom?

LE CHEVALIER.

Vraisemblablement parce que le maître les trouve assez capables et assez initiés pour partager ses travaux et concourir à la fin qu'il se propose.

LE COMTE.

Que pensez-vous de l'objet de ce grade?

LE CHEVALIER.

Je ne puis en avoir une autre idée, sinon que l'on doit y mettre en pratique ce que le premier grade a montré. On indique de loin le but à l'élève, et on donne au compagnon le moyen de l'atteindre.

LE COMTE.

Quel est ce but que l'on offre aux élèves ?

LE CHEVALIER.

De chercher son plus grand bien dans le plus grand bien d'autrui.

LE COMTE.

Qu'attend donc celui qui aspire à être compagnon ?

LE CHEVALIER.

Que le maître lui donne les moyens de coopérer au bien général.

LE COMTE.

Expliquez-vous plus clairement.

LE CHEVALIER.

Vous savez mieux que moi-même ce que je dois dire. Dans tout bon cœur il est un sentiment noble placé par la nature, savoir : qu'il ne faut pas être heureux pour soi seul, mais chercher son bonheur dans le bien-être de ses semblables. C'est ce sentiment si beau que tu sais exciter, fortifier et nourrir dans le cœur des élèves. Et combien il est nécessaire d'exciter notre courage ! Notre cœur qui, dès l'enfance, trouve son bonheur dans la sociabilité, qui se livre si volontiers, et ne goûte les plus vives, les plus pures jouissances que lorsqu'il peut se sacrifier pour un objet aimé, ah ! notre cœur est malheureusement entraîné par le tourbillon du monde hors de ses rêves chéris. Ce que nous voulons donner, nul ne le veut recevoir; si nous voulons agir, nul ne veut nous aider; nous cherchons, nous essayons, et nous nous trouvons bientôt dans la solitude.

LE COMTE, après une pause.

Ensuite, mon fils.

LE CHEVALIER.

Et ce qui est pis encore, nous nous trouvons faibles et

découragés. Qui peut décrire les chagrins d'un cœur aimant qu'on méconnaît et qu'on repousse de toutes parts? qui peut exprimer les longs tourments d'un homme qui, né pour faire le bien, abandonne à regret ses vœux et ses espérances, et est enfin obligé d'y renoncer sans retour? Heureux s'il lui est encore possible de trouver une épouse, un ami auxquels il puisse donner en particulier ce qu'il destinait à tout le genre humain; s'il peut faire du bien à ses enfants; que dis-je? à ses animaux!

LE COMTE.

Vous avez encore quelque chose à dire; continuez.

LE CHEVALIER.

Oui, c'est ce beau sentiment que vous ranimez dans vos élèves : vous leur donnez l'espérance que les obstacles qui se présentent à l'homme de bien ne sont pas insurmontables, qu'il est possible non-seulement de se connaître, mais de se rendre meilleur, qu'il est possible non-seulement de reconnaître les droits de l'homme, mais de les faire valoir, et, en travaillant pour les autres, de recueillir pour soi-même la plus belle récompense.

LE COMTE, au chanoine, qui n'a pu jusqu'alors demeurer tranquille sur son siège.

Que dites-vous de cette profession de foi du chevalier?

LE CHANOINE, souriant.

Qu'elle vient d'un élève et non pas d'un compagnon.

LE CHEVALIER.

Comment?

LE CHANOINE.

Il ne faut point l'interroger; il faut l'instruire.

LE CHEVALIER.

De quoi?

LE CHANOINE.

Dites la devise du premier grade.

LE CHEVALIER.

« Fais pour les hommes ce que tu veux qu'ils fassent pour toi. »

LE CHANOINE.

Apprends donc maintenant la devise du second grade :
« Ce que tu veux que les autres fassent pour toi, ne le fais
pas pour eux. »

LE CHEVALIER, bondissant sur son siége.

Qu'est-ce à dire ? veut-on me jouer ? Un homme sage, honnête, peut-il parler ainsi ?

LE COMTE.

Rasseyez-vous, et écoutez. (Au chanoine.) Où est le centre auquel tout doit se rapporter ?

LE CHANOINE.

A notre cœur.

LE COMTE.

Quelle est notre loi suprême ?

LE CHANOINE.

Notre propre intérêt.

LE COMTE.

Que nous apprend le second grade ?

LE CHANOINE.

A être sages et prudents.

LE COMTE.

Quel est l'homme le plus sage ?

LE CHANOINE.

Celui qui ne fait et ne veut que ce qui lui est utile.

LE COMTE.

Quel est le plus prudent ?

LE CHANOINE.

Celui qui fait tourner tout ce qui lui arrive à son propre intérêt.

LE CHEVALIER, se récriant de nouveau.

Laissez-moi ; il m'est impossible, il m'est insupportable d'entendre de tels discours.

LE CHANOINE, souriant à demi.

J'ai éprouvé à peu près ce que vous éprouvez actuellement. (Au comte.) Il faut lui pardonner de se montrer si intraitable. (Au chevalier.) Calmez-vous ; vous rirez bientôt vous-même et nous pardonnerez ce sourire qui vous déplaît en cet instant.

En sortant du champ de l'enthousiasme où le maître conduit ses élèves comme à la lisière, on croit que l'on va passer sur un pont d'or dans le délicieux pays des féeries; et effectivement, on ne s'attend pas à être ramené brusquement dans le monde réel dont on croyait s'éloigner.

LE CHEVALIER.

Messieurs, permettez que je me remette de mon étonnement.

LE CHANOINE.

Remettez-vous, remettez-vous, et jetez les yeux sur le monde, sur votre propre cœur. Endurez les fous, mais tirez parti de leur folie. Voyez comme chacun cherche à prendre aux autres autant que possible, et à donner le moins qu'il peut. Chacun aime mieux commander que servir, se faire porter que porter. Chacun exige qu'on lui rende un tribut d'honneur et de considération, et en est aussi avare que possible. Tous les hommes sont égoïstes. Il n'y a qu'un novice ou un insensé qui puisse voir les choses autrement. Celui qui ne se connaît pas peut seul nier que tel est l'état de son cœur.

LE CHEVALIER.

Où veut-on me conduire?

LE CHANOINE.

C'est cette marche du monde que le maître développe dans le deuxième grade. Il vous montrera que l'on ne peut rien obtenir des hommes sans les tromper, sans flatter leurs caprices; qu'on se fait des ennemis irréconciliables quand on veut éclairer les sots, réveiller les somnambules, ou rappeler au droit chemin ceux qui s'égarent; que tous les hommes supérieurs ont été et sont des charlatans assez adroits pour fonder leur autorité et leur fortune sur les défauts de l'humanité.

LE CHEVALIER.

Affreux! affreux!

LE COMTE.

C'est assez. Qu'il réfléchisse maintenant. Mais un mot avant de nous séparer. Comment appelle-t-on le premier grade?

LE CHANOINE.

L'instruction.

LE COMTE.

Pourquoi?

LE CHANOINE.

Parce que l'élève croit apprendre quelque chose.

LE COMTE.

Comment appelle-t-on le deuxième grade?

LE CHANOINE.

L'épreuve.

LE COMTE.

Pourquoi?

LE CHANOINE.

Parce que la tête d'un homme est éprouvée dans ce grade, et que l'on voit ce dont il est capable.

LE COMTE.

Très-bien. (Bas au chanoine.) Laisse-nous seuls; je vais tâcher d'améliorer cette mauvaise tête.

LE CHANOINE.

Je souhaiterais que tu voulusses exaucer mes vœux et m'initier au troisième grade.

LE COMTE.

Je ne peux prévenir le Grand Cophte. Attends son apparition : dans peu tous tes désirs seront satisfaits.

SCÈNE VI
LE COMTE, LE CHEVALIER.

LE COMTE.

Jeune homme!

LE CHEVALIER, qui pendant ce temps est demeuré pensif et immobile.

Adieu, monsieur le comte.

LE COMTE.

Où voulez-vous aller? Je ne vous laisse point sortir.

LE CHEVALIER.

Ne me retenez pas ; je ne veux pas que vous m'arrêtiez.

LE COMTE.
Demeurez.

LE CHEVALIER.
Oui, mais le temps nécessaire pour vous remercier du bien que vous m'avez enseigné, des connaissances que j'ai puisées dans vos leçons, du désir de bien faire que vous avez fait naître en moi. Adieu, maintenant, adieu pour toujours! J'ai payé la dette de la reconnaissance à mon bienfaiteur. Adieu! Je vous dirai seulement : Vos bienfaits ne me faisaient point rougir, car je croyais les devoir à un homme généreux.

LE COMTE.
Continuez, continuez; achevez de tout dire avant de quitter la place.

LE CHEVALIER.
Vous le voulez, vous l'ordonnez; soit! donc. O comte! comment avez-vous anéanti en un moment mon bonheur et mes espérances. Ne m'avez-vous pas mieux connu, mieux jugé?

LE COMTE.
En quoi me suis-je donc tant trompé? Je voyais en vous un jeune homme avide de bonheur et aspirant à la fortune et au rang, avec d'autant plus de chaleur que sa position ne lui permettait pas de hautes espérances.

LE CHEVALIER.
Oui; mais ne montrais-je pas aussi un cœur plein de mépris pour les moyens vils et bas? Ne voulais-je pas tenir mon plus beau titre de ma franchise, de ma loyauté, de ma bonne foi, de toutes les qualités qui décorent un homme noble, un soldat? Et maintenant?

LE COMTE.
Et maintenant, rougissez de la peau de renard dont vous voudriez couvrir la crinière du lion.

LE CHEVALIER.
Plaisantez, si bon vous semble; moi, je vais parler sérieusement, sérieusement, pour la dernière fois, à un homme que j'ai cru mon ami. Oui, je l'avoue, votre conduite a été pour moi longtemps équivoque. Ces connaissances mystérieuses entourées d'épaisses ténèbres, cette puissance éton-

nante à laquelle nous croyions de bonne foi, ce commerce avec les esprits, ces cérémonies infructueuses, tout cela ne me présageait rien de bon : seulement, la grandeur de vos sentiments, que j'avais appris à connaître dans plusieurs circonstances, votre abnégation de tout intérêt personnel, votre sensibilité, votre empressement à rendre service, votre générosité, tout cela m'indiquait au contraire le fond d'un cœur noble. Je demeurai suspendu à votre bouche, je suçai vos leçons jusqu'à ce moment qui a détruit toutes mes espérances. Adieu! Pour devenir un méprisable et bas coquin, suivre le torrent, et saisir mon intérêt d'un moment au préjudice de mes semblables, il n'y avait pas besoin de ces préparations, de cet appareil qui me font rougir et me rabaissent. Je vous quitte.

LE COMTE.

Chevalier, regardez-moi.

LE CHEVALIER.

Que désirez-vous de moi?

LE COMTE.

Faites ce que vous me verrez faire.

Il ôte son chapeau.

LE CHEVALIER.

Faut-il nous quitter avec cérémonie?

LE COMTE.

La politesse même vous ordonne de m'imiter.

LE CHEVALIER, ôtant son chapeau.

Eh bien donc, j'ai l'honneur de vous saluer.

LE COMTE, jetant au loin son chapeau.

Allons, chevalier.

LE CHEVALIER.

Que signifie cela ?

LE COMTE.

Je désire que vous suiviez mon exemple.

LE CHEVALIER, jetant aussi son chapeau.

Que ce soit donc la dernière fois que je fais une chose incompréhensible, une folie!

LE COMTE.

Ce n'est pas une folie comme tu le penses. (Il s'avance vers lui les bras ouverts.) Regarde-moi face à face, ô toi, mon élu ! Viens dans mes bras, presse-toi contre mon sein ; tu es élevé au grade de maître.

LE CHEVALIER.

Que veut dire ceci ? Laissez-moi partir.

LE COMTE.

Jamais, si je ne devais te quitter qu'après l'épuisement de ma joie, ô mon excellent ami !

LE CHEVALIER.

Expliquez-vous ; vous me confondez.

LE COMTE.

Te rappelles-tu comment le chanoine a nommé le deuxième grade ?

LE CHEVALIER.

L'épreuve, je crois.

LE COMTE.

C'est cela. Eh bien ! tu en es sorti victorieux.

LE CHEVALIER.

Expliquez-vous.

LE COMTE.

Laisse-moi d'abord t'exprimer l'excès de ma joie par ces embrassements.

LE CHEVALIER.

Je demeure muet.

LE COMTE.

Que j'ai joui rarement de ce bonheur ! que je te félicite, que je me félicite moi-même !

LE CHEVALIER.

Ne me laissez pas plus longtemps dans l'incertitude.

LE COMTE.

Tu t'es tiré avec gloire de l'aventure la plus bizarre ; tu t'es donné à toi-même la dignité de maître ; tu as enlevé comme d'assaut les avantages du troisième grade.

LE CHEVALIER.

Je suis toujours dans le doute et la perplexité.

LE COMTE.

Je désirerais maintenant que ton esprit t'expliquât ce que ton cœur a exécuté; avec un peu d'attention tu le feras facilement. Quelles étaient tes espérances comme élève du premier grade?

LE CHEVALIER.

De devenir meilleur que je ne suis et, par votre secours, de mettre en pratique le bien, que je sais distinguer du mal.

LE COMTE.

Et qu'appris-tu quand tu entendis, de la bouche du chanoine, les principes du deuxième grade?

LE CHEVALIER.

J'appris avec horreur que, jusqu'alors, vous n'aviez fait que dissimuler, et que vous trompiez les élèves; que l'on voulait transformer ceux que vous appelez compagnons en hommes du monde, en égoïstes; arracher de leur cœur les plus tendres sentiments de l'amitié, de l'amour, de la loyauté, qui y sont enracinés profondément, et en faire, je ne crains pas de le dire, des hommes bas, vils et méchants. Vous savez avec quelle horreur j'ai repoussé cette métamorphose. Je n'ai plus rien à dire; je ne change rien à mes sentiments, et... Congédiez-moi.

LE COMTE.

C'est précisément pour cela que je te presse contre mon cœur, que je jette mon chapeau à tes pieds, et que je te salue comme maître. Tu as triomphé de l'épreuve, tu as échappé à la tentation, tu t'es montré l'homme que je cherche. Tout ce que tu as entendu de la bouche du chanoine, tout ce que, hélas! ce malheureux, avec beaucoup d'autres, prend pour la vérité, est seulement l'épreuve, la tentation. Quand les maîtres grands, sublimes, désintéressés, veulent faire avancer un élève qui montre des dispositions, ils le tentent d'abord, et cela ne peut manquer, en lui offrant les avantages apparents d'une conduite intéressée. S'il donne dans ce piége, il fait un pas en arrière, lorsqu'il pense en faire un en avant; nous l'abandonnons longtemps à ses sentiments, et il est bien heureux quand, par de longs détours, nous le conduisons enfin à la lumière.

LE CHEVALIER.

Je ne sais que dire. Quoi! le chanoine pense que les principes qu'il m'a exposés avec tant de complaisance sont les vrais, les droits principes?

LE COMTE.

Il le pense, le malheureux!

LE CHEVALIER.

Et vous, son ami de cœur, vous ne le tirez pas de son erreur?

LE COMTE.

J'y travaille; mais cela est plus difficile que tu ne penses. La présomption d'un égoïste à demi éclairé l'élève, à ses yeux, bien au-dessus des autres hommes. Croyant les surpasser, il ne fait plus d'efforts pour s'instruire, et donne précisément par là aux autres occasion de le surpasser, de le gouverner.

LE CHEVALIER.

Vous ne devriez point avoir de repos jusqu'à ce que ses yeux fussent ouverts.

LE COMTE.

Pour que tu apprennes à connaître combien cette tâche est difficile, il faut que tu m'aides à le ramener à la bonne voie.

LE CHEVALIER, après une pause.

Il serait donc vrai que je ne me suis pas trompé à votre égard! depuis le temps que je te connais, j'ai donc trouvé toujours en toi le meilleur, le plus grand, le plus inconcevable des hommes! Ma reconnaissance est sans bornes, ma joie reste muette dans cet embrassement.

LE COMTE.

Va maintenant, mon fils : dans la chambre voisine sont préparés les vêtements sous lesquels l'on doit se montrer au Grand Cophte. Si tous ceux qui veulent se présenter à lui en ce jour étaient purs comme toi, il éprouverait lui-même une grande joie de son apparition. Tu verras de grands prodiges, et tu les comprendras bientôt; bientôt tu apprendras toi-même à les produire. Va, admire, et tais-toi.

LE CHEVALIER.

Je suis tout à toi pour toujours.

SCÈNE VII

LE COMTE, seul.

De cette manière, en voici encore un de placé d'après son caractère. On doit disposer les hameçons et les filets d'après la grosseur des poissons que l'on veut prendre; et quand il s'agit d'une baleine on a recours au harpon. On place une trappe pour la souris, un piége en fer pour le renard; on creuse une fosse pour le loup, et on chasse le lion avec des flambeaux; quant à ce jeune lionceau, je l'ai conduit au repos avec un flambeau, et je vais tenter un coup de maître qui doit consolider mon crédit dans l'esprit de tous. La décoration est prête; la marquise m'a compris, et tout va réussir à souhait.

UN DOMESTIQUE, vêtu d'un long habit blanc de cérémonie.

Tout est prêt, monsieur le comte. Le chanoine, le chevalier, les dames sont habillés : voulez-vous revêtir ici votre costume? dois-je l'apporter?

LE COMTE.

Non, j'y vais; suis-moi, et remplis ton ministère.

VESTIBULE ET ENTRÉE DE LA LOGE ÉGYPTIENNE.

SCÈNE VIII

Musique. Six enfants arrivent deux à deux, vêtus de longues robes blanches, les cheveux flottants; des couronnes de roses sont sur leurs têtes, et des encensoirs à leurs mains. — Six jeunes gens derrière, vêtus de robes blanches, mais plus courtes, portant de même des couronnes de roses sur la tête; chacun tient deux flambeaux en croix sur la poitrine. Ils parcourent le théâtre avec ordre, et se placent aux deux côtés.

CHŒUR DES ENFANTS.

« Déjà s'ouvrent le temple, — les portiques, — les caveaux. — Encens, purifie l'air — qui circule autour de ces colonnes. »

CHŒUR DES JEUNES GENS.

« Chers enfants, tendres rejetons, — demeurez dans le vestibule; — et vous, sages et adeptes, — hâtez-vous vers le sanctuaire. »

Musique. Les membres de la loge arrivent deux à deux par des coulisses opposées; un cavalier donne toujours la main à une dame; ils se rencontrent, se saluent et marchent vers la porte de la loge.

CHŒUR DES ENFANTS ET DES JEUNES GENS.

« Petits et misérables comme des nains, — profondément enveloppés des ténèbres de l'erreur, — nous sommes au pied de la montagne sainte; — esprits, oserons-nous la gravir? »

CHŒUR INVISIBLE.

« Apportez un esprit sérieux à une affaire sérieuse. — Venez à la lumière, du sein des ténèbres et de l'erreur. — Pour que le Cophte ne s'éveille pas, — marchez, marchez doucement. »

La porte s'ouvre, les membres de la loge entrent. La porte se ferme. Un nouveau cérémonial accompagné de chants recommence. Enfin la nièce et le chanoine se rencontrent et entrent ensemble dans le sanctuaire: ils sont les derniers. La musique se perd dans le pianissimo; les enfants rentrent dans les coulisses; les jeunes gens tombent à genoux aux deux côtés de l'avant-scène.

SCÈNE IX

La toile se lève, et découvre une salle remplie d'images et d'ornements égyptiens. Au milieu est placé un grand fauteuil: une personne vêtue de drap d'or y est assise, et s'appuie sur le dos de ce fauteuil. Sa tête est couverte d'un voile blanc. A sa droite s'agenouille le chanoine, le chevalier à sa gauche; en avant, près du chanoine, la marquise; près du chevalier, le marquis, puis la nièce. La musique cesse.

LE CHANOINE.

Sublime, immortel vieillard! tu permets à des indignes d'approcher de tes genoux et d'implorer ta grâce et ton assistance. Tu dors, ou plutôt tu sembles dormir; car nous savons que, même dans ton repos, tu es actif et attentif et que tu favorises le bien-être des hommes. Donne-nous un signe auquel nous reconnaissions que tu nous entends, que tu nous es favorable.

Quelques sons de musique. — La personne voilée lève la main droite.

LE CHEVALIER.

Tu vois à tes pieds une réunion d'hommes qui, excités par la promesse de ton plus digne élève, s'approchent de toi en pleine confiance, et espèrent que tu satisferas leurs besoins. Ces besoins, il est vrai, sont très-divers; mais les choses les plus compliquées deviennent simples devant ton regard universel, devant ta vaste puissance. Nous exauceras-tu, quoique nous en soyons indignes?

Musique comme plus haut. — La personne voilée se redresse.

LA MARQUISE.

Pardonne l'impatience d'une femme; laisse-nous voir ton visage, nous languissons depuis plusieurs mois pour y parvenir.

Musique comme plus haut. — La personne voilé se lève, et demeure debout devant le siége.

LE MARQUIS.

Permets que nous nous approchions de toi, que nous baisions le bord de ton vêtement; les désirs qui dormaient depuis si longtemps dans notre cœur sont maintenant éveillés, et ta présence augmente leur importunité.

Musique comme plus haut. — La personne voilée descend lentement les degrés.

LA NIÈCE, bas.

Je tremble de tous mes membres.

LE CHANOINE.

Ne nous refuse pas plus longtemps l'éclat de ton visage.

TOUS.

Grand Cophte, nous te supplions.

La musique fait entendre quelques mesures d'un mouvement rapide. — Le voile tombe.

TOUS, se relevant et s'approchant.

Le comte!

LE COMTE, s'avançant.

Oui, le comte! l'homme que vous nommiez jusqu'ici d'un

nom sous lequel l'univers le connaît en ce moment. O aveugles! ô êtres impassibles! depuis près d'une année je ne sors pas de votre compagnie, j'entretiens votre ignorance, je vivifie votre esprit engourdi, je fais mainte allusion au Grand Cophte, je vous produis les signes les plus intelligibles, et aucune lumière ne brille à vos yeux; vous ne soupçonnez pas que vous avez constamment devant vous l'homme même que vous cherchez; que vous recevez chaque jour de ses mains les biens après lesquels vous soupirez; que vous avez enfin plus à remercier qu'à demander. J'ai cependant pitié de votre esprit grossier; je descends jusqu'à votre faiblesse. Voyez-moi donc dans ma magnificence; que vos yeux me reconnaissent, si votre cœur m'a méconnu; et, si le pouvoir que j'ai exercé sur vos âmes a laissé votre foi chancelante, croyez donc maintenant aux prodiges que j'accomplis, non sur vous, mais en votre présence.

LE CHANOINE, à part.

Je reste stupéfait.

LE CHEVALIER, à part.

Je suis muet.

LA MARQUISE, à part.

Son impudence surpasse mon attente.

LE MARQUIS, à part.

Je suis curieux de voir où tout cela doit aboutir.

LE COMTE.

Vous demeurez frappés de surprise; vous baissez les yeux; vous osez à peine me regarder. Tournez vers moi vos visages; fixez sur moi vos yeux avec confiance et amitié; bannissez toute crainte, et élevez votre cœur. Oui, vous avez devant vous l'homme qui, aussi vieux que les prêtres égyptiens, aussi sublime que les sages des Indes, s'est formé dans le commerce des plus grands hommes que la terre admire depuis des siècles; qui est élevé au-dessus de tous les rangs, n'a besoin d'aucune richesse, et fait secrètement le bien que le monde attribue à diverses causes; qui vit dans la société mystérieuse d'hommes répandus sur toute la terre, plus ou moins semblables entre eux, et qui se montrent rarement en personne, souvent par leurs œuvres.

LE CHANOINE.

Est-il possible que tu aies des semblables?

LE COMTE, montrant le ciel.

Tout trouve son semblable, excepté un seul.

LE CHEVALIER.

Quelle pensée sublime!

LA MARQUISE, à part.

Quel coquin! il mêle à ses mensonges les choses les plus sacrées.

LE COMTE.

Oui, regardez ici : le soleil le plus ardent, la neige la plus mordante, ne peuvent rien sur cette tête. En étendant ce bras désarmé, j'ai, dans les déserts de la Libye, arrêté un lion affamé et rugissant ; cette voix qui vous parle l'a forcé de venir à mes pieds apporter ses caresses; il reconnut son maître, et je pus ensuite l'envoyer à la chasse, non pas pour moi qui abhorre les mets qu'on obtient par le sang et fais à peine usage des aliments terrestres, mais pour mes élèves, pour les peuples qui s'assemblaient souvent, dans les déserts, autour de moi. J'ai laissé le lion à Alexandrie : à mon retour en cette ville, je trouverai en lui un compagnon fidèle.

LE CHANOINE.

Les autres maîtres de ta société ont-ils reçu du ciel des dons aussi précieux que toi?

LE COMTE.

Les dons sont diversement partagés; nul ne peut dire qu'il soit le plus grand.

LE CHEVALIER.

Le cercle de ces grands hommes est-il limité, ou peut-on être admis à leur nombre?

LE COMTE.

Cette faveur serait possible à beaucoup, mais elle réussit à peu ; les obstacles sont trop grands.

LE CHANOINE.

Pour que ton apparition ne nous rende pas plus malheu

reux que nous n'étions auparavant, donne-nous au moins un but vers lequel nous puissions diriger notre attention et nos efforts.

LE COMTE.

C'est mon projet. Après toutes les épreuves que vous avez subies, il est juste que je vous fasse faire un pas en avant; que je place en vos mains comme une boussole qui vous indique le point vers lequel vous devez diriger votre marche. Écoutez.

LE CHANOINE.

Je suis tout oreille.

LE CHEVALIER.

Mon attention ne peut être plus forte.

LE MARQUIS, à part.

Je suis plein de curiosité.

LA MARQUISE, à part.

Que va-t-il débiter?

LE COMTE.

Quand l'homme n'est pas content de ses forces naturelles, il soupire après quelque chose de plus parfait, il désire quelque chose de plus élevé. S'il songe à acquérir par degrés une santé inaltérable, une longue existence, une richesse inépuisable, l'affection des hommes, l'obéissance des animaux, même du pouvoir sur les éléments et les esprits, il ne le peut sans une profonde connaissance de la nature. Je vous ouvre la porte qui conduit à ce but. Les plus grands secrets, les pouvoirs les plus étendus et les effets les plus sûrs sont cachés *in verbis, herbis et lapidibus.*

TOUS.

Comment?

LE COMTE.

Dans les mots, dans les herbes et dans les pierres.

Pause.

LA MARQUISE, à part.

Dans les pierres? S'il entend celles que j'ai dans ma poche, alors il a parfaitement raison.

LE MARQUIS.

Dans les plantes? On dit qu'il n'existe aucune plante capable de prolonger notre existence ; et cependant vous devez en connaître de cette espèce, puisque vous avez non-seulement rendu votre vie durable, mais aussi maintenu vos forces et les agréments de la jeunesse ?

LE COMTE.

L'immortalité n'est pas donnée à tout le monde.

LE CHANOINE.

Dans les paroles ? Je pressens que c'est là le point essentiel, sublime maître. Sans doute vous avez une langue, une écriture, avec laquelle vous tracez des choses toutes différentes de celles que nous exprimons avec nos malheureux sons qui ne peuvent rendre que les choses les plus communes ? Sans doute vous possédez les caractères mystérieux avec lesquels Salomon soumettait les esprits célestes ?

LE COMTE.

Je les possède tous, et même j'ai les caractères les plus merveilleux qu'on ait jamais vus, des paroles qu'une lèvre humaine peut à peine prononcer.

LE CHEVALIER.

Oh ! apprends-nous peu à peu à les épeler.

LE COMTE.

Avant toutes choses, il faut que vous reconnaissiez que leur vertu ne dépend pas du mouvement des lèvres, ni des syllabes prononcées, mais bien du cœur qui envoie ces syllabes à la bouche. Vous apprendrez le pouvoir qu'une âme innocente a sur les esprits.

LA NIÈCE, à part.

Ah Dieu ! il va m'appeler ; je tremble, mon cœur palpite ; que je jouerai mal mon rôle ! Je voudrais être bien loin d'ici et n'avoir jamais vu cet homme.

LE COMTE.

Approche-toi, belle et innocente enfant ; approche sans crainte. Livre ton cœur à la joie d'avoir été choisie pour le bonheur auquel un si grand nombre aspire.

LE CHANOINE.

Que va-t-il résulter de cela ?

LE CHEVALIER.
Quel projet avez-vous?

LE COMTE.
Attendez et faites attention.

Musique. — Le comte fait un signe : un trépied s'élève de terre ; il supporte un globe illuminé. Le comte fait signe à la nièce, met sur la tête de cette jeune fille le voile qu'il portait auparavant lui-même, de manière cependant que son visage demeure découvert. Elle va se placer derrière le trépied. Pendant cette cérémonie, le comte abandonne son air impérieux ; il se montre aimable, gracieux, et plein de respect pour la nièce. Les enfants, avec leurs encensoirs, se placent à côté du trépied. Le comte se tient tout près de la nièce, les autres se groupent avec grâce. Les jeunes gens sont devant. La nièce a les yeux fixés sur le globe ; la société les a sur elle ; chacun est plein d'attention. Elle semble prononcer quelques paroles, et se courbe ensuite en arrière, avec l'étonnement d'une personne qui voit quelque chose d'inattendu ; elle demeure dans cette position. — La musique cesse.

Que vois-tu, chère enfant? Ne crains rien; contiens-toi; nous sommes à tes côtés.

LE CHEVALIER.
Que peut-elle voir? que dira-t-elle?

LE CHANOINE.
Silence! elle parle.

La nièce dit quelques mots, mais si bas qu'on ne peut les comprendre.

LE COMTE.
Haut, mon enfant; plus haut, que chacun puisse t'entendre.

LA NIÈCE.
Je vois des cires brillantes qui brûlent dans une chambre magnifique. Je distingue maintenant des tapis de la Chine, des sculptures dorées, un lustre. Mille clartés m'éblouissent.

LE COMTE.
Accoutume ton œil à ce spectacle ; regarde fixement. Que vois-tu encore? n'y a-t-il personne dans la chambre?

LA NIÈCE.
Ici!... laissez-moi le temps... ici, à la lueur d'un flambeau... assise à une table... j'aperçois une dame...; elle écrit...; elle lit.

LE CHANOINE.
Dis-moi; peux-tu la reconnaître? quel air a-t-elle? qu'est-ce? ne tais rien.

LA NIÈCE.

Je ne puis voir son visage : sa personne se balance à mes yeux, comme une image dans une eau agitée.

LA MARQUISE, à part.

L'aimable enfant répète sa leçon à merveille.

LE MARQUIS.

J'admire la feinte. O nature, de quoi n'es-tu pas capable !

LA NIÈCE.

Maintenant... maintenant, je puis voir plus distinctement son vêtement. Une robe bleu-céleste tombe autour de son fauteuil ; elle est semée d'étoiles d'argent comme le firmament.

LE CHANOINE, à la marquise.

Me voici donc au comble du bonheur ! c'est ma chère princesse. On m'a parlé de cette robe bleue parsemée de mouches d'argent, qui semblent des étoiles aux yeux de cette enfant. Écoutons.

LA NIÈCE.

Que vois-je ? Grand maître, sublime Cophte, éloigne-toi de moi. Je vois des objets effrayants.

LE COMTE.

Demeure sans crainte, et parle. Que vois-tu ?

LA NIÈCE.

Je vois deux esprits derrière le fauteuil ; ils semblent chuchoter, l'un après l'autre, quelque chose à l'oreille de la dame.

LE COMTE.

Sont-ils hideux ?

LA NIÈCE.

Non, mais je frissonne.

LE COMTE, au chanoine.

Ces esprits parlent dans l'intérêt d'un ami. Peux-tu reconnaître la dame ? connais-tu l'ami ?

LE CHANOINE, lui baisant la main.

Tu peux être assuré de ma reconnaissance éternelle.

LA NIÈCE.

Elle est inquiète. Le murmure des esprits l'empêche de lire

et d'écrire. Impatiente, elle se lève. Les esprits disparaissent. (Elle détourne son visage.) Laissez-moi un instant.

LE COMTE.

De la patience, mon enfant : si tu savais qui te protège !
Il la soutient.

LE CHEVALIER, à part.

Qu'elle est aimable! qu'elle a d'attraits dans son innocence ! Jamais jeune fille ne m'a autant ému ; je n'ai jamais senti un entraînement semblable. Que je prends intérêt à cette chère enfant ! Certainement le chanoine, la tante... L'esprit céleste ne soupçonne pas dans quel danger elle flotte. Que je l'avertirais, que je la sauverais volontiers, si je pouvais m'oublier jusque-là !

LE COMTE.

Remets-toi, ma colombe. Regarde. Certainement tu as quelque chose encore à nous dévoiler.

LA NIÈCE, regardant le globe.

Elle va à la cheminée; elle regarde le miroir. Ahi !

LE COMTE.

Qu'éprouves-tu ?

LA NIÈCE.

Ahi !

LA MARQUISE.

Qu'as-tu donc ?

LA NIÈCE.

Ah ! c'est le chanoine que le miroir lui représente.

LE CHANOINE.

O félicité ! maître, comment te remercier? tu fais tout cela pour moi !

LA NIÈCE.

Elle regarde dans le miroir; elle sourit. Le chanoine a disparu. Elle se voit elle-même.

LE CHEVALIER.

Quelle puissance merveilleuse! quels dons célestes !

LA NIÈCE, avec une expression de joie sentimentale.

Ah ! maintenant je vois tout clairement : je vois une beauté ravissante, un visage charmant. Comme la tristesse qui se répand sur ces traits lui sied bien !

LE CHANOINE, qui, jusque-là, a tenu les mains du comte et les a baisées fréquemment.

Tu donnes à ton serviteur un bonheur inexprimable, indéfinissable.

LA NIÈCE.

Elle est inquiète; la chambre lui semble trop étroite; elle marche vers une porte vitrée; elle veut sortir... Ah!... ah!...

LE COMTE.

Raffermis ton courage; un seul instant encore : regarde encore une fois.

LA NIÈCE, troublée.

Les esprits se tiennent à ses côtés; ils ouvrent les portes; l'obscurité règne au dehors.

LA MARQUISE au chanoine.

Elle va au devant de vous.

LE CHANOINE.

Est-il possible !

LA MARQUISE.

Tu le verras bien !

LA NIÈCE.

Ah !

Elle tombe évanouie.

LE CHEVALIER.

O Dieu ! secourez-la ! épargnez-la ! Il est impardonnable d'avoir prolongé ainsi cette expérience.

LA MARQUISE.

Voici des sels.

Les principaux personnages se pressent autour d'elle. Les jeunes gens quittent l'avant-scène et marchent vers le milieu du théâtre. Les enfants se joignent timidement à eux. Tout cela forme un beau groupe, mais en même temps un tableau qui exprime l'effroi.

LE COMTE.

Confiez-la à mes soins; il n'est qu'un baume céleste qui la puisse rétablir.

La toile tombe.

ACTE QUATRIÈME

CHAMBRE DE LA NIÈCE.

SCÈNE I
LA NIÈCE, UNE FEMME DE CHAMBRE.

LA NIÈCE. (Elle est à sa toilette; une femme de chambre l'aide à s'habiller, et passe ensuite dans un cabinet voisin. Elle revient avec un paquet, et traverse le théâtre.)
Que portes-tu là? qu'y a-t-il dans ce paquet?
LA FEMME DE CHAMBRE.
C'est un habit que vous m'avez ordonné de porter au tailleur.
LA NIÈCE.
Bon; tâche qu'il me le rende, s'il est possible, demain ou après-demain. (La femme de chambre sort.) Maintenant me voici habillée comme ma tante l'a ordonné. Que peut signifier ce nouvel artifice? Si je réfléchis à ce qui m'est arrivé aujourd'hui, j'ai tout à craindre. A peine suis-je remise de cette scène effrayante, et déjà l'on exige que je change de vêtements; même, si mes yeux ne me trompent pas, cet habit est semblable à celui de la princesse, que j'ai décrit. Le chanoine aime la princesse, et c'est moi qui dois la représenter. Dans quelles mains suis-je tombée? que dois-je attendre? Quel cruel usage fait ma tante de la confiance que je lui ai si étourdiment témoignée! Malheur à moi! je ne vois personne vers qui me tourner. Les sentiments du marquis sont maintenant clairs pour moi. C'est un homme vain, imprudent et léger qui m'a rendue malheureuse, et consentira bientôt à ma perte pour se défaire de moi. Le chanoine n'est pas moins dangereux. Le comte est un trompeur. Ah! le chevalier serait le seul à qui je pourrais avoir recours. Sa figure, sa conduite, ses sentiments m'ont fait voir en lui un jeune

homme actif et sûr; et je ne lui ai pas été, je crois, indifférente. Mais hélas! trompée par la scène impudente et mensongère des esprits, il me regarde comme une créature digne de la plus grande vénération. Que dois-je lui avouer? que dois-je lui confier? Advienne que pourra, je veux tenter cette chance. Qu'ai-je à perdre? ne suis-je pas, dans ce peu d'heures, arrivée jusqu'au désespoir. Quoiqu'il en puisse résulter, je vais lui écrire. Je le verrai; je me confierai à lui. Cet homme généreux peut me blâmer, mais non me repousser. Il me cherchera un asile. Un cloître, une pension seront pour moi un séjour agréable. (Elle parle et écrit à mesure.) « Une fille infortunée qui a besoin de votre secours, et dont vous ne concevrez pas une opinion défavorable, parce qu'elle a confiance en vous, vous demande pour demain matin un quart d'heure d'entretien. Tenez-vous dans le voisinage; je vous ferai dire si je suis seule. La triste position dans laquelle je me trouve, me force à cette démarche équivoque. » Le sort en est jeté. Le petit Jack sera bien, je pense, un messager fidèle. (Elle va à la porte et appelle.) Jack!

SCÈNE II
LA NIÈCE, JACK.

LA NIÈCE.

Petit, connais-tu la demeure du chevalier Greville?

JACK.

J'y suis souvent allé.

LA NIÈCE.

Veux-tu bien lui remettre tout de suite un billet? mais que personne n'en sache rien.

JACK.

Très-volontiers. Qu'aurai-je pour cela?

LA NIÈCE lui tendant l'argent.

Un double thaler.

JACK, pirouettant plusieurs fois sur une jambe.

J'ai des ailes.

LA NIÈCE, *lui donnant le billet.*

Voici.

JACK.

Mon argent sera bientôt gagné. Probablement il n'est pas loin. Il a coutume, à cette heure, d'aller au café voisin.

LA NIÈCE.

Ce serait à merveille. De la discrétion!

JACK.

Donnez, donnez, et reposez-vous sur moi.

LA NIÈCE.

Tu es un rusé coquin.

JACK.

Digne d'être employé : demandez plutôt à votre tante.

SCÈNE III

LA NIÈCE, *seule.*

Que cet enfant est hardi! comme on l'a formé à l'impudence! Voilà comme j'aurais été; et si ma tante avait travaillé plus doucement, elle m'aurait conduite pas à pas à ma perte. Heureusement j'aperçois l'écueil, et je sens encore assez de force pour m'en éloigner. Ombre de ma mère, assiste-moi! Une faute m'arracha à l'état d'indifférence dans lequel je sommeillais entre la vertu et le vice. Puisse cette faute être mon premier pas vers la vertu!

SCÈNE IV

LA NIÈCE, LA MARQUISE.

LA MARQUISE.

Voyons, ma nièce, comment vous trouvez-vous dans ce nouveau costume?

LA NIÈCE.

Pas aussi bien que si c'était le mien propre.

LA MARQUISE.

Bah! bah! il vous va déjà bien. Tout ne vous sied-il pas!

LA NIÈCE.

Tout, jusqu'à la dissimulation, comme vous l'avez vu aujourd'hui.

LA MARQUISE.

Ah! qui peut tenir ce langage? (Rajustant quelque chose à la robe de sa nièce.) Là, ceci doit être plus serré sur le corps, et ce pli doit tomber plus richement. La voiture viendra bientôt et nous conduira aujourd'hui même à la campagne.

LA NIÈCE.

Aujourd'hui même?

LA MARQUISE.

Oui, et vous avez aujourd'hui même encore un rôle à jouer.

LA NIÈCE.

Encore un rôle? Vous êtes sans pitié, ma tante; le premier m'a coûté tant de peine, que vous devriez m'épargner le second.

LA MARQUISE.

C'est précisément à cause de cela, mon enfant. Encore celui-ci, puis un troisième et un quatrième, et cela ne te coûtera plus aucun effort.

LA NIÈCE.

Je crains que vous ne me trouviez pas, à beaucoup près, aussi capable que vous le pensez.

LA MARQUISE.

Il s'agit d'une épreuve. Cette nuit, vous jouerez un rôle de très-peu d'importance.

LA NIÈCE.

Avec ce vêtement magnifique?

LA MARQUISE.

En vous conformant au plan tracé. Vous avez à représenter une amante à moitié nuette.

LA NIÈCE.

Qu'entendez-vous par là?

LA MARQUISE.

Je vous transporte dans un jardin, sous un berceau; je vous donne une rose, et vous demeurez là quelques moments.

Un cavalier vient à vous, se jette à vos pieds, implore son pardon : vous laissez échapper quelque son inarticulé, *Monsieur*, ou tel autre mot qu'il vous plaira. Il continue à demander qu'on l'excuse : *Levez-vous*, lui répondez-vous tout bas. Il demande votre main en signe de paix : vous la lui tendez ; il la couvre de mille baisers. *Levez-vous*, dites-vous alors, *éloignez-vous, on pourrait nous surprendre!* Il tarde à vous obéir, vous vous levez vous-même, et dites en insistant : *Éloignez-vous*; puis vous lui mettez la rose dans la main. Il veut vous retenir : *Quelqu'un vient*, dites-vous à demi voix, et vous sortez précipitamment du berceau. Il veut hasarder un baiser avant la séparation ; vous l'arrêtez, lui pressez la main, et ajoutez doucement : *Nous nous reverrons*, puis vous vous échappez.

LA NIÈCE.

Chère tante, pardonnez-moi ; c'est une tâche difficile, dangereuse. Quel est l'homme? qui dois-je représenter? La nuit, les circonstances ne le rendront-elles pas téméraire? Pouvez-vous m'exposer ainsi?

LA MARQUISE.

Tu peux être tranquille, mon enfant ; je serai tout près, et je ne tarderai pas un instant dès que j'aurai entendu ces derniers mots. Je m'approcherai et le chasserai.

LA NIÈCE.

Comment bien jouer mon rôle, ne sachant pas quel personnage je représente?

LA MARQUISE.

Prends des manières nobles, parle bas ; la nuit fera le reste.

LA NIÈCE.

Quel soupçon font naître en moi cette robe bleue et ces mouches d'argent!

LA MARQUISE.

Eh bien, puisque vous le présumez, puisque vous le devinez, vous représentez la princesse, et le cavalier est le chanoine.

LA NIÈCE.

Chère tante, comment pouvez-vous exiger d'une pauvre jeune fille abandonnée une entreprise aussi extraordinaire? Je ne comprends pas la liaison de ce plan, je ne sais en quoi il peut vous être utile; mais réfléchissez bien que ce n'est pas une plaisanterie. Quelle peine attendrait celui qui imiterait, dans un écrit, la main du prince? qui oserait graver sur un faux métal l'image de son roi? et moi je vais sciemment donner ma malheureuse personne pour la personne sacrée d'une princesse; je vais contrefaire, avec des traits mensongers et des habits d'emprunt, l'extérieur d'une personne élevée, et souiller en même temps la noble pureté qui fait l'ornement de son caractère. Je m'en veux à moi-même; je mérite d'être blâmée, punie. Ayez pitié de moi; car vous ne me délivrerez pas si l'on me condamne. Voulez-vous me rendre criminelle, parce que je vous ai fait l'aveu d'une faute?

LA MARQUISE.

Il n'y a pas moyen de changer cela.

LA NIÈCE, suppliant.

Ma tante!

LA MARQUISE, impérieusement.

Ma nièce! On vous annoncera l'arrivée de la voiture. Enveloppez-vous alors dans votre manteau, et suivez-moi.

LA NIÈCE.

Je désirerais...

LA MARQUISE.

Vous savez ce que vous avez à faire; rien n'y sera changé.

SCÈNE V

LA NIÈCE, puis JACK.

LA NIÈCE.

Ainsi mes soupçons étaient fondés; c'est précisément ce que je redoutais. Elle veut d'une façon ou d'une autre m'abandonner au chanoine, et peut-être même le marquis est-il d'accord avec elle. On peut tout attendre de pareils gens, et j'ai d'autant mieux fait de me tourner du côté du chevalier.

Pour aujourd'hui, je saurai me conduire, et demain, si je ne suis pas trompée sur son compte...

JACK, à la porte.

Est-elle partie ?

LA NIÈCE.

Entre.

JACK.

Aussitôt fait que dit.

LA NIÈCE.

Qu'apportes-tu ?

JACK.

Voici une petite lettre (pendant qu'il lui donne un billet et tourne autour d'elle en sautant), et encore un double thaler du chevalier pour ma peine. Employez-moi pour des expéditions plus lointaines, je suis prêt.

LA NIÈCE.

Où l'as-tu trouvé ?

JACK.

Au café d'en face, comme je l'avais dit.

LA NIÈCE.

T'a-t-il dit quelque chose ?

JACK.

Il a demandé si vous étiez à la maison, si vous étiez seule. — Je vais voir ce qu'il y a. J'entends madame sortir en voiture.

SCÈNE VI
LA NIÈCE, ensuite LE CHEVALIER.

LA NIÈCE, lisant le billet.

« Je sais apprécier votre confiance, et je m'en réjouis infiniment. Je vous ai déjà plainte en silence; dans quelques minutes je serai près de vous. » — O Dieu ! que veut dire cela ? « Je ne puis commander à mon impatience jusqu'à demain matin. J'ai habité quelque temps votre logement, et j'en possède encore par hasard la principale clef. Je vais m'empresser d'arriver à votre cabinet de toilette. Soyez sans inquiétude; nul ne me découvrira. Reposez-vous sur ma discrétion » —

Je suis dans le plus affreux embarras. Il va me trouver sous ces habits : que dirai-je ?

LE CHEVALIER sortant du cabinet.

Pardonnez-moi mon empressement. Comment aurais-je pu dormir tranquille cette nuit ?

LA NIÈCE.

Monsieur.....

LE CHEVALIER la regardant fixement.

Que je vous trouve changée ! qu'elle parure ! quelle toilette singulière ! Que dois-je penser de cela !

LA NIÈCE.

O monsieur ! je ne vous attendais pas maintenant. Éloignez-vous promptement. Ma tante m'attend en ce moment. Demain matin.....

LE CHEVALIER.

Voulez-vous avoir confiance en moi demain matin seulement, et point aujourd'hui ?

LA NIÈCE.

J'entends venir quelqu'un ; l'on va m'appeler.

LE CHEVALIER.

Je me retire. Dites-moi seulement ce que signifie cet habit.

LA NIÈCE.

O Dieu !

LE CHEVALIER.

Quelle confiance pouvez-vous avoir en moi, si vous me taisez cette bagatelle ?

LA NIÈCE.

J'ai toute confiance en vous ; mais ce secret n'est pas à moi. Cet habit.....

LE CHEVALIER.

Cet habit me semble assez remarquable ! quelquefois la princesse s'est fait voir sous ce costume. Aujourd'hui même les esprits vous l'ont montrée ainsi vêtue, et je vous trouve maintenant.....

LA NIÈCE

Ne m'attribuez pas cette mascarade.

ACTE IV.

LE CHEVALIER.

Quelles horribles conjectures!

LA NIÈCE.

Elles sont vraies.

LE CHEVALIER.

La scène des esprits?

LA NIÈCE.

Était une tromperie.

LE CHEVALIER.

Les apparitions?

LA NIÈCE.

Concertées.

LE CHEVALIER.

Oh! que je suis malheureux! Que ne vous êtes-vous tue éternellement! que ne m'avez-vous laissé ma douce erreur! Vous détruisez pour moi la plus agréable pensée de ma vie.

LA NIÈCE.

Je ne vous ai pas appelé pour vous flatter; mais pour vous supplier de me secourir et de me sauver, comptant sur la noblesse de votre caractère. Hâtez-vous de vous éloigner. Nous nous reverrons demain. Ne méprisez point une infortunée créature qui lève les yeux vers vous comme sur un dieu protecteur.

LE CHEVALIER.

Je suis perdu, abîmé pour jamais. Si vous saviez ce que vous m'avez enlevé en ce moment, vous trembleriez, vous n'imploreriez pas ma compassion. Car je ne suis pas capable de compassion. Vous m'avez arraché ma confiance en moi-même et en les autres, la foi que j'avais à la vertu, à l'innocence, à toute espèce de sentiment généreux. Je n'ai plus d'intérêt pour personne, et vous désirez que j'en aie pour vous! Ma confiance a été trompée de la manière la plus honteuse, et vous voulez que je me fie à vous! à vous, double et triple comédienne! Quel bonheur pour moi d'être venu ce soir même ici, et de ne vous avoir pas laissé le temps de prendre le masque sous lequel vous comptiez me duper!

LA NIÈCE.

Je suis la plus malheureuse des femmes. Hâtez-vous! fuyez! on vient.

LE CHEVALIER.

Je m'en vais pour ne vous revoir jamais.

SCÈNE VII
LA NIÈCE, LE MARQUIS.

LE MARQUIS entr'ouvrant la porte.

Êtes-vous seule, petite nièce? Un seul mot.

LA NIÈCE. (Pendant que le marquis regarde en dehors, elle donne promptement un coup d'œil à son miroir.)

J'ai l'air d'avoir pleuré, d'être confuse. Que vais-je dire?

LE MARQUIS l'embrassant et la serrant avec force contre son cœur.

Délicieuse créature!

LA NIÈCE le repoussant.

Au nom du ciel, marquis!

LE MARQUIS.

Nous sommes seuls, vous n'avez rien à craindre.

LA NIÈCE s'arrachant de ses bras.

La marquise m'attend. (A part.) Si le chevalier était encore là!

LE MARQUIS.

Qu'avez-vous! vous paraissez toute bouleversée.

LA NIÈCE.

Ah! Dieu! les soupçons de ma tante.....

LE MARQUIS.

Tu m'affliges, chère enfant; mais je veux te sauver.

LA NIÈCE.

Vous savez cependant que, cette nuit, je dois jouer le rôle de la princesse. C'est affreux! Venez.

Elle regarde avec terreur du côté du cabinet.

LE MARQUIS.

Demeurez, demeurez; c'est précisément là le sujet de ma visite. Jouez bien cette nuit votre rôle, et ne vous inquiétez de rien.

ACTE IV.

LA NIÈCE.

Allons-nous-en.

LE MARQUIS.

Non pas; je voulais vous dire.....

LA NIÈCE.

Nous en aurons tout le temps demain.

LE MARQUIS.

En aucune façon. Vous paraissez traiter cela bien légèrement.

LA NIÈCE.

Je suis dans le plus grand embarras.

LE MARQUIS.

Vous êtes encore menacée, pour cette nuit, d'un événement bizarre auquel vous ne pensez pas.

LA NIÈCE.

Quoi donc? vous m'effrayez.

LE MARQUIS.

Vous devez partir avec moi.

LA NIÈCE.

Avec vous?

LE MARQUIS.

Vous dites ce mot avec une sorte de répugnance.

LA NIÈCE.

Je ne sais ce que je dois dire.

LE MARQUIS.

Je vais vous éclairer en peu de mots. La mascarade à laquelle vous vous préparez n'est pas une simple plaisanterie. Ma femme a obtenu, au nom de la princesse, un important service du chanoine, et vous devez exprimer la reconnaissance de la princesse à cette pauvre dupe.

LA NIÈCE embarrassée.

Je dois lui donner une rose.

LE MARQUIS.

Belle récompense pour un tel service! Sachez que le chanoine, dans son aveugle passion, ne s'est laissé entraîner à rien moins qu'à acheter le beau collier des joailliers de la cour.

LA NIÈCE.

Le collier!

LE MARQUIS.

Que nous avons tant admiré hier lorsque nous achetâmes cette bague.

LA NIÈCE.

Cela n'est pas possible.

LE MARQUIS.

Tellement possible, que j'en ai déjà une partie dans ma poche.

LA NIÈCE.

Vous? que veut dire cela? On pourrait écouter.

LE MARQUIS.

Venez donc de ce côté. (Il s'approche du cabinet.) Oui, mon enfant, le chanoine l'a possédé à peine un quart d'heure. Il fut presque tout de suite dans les mains de ma femme, pour être livré ce soir même à la princesse. Que ma femme fut heureuse en cet instant! que je le fus moi-même. Elle sépara impitoyablement ce beau travail. Ce fut pour moi un crève-cœur, de voir ce précieux bijou ainsi mutilé, et je ne pus recevoir de consolation que du charmant petit paquet qu'elle me prépara pour mon voyage. J'ai au moins pour cent mille livres de pierres dans ma poche. Je pars aujourd'hui pour l'Angleterre où je vais convertir le tout en argent, et acheter une foule d'objets précieux.

LA NIÈCE, qui jusque-là a caché le plus grand embarras.

Quelle dangereuse entreprise!

LE MARQUIS.

Ce n'est pas le moment de craindre, mais d'oser.

LA NIÈCE.

Je vous souhaite du bonheur.

LE MARQUIS.

Il faut me porter bonheur, plutôt que de me le souhaiter. Tu dois être, tu seras ma compagne de voyage, chère enfant.

LA NIÈCE.

Vous voulez m'exposer à ce péril?

LE MARQUIS.

Le péril est plus grand si tu restes. Ma femme est bien assez hardie pour soutenir cette fable, mais aussi long-temps seulement que cela sera faisable. Jusqu'à ce que le premier terme de paiement arrive, et même un peu plus tard, elle est assez en sûreté. Cependant je ne puis te laisser ici.

LA NIÈCE.

Songez que....

LE MARQUIS.

Je ne sais comment expliquer ta conduite. Serait-il possible que l'on m'eût déjà enlevé ton cœur! Non, ce n'est pas possible; tu es égarée, mais tu n'es pas changée. Ne te laisse pas éblouir par l'apparente richesse du chanoine; nous sommes maintenant plus riches que lui, qui va se trouver sous peu dans un très-grand embarras. J'ai tout calculé exactement; tu peux encore cette nuit représenter le personnage de la princesse. C'est l'intention de ma femme que je vous accompagne en sortant d'ici, et que je poursuive ensuite ma route. Je prends pour cet objet une voiture particulière. Dès que la scène est jouée, alors je déclare net à la marquise que tu vas me suivre. Tu résisteras un peu, et je t'entraînerai de force. Elle ne fera pas d'esclandre, de crainte que tout ne se dévoile. Tu ne m'écoutes pas? qu'as-tu donc?

LA NIÈCE.

Pardonnez-moi. Ce projet..., je suis confondue..., je reste muette. Réfléchissez dans quelle position nous laisserons derrière nous ma tante.

LE MARQUIS.

Elle se tirera bien d'embarras elle-même; elle est assez adroite. Elle a poussé les choses assez loin, et nous ne gâtons rien à son plan. Bref, je ne veux, je ne puis me passer de toi; et si jamais tu as douté de mon amour, tu vois maintenant combien il est ardent. Je ne te laisserai pas ici en proie à tant de piéges, de dangers. Avant huit jours, tu serais perdue pour moi. La passion insensée du chanoine pour la princesse, n'exclut pas chez lui d'autres intrigues. Au bout de quelques jours tu serais en apparence sa souveraine; mais, dans le fait, sa très-obéissante maîtresse. Viens. Je l'ai résolu et ne m'en départs pas. (Il l'embrasse.) Tu m'appartiens, et nul ne peut t'enlever à moi. Ma femme n'a jamais été un obstacle pour moi; et pourvu qu'elle tire heureusement de là ses pierreries, elle nous pardonnera volontiers le reste. Qu'as-tu donc? tu parais troublée.

LA NIÈCE.

C'en est fait de moi! Conduisez-moi où vous voudrez.

LE MARQUIS.

Apprends que tout est en règle. J'ai fait, sous un prétexte, empaqueter le plus nécessaire par ta femme de chambre. Bientôt nous serons habillés à neuf, et mieux que jamais. Il ne faut pas nous embarrasser de notre vieille friperie.

Il emmène la nièce désespérée, qui regarde encore quelquefois en arrière du côté du cabinet.

SCÈNE VIII

LE CHEVALIER sortant du cabinet.

Qu'ai-je entendu, et dans quel abîme de perfidie et de bassesse ai-je plongé mes regards? Jamais je n'aurais pu soupçonner ces hommes avec lesquels je voulais vivre. Souvent ils m'ont été suspects; mais si quelqu'un les avait accusés devant moi d'actions aussi infâmes, j'aurais pris contre lui leur défense. Je comprends maintenant, belle trompeuse, pourquoi tu ne me voulais voir que demain matin. Certainement, il lui était connu que le marquis doit partir cette nuit; mais elle ne songeait pas qu'il la forcerait de le suivre. Elle croyait sans doute que l'amour de celui-ci pour elle était épuisé, comme le sien pour lui. O l'infâme! quelle naïveté d'hypocrisie! Placée devant nous comme un esprit céleste, les plus pures inspirations semblaient sortir de sa bouche, tandis que, dégoûtée d'un amant, elle songeait à se pourvoir d'un nouveau, et qu'au moyen d'un tableau prétendu magique, elle insultait impunément ceux qui l'adoraient comme un être divin. Comment dois-je ajuster tout ce que j'ai entendu? que dois-je faire? Le comte et la marquise trament la fourberie la plus inouie. Pour mettre à fin leur plan monstrueux, ils osent compromettre le nom d'une excellente princesse, et même contrefaire sa figure dans cette farce hideuse. Tôt ou tard cette trame se découvrira, et quelle que soit l'issue de l'affaire, elle ne peut être que désagréable au prince et à la princesse. Il n'y a pas de temps à perdre. Dois-je de ce pas aller dessiller les yeux du chanoine? peut-être est-il encore possible de le sauver. Le collier est morcelé; mais le marquis est encore ici; on peut les arrêter, leur enlever le bijou, confondre les fourbes, et les chasser en silence. C'est bien; j'y vais. Mais, un instant! Ferai-je cela pour ce politique froid et intéressé? Il me remerciera, et pour l'avoir délivré d'un imminent danger, il me promettra sa protection, m'assurera une charge considérable aussitôt qu'il sera rentré en faveur. Cette expérience ne le rendra pas plus prudent : il se livrera de nouveau dans les mains du premier fripon; se conduira toujours d'après l'impulsion de ses passions, sans réflexion, sans esprit, sans suite; me souffrira dans sa maison comme un parasite; il reconnaîtra qu'il m'a des obligations, et j'attendrai vainement un secours réel, puisque, malgré ses beaux revenus, il manque toujours d'argent comptant. (Il se promène pensif.) Homme insensé et borné! et tu ne vois pas que le chemin de ton bonheur, que tu as si longtemps cherché, s'ouvre enfin devant toi. C'est avec raison que le chanoine s'est moqué de toi comme d'un écolier! que le comte a abusé de tes sentiments nobles d'une manière infâme! Tu méritais cette leçon, puisqu'elle ne t'a pas tout d'un coup corrigé: ils ne croyaient pas t'entretenir pour leur perte. Eh bien! c'en est fait; je cours chez le ministre. Il est précisément à la maison de campagne où ces fourbes vont se jeter tous ensemble dans le piége. Ils ne méritent aucun ménagement. C'est un bienfait pour la société, de les faire punir comme ils le méritent et de mettre leurs ruses hors d'état de nuire davantage. Je cours; le moment est décisif. S'ils sont pris sur le fait, tout est démontré. Les pierres que le marquis a dans sa poche, témoigneront contre lui. Il dépendra du prince de traiter les coupables comme il le jugera convenable, et l'on ne me bercera certainement pas par de vaines promesses. Je vois mon bonheur s'approcher avec la pointe du jour. Il n'y a pas un moment à perdre. Allons! allons!

ACTE CINQUIÈME

Il fait nuit. — Le théâtre représente un jardin. A droite de l'acteur un berceau.

SCÈNE I
LE COMTE, LAFLEUR.

LAFLEUR.

Je n'entends encore personne. Rien ne bouge dans le jardin; cela m'inquiète. J'ai pourtant bien écouté.

LE COMTE, avec une expression affectée.

Tu as bien écouté.

LAFLEUR.

Si vous le savez vous-même, tant mieux; car vous pouvez être assuré que je dis toujours la vérité. Mes maîtres avaient l'intention de se trouver à cette heure dans ce jardin. Je ne sais quel est leur projet. Ils sont partis avant nous avec quatre chevaux, et leur voiture s'arrêtera doucement à la petite porte. Je présume que le chanoine a aussi rendez-vous en ce lieu.

LE COMTE, comme plus haut.

Attends. (Il tient son petit doigt près de son oreille.) Cette bague m'apprend que tu dis vrai jusqu'à un certain point.

LAFLEUR.

Jusqu'à un certain point?

LE COMTE.

Oui, c'est-à-dire en tant que tu peux le savoir toi-même. Je ne sais pas toutes choses; mais cette bague m'apprend toujours si les hommes mentent ou s'ils se trompent.

LAFLEUR.

Si j'avais un conseil à vous donner... Mais vous savez tout ce qu'il convient le mieux de faire.

LE COMTE.

Parle toujours. Je verrai si tu me conseilles ce qui est le meilleur.

LAFLEUR.

Je penserais qu'il faut remonter doucement cette allée obscure, et écouter toujours, en marchant, si nous n'entendrons point par hasard quelque bruit de pas, ou quelque chuchotement.

LE COMTE.

Fort bien. Va donc en avant, et vois si le chemin est sûr.

SCÈNE II

LE COMTE, seul.

Je ne conçois pas cela; et d'après toutes les circonstances que cet homme rapporte, la chose est néanmoins très-vraisemblable. La marquise donne ici un rendez-vous au chanoine. Serait-il possible qu'elle eût réussi à gagner la princesse? ce que je regardais comme une entreprise insensée, comme un mensonge et une fourberie. Si elle y est parvenue, quelle chose est désormais impossible?

Il se retire dans le fond, sur la gauche.

SCÈNE III

LE CHEVALIER, LE COLONEL de la Garde suisse; six Suisses venant du côté gauche, par les coulisses d'avant-scène.

LE COLONEL, qui est entré le dernier, parlant à la cantonade.

Demeurez cachés ici, et quoi qu'il arrive, ne bougez point avant d'avoir entendu le son du cor. Au moment où il cessera, courez sus et faites prisonniers tous ceux que vous trouverez dans ce jardin. (Aux Suisses qui sont sur le théâtre.) Vous, faites attention au même signal. Quatre se cacheront à la grand'porte. Laissez entrer tous ceux qui le voudront, mais que personne ne sorte.

UN SUISSE.

Entrer tout le monde, sortir personne.

LE COLONEL.

Et celui qui voudra sortir, arrêtez-le.

UN SUISSE.

Nous l'empoignerons bravement.

LE COLONEL.

Aussitôt que le cor se taira, amenez ici tous ceux que vous aurez arrêtés. Deux de vous garderont la porte.

UN SUISSE.

Oui, mon colonel. Mon camarade et moi nous amènerons les prisonniers, et Michel et Dusle resteront à la porte, de peur que quelque autre ne vienne à se glisser dehors.

LE COLONEL.

Allez donc, mes enfants; allez, c'est bien comme cela. (Les quatre suisses s'en vont.) Vous deux, allez vous placer environ à dix pas d'ici, dans le feuillage; vous savez le reste.

UN SUISSE.

Bon.

LE COLONEL.

Ainsi, chevalier, tous nos postes sont occupés. Je doute qu'un seul nous échappe. Mais, à ne vous rien cacher, je pense que c'est à cette place que nous ferons la meilleure prise.

LE CHEVALIER.

Comment cela, monsieur le colonel.

LE COLONEL.

Puisqu'il est question d'affaires galantes, ils choisiront certainement ce petit endroit. Dans le reste du jardin, les allées sont trop droites, les places trop claires. Ce bosquet, ces berceaux sont assez épais pour favoriser les larcins amoureux.

LE CHEVALIER.

Je serai bien en peine jusqu'à ce que tout ceci soit fini.

LE COLONEL.

Dans de pareilles circonstances, un soldat ne devrait qu'approuver les mesures que nous prenons.

LE CHEVALIER.

J'aimerais mieux être exposé, les armes à la main, à un poste dangereux, que de me voir à celui-ci. Vous ne trouverez pas mauvais que je sois inquiet du sort de ces individus, quoiqu'ils ne méritent aucune estime et que mes intentions soient tout à fait louables.

LE COLONEL.

Soyez tranquille; j'ai ordre du prince et du ministre de terminer cette affaire dans un bref délai; on s'en repose sur moi. Le prince a bien raison; car si cette aventure a des suites, si elle fait du bruit, Dieu sait ce qu'en dira le monde : il faut toujours que ces choses-là se passent en silence. Votre service en devient d'autant plus grand, cher jeune homme, et, certes, il ne demeurera pas sans récompense. Il me semble entendre quelque chose. Retirons-nous à l'écart.

SCÈNE IV

LA MARQUISE, LE MARQUIS, LA NIÈCE.

LA MARQUISE, s'adressant au marquis, à l'instant où il sort du bosquet.

Demeurez toujours dans ce taillis, et gardez le silence. Je vous rejoins bientôt. (Le marquis retourne sur ses pas.) Voici le berceau, chère enfant; voici la rose. Vous savez le reste.

LA NIÈCE.

O! très-chère tante, ne m'abandonnez pas; soyez humaine envers moi; songez à ce que je fais par amour pour vous, à ce que je risque pour vous plaire.

LA MARQUISE.

Nous sommes près de vous, mon enfant. Du courage; il n'y a aucun danger. Dans cinq minutes tout sera fini.

La marquise se retire.

LA NIÈCE, seule.

O Dieu! qu'importe qu'une nuit profonde enveloppe la

faute : le jour éclate gaiement la bonne action faite dans les ténèbres, et montre un visage terrible au malfaiteur.

SCÈNE V
LA NIÈCE, LE CHANOINE.

La nièce s'assooit sous le berceau, et tient une rose dans sa main.

LE CHANOINE, qui entre en scène par le fond du théâtre du côté opposé au berceau.

Cette tranquillité profonde m'annonce l'approche de mon bonheur. Je n'entends aucun bruit dans ces jardins que la bonté du prince laisse ordinairement ouverts à tous les promeneurs, et qui, dans les belles soirées, sont souvent visités par de malheureux amants rêvant solitairement à leurs peines, et plus souvent encore par maint heureux couple. Je te remercie flambeau céleste, d'avoir aujourd'hui voilé tes rayons ! Vent impétueux, nuages menaçants, je suis ravi que vous épouvantiez ces sociétés légères qui se répandent souvent çà et là dans ces allées, remplissent ces bosquets de rires bruyants, et, sans jouir eux-mêmes, troublent les plus doux plaisirs des autres. Beaux arbres, que vous me semblez grandis depuis ces quelques étés, que le triste bannissement m'a éloigné de vous ! Je vous revois enfin, je vous revois plein les plus brillantes espérances, et les songes qui me berçaient autrefois sous vos jeunes ombrages sont maintenant réalisés. Je suis le plus heureux de tous les mortels.

LA MARQUISE qui marche doucement vers lui.

Est-ce vous, chanoine ? Approchez-vous, approchez-vous de votre bonheur. Regardez sous ce berceau.

LE CHANOINE.

Ah ! je suis au comble de la félicité ! (*La marquise se retire. Le chanoine court au berceau et se jette aux pieds de la nièce.*) Adorable mortelle, femme sublime, laissez-moi tomber en extase à vos genoux ; laissez-moi exhaler sur cette main ma reconnaissance avec ma vie.

LA NIÈCE.

Monsieur.....

LE CHANOINE.

Ne parlez point, ô déesse ; c'est assez de votre présence. Quand vous m'échapperiez de nouveau, le souvenir de cet instant délicieux ferait mon bonheur à jamais. Le monde est plein de vos mérites ; votre beauté, votre esprit, vos vertus ravissent tout l'univers. Vous êtes comme une divinité qu'on n'approche que pour la supplier et lui demander l'impossible. Et moi aussi, princesse.....

LA NIÈCE.

Ah! levez-vous, monsieur.

LE CHANOINE.

Ne m'interrompez pas. Et moi aussi, je viens, non vous prier, mais vous remercier du miracle divin par lequel vous avez sauvé ma vie.

LA NIÈCE se levant.

C'est assez.

LE CHANOINE toujours à genoux et la retenant.

Oui, c'est assez de paroles ; trop de paroles. Pardonnez-moi : les dieux eux-mêmes pardonnent quand nous les prions avec des paroles convenables, quoiqu'ils connaissent depuis longtemps nos besoins et nos vœux. Pardonnez à mes paroles. Hélas! l'homme aurait-il autre chose à donner que des paroles, s'il ne voulait donner que ce qui lui appartient vraiment? Vous donnez beaucoup à vos sujets, grande princesse ; pas un jour ne s'écoule qui ne soit marqué par vos bienfaits ; mais, je puis dire en cet heureux moment, que je suis le seul qui aie reçu votre faveur à un si haut degré, le seul qui puisse se dire : « Elle t'accorde ton pardon d'une manière qui t'élève plus que jamais tu n'aurais pu tomber. Elle t'annonce ses bonnes grâces d'une manière qui est l'éternel gage de ses sentiments. Elle fait ton bonheur, le consolide, l'éternise, tout cela en un moment. »

LA NIÈCE fait un mouvement en avant qui oblige le chanoine à se lever.

Éloignez-vous ; on vient. Nous nous reverrons.

Elle a tendu la main au chanoine pendant qu'il s'est relevé, et laissé la rose dans ses mains en se reculant.

LE CHANOINE.

Oui, maintenant je veux fuir, je veux résister au brûlant désir qui me pousse à la témérité. (Il s'approche d'elle vivement et recule aussitôt.) Non, ne craignez rien ; mais laissez-moi exprimer ce que je sens ; car le reste de ma vie dépend de votre volonté. Je puis tout avouer, parce que j'ai sur moi-même assez d'empire pour affronter un si délicieux moment. Bannissez-moi pour jamais de votre présence, si vous m'enlevez l'espérance de me reposer un jour dans ces bras, de tous les tourments justes et injustes que j'ai soufferts. Prononcez un seul mot.

Il la prend par la main.

LA NIÈCE, lui pressant la main.

Tout, tout ; mais maintenant éloignez-vous.

LE CHANOINE, lui baisant les mains.

Vous me rendez le plus heureux des hommes. Régnez sur moi sans partage.

Deux cors se font entendre dans l'éloignement, et produisent ensemble la plus agréable cadence. Le chanoine, pendant ce temps, reste la bouche collée sur les mains de la nièce.

SCÈNE VI

Les Précédents, LA MARQUISE, LE MARQUIS, puis LE COLONEL de la Garde suisse ; Suisses.

LA MARQUISE, accourant entre eux deux.

Hâtez-vous, mon ami ; éloignez-vous, j'ai entendu quelque bruit ; vous n'êtes plus en sûreté. On pourrait découvrir au château l'absence de la princesse. Hâtez-vous ; sortons de ce lieu.

LE CHANOINE, s'arrachant avec effort de la position où il était.

Fuyons ; il le faut, je le dois. Adieu, princesse. De grâce, ne me laissez pas languir une éternité.

Il gagne doucement, du côté gauche, le fond du théâtre.

LA MARQUISE.

Maintenant suivez-moi, ma nièce. Adieu, marquis. Faites bien vos affaires. Vous reverrez dans peu votre femme, votre amie. Embrassez-le pour prendre congé de lui, ma nièce.

LE MARQUIS embrasse sa nièce et l'attire de son côté.

Par ici, charmante enfant; venez avec moi. Ma voiture est devant cette porte.

LA NIÈCE tremblante.

O Dieu, que deviendra tout ceci?

LA MARQUISE, saisissant sa nièce.

Que signifie cela, marquis? Êtes-vous fou?

LE MARQUIS.

Point de bruit : cette jeune fille m'appartient. Abandonnez-moi cette adorable créature pour laquelle j'éprouve le plus ardent amour, et je vous promets, en revanche, d'exécuter fidèlement tout ce que vous m'avez recommandé. Je pars pour l'Angleterre, je soigne vos intérêts; nous vous attendons là, et vous y faisons le meilleur, le plus gracieux accueil; mais laissez-moi cette jeune fille.

LA MARQUISE.

Cela n'est pas possible. Suivez-moi ma nièce. Que répondez-vous à la témérité de mon mari? Parlez : êtes-vous d'intelligence avec lui?

LA NIÈCE tremblante.

Ma tante.....

LE MARQUIS, continuant à l'attirer de son côté.

Avouez-le-lui; point de dissimulation : c'est un plan concerté; venez; point de résistance, ou je fais du bruit, et suis capable, dans mon désespoir, de nous trahir tous.

LA MARQUISE.

Affreux! Affreux! Je suis perdue!

Les cors font entendre une sonnerie, et se taisent de nouveau.

LE COLONEL, qui ramène le chanoine et est suivi de deux Suisses.

Par ici, monsieur, par ici.

LE CHANOINE.

De quel droit osez-vous m'arrêter? Cette promenade n'est-elle pas libre à tout le monde?

LE COLONEL.

Aux promeneurs, oui, mais non pas aux malfaiteurs. Vous n'échapperez pas; rendez-vous de bonne grâce.

LE CHANOINE.

Me croyez-vous sans armes ?
Il saisit dans sa poche un pistolet qu'il présente au colonel.

LE COLONEL.

Serrez cette arme. Vous pouvez tirer sur moi, mais non sortir de ce jardin : toutes les avenues sont occupées; nul ne peut sortir. Abandonnez-vous au destin que vous êtes venu chercher de vous-même.

LA MARQUISE, *qui pendant cet entretien est demeurée attentive et a recueilli ces paroles.*

Quelle arrivée inattendue ! Venez de ce côté. Si nous ne sommes d'accord, nous nous perdrons tous ensemble. (*La marquise, le marquis et la nièce veulent se retirer du côté par où ils sont entrés; deux Suisses leur barrent le passage.*) C'en est fait de nous !

LE MARQUIS.

Nous sommes trahis !

LA NIÈCE.

Je suis perdue !

LE CHANOINE *qui, en ce moment, vient se placer à côté de la nièce.*

O Dieu !

LE COLONEL.

Que personne ne bouge. Vous êtes tous mes prisonniers.

LE CHANOINE, *montrant la nièce.*

Et cette dame aussi ?

LE COLONEL.

Certainement.

LE CHANOINE.

Mon malheur est si grand, que je ne puis y arrêter ma pensée.

LE COLONEL.

Pas si grand que votre imprudence.

LE CHANOINE.

Je consens à essuyer tous les reproches, à supporter tout ce que la justice offensée peut imposer de peines; je vous suis; traînez-moi dans un cachot si cela vous est ordonné; seulement respectez cet être plus qu'humain. Cachez, niez ce que vous avez vu; imaginez d'autres circonstances; vous rendrez au prince un plus grand service qu'en lui découvrant l'effroyable vérité que sa fille, sa fille unique et chérie...

LE COLONEL.

Je connais mon devoir. Je ne vois ici que mes prisonniers; je ne songe qu'à mon ordre, et je l'accomplirai.

LA MARQUISE.

Où tout cela tend-il?

LE MARQUIS.

Oh! pourquoi suis-je venu ici?

LA NIÈCE.

Mes craintes étaient fondées.

LE CHANOINE.

Je suis donc le plus infortuné des hommes! Quelle intention a-t-on ici? Est-il possible! que peut ordonner le prince contre ce qu'il a de plus cher au monde? Ma souveraine... mes amis... c'est moi qui fais votre malheur! Oh! pourquoi faut-il que je vive? pourquoi aimer ainsi? pourquoi n'ai-je pas suivi la pensée qui m'est venue plus d'une fois d'aller sur une terre étrangère émousser mon cœur et mon ambition en les appliquant à d'autres objets? Pourquoi n'ai-je pas fui? Ah! pourquoi des liens m'ont-ils toujours retenu? Je pourrais vous faire des reproches, me maudire, me haïr, et cependant, si je m'examine en ce moment, je ne puis désirer un autre sort. Je suis encore le plus heureux mortel au sein de mon malheur!

LE COLONEL.

Terminez, monsieur, car il en est temps, et écoutez-moi.

LE CHANOINE.

Oui, je vais finir; mais délivrez d'abord notre souveraine. Quoi! elle demeurerait ici dans des ténèbres humides pour entendre l'arrêt d'un malheureux qu'elle honore de son intérêt! Non, qu'elle retourne dans ses appartements; qu'elle ne reste pas plus longtemps exposée aux regards de ces vauriens qui se réjouissent de sa confusion. Hâtez-vous, hâtez-vous, princesse : qui pourra vous résister? Et cet homme qui ose me faire prisonnier, et ces colosses qui m'arrêtent avec leurs hallebardes, sont tous vos serviteurs. Partez :

adieu. Qui tentera de vous retenir? Mais n'oubliez pas un homme qui a pu enfin se prosterner à vos genoux, qui a osé enfin avouer que vous êtes tout pour lui dans l'univers. Jetez un dernier regard sur ses tourments, sur sa douleur, et puis abandonnez-le au cruel destin qui a conspiré contre lui.

Il se jette aux pieds de la nièce, qui s'appuie sur la marquise; le marquis est près d'elle, dans un grand embarras; ce qui forme sur le côté droit du théâtre, un groupe dans lequel se trouvent les deux Suisses. Le colonel et deux autres Suisses occupent le côté gauche de la scène.

SCÈNE VII

Les Précédents, LE COMTE.

LE COMTE, *que deux Suisses font marcher devant eux avec leurs hallebardes croisées.*

Je vous dis que vous aurez à expier toute votre vie votre grossièreté. M'aborder ainsi, moi le plus grand des mortels! Sachez que je suis il conte di Rostro, di Rostro Impudente; étranger honorable et partout révéré, maître en toutes sciences occultes, et qui tiens sous mes lois les esprits...

UN SUISSE.

Dis tout cela à notre colonel; il entend le français, lui; et, si tu ne marches pas droit, nous te donnerons, des deux côtés, des bourrades pour te montrer le chemin, comme c'est notre ordre.

LE COMTE.

Ces gens sont donc entièrement dénués de raison?

LE SUISSE.

C'est celui qui nous commande qui en a. Je te le répète, marche droit et très-droit de ce côté où est notre colonel.

LE COMTE, *impérieusement.*

Gardez-vous de me toucher.

LE CHANOINE, *qui, à la voix du comte, sort de son abattement et revient à lui.*

Oui, je t'attendais ici, Grand Cophte, vénérable maître, le plus sublime des mortels. Tu laissais tomber ainsi ton fils, afin de le relever par un miracle. Nous sommes tous enchaînés pour toujours à tes lois. Je n'ai pas besoin de t'avouer que j'avais entrepris cette aventure avec le désir de te la cacher. Tu sais ce qui s'est passé; tu en connais la malheureuse issue; autrement tu ne serais pas arrivé. Par cette seule apparition, Grand Cophte, tu obliges plus d'âmes nobles que tu n'en as peut-être vu réunies dans ton long pèlerinage sur la terre. Devant toi est un ami, il y a peu d'instants le plus heureux, maintenant le plus infortuné de tous les hommes. Ici est une dame digne du plus heureux sort; là des amis qui ont essayé l'impossible dans la chaleur de leur affection. Il s'est passé quelque chose d'incroyable. Nous tous qui sommes ici, si nous souffrons, c'est pour n'avoir pas eu confiance en toi. Aurais-tu ménagé le rendez-vous? Ta sagesse, ta puissance, auraient-elles combiné les circonstances? (Réfléchissant un instant et continuant avec résolution.) Non, je ne formerai plus de vœux, je ne me plaindrai plus; car, si, dans cette aventure, tout avait réussi à notre gré, tu n'aurais pas eu l'occasion de te faire voir dans ta splendeur, et, semblable au *deus ex machinâ*, de venir mettre un terme à notre embarras. (Il s'approche du comte familièrement, le sourire à la bouche.) Que décidez-vous, mon ami? Voyez, déjà nos gardiens sont comme frappés de stupeur; un seul mot de vous, et ils tombent dans un assoupissement qui leur fera oublier ce qui s'est passé, et alors nous nous échapperons heureusement de leurs mains. Allons, mon ami, serrez-moi sur votre cœur; accordez-moi mon pardon et ma délivrance.

LE COMTE, l'embrassant avec gravité.

Je te pardonne. (Au colonel.) Nous partirons bientôt d'ici tous ensemble.

LE COLONEL, souriant.

Oh! oui, très-volontiers.

LE CHANOINE.

O miracle!

LA MARQUISE, au marquis.

Que veut dire ceci? S'il allait encore nous sauver!

LE MARQUIS.

Je commence à croire qu'il est réellement sorcier.

LE COLONEL.

Je n'ai pas besoin d'entendre davantage tous vos discours; seulement je vois clairement à qui j'ai affaire et ce que j'ai à faire. (se retournant.) Mais approchez, jeune homme; vous m'avez assez longtemps laissé seul.

SCÈNE VIII

Les Précédents, LE CHEVALIER.

LE CHEVALIER.

Oui, me voici pour confondre les monstres et plaindre les insensés.

TOUS, excepté le colonel.

Qu'est ceci? Le chevalier! c'est une horreur! il n'est pas possible!

LE CHEVALIER.

Oui, je viens ici rendre témoignage contre vous tous.

LA NIÈCE.

C'est moi qui suis la seule coupable.

LE CHANOINE.

Que signifie tout cela? j'en perds la raison.

LE COLONEL.

Vous, connaissez-vous ce jeune homme? La seule chose surprenante, c'est qu'il ait conservé son honneur dans votre société. Il a observé vos friponneries, il les a découvertes au prince, et j'ai été chargé d'informer et de punir. (au chanoine.) Puis donc que vous apercevez maintenant sur quelle route et par quels guides vous avez été conduit, à quel point vous avez été trompé, connaissez enfin le fantôme au moyen duquel on a, ce soir, calomnié notre princesse.

Il enlève le voile qui couvre le visage de la nièce. Le chanoine la reconnaît, et exprime par sa pantomime l'effroi qui le saisit.

LE CHEVALIER.

Il en est des esprits comme de la princesse. En quels hommes vous aviez confiance!

LE CHANOINE.

Je me fiais à vous aussi, et je vois que vous m'avez perdu.

LE COLONEL.

Ces perfides ont abusé de votre faiblesse pour vous pousser aux actions les plus condamnables. Que pouvez-vous attendre ?

LE CHANOINE.

Monsieur le colonel...

LE COLONEL.

Rassurez-vous, et apprenez d'abord que le prince pense assez noblement pour n'imposer encore cette fois à votre étourderie, à votre témérité, qu'une punition légère ; que dis-je, une punition ? il veut plutôt essayer, pour la seconde fois, s'il est possible de vous corriger et de vous rendre digne de vos ancêtres. Votre éloignement de la cour, qui dure depuis deux ans, vous a bien peu profité. Je vous annonce que vous êtes libre, mais avec la seule condition que vous quitterez le pays sous huit jours, en prétextant un long voyage. Tout sera concerté avec votre oncle, que le prince estime particulièrement et honore de sa confiance. Vous pouvez retourner librement dans votre voiture, après que vous aurez appris, néanmoins, de quelle nature est l'affaire de bijoux dans laquelle vous êtes engagé.

LE CHANOINE.

Que vais-je apprendre ? quel nouveau coup m'attend ?

LE COLONEL, au marquis.

Remettez-moi d'abord les bijoux qui sont dans votre poche.

LE MARQUIS.

Des bijoux ! je n'en ai pas connaissance.

UN SUISSE.

Il a jeté là-bas quelque chose dans le taillis. Cela ne doit pas être loin.

Il cherche et rapporte la cassette, qu'il présente au colonel.

LE COLONEL.

Ne niez pas davantage ; tout est connu. (A la marquise.) Où sont les autres pierres ? Dites la vérité, vous ne retournerez pas chez vous, et chez vous, en ce moment, tout est sous la scellé. Méritez l'indulgence avec laquelle on s'apprête à vous traiter.

LA MARQUISE.

Les voici. (Elle présente l'écrin.) Je ne pensais pas m'en séparer!

LE COLONEL, au chanoine.

On rendra les bijoux aux joailliers, et l'on retirera en échange votre obligation. Vous remettrez, de votre côté, la fausse signature de la princesse. Je ne vous retiens plus; vous pouvez vous retirer.

LE CHANOINE.

Oui, je me retire. Vous m'avez vu confondu; mais ne croyez point que je sois abaissé; ma naissance me donne des droits aux premiers emplois de l'État. Nul ne peut m'enlever ces avantages, et encore moins arracher de mon cœur la passion que je ressens pour ma princesse. Dites-lui combien cette illusion m'a rendu heureux. Dites-lui que toutes les humiliations que j'éprouve ne sont rien auprès du chagrin de m'éloigner d'elle davantage; d'aller chercher un pays où mes yeux ne pourront plus même l'apercevoir ; mais son image et l'espérance ne quitteront pas mon cœur tant que je vivrai : dites-lui cela. Quant à vous, je vous méprise. Vous étiez à ma passion ce que l'insecte est à un arbre vigoureux; il en consume le feuillage, et l'arbre perd sa fraîcheur au milieu de l'été; mais le cœur et les racines sont hors de ses atteintes. Allez ailleurs chercher une autre pâture.

Le chanoine sort.

LE COLONEL.

Pour les autres, ils seront conduits sans bruit et sous bonne escorte à une place frontière, jusqu'à ce qu'on ait suffisamment examiné s'ils n'ont pas, par hasard, étendu plus loin leurs friponneries. S'il se trouve qu'ils ne sont impliqués dans aucune autre mauvaise affaire, on les mettra tout doucement hors de ce pays, et l'on se délivrera ainsi de cette race de fourbes. Ils sont justement quatre une voiture complète.

Bon voyage! Qu'on les conduise jusqu'à la grande porte où une voiture et des dragons les attendent.

LA NIÈCE.

S'il est permis à une infortunée jeune fille d'appeler de cette sentence rigoureuse, veuillez m'entendre. Je me soumets à toute espèce de châtiment; seulement, séparez-moi de ces gens qui sont mes parents, qui se disaient mes amis, et qui m'ont plongé dans la plus profonde misère. Qu'on m'enferme, qu'on m'éloigne; mais qu'on ait pitié de moi; je ne demande qu'un cloître.

LE CHEVALIER.

Qu'entends-je?

LE COLONEL.

Parlez-vous sérieusement?

LA NIÈCE.

Ah! si cet homme avait cru à ma sincérité, nous ne serions pas où nous en sommes. Chevalier, vous n'avez pas agi noblement. Mon imprévoyance, le hasard vous ont appris le secret. Si vous aviez été l'homme sur lequel je comptais, vous n'en auriez pas fait un tel usage; vous auriez pu instruire le chanoine, faire rendre aux joailliers leurs bijoux, et sauver une jeune fille qui est maintenant perdue sans retour. Il est vrai, vous serez récompensé pour ce service; notre malheur sera un capital dont vous tirerez de gros intérêts. Je ne demande point qu'environné des faveurs du prince, élevé, comme vous le serez bientôt, à des fonctions brillantes, vous songiez aux larmes d'une jeune fille dont la confiance vous a fait tout découvrir. Mais veuillez, maintenant que vous êtes un homme important à la cour, employer votre crédit pour obtenir ce que je vous demandais au moment où vous aviez, où vous montriez, du moins, pour toute fortune des sentiments que je me plaisais à honorer. Obtenez de ce brave et sévère officier que je ne suive point cette société, que ma jeunesse ne soit point exposée sur une terre étrangère, à de plus grandes humiliations que je n'en ai souffert, hélas! sur celle-ci. (Au colonel.) Je vous supplie, je vous conjure, monsieur, si vous avez une fille qui fait la joie de votre vie, faites-moi partir, mais seule. Qu'on m'enferme, j'y consens; mais qu'on ne me bannisse pas.

LE COLONEL.

Elle me touche.

LE CHEVALIER.

Parlez-vous sérieusement ?

LA NIÈCE.

Plût à Dieu que vous l'eussiez cru plus tôt !

LE COLONEL.

Je puis satisfaire votre désir; il n'est point contraire à mes instructions.

LA NIÈCE.

Oui, vous remplirez par là vos instructions, puisque l'intention du prince paraît être d'assoupir cette malheureuse affaire. Ne me bannissez point; ne me rejetez point sur une terre étrangère; car mon sort y excitera la curiosité : on racontera l'histoire de mes malheurs, on la répétera; on demandera : « Quelle figure a cette jeune aventurière? elle doit ressembler à la princesse; autrement la fable n'aurait pu être inventée ni jouée. Où est-elle? il faut la voir, la connaître. » O chevalier, si j'étais une créature telle que vous me supposiez, cette aventure comblerait tous mes vœux, et je n'aurais pas besoin d'autre dot pour réussir dans le monde.

LE COLONEL.

C'en est assez. Accompagnez ces trois personnes à la voiture; l'officier auquel vous les livrerez sait le reste.

LE MARQUIS, bas à la marquise.

Il n'est question que de bannissement; soumettons-nous, pour ne point empirer notre sort.

LA MARQUISE.

La colère et la rage dévorent mon cœur; la crainte d'un mal plus grand m'empêche seule de leur donner passage.

LE COLONEL.

Allons, partez.

LA MARQUISE.

Réfléchissez, monsieur le colonel, et rappelez au prince

quel sang coule dans mes veines; sachez que la parenté nous unit, et qu'il blesse son propre honneur dans le mien.

LE COLONEL.

C'est vous qui auriez dû y songer. Allez, on a déjà fait valoir dans votre intérêt cette parenté dont il n'est question que depuis peu de temps.

LE COMTE.

Monsieur, vous confondez avec cette canaille un homme accoutumé à recevoir partout les plus honorables traitements.

LE COLONEL.

Obéissez.

LE COMTE.

Cela m'est impossible.

LE COLONEL.

On vous l'apprendra bien.

LE COMTE.

Un voyageur qui, sur son passage, répand partout ses bienfaits...

LE COLONEL.

C'est ce qu'on verra bientôt.

LE COMTE.

Auquel on devrait élever un temple comme à une divinité protectrice.

LE COLONEL.

Cela pourra bien arriver.

LE COMTE.

Qui a prouvé qu'il était Grand Cophte.

LE COLONEL.

Par quel moyen?

LE COMTE.

Par des miracles.

LE COLONEL.

Donnez de nouveau cette preuve; appelez vos esprits, et faites-vous délivrer.

LE COMTE.

Je ne vous estime point assez pour déployer à vos yeux ma puissance.

LE COLONEL.

Grande pensée! Alors soumettez-vous à l'ordre qui vous est donné.

LE COMTE.

Je m'y soumets pour montrer ma longanimité; mais dans peu je me découvrirai. J'annoncerai de tels secrets à votre prince, qu'il me fera ramener en triomphe, et c'est vous qui précéderez, à cheval, la voiture où le Grand Cophte sera glorieusement conduit.

LE COLONEL.

Tout ce'a peut bien être; mais aujourd'hui il m'est impossible de vous accompagner. Partez.

UN SUISSE.

Partez, a dit le colonel; et, si vous ne marchez pas, vous allez sentir nos hallebardes.

LE COMTE.

Malheureux! vous marcherez bientôt devant moi pour me faire honneur.

LES SUISSES, le frappant.

Tu veux donc avoir le dernier mot?

Les Suisses sortent avec le marquis, la marquise et le comte.

LE COLONEL, à la nièce.

Et vous, un couvent de femme, situé à un quart d'heure de chemin, vous recevra ce soir même. Si vous avez l'intention sérieuse de vous séparer du monde, vous en trouverez l'occasion.

LA NIÈCE.

C'est très-sérieusement que je l'ai dit. Aucune espérance ne m'attache plus à ce monde. (Au chevalier.) Mais je dois ajouter, monsieur, que j'emporte avec moi, dans la solitude du cloître, ma première, ma seule passion... celle que j'ai ressentie pour vous.

LE CHEVALIER.

Ah! ne dites point cela; ne me punissez pas si cruellement : chacune de vos paroles me fait une profonde blessure. Votre sort est digne d'envie auprès du mien. Vous pouvez dire au moins : « On a fait mon malheur; » et moi, quel insupportable chagrin j'éprouverai en me disant : « Elle te compte parmi ceux qui ont contribué à sa perte. » Oh! pardonnez-moi; pardonnez à une passion qui, contraire à elle-même par un triste destin, a blessé ce qu'elle avait, il n'y a qu'un moment, de plus cher et de plus précieux sur la terre. Il faut nous séparer. Indicible est le tourment que je ressens. Reconnaissez mon amour, et plaignez-moi. Pourquoi n'ai-je pas suivi mon inspiration? et après avoir découvert, grâce au hasard, le crime qui se préparait, que ne suis-je aussitôt allé prévenir le chanoine! je me serais acquis un ami, une amante, et j'aurais pu jouir d'un bonheur sans mélange. J'ai perdu tout cela!

LE COLONEL.

Prenez courage.

LA NIÈCE.

Adieu. Ces dernières paroles de consolation seront toujours présentes à mon cœur. (Au colonel.) Je lis dans vos yeux qu'il faut que je m'éloigne. Puisse votre humanité recevoir sa récompense!

Elle s'éloigne avec les gardes.

LE COLONEL.

Je plains cette pauvre créature! Venez; tout s'est bien passé. Votre récompense ne se fera point attendre.

LE CHEVALIER.

Qu'elle soit telle que j'ai droit de l'attendre d'un prince, peu m'importe; je n'en pourrai pas jouir; car je n'ai pas bien agi. Je n'ai plus qu'un désir et une espérance, c'est de consoler cette aimable enfant, et de la rendre à elle-même et au monde.

FIN DU GRAND COPHTE.

LE GÉNÉRAL CITOYEN

COMÉDIE EN UN ACTE
— EN PROSE —

---- 1793 ----

PERSONNAGES

ROSE.
GEORGE.
MARTIN.
LE SEIGNEUR.

SCHNAPS.
LE JUGE.
Paysans.

SCÈNE I

La scène est dans la maison de Martin.

ROSE, GEORGE.

GEORGE sort de la maison avec un râteau, et se retourne en disant :

Entends-tu, ma chère Rose ?

ROSE, s'avançant sous la porte.

Parfaitement, mon cher George.

GEORGE.

Je vais au pré détruire les taupinières.

ROSE.

Bien.

GEORGE.

Puis j'irai voir comment est le champ.

ROSE.

Bien ! tu reviendras ensuite bêcher au plant de choux ; tu m'y trouveras et le déjeuner aussi...

GEORGE.

Et alors nous nous assoirons ensemble, et puis nous mangerons gaiement.

ROSE.

Je te promets une bonne soupe.

GEORGE.

Serait-elle des meilleures, si tu ne la manges avec moi, elle ne me plaira guère.

ROSE.

Il en est de même de moi.

GEORGE.

Allons, adieu, Rose. (Rose marche, s'arrête, regarde autour d'elle, ils s'envoient des baisers; George revient sur ses pas.) Écoute, Rose! le monde ne dit rien de vrai.

ROSE.

Rarement au moins. Comment cela?

GEORGE.

On dit que, dès qu'on est mari et femme, on ne s'aime plus comme auparavant. Cela n'est pas vrai, Rose : depuis combien de temps sommes-nous mariés? attends...

ROSE.

Douze semaines.

GEORGE.

En vérité? et c'est toujours George et Rosette, toujours Rosette et George, comme devant, n'est-ce pas, Rose? Allons, adieu!

ROSE.

Adieu! que de fois ne l'avons-nous pas déjà répété!

GEORGE s'éloigne.

Et combien de fois le dirons-nous encore!

ROSE.

Pour nous chercher et nous retrouver toujours.

GEORGE, s'arrêtant.

Quel plaisir!

ROSE.

Je te suis bientôt; adieu!

GEORGE, s'en allant.

Adieu!

ROSE, sur la porte.

George!

GEORGE, revenant.

Que veux-tu?

ROSE.

Tu as oublié quelque chose.

GEORGE, s'examinant.

Quoi donc?

ROSE, courant à lui.

Encore un baiser!

GEORGE.

Chère Rose!

ROSE.

Cher George!

Ils s'embrassent.

SCÈNE II

Les Précédents, LE SEIGNEUR.

LE SEIGNEUR.

Bravo, mes enfants! bravo! Ce n'est pas pour vous que le temps s'écoule.

GEORGE.

Nous n'y faisons pas attention non plus, monseigneur.

ROSE, d'un air significatif.

Bientôt vous n'y ferez pas non plus attention.

LE SEIGNEUR.

Comment donc?

ROSE.

N'en faites donc pas un secret; elle est si jolie!

LE SEIGNEUR, souriant.

Qui?

GEORGE.

Hem! Rose, tu as raison : sans doute, bien jolie!

ROSE.

Et vous êtes aussi un jeune et beau cavalier.

LE SEIGNEUR.

George, tu la laisses parler ainsi?

GEORGE.

Plus aujourd'hui qu'autrefois; car, je l'avoue, j'ai souvent été jaloux de vous.

LE SEIGNEUR.

Ah! tu avais quelque raison : Rose m'a toujours plu.

ROSE.

Vous plaisantez, monseigneur.

GEORGE.

Moi, cela m'a toujours semblé très-sérieux.

ROSE.

Il m'a assez souvent grondée.

GEORGE.

Et elle également.

LE SEIGNEUR.

Et aujourd'hui?

GEORGE.

Aujourd'hui Rose est ma femme, et je la crois une bien brave femme.

LE SEIGNEUR.

Cela est certain.

ROSE, d'un air significatif.

Et vous?...

LE SEIGNEUR.

Eh bien?

GEORGE, se courbant.

Peut-on vous congratuler?

LE SEIGNEUR.

Pourquoi?

ROSE, en faisant la révérence.

Si vous ne le prenez pas en mauvaise part.

GEORGE.

Vous aurez aussi bientôt une charmante petite femme.

LE SEIGNEUR.

Pas que je sache.

ROSE.

Dans peu de jours vous en conviendrez.

GEORGE.

Elle est si aimable.

LE SEIGNEUR.

Qui donc?

ROSE.

Mademoiselle Caroline, qui vint ici dernièrement en visite avec sa vieille tante.

LE SEIGNEUR.

Voilà donc la source de vos soupçons? quelle pénétration !

GEORGE.

Je pensais, cependant, que cela était visible.

ROSE.

C'est bien joli à vous de vous marier aussi.

GEORGE.

On devient un tout autre homme, vous verrez.

ROSE.

Ce n'est que maintenant que je me plais au logis.

GEORGE.

Et moi, il me semble, à moi, que je suis né dans cette maison-là.

ROSE.

Et quand mon père lit les gazettes et s'inquiète de politique, alors nous nous pressons les mains.

GEORGE.

Et lorsque le vieillard s'afflige de la tournure que prennent les affaires du dehors, alors nous nous rapprochons l'un de l'autre, et nous nous réjouissons que les choses se passent si paisiblement et si amicalement chez nous.

LE SEIGNEUR..

C'est ce que vous pouvez faire de mieux.

ROSE.

Et quand mon père ne peut pas comprendre comment la nation française se tirera de sa dette, je dis, moi : George, prenons garde à ne pas faire de dettes.

GEORGE.

Et quand il est hors de lui de ce qu'on arrache là-bas aux gens, leurs biens, leur fortune, nous combinons les moyens d'améliorer le petit terrain que nous avons le projet d'acheter avec l'argent de la Loterie.

LE SEIGNEUR.

Vous êtes des jeunes gens prudents.

ROSE.

Et heureux.

LE SEIGNEUR.

Je vois cela avec plaisir.

GEORGE.

Vous en ferez bientôt aussi l'expérience.

ROSE.

C'est alors qu'on reverra des fêtes encore au château.

GEORGE.

Comme du vivant de madame votre mère.

ROSE.

Qu'on allait toujours trouver lorsqu'il y avait quelqu'un de malade.

GEORGE.

Qui avait de si bons remèdes pour les contusions.

ROSE.

Qui avait de si bons onguents pour les brûlures.

LE SEIGNEUR.

Si je me marie, je chercherai une femme qui lui ressemble.

GEORGE.

Vous l'avez trouvée.

ROSE.

Je le pense..... ne vous fâchez pas, monseigneur, de notre familiarité.

GEORGE.

C'est que nous ne pouvions attendre...

ROSE.

Et qu'il nous tardait de vous voir vivre heureux comme nous.

GEORGE.

Il ne faut pas tarder plus longtemps.

ROSE.

C'est du temps perdu.

GEORGE.

Et nous avons déjà l'avance.

LE SEIGNEUR.

Nous verrons.

GEORGE.

Cela ne fait rien, sans doute, si notre petit est un peu plus âgé que le vôtre, il n'en saura que mieux veiller sur le jeune seigneur.

ROSE.

Ce sera gentil quand ils joueront ensemble. Vous le permettrez, n'est-ce pas?

LE SEIGNEUR.

Que ne sont-ils déjà là! Oui, mes enfants grandiront avec les vôtres, comme leur père a grandi avec vous.

ROSE.

Oh! quel plaisir!

GEORGE.

Je les vois déjà.

SCÈNE III

Les Précédents, MARTIN à la fenêtre.

MARTIN.

Rose, Rose, que devient le déjeûner?

ROSE.

A l'instant, à l'instant!

MARTIN.

Faut-il donc que j'attende encore?

Il ferme la fenêtre.

ROSE.

Dans l'instant.

GEORGE.

Dépêche-toi, Rose.

ROSE.

Je vais avoir un sermon.

LE SEIGNEUR.

C'est la faute du baiser que je vous ai vu donner ; et moi, j'en ai oublié le gibier.

GEORGE.

Votre bonté en est cause, monseigneur.

ROSE.

Sans doute ; et j'en ai oublié mon père.

GEORGE.

Moi le pré, le champ, et le plant de choux.

LE SEIGNEUR.

Allons maintenant ; chacun notre chemin.

Ils se saluent et sortent par des côtés différents. Rose rentre dans la maison.

SCÈNE IV

Chambre de Martin avec une cheminée, quelques armoires, une table et des chaises d'un côté une fenêtre, vis-à-vis, une échelle.

MARTIN, ROSE.

MARTIN.

Rose, où es-tu ?

ROSE.

Ici, mon père.

MARTIN.

Que deviens-tu donc ?

ROSE.

Monseigneur est venu, et, comme il est bien bon, il s'est mis à jaser avec nous.

MARTIN.

Et mon café ?

ROSE *indiquant la cheminée*.

Le voilà.

MARTIN.

Je le vois ; mais le lait.

ROSE.

Il sera chaud tout à l'heure.

Elle va vers l'armoire, l'ouvre avec une clef du trousseau qu'elle porte suspendu à sa ceinture ; elle y prend de la crème et la met sur la cheminée.

MARTIN.

Rose, ce n'est pas joli.

ROSE.

Quoi donc, mon père !

MARTIN.

De m'oublier de la sorte pour George.

ROSE de même.

Comment donc ?

MARTIN.

Tu as babillé avec lui ; et tu as eu soin de lui.

ROSE.

Aussi mon père !... Je lui ai donné du pain et du beurre.

MARTIN.

Tu n'as soin que de lui.

ROSE.

Mais point du tout, de vous comme de lui.

MARTIN.

Et cependant tu me promettais, quand je donnai mon consentement à ton mariage...

ROSE.

Que tout se passerait comme auparavant.

MARTIN.

Tiens-tu ta parole ?

ROSE.

Sans doute, voici le café.

MARTIN.

Es-tu tous les matins auprès de moi, comme autrefois ?

ROSE.

Voici le lait.

Elle court de nouveau à l'armoire.

MARTIN.

Et ne faut-il pas que j'attende après tout ?...

ROSE.

Voici la tasse, la cuiller, le sucre. Voulez-vous aussi du pain et du beurre ?

MARTIN.

Non, non ; tu me dois encore la réponse.

ROSE, montrant le déjeuner.

Elle est là.

MARTIN.

C'est bon. Raconte-moi quelque chose.

ROSE.

Il faut que je m'en aille.

MARTIN.

Déjà !

ROSE.

Porter la soupe à George, qui ne se soucie pas de café.

MARTIN.

Pourquoi ne la mange-t-il pas au logis ?

ROSE.

Il veut, auparavant, travailler un peu. Il a construit un berceau sur le plant de choux. Nous y faisons un petit feu ; nous faisons chauffer la soupe et nous la mangeons ensemble.

MARTIN.

Eh bien ! va, puisque cela doit être ainsi.

ROSE.

Comment l'entendez-vous ?

MARTIN.

Abandonnez père et mère, et suivez vos maris.

ROSE.

Cela ne doit-il pas être ainsi ?

MARTIN.

Va-t'en.

ROSE.

Adieu ; vous aurez quelque chose de bon à dîner ; je ne dis pas quoi.

MARTIN.

C'est bien.

ROSE.

Ne soyez pas maussade.

MARTIN.

Eh ! non.

ROSE.

Allons, adieu.

MARTIN.

Va-t'en, je sors aussi.

SCÈNE V

MARTIN seul, assis et buvant.

Il est bon qu'elle s'éloigne. Schnaps me disait hier en passant : Quand les enfants seront aux champs, je viendrai vous voir et vous dire beaucoup de nouvelles. C'est un gars fieffé que ce Schnaps! il sait tout. Si seulement il vivait en meilleure intelligence avec George; mais l'autre a juré de le rosser à outrance s'il le trouve à la maison, et George tient parole. C'est un bon garçon, mais... garçon violent. J'entends quelque chose (il va à la porte); ah! ah! Schnaps, te voilà déjà !

SCÈNE VI

MARTIN, SCHNAPS.

SCHNAPS, regardant dans la chambre.

Êtes-vous seul, père Martin ?

MARTIN.

Entrez toujours.

SCHNAPS, mettant un pied dans la chambre.

J'ai vu George s'en aller : Rose le suit-elle ?

MARTIN.

Oui, compère Schnaps, comme à l'ordinaire.

SCHNAPS.

Me voici.

MARTIN.

Vous êtes plein de prudence.

SCHNAPS.

C'est la première des vertus.

MARTIN.

D'où venez-vous donc ?

SCHNAPS.

Hem! hem

MARTIN.

Depuis huit jours on ne vous a pas vu.

SCHNAPS.

Je le crois bien.

MARTIN.

Avez-vous opéré quelque cure dans les environs?

SCHNAPS.

Père Martin, j'ai appris à guérir.

MARTIN.

Appris? comme si vous aviez encore besoin d'apprendre quelque chose?

SCHNAPS.

On n'en sait jamais trop.

MARTIN.

Vous êtes bien modeste.

SCHNAPS.

Comme tous les grands hommes.

MARTIN.

Et qu'importe la grandeur? vous êtes plus petit que moi.

SCHNAPS.

Père Martin, il n'est pas question de la taille; mais, ici, là.

Il montre son front.

MARTIN.

J'entends.

SCHNAPS.

Et il y a des hommes dans le monde qui savent apprécier cela.

MARTIN.

Sans doute.

SCHNAPS.

Ceux-là vous accordent leur confiance.

MARTIN.

Je le crois.

SCHNAPS.

On apprend alors...

MARTIN, impatient.

Quoi donc? parlez.

SCHNAPS.

Et l'on se charge de missions...

MARTIN.

Vite! qu'y a-t-il?

SCHNAPS, d'un air significatif.

On devient un homme en crédit.

MARTIN.

Est-il possible?

SCHNAPS.

Dans peu de jours vous saurez ce qui en est.

MARTIN.

Non, tout de suite! allons, parlez.

SCHNAPS.

Je ne puis; et j'en ai assez dit comme cela.

MARTIN, avec gravité.

Compère Schnaps!...

SCHNAPS.

Qu'y a-t-il?

MARTIN.

Regardez-moi.

SCHNAPS.

Eh bien!

MARTIN.

Là, dans le blanc des yeux.

SCHNAPS.

Eh bien?

MARTIN.

Sans sourciller.

SCHNAPS.

Au diable! je vous regarde assez. Je m'étonne que vous puissiez supporter mes regards.

MARTIN.

Écoutez.

SCHNAPS.

Que dois-je écouter?

MARTIN.

Ce que vous avez à me raconter, ne serait-ce pas...

SCHNAPS.

Comment l'entendez-vous?

MARTIN.

Ne serait-ce pas encore... là... quelqu'une de ces histoires...

SCHNAPS.

Comment pouvez-vous le penser?

MARTIN.

Ou bien...

SCHNAPS.

Non pas, père Martin.

MARTIN.

Ou s'agit-il de quelqu'un des honorables Schnaps, vos aïeux?

SCHNAPS.

C'était par plaisanterie, par pure plaisanterie; maintenant cela commence à devenir sérieux.

MARTIN.

Tâchez de me convaincre.

SCHNAPS.

Eh bien! donc, puisque c'est vous...

MARTIN.

Je suis excessivement curieux de...

SCHNAPS.

Eh bien, écoutez! mais sommes-nous en sûreté?

MARTIN.

Sans doute; George est au pré, et Rose avec lui.

SCHNAPS, avec solennité.

Ouvrez vos oreilles! ouvrez vos yeux!

MARTIN.

Allons, dépêchez-vous!

SCHNAPS.

Vous avez souvent ouï dire... mais il me semble que j'entends quelqu'un aux aguets?

MARTIN.

Ce n'est personne.

SCHNAPS.

Que les fameux jacobins... Il n'y a personne, vous êtes sûr?

MARTIN.

Continuez, non.

SCHNAPS.

Recherchent, apprécient et emploient les hommes capables de tous les pays.

MARTIN.

On le dit.

SCHNAPS.

Maintenant que ma réputation... J'entends quelqu'un.

MARTIN.

Non, point du tout.

SCHNAPS.

Que ma réputation a retenti au delà du Rhin...

MARTIN.

C'est loin.

SCHNAPS.

Depuis plus de six mois, on fait tous les efforts imaginables...

MARTIN.

Poursuivez, de grâce.

SCHNAPS.

Pour me gagner à la cause de la liberté et de l'égalité.

MARTIN.

Cela serait-il possible?

SCHNAPS.

On connaît à Paris la portée de mon intelligence.

MARTIN.

Eh! eh!

SCHNAPS.

Mon adresse.

MARTIN.

Cela est curieux.

SCHNAPS.

Bref, depuis six mois, messieurs les jacobins tournent autour de moi comme les chats autour de la bouillie chaude.

MARTIN.

J'en suis on ne peut plus surpris.

SCHNAPS.

Enfin, il y a huit jours, on m'a fait venir à la ville.

MARTIN.

Vous disiez que vous alliez y porter vos soins à un étranger qui s'était cassé la jambe.

SCHNAPS.

On me l'avait dit aussi.

MARTIN.

Nous en fûmes surpris.

SCHNAPS.

Et moi de même.

MARTIN.

Comme s'il n'y avait pas de chirurgien à la ville!

SCHNAPS.

Quoi qu'il en soit, je fus surpris, et j'y allai.

MARTIN.

Et vous avez bien fait.

SCHNAPS.

Je trouve mon patient.

MARTIN.

En vérité?

SCHNAPS.

Et comme je levais l'appareil mis à son pied...

MARTIN.

Alors?

SCHNAPS.

Je le trouve aussi sain que le mien.

MARTIN.

Vraiment?...

SCHNAPS.

Je demeure stupéfait.

MARTIN.

Je le crois.

SCHNAPS.

Le monsieur se met à rire...

MARTIN.

Naturellement.

SCHNAPS.

Et me saute au cou.

MARTIN.

Est-il possible?

SCHNAPS.

Citoyen Schnaps! s'écria-t-il.

MARTIN.

Citoyen Schnaps? voilà qui est curieux

SCHNAPS.

Digne frère!

MARTIN.

Continuez.

SCHNAPS.

En un mot, il m'a tout découvert

MARTIN

Mais quoi?

SCHNAPS.

Qu'il était un envoyé du club des jacobins.

MARTIN.

Quel air avait-il?

SCHNAPS.

L'air de tout le monde.

MARTIN.

N'avez-vous pas été intimidé devant cet homme?

SCHNAPS.

Moi, intimidé!

MARTIN.

Et vous vous êtes entretenu avec lui, comme avec l'un de vos égaux?

SCHNAPS.

Naturellement; tous les hommes sont égaux.

MARTIN.

Mais continuez.

SCHNAPS.

Quoi! dois-je vous raconter tout en détail?

MARTIN.
Je l'écouterai bien volontiers.

SCHNAPS.
Il me reçut dans son intimité.

MARTIN.
Comment cela s'est-il passé ?

SCHNAPS.
Avec beaucoup de cérémonies.

MARTIN.
Je voudrais bien le connaître.

SCHNAPS.
Vous pourrez tout voir.

MARTIN.
Comment donc ?

SCHNAPS.
Faites attention ! Vous voyez cette trousse : eh bien, tout le mystère est là dedans.

MARTIN.
Est-il possible ?

SCHNAPS.
Examinez.

MARTIN.
Voyons.

SCHNAPS.
Procédons par ordre.

MARTIN.
Commençons.

SCHNAPS, après une pause.
D'abord il m'embrassa à plusieurs reprises.

MARTIN.
C'est un homme bien élevé.

SCHNAPS.
Que le diable le lui rende !

MARTIN.
Je ne pensais pas...

SCHNAPS.
Puis il me remit...

Il tire de sa trousse un bonnet rouge

MARTIN.
Le chaperon rouge? vous n'êtes cependant pas marié.
SCHNAPS.
Ignorant! le bonnet de la liberté.
MARTIN.
Voyons.
SCHNAPS.
Et il me le mit sur la tête.
Il se coiffe du bonnet.
MARTIN.
Vous avez l'air jovial comme cela.
SCHNAPS.
Puis l'habit.
Il tire un uniforme complet.
MARTIN.
Un costume galant!
SCHNAPS.
Aidez-moi, compère; il est un peu étroit.
MARTIN, *en se donnant de la peine pour le lui passer.*
Oh! oh! quel embarras! comme il est gênant!
SCHNAPS.
C'est l'uniforme de la liberté.
MARTIN.
Ma foi, j'aime mieux ma large veste de paysan.
SCHNAPS.
Mais voyez, que dites-vous du sabre?
MARTIN.
Bon.
SCHNAPS.
Et la cocarde?
MARTIN.
Est-ce la cocarde nationale?
SCHNAPS.
Sans doute.
Il l'attache à son chapeau.
MARTIN.
Comme cela pare un vieux chapeau!
SCHNAPS.
En porteriez-vous bien une pareille?

MARTIN.

Cela dépend...

SCHNAPS.

C'est ainsi que l'étranger m'a accommodé !

MARTIN.

Lui-même ?

SCHNAPS.

Sans doute ; nous nous servons aujourd'hui les uns les autres.

MARTIN.

Voilà qui est bien.

SCHNAPS.

Il me disait...

MARTIN.

Je suis curieux...

SCHNAPS.

J'ai beaucoup gagné de partisans dans le pays.

MARTIN.

Cela est-il vrai ?

SCHNAPS.

Mais il n'est aucune personne en qui j'ai placé plus de confiance qu'en vous.

MARTIN.

Voilà qui est flatteur.

SCHNAPS.

Remplissez donc mes espérances...

MARTIN.

Et comment ?

SCHNAPS.

Allez trouver vos amis, et faites-leur connaître nos principes.

MARTIN.

Exposez-les-moi.

SCHNAPS.

Tout de suite. — Et quand vous aurez rassemblé mille honnêtes gens...

MARTIN.

Mille honnêtes gens! c'est beaucoup.

SCHNAPS.

Gens bien pensants et gens de cœur.

MARTIN.

Eh bien?

SCHNAPS.

Alors commencez la révolution dans votre village.

MARTIN.

Dans notre village? Ici, dans notre village?

SCHNAPS.

Sans doute!

MARTIN.

Dieu nous en préserve!

SCHNAPS.

Et où donc, s'il vous plaît?

MARTIN.

Eh! que sais-je? là ou là-bas; partout, excepté ici.

SCHNAPS.

Écoutez-moi bien; voici l'important de la chose.

MARTIN.

Encore quelque chose de plus important?

SCHNAPS.

Commencez la révolution, me dit-il.

MARTIN.

Ciel et miséricorde!

SCHNAPS.

Je vous donne pour cela autorité plénière, et vous nomme à cette fin...

MARTIN.

Quoi?

SCHNAPS.

Général citoyen.

MARTIN.

Général! monsieur Schnaps? Monsieur Schnaps, cela sonne presque comme gouverneur des Indes orientales.

SCHNAPS.

Paix ! ce n'est pas le moment de plaisanter.

MARTIN.

Il paraît.

SCHNAPS.

En signe de votre promotion, je vous donne cette moustache.

MARTIN.

Une moustache ?

SCHNAPS.

Que doit porter tout général citoyen.

MARTIN.

Est-il possible ?

SCHNAPS, après s'être attaché la moustache.

Vous avez maintenant un signe distinctif...

MARTIN.

En vérité.

SCHNAPS.

Une autorité !

MARTIN.

C'est stupéfiant.

SCHNAPS.

Et à la tête d'hommes libres, vous ferez des merveilles.

MARTIN.

Sans doute, monsieur le général.

SCHNAPS.

On ne dit point : monsieur le général. On dit : mon général, citoyen général ! aucun homme n'est monsieur.

MARTIN.

Mon général.

SCHNAPS.

Qu'y a-t-il, citoyen ?

MARTIN.

Je ne suis qu'un paysan.

SCHNAPS.

Nous sommes tous citoyens.

MARTIN.

Dites-moi seulement où tend tout cela ?

SCHNAPS.

On appelle cela nos principes.

MARTIN.

Mais où cela mène-t-il ?

SCHNAPS.

Oui.

MARTIN.

Je songe que cela pourrait finir par des coups.

SCHNAPS.

Maintenant, il faut que vous écoutiez.

MARTIN.

Quoi donc ?

SCHNAPS.

Les principes que je suis chargé de propager.

MARTIN.

Je les avais déjà tout à fait oubliés.

SCHNAPS.

Écoutez.

MARTIN, allant et venant. Il s'approche de la fenêtre.

Oh ! mon Dieu !

SCHNAPS.

Qu'y a-t-il ?

MARTIN.

Monsieur le général, mon général ! voilà George qui descend la montagne.

SCHNAPS.

Maudit George.

MARTIN.

Monsieur... mon général, il a un gros gourdin.

SCHNAPS, courant à la fenêtre.

Me voici fort embarrassé.

MARTIN.

Je le crois bien !

SCHNAPS.

Je crains...

MARTIN.

Cela me semble aussi.

SCHNAPS.

Croyez-vous que ce soit George !

MARTIN.

Non, mais le gourdin.

SCHNAPS.

Je ne crains rien dans le monde que la trahison.

MARTIN.

Et vous avez raison.

SCHNAPS.

La bonne cause souffrirait si l'on découvrait sitôt nos desseins.

MARTIN.

Sans doute.

SCHNAPS.

Cachez-moi.

MARTIN.

Montez au grenier.

SCHNAPS.

Oui, oui.

MARTIN.

Mettez-vous sous le foin.

SCHNAPS.

Très-bien.

MARTIN.

Allons, décampez, monsieur le général, l'ennemi approche.

SCHNAPS.

Vite, la trousse.

Il l'emporte.

MARTIN.

Partez, partez.

SCHNAPS, *montant à l'échelle.*

Ne me trahissez pas.

MARTIN.

Non, non.

SCHNAPS.
Et ne croyez pas que j'aie peur?

MARTIN.
Non, certainement.

SCHNAPS.
Pure prudence!

MARTIN.
On doit vous en savoir gré; mais hâtez-vous.

SCHNAPS, tout en haut et entrant dans le grenier.
Pure prudence!

SCÈNE VII

MARTIN, GEORGE avec un bâton.

GEORGE.
Où est le vaurien?

MARTIN.
Qui donc?

GEORGE.
Dit-on vrai, mon père?

MARTIN.
Et qui donc?

GEORGE.
Rose dit qu'elle a vu, en s'éloignant, Schnaps se glisser dans la maison.

MARTIN.
Il est venu, en effet, mais je lui ai bientôt indiqué son chemin.

GEORGE.
Vous avez bien fait; je lui aurais brisé bras et jambes, si je l'avais rencontré ici.

MARTIN.
Tu es par trop violent.

GEORGE.
Comment, après tous ses tours?

MARTIN.
Cela est oublié.

GEORGE.

Il ne se tient pas encore tranquille, maintenant que Rose est ma femme.

MARTIN.

Quoi donc?

GEORGE.

Il ne cesse de nous chercher et de nous inquiéter.

MARTIN.

Et comment cela?

GEORGE.

N'a-t-il pas osé dire en passant, à Rose : Bonjour Rose! Comme vous plaisez à tout le monde! L'officier qui vient de passer à cheval s'est informé de vous.

MARTIN.

Cela peut être vrai.

GEORGE.

Quelle nécessité de le redire? non, ce sont des mensonges.

MARTIN.

Vraisemblablement.

GEORGE.

Et n'est-il pas venu un beau jour lui dire : l'étranger qui a demeuré au château vous a beaucoup vanté, voudriez-vous bien lui rendre une visite? il en sera charmé. Il demeure dans la rue Longue, au n° 636.

MARTIN.

C'est faire un joli métier!

GEORGE.

Il est capable de tout.

MARTIN.

Je le pense aussi.

GEORGE.

Et Rose le recevant toujours de la façon qu'il mérite, ce coquin lui en veut. Je crains qu'il ne nous prépare encore quelqu'un de ses tours.

MARTIN.

Il n'est pas si méchant? c'est par badinage.

GEORGE.
Joli badinage! mais je saurai l'attraper.

MARTIN.
Sois sur tes gardes, tu risques l'amende.

GEORGE.
Je la subirai volontiers, et je le lui revaudrai de m'avoir tout à l'heure forcé de quitter Rose; pourvu qu'il ne soit pas là dehors, auprès d'elle. Vite, vite! il faut que je me sauve.

Il sort précipitamment.

SCÈNE VIII

MARTIN, puis SCHNAPS.

MARTIN.
C'est un bonheur qu'il ne soupçonne pas sa présence. Cela aurait fait une belle affaire. (A la fenêtre.) Comme il court! il est déjà près de la montagne. Maintenant, mon général peut quitter son embuscade. C'est cependant curieux qu'à présent les plus mauvais s'élèvent le plus haut; on lit cela dans toutes les gazettes. Celui-ci, là-haut, ne vaut rien au monde, et les honneurs lui viennent; qui sait encore ce qui en adviendra? Ce sont des temps dangereux, on ne sait qui l'on a auprès de soi. Dans tous les cas je veux le flatter: en retour il me sera utile. Mon général!

SCHNAPS, à la porte du grenier: il en tombe du foin.
Est-il parti!

MARTIN.
Il est loin!

SCHNAPS, couvert de foin.
Je viens.

MARTIN.
Vous voilà tout en désarroi, général Schnaps.

SCHNAPS, se secouant en descendant l'échelle.
Il n'en est pas autrement à la guerre, on ne peut pas se tenir toujours brillant.

MARTIN.
Descendez donc!

SCHNAPS.

Est-il vraiment parti?

MARTIN.

Il est déjà bien loin, vous dis-je : il craignait que vous ne vous fussiez glissé près de Rose, et il courait comme s'il avait le feu à ses trousses.

SCHNAPS.

Parfait. Maintenant fermez la porte.

MARTIN.

Cela a l'air suspect.

SCHNAPS.

Mieux vaut être suspect que surpris. Fermez, père Martin en deux mots vous saurez tout.

MARTIN, allant fermer la porte.

C'est bien.

SCHNAPS.

Si quelqu'un frappe, je décampe et j'opère ma retraite par la porte de derrière. Vous, vous ferez comme vous voudrez.

SCÈNE IX

SCHNAPS, puis MARTIN.

SCHNAPS.

Si je lui avais seulement gagné un déjeuner!... une véritable honte, si riche et si ladre! (Il tourne autour des armoires.) Tout est bien fermé comme à l'ordinaire; et Rose a encore les clefs avec elle. Et il me faut une couple de doubles thalers pour payer ma contribution patriotique. (Revenant aux armoires.) Les portes claquent, les serrures sont mal assurées, l'estomac gronde, la bourse encore plus. Schnaps, général citoyen, alerte! donne-lui un échantillon de ton savoir faire.

MARTIN, revenant.

J'ai mis ordre à tout. Soyez bref.

SCHNAPS.

Autant que la chose le permet.

MARTIN.

Je crains vraiment que les enfants ne reviennent.

SCHNAPS.
Nous avons le temps; lorsqu'ils sont ensemble, ils ne savent pas s'il fait jour ou nuit.

MARTIN.
Vous risquez plus que moi.

SCHNAPS.
Écoutez-moi donc?

MARTIN.
Allez!

SCHNAPS, après une pause.
Mais quand je réfléchis..

MARTIN.
Encore des réflexions!

SCHNAPS.
Vous êtes un homme prudent, sans doute.

MARTIN.
Grand merci.

SCHNAPS.
Mais sans études.

MARTIN.
Ce n'est pas mon affaire.

SCHNAPS, avec importance.
Aux bonnes petites gens illettrés, que l'on s'était ci-devant habitué à désigner sous le nom de gens du peuple...

MARTIN.
Eh bien?

SCHNAPS.
On fait mieux comprendre une chose au moyen d'exemples, d'assimilations...

MARTIN.
Cela se conçoit.

SCHNAPS.
Ainsi, par exemple...
Il va et vient avec vivacité et heurte Martin.

MARTIN.
Par exemple, voilà qui est grossier.

SCHNAPS.

Pardon, j'étais dans mon zèle révolutionnaire.

MARTIN.

Qui ne me plaît pas le moins du monde.

SCHNAPS.

Par exemple...
Il s'avance vivement sur Martin.

MARTIN.

Tenez-vous à distance.

SCHNAPS.

Par exemple, nous nous sommes réunis.

MARTIN.

Qui?

SCHNAPS.

Nous deux, et encore neuf cent quatre-vingt-dix-huit...

MARTIN.

Gens d'honneur.

SCHNAPS.

Cela fait mille.

MARTIN.

Justement.

SCHNAPS.

Nous nous rendons armés au château, avec des fusils et des pistolets.

MARTIN.

Où les prendrez-vous, ces fusils et ces pistolets?

SCHNAPS.

Tout cela se trouve. Ne voyez-vous pas que j'ai déjà un sabre?
Il pousse Martin dans un coin du théâtre.

MARTIN.

Je le vois bien.

SCHNAPS.

Nous nous mettons en marche vers le château, et sommons le seigneur de nous parler. Puis nous entrons.
Il représente par ses gestes l'entrée au château.

MARTIN, *se débarrassant de lui.*

Écoutez, je vous déclare que je ne puis aller avec vous. Nous devons de la reconnaissance au seigneur.

SCHNAPS.

Folies! la reconnaissance est la première chose que vous devez mettre de côté.

MARTIN.

Comment! est-il possible?

SCHNAPS.

C'est tout naturel. Mettez-la seulement de côté, et vous verrez que l'ingratitude est la chose du monde la plus commode.

MARTIN.

Je ne l'aurais pas cru.

SCHNAPS.

Faites-en l'épreuve, et venez. D'ailleurs, pas de façons; ce n'est qu'une comparaison.

MARTIN.

Ah! oui! une comparaison?

SCHNAPS. *Il le ramène dans le coin.*

Maintenant nous entrons... Mais savez-vous une chose?

MARTIN.

Quoi?

SCHNAPS.

Il vaut mieux que vous fassiez le seigneur. (*Il le conduit de l'autre côté.*) Placez-vous là.

MARTIN.

Cela m'est indifférent.

SCHNAPS.

Je m'avance avec ma levée de citoyens.

MARTIN.

Avec vos neuf cent quatre-vingt-dix-neuf.

SCHNAPS.

Ou plus ou moins

MARTIN.

Bien.

SCHNAPS.

Monsieur, lui dis-je.

MARTIN.

Plus doucement.

SCHNAPS.

Non, ce n'est pas bien comme cela. Personne ne doit être monsieur.

MARTIN.

Eh bien, comment direz-vous donc?

SCHNAPS.

Attendez... Bref, au nom de la liberté et de l'égalité, ouvrez vos caves et vos armoires; nous voulons manger, et vous êtes rassasié.

MARTIN.

Si cela vient après dîner, c'est supportable.

SCHNAPS.

Ouvrez vos gardes-robes, nous sommes nus.

MARTIN.

Fi donc! vous ne serez pas nus, j'espère.

SCHNAPS.

Pas autrement; ouvrez votre bourse, nous ne sommes pas en fonds.

MARTIN.

C'est ce que chacun croira volontiers.

SCHNAPS.

Maintenant, répondez.

MARTIN.

Moi, que faut-il que je vous dise?

SCHNAPS, éclatant avec colère.

Que faut-il que vous disiez?

MARTIN.

Plus doucement.

SCHNAPS.

Que pouvez-vous dire? Vous êtes un audacieux! (Allant précipitamment vers l'armoire.) Vous avez des magasins fermés.

MARTIN.

C'est l'armoire au lait de Rose.

SCHNAPS, naturellement.

Fi! il ne faut pas sortir de la comparaison.

MARTIN.

Oui, bien.

SCHNAPS, *comme auparavant.*
Et ces coffres verrouillés ?

MARTIN.
Ce sont des habits.

SCHNAPS.
Où sont les clefs ?

MARTIN.
Rose les a emportées. Elle est très-ménagère, très soigneuse ; elle ferme tout et porte sans cesse les clefs sur elle.

SCHNAPS.
Subterfuges, divagations ! où sont les clefs ?

MARTIN.
Je ne les ai point.

SCHNAPS.
Alors je brise tout.
Il tire son sabre et attaque l'armoire.

MARTIN.
Est-ce que le diable est à ses trousses ?

SCHNAPS.
C'est seulement pour vous donner une idée.

MARTIN.
Laissez cela.

SCHNAPS.
Quoi ! vous voulez vous opposer...
Il entame, fait sauter les gonds.

MARTIN.
Êtes-vous donc possédé du diable ?

SCHNAPS.
Il faut que cela saute ! (*Il brise.*) Cric, crac.

MARTIN, *courant éperdu.*
Rose, Rose, où es-tu ?

SCHNAPS, *brisant.*
Cric, crac.

MARTIN.
George ! George !

SCHNAPS.
Silence ! et songez que tout ce que j'en fais n'est que par manière de conversation.

MARTIN.

Par manière de conversation! Je pensais que cela se comprenait sans cela.

SCHNAPS.

Songez donc : vous êtes maintenant le seigneur.

Cependant l'armoire s'ouvre.

MARTIN.

Dieu me préserve! voilà l'armoire ouverte! Les gonds sont brisés, la serrure ruinée. Que dira Rose? allez-vous-en au diable! Savez-vous que je ne puis souffrir cela? que ce sont des grossièretés, de méchantes plaisanteries, que j'appellerai les voisins, que j'irai chercher le juge!

SCHNAPS, qui, pendant ce temps, a inspecté l'armoire et visité les pots.

Chez le juge, votre ennemi mortel? ce drôle si fier?

MARTIN.

Peste!

SCHNAPS.

Comprenez que vous serez juge vous-même quand une fois nous aurons élevé ici l'arbre de la liberté.

MARTIN.

Juge? je sais bien comment je deviendrai juge de canton.

SCHNAPS.

Les temps sont changés, on ne trompe plus personne.

MARTIN.

Cela me ferait plaisir.

SCHNAPS.

On ne fait plus de dupes.

MARTIN.

Cela m'est fort agréable.

SCHNAPS.

Maintenant, avant tout...

MARTIN.

Faites que je sois juge.

SCHNAPS.

Sans doute. Mais avant tout, écoutez de quoi il s'agit.

MARTIN.

Il s'agit de refermer les armoires.

SCHNAPS.

Pas du tout.

MARTIN.

De replacer les gonds.

SCHNAPS.

Nullement. Il s'agit de vous faire concevoir pourquoi l'on m'a élu général.

MARTIN.

Oui, vrai, je ne vois pas trop clairement pourquoi.

SCHNAPS.

Ainsi *exempli gratiâ*.

MARTIN.

Encore un exemple !

SCHNAPS.

Nous n'en avons pas encore eu.

MARTIN.

Trop.

SCHNAPS.

Ainsi je dis...

Il prend un grand pot de lait et le place sur la table.

MARTIN.

Au nom du ciel, ne touchez pas à ce pot ! Rose a dit que c'était ce qu'elle avait de mieux.

SCHNAPS.

Je suis heureux de savoir cela.

MARTIN.

Prenez du moins un petit pot, puisqu'il faut que cela soit ainsi.

SCHNAPS.

Non, j'ai besoin du plus grand pour mon exemple.

MARTIN.

Maintenant, je vous dis franchement que je ne veux rien savoir de toutes ces forces-là.

SCHNAPS.

Ouais !

MARTIN.
Et qu'il faut décamper de la maison.

SCHNAPS.
Oh!

MARTIN.
Et que je ne veux entendre absolument rien.

SCHNAPS.
Vous ne voulez rien entendre?

MARTIN.
Non.

SCHNAPS.
Vous ne voulez rien savoir?

MARTIN.
Non.

SCHNAPS.
Rien apprendre?

MARTIN.
Non.

SCHNAPS tire son sabre.
Sachez donc que je vais vous ouvrir l'intelligence.

MARTIN.
Avec le sabre? c'est une jolie manière.

SCHNAPS, le prenant au corps.
Sachez donc que vous êtes obligé de vous instruire, d'apprendre les idées nouvelles, qu'il faut que vous deveniez profond, et que vous êtes tenu d'être libre; il faut que vous vous soumettiez à l'égalité, bon gré, mal gré.

MARTIN, à part.
George, George, que n'arrives-tu! je me garderais bien de le cacher!

SCHNAPS.
Vous consentez donc à écouter?

MARTIN.
Certes.

SCHNAPS.
Et n'avez nulle répugnance à vous instruire?

MARTIN.

Aucune.

SCHNAPS.

C'est fort bien.

MARTIN.

Je le trouve aussi.

SCHNAPS.

Maintenant, faites attention.

MARTIN.

Très-volontiers.

SCHNAPS.

Ce pot représente un village.

MARTIN.

Un village?

SCHNAPS.

Ou une ville.

MARTIN.

C'est curieux!

SCHNAPS.

Ou une forteresse.

MARTIN.

C'est étonnant!

SCHNAPS.

Oui, par exemple, une forteresse.

MARTIN, à part.

S'il pouvait me faire grâce de l'exemple.

SCHNAPS.

Je me présente devant ses portes.

MARTIN.

Que signifie tout cela?

SCHNAPS.

Je somme la place. (Contrefaisant la trompette) Tren, tren tren, tren!

MARTIN.

Il est tout à fait fou.

SCHNAPS.

Elle fait la dificile, et refuse de se rendre.

MARTIN.

En cela, elle fait bien (à part.) Si seulement Rose venait occuper la forteresse.

SCHNAPS.

Je la bombarde. Pon, pon !

MARTIN.

Cela devient sérieux.

SCHNAPS.

Je fais un feu d'enfer ; je l'assiége nuit et jour. Pon, pon, pon ! Elle se rend.

MARTIN.

En cela, elle a tort.

SCHNAPS, s'approchant du pot.

Je pénètre dans la place.

MARTIN.

Cela devient mauvais pour elle.

SCHNAPS, prenant la cuiller.

Je rassemble la bourgeoisie.

MARTIN.

Oh ! c'est fini.

SCHNAPS.

Les hommes bien pensants accourent aussitôt. Alors je m'installe, (il s'assied) et leur parle.

MARTIN.

Pauvre pot !

SCHNAPS.

« Frères, citoyens, » leur dis-je.

MARTIN.

Voilà qui sonne bien amicalement.

SCHNAPS.

Je vous vois avec douleur en désaccord. »

MARTIN.

Dans le pot, tout est fort tranquille.

SCHNAPS.

C'est une fermentation sourde.

MARTIN écoutant.

Je ne vois rien de cela.

SCHNAPS.

« Vous avez abandonné l'état d'égalité primitive. »

MARTIN.

Comment donc?

SCHNAPS pathétiquement.

« Lorsque vous n'étiez encore que du lait pur, une goutte était comme l'autre. »

MARTIN.

On ne saurait nier cela.

SCHNAPS.

« Mais maintenant vous êtes devenus aigres. »

MARTIN.

Les citoyens?

SCHNAPS.

« Vous vous êtes séparés. »

MARTIN.

Voyez donc!

SCHNAPS.

« Et je trouve les riches qui sont représentés par la crème aigrie. »

MARTIN.

Cela est tout à fait drôle.

SCHNAPS.

« Les riches qui surnagent. »

MARTIN.

Les riches sont de la crème aigrie? ah! ah!

SCHNAPS.

« Ils surnagent : c'est ce qu'on ne peut supporter. »

MARTIN.

Cela est intolérable.

SCHNAPS.

Je les écrème donc.

Il met la crème dans une assiette.

MARTIN.

O malheur : voilà l'affaire.

SCHNAPS.

Et quand j'ai enlevé la crème, je trouve le petit-lait.

MARTIN.

Naturellement.

SCHNAPS.

Qui n'est pas non plus à mépriser.

MARTIN.

Il me semble.

SCHNAPS.

Voici donc ce bon, cet excellent tiers état !..

MARTIN.

Le petit-lait ! Le tiers état ! Quelle idée !

SCHNAPS.

Et j'en prends à ma fantaisie.

Il se verse du lait.

MARTIN.

Cela s'entend.

SCHNAPS.

Maintenant je les mêle, et je leur apprends à s'arranger ensemble.

MARTIN.

Que va-t-il se passer ?

SCHNAPS, *se levant et se dirigeant vers l'armoire.*

Bon. Ensuite je regarde tout autour de moi dans le pays et (*il amène un gros pain*) je trouve un château.

MARTIN.

Mais c'est un pain !

SCHNAPS.

Les nobles ont toujours les meilleurs champs de la contrée : c'est pourquoi on les représente on ne peut mieux par un pain !

MARTIN.

Cela va aller avec le reste?

SCHNAPS.

Naturellement ! il nous faut l'égalité.

MARTIN, à part.

Si du moins il n'avait pas son sabre au côté : cela rendrait la partie égale !

SCHNAPS.

Nous allons refaire la même opération sur ceux-ci.

MARTIN.

Et Georges qui n'arrive pas !

SCHNAPS.

Il faut les râper.

MARTIN.

Les râper !

SCHNAPS.

Oui, pour abaisser leur orgueil.

MARTIN.

Oui, oui.

SCHNAPS.

Puis, nous les mélangerons avec le reste.

MARTIN.

Avez-vous bientôt fini ?

SCHNAPS, avec réflexion.

Il manque encore les biens du clergé.

MARTIN.

Et où les prendrez-vous ?

SCHNAPS.

Je trouve ici une boîte à sucre.

Il prend celle qui est auprès de la cafetière.

MARTIN, lui prenant le bras.

Laissez cela ; n'y touchez pas. Rose me pèse toujours mon sucre pour toute la semaine. Il faut que je m'arrange avec cela.

SCHNAPS, portant la main au sabre.

Citoyen !

MARTIN.

Patience.

SCHNAPS.

Messieurs du clergé ont toujours les propriétés les plus friandes et les plus succulentes.

MARTIN.

Il faut bien que quelqu'un les ait.

SCHNAPS.

Et voilà pourquoi ils sont assez bien représentés par le sucre. On le râpe aussi.

MARTIN.

Que fait-il encore?

SCHNAPS.

Et on le répand sur le reste.

MARTIN, à part.

J'espère que tu me le payeras. (Il va à la fenêtre.) Écoutez, n'est-ce pas George?

SCHNAPS.

Et ainsi le lait aigre-doux de la liberté et de l'égalité est assuré.

MARTIN bas, à la fenêtre.

Ce n'était rien.

SCHNAPS.

Venez ici, que faites-vous à la fenêtre?

MARTIN.

Je pensais qu'il venait quelqu'un.

SCHNAPS.

George ne vient pas au moins?

Il se lève.

MARTIN.

Tout est tranquille.

SCHNAPS.

Voyons un peu.

Il va à la fenêtre et s'appuie sur Martin.

SCÈNE X

Les Précédents, GEORGE, qui s'est glissé dans la chambre par la porte de derrière.

GEORGE bas.

Qui diable est auprès du père! Serait-ce Schnaps?

MARTIN.

Ne me poussez pas ainsi.

SCHNAPS.

Il faut que je voie...

Il se penche dehors.

MARTIN.

Quoi donc?

SCHNAPS.

Comment se comportent mes soldats.

GEORGE, de même.

C'est sa voix; quelle tournure a le drôle!

SCHNAPS.

Bravo! mes amis.

MARTIN.

A qui en avez-vous?

SCHNAPS.

Ne voyez-vous pas comme mes gens dansent autour de l'arbre de la liberté?

MARTIN.

Êtes-vous fou? Je ne vois pas âme qui bouge.

GEORGE.

Il l'est vraiment. Que signifie tout cela? Le père s'enferme avec lui; comme le voilà déguisé! C'est heureux que j'aie trouvé la porte de derrière ouverte.

SCHNAPS.

Et voyez pourtant comme on donne à vos femmes, à vos filles l'idée de la liberté et de l'égalité.

MARTIN, voulant se dégager, et retenu par Schnaps.

C'est par trop fort.

GEORGE.

Qu'ont-ils à dire ensemble? Je n'y comprends rien. (Il regarde autour de lui.) Qu'est-ce que cela veut dire? L'armoire ouverte?... Du lait aigri tout préparé?... mais c'est un déjeuner?

SCHNAPS.

Ainsi donc, réjouissez-vous de voir tout uni et satisfait.

MARTIN..

Il faut que sa tête ait singulièrement travaillé. Je ne vois rien.

GEORGE, se retirant à l'écart.

Il faut que j'écoute.

SCHNAPS.

Je vois cela en esprit, vous le verrez bientôt de vos yeux devant votre maison.

MARTIN.

Mais maintenant, je n'y vois rien de bon dans ma maison.

SCHNAPS, allant encore une fois à la fenêtre et regardant dehors, dit à part :

Tout est tranquille et sûr ; maintenant vite au repas.

Il va à la table.

MARTIN.

Que n'es-tu ailleurs qu'ici !

SCHNAPS.

Oh ! aimable soupe de la liberté et de l'égalité, sois la bienvenue ! Voyez ceci.

MARTIN.

Qu'est-ce ?

SCHNAPS.

Voilà le général citoyen qui s'assied.

MARTIN.

Je le pensais.

SCHNAPS.

Et qui la consomme.

MARTIN.

Tout seul ?

SCHNAPS.

Non pas, avec les siens.

MARTIN.

C'est honnête.

SCHNAPS.

Asseyez-vous, citoyen Martin.

MARTIN.

Grand merci.

SCHNAPS.

Livrez-vous à votre appétit.

MARTIN.
Je n'ai pas faim.

SCHNAPS.
Ne soyez pas si timide avec moi, nous sommes tous égaux.

MARTIN.
Je le vois.

SCHNAPS.
Vous êtes un brave citoyen.

MARTIN.
Je n'en savais rien.

SCHNAPS.
Je vous ferai mon caporal.

MARTIN.
C'est beaucoup d'honneur.

SCHNAPS.
Asseyez-vous, mon caporal.

MARTIN.
Vous plaisantez, mon général.

SCHNAPS, se levant, et d'un ton complimenteur.
Non, caporal.

MARTIN.
Mon général !

George, pendant ce temps s'est approché doucement, et frappe Schnaps de son bâton au moment où il s'incline.

SCHNAPS.
Qu'est-ce que c'est ?

GEORGE.
Mon général !

MARTIN.
Bravo ! George.

GEORGE, battant Schnaps.
Mon caporal !

SCHNAPS.
Sainte liberté, assiste-moi !

GEORGE.
Je te trouve ici !

MARTIN.
Alerte !

SCHNAPS.

Sainte égalité, protége-moi!

GEORGE.

Chante, je battrai la mesure.

SCHNAPS, tirant son sabre et se mettant en défense.

Sainte puissance de la révolution, délivre-moi!...

GEORGE.

Quoi? tu veux te défendre?

MARTIN.

Prends garde; le drôle est désespéré.

GEORGE.

Le misérable! il faut qu'il y vienne.

Il fond sur Schnaps.

SCHNAPS.

Oh! malheur à moi!

GEORGE.

Tu t'en ressentiras.

MARTIN.

Prends son sabre.

GEORGE le désarme.

Je l'ai déjà.

SCHNAPS, se retranchant derrière la table et la chaise.

Maintenant, il faut capituler.

GEORGE.

Avance!

SCHNAPS.

Mon cher George, je plaisantais.

GEORGE. Il veut le battre et ne frappe que la table.

Je plaisante aussi.

MARTIN.

Touche-le donc!

SCHNAPS, quittant son poste, et courant autour de la chambre.

Ou bien....

GEORGE, le poursuivant.

Cela ne te mènera à rien.

SCHNAPS, passant près de la fenêtre.

Au secours! au secours!

GEORGE, le pourchassant.

Veux-tu te taire ?

SCHNAPS, de même.

Au feu ! au feu !

MARTIN, lui barrant le chemin.

Ferme-lui la bouche.

SCHNAPS, retranché derrière deux chaises.

Épargnez-moi, c'est assez.

GEORGE.

Veux-tu sortir ?

SCHNAPS, il leur jette la chaise dans les jambes.

Voilà pour vous.

GEORGE.

Attends un peu.

SCHNAPS.

Quel sot !

Il s'échappe par la porte de derrière.

GEORGE.

Je te rejoindrai.

Il court après lui.

MARTIN reste et se frotte la jambe que la chaise a atteinte. Il boite tout le reste de la pièce.

Le drôle ! ma jambe ! il l'a bien reçu tout de même.

SCÈNE XI

MARTIN, ROSE, puis GEORGE.

ROSE, parlant du dehors.

Mon père ! mon père !

MARTIN.

Oh ! malheur ! Rose, que dira-t-elle de cette aventure ?

ROSE.

Ouvrez, mon père. Que signifie donc ce tapage ?

MARTIN, à la fenêtre.

Je viens, attends un peu.

GEORGE, entrant par la porte de derrière.

Le maudit coquin ! il s'est enfermé dans la chambre ; mais j'ai mis le cadenas. Il ne saurait nous échapper.

ROSE.

Mon père, pourquoi tarder? ouvrez.

GEORGE.

C'est Rose!

MARTIN.

Va, je boite, ouvre-lui la porte; (George sort) voilà le moment fatal. La pauvre Rose! le pauvre pot!

GEORGE, entrant avec Rose.

Tiens! vois, Rose.

ROSE.

Qu'est-ce! qu'y a-t-il?

GEORGE.

Pense que...

ROSE.

Mon pot! mon père, que signifie...

MARTIN.

Schnaps...

GEORGE.

Imagine-toi...

ROSE.

Mon armoire! le sucre! (courant à droite et à gauche.) Oh! malheur! malheur! Et Schnaps, où est-il?

GEORGE.

Sois tranquille; il est enfermé.

ROSE.

Bon! nous allons le remettre tout de suite aux gens de justice; ils viennent déjà.

MARTIN, s'élançant de sa place et boitant.

Qui?

ROSE.

Les voisins ont couru trouver le juge dès que le train s'est fait entendre dans la maison.

MARTIN.

Le juge? Oh! malheur! nous sommes perdus!

ROSE.

Mon beau pot!

GEORGE.

Il faut qu'il le paye.

MARTIN.

Écoutez-moi, enfants; écoutez-moi; oubliez le pot et tout.

ROSE.

Ouais! vraiment!

MARTIN.

Tais-toi, et écoute. Nous ne pouvons trahir Schnaps; il faut le renier.

ROSE.

Impossible. Le misérable!

MARTIN.

Pourquoi pas? Ils le trouveront en uniforme, il ne pourra pas le nier.

GEORGE.

Oui, il l'a endossé.

MARTIN.

Et nous serons suspects, nous serons enfermés; il nous faudra comparaître devant la justice; Dieu sait quoi!

GEORGE.

Mais nous pourrions alléguer...

MARTIN.

Cours, et dis que rien n'est arrivé.

GEORGE.

Pourvu seulement qu'ils le croient.

Il sort en toute hâte.

ROSE.

Je ne me tiens pas pour satisfaite. Mon beau pot!

MARTIN.

Enfantillages! songe à quelque moyen pour sauver nos têtes.

ROSE.

On ne les perd pas si vite. Vous n'avez qu'à dire comment le coquin voulait vous raccoler, si George ne l'eût bravement étrillé.

MARTIN.

Cela serait excellent! pourquoi cette idée ne t'est-elle pas

enue tout de suite? Maintenant George est en bas et le
...nie; nous deviendrons suspects, c'est un malheur! un
malheur!

ROSE.

Ah! maudit Schnaps!

SCÈNE XII

Les Précédents, LE JUGE, GEORGE, Paysans.

LE JUGE, entrant d'autorité.

Non, non, il faut que j'instruise l'affaire.

GEORGE, le retenant.

Ce n'est rien.

MARTIN.

Faut-il donc que je voie le juge dans ma maison! Oh! malheureux Martin!

ROSE, s'avançant.

Ne vous donnez pas la peine, monsieur le juge.

LE JUGE.

Ce n'est pas une peine, c'est mon devoir. Qui a crié au feu?

ROSE.

C'était une plaisanterie.

LE JUGE.

On ne plaisante pas ainsi. Qui a crié au secours?

ROSE.

Moi, je... je... me taquinais avec George.

LE JUGE.

Vous vous taquiniez?

ROSE. Elle promène le juge çà et là, et lui fait son récit en cherchant ses idées.

Oui, j'avais réservé dans l'armoire un beau pot de lait aigri... et je fermai l'armoire... et je m'en allai... Alors George... — Attendez un peu... George. — George vint; il avait faim... et il força l'armoire...

LE JUGE.

Ah! ah!

ROSE.

Et il écréma le pot... et il s'en fit un déjeuner... il est encore là. Je revins à la maison... et je me fâchai... et... je lui donnai un soufflet... Alors il me saisit... et me pinça, et je me mis à crier... et alors nous nous poussâmes et nous renversâmes les chaises, et il en tomba une sur les pieds de mon père... N'est-ce pas, mon père?

MARTIN.

Vous voyez comme je boite.

ROSE.

Et alors je criai encore plus fort... et...

LE JUGE.

Et je me mis à faire des mensonges au juge.

ROSE.

Je ne mens point.

LE JUGE.

Je crois que vous ne le savez pas vous-même, tant cela vous coule facilement de la bouche. Croyez-vous que nous ne surveillons pas mieux, nous autres?

GEORGE.

Comment donc?

LE JUGE, à Rose.

N'avez-vous pas passé tout à l'heure devant ma maison?

ROSE.

Oui.

LE JUGE.

N'avez-vous pas rencontré ces gens-là?

ROSE.

Je ne m'en souviens pas.

LE JUGE, aux paysans.

Ne l'avez-vous pas rencontrée?

UN PAYSAN.

Oui, et elle a parlé avec nous, et nous lui avons dit qu'il y avait du tapage chez son père.

MARTIN.

Maintenant c'est fini.

ROSE.

O malédiction !

GEORGE.

Voilà comme l'on s'enferre avec des détours.

LE JUGE.

Et vous voilà là maintenant ; que dites-vous à cela ? (Ils se regardent les uns et les autres. Le juge marche en long et en large, et trouve le bonnet.) Oh ! oh ! qu'est-ce que cela ?

GEORGE.

Je ne sais pas.

LE JUGE, regardant autour de lui, trouve le chapeau avec la cocarde.

Et cela ?

ROSE.

Je ne comprends pas.

LE JUGE, le présentant à Martin.

Eh bien, vous, peut-être savez-vous ? peut-être comprenez-vous ?

MARTIN, à part.

Que dois-je dire ?

LE JUGE.

C'est donc à moi de vous l'expliquer. Cela, c'est un bonnet de la liberté ; cela, une cocarde nationale ; une belle découverte ! Maintenant vous êtes là muets, parce que la chose est claire. — Dans cette maison se tient le club des conjurés : c'est le rendez-vous des traîtres, le quartier général des rebelles ! — C'est une trouvaille ! c'est une bonne fortune !... Vous vous êtes certainement divisés comme les Français ; vous vous êtes pris aux cheveux, et vous vous êtes trahis. Voilà qui est bien ; continuons l'examen.

ROSE.

Mon cher monsieur le juge !

LE JUGE.

Autrefois vous étiez bien dédaigneuse, maintenant vous savez prier.

GEORGE.

Il faut que vous sachiez...

LE JUGE.

Il faut... Vous parlerez bientôt autrement.

MARTIN.

Monsieur mon compère?

LE JUGE.

Ah! me voilà redevenu votre compère?

ROSE.

N'êtes-vous pas mon parrain?

LE JUGE.

Les temps sont bien changés.

MARTIN.

Veuillez écouter...

LE JUGE.

Silence! ne m'approchez pas... N'avez-vous pas déjà pris vos dispositions pour planter l'arbre de la liberté? Ne vous êtes-vous pas promis de m'accrocher au premier poteau? On sait comment le peuple séditieux parle maintenant des autorités, ce qu'il en pense; il lui coûtera bon. (aux paysans.) Qu'on les emmène et qu'on les conduise au tribunal. Il faut mettre les scellés; il faut dresser inventaire. On trouvera des armes, de la poudre, des cocardes; cela donnera lieu à une enquête. Allons! allons!

MARTIN.

Oh! malheureux Martin!

ROSE.

Laissez-nous nous expliquer, monsieur le juge.

LE JUGE.

Quelque mensonge, mamselle Rosette? Allons! allons.

GEORGE.

S'il n'en peut être autrement, il faut que Schnaps vienne avec nous. Ces choses s'éclairciront.

LE JUGE.

Que dites-vous de Schnaps?

GEORGE.

Je dis...

ROSE, à la fenêtre.

Ah! heureusement voilà monseigneur qui vient!

LE JUGE.
Il l'apprendra bien assez tôt.

GEORGE.
Appelle-le!

ROSE.
Monseigneur! monseigneur! au secours! au secours!

LE JUGE.
Silence donc! il ne vous secourra pas. Il sera bien aise de voir de tels coquins découverts; et puis c'est une affaire de police, une affaire criminelle qui me regarde, qui regarde le tribunal, le gouvernement, le prince; il faut faire un exemple.

MARTIN.
Allons, le voilà qui parle aussi d'exemple!

SCÈNE XIII

Les Précédents, LE SEIGNEUR.

LE SEIGNEUR.
Qu'y a-t-il, mes enfants?

ROSE.
Monseigneur, venez nous secourir!

LE JUGE.
Vous voyez, monseigneur, ce que l'on trouve dans cette maison.

LE SEIGNEUR.
Quoi donc?

LE JUGE.
Un bonnet de la liberté.

LE SEIGNEUR.
Singulier!

LE JUGE.
Une cocarde nationale.

LE SEIGNEUR.
Que signifie cela?

LE JUGE.
Conspiration! rébellion! haute trahison!

Il garde le bonnet et la cocarde, et va pour sortir en les emportant.

LE SEIGNEUR.

Laissez-moi les interroger.

LE JUGE.

Permettez que nous cherchions encore; qui sait ce que l'on cache dans cette maison?

LE SEIGNEUR.

Silence!

ROSE.

Monseigneur?

LE SEIGNEUR.

Ces objets?

ROSE.

Schnaps les a apportés chez nous.

GEORGE.

... En mon absence.

MARTIN.

... Il a brisé l'armoire.

ROSE.

... Il s'est jeté sur le pot au lait.

MARTIN.

... Et voulait m'instruire dans les principes de l'égalité et de la liberté.

LE SEIGNEUR.

Où est-il?

GEORGE.

Dans l'arrière-chambre : je le poursuivais, et il s'y est enfermé.

LE SEIGNEUR.

Qu'on le traîne ici! (George sort avec le juge et les paysans.) Ainsi c'est encore un tour de la façon de M. Schnaps, à ce qu'il me semble.

MARTIN.

Rien autre chose.

LE SEIGNEUR.

Comment est-il venu à la maison?

MARTIN.

Durant l'absence de mes enfants.

ROSE.

Il craint George.

MARTIN.

Il a piqué ma curiosité.

LE SEIGNEUR.

On dit que vous en avez quelquefois.

MARTIN.

Pardonnez.

LE SEIGNEUR.

Et que vous êtes un peu crédule.

MARTIN.

Il m'a fait croire qu'il savait les choses les plus importantes.

LE SEIGNEUR.

Et il vous a pris pour dupe?

MARTIN.

A ce qu'il me semble.

ROSE.

Son dessein n'était que de faire un bon déjeuner. Voyez, monseigneur, quel bon lait il s'est préparé avec du pain et du sucre râpés, et tout ce qu'il faut. Le bon plat! il faut maintenant le jeter; aucun honnête homme ne peut plus en goûter, depuis que la vilaine créature y a mis son museau.

LE SEIGNEUR.

Il voulait donc gagner un déjeuner?

MARTIN.

A sa manière, il se disait envoyé par les jacobins.

LE SEIGNEUR.

Et puis?

MARTIN.

Il a endossé un uniforme et s'est armé.

LE SEIGNEUR.

C'est passablement comique.

MARTIN.

Et il disait qu'il était général citoyen, et devenait de plus en plus grossier.

LE SEIGNEUR.

C'est bien le genre.

MARTIN.

Il a commencé sur un ton d'amitié et de confiance ; puis il est devenu brutal, a brisé l'armoire et a pris ce qui lui convenait.

LE SEIGNEUR.

Précisément comme ses collègues.

MARTIN.

Je m'en suis tiré mal...

LE SEIGNEUR.

Pas aussi mal que les provinces où ses semblables se sont installés ; où de bons niais se sont d'abord joints à eux ; où ils ont commencé par employer la flatterie et les promesses, et ont fini par la violence, le pillage, le bannissement de tous les honnêtes gens et tous les genres d'exactions. Remerciez Dieu d'en être quittes à si bon marché.

ROSE.

Ainsi, vous nous protégez, monseigneur.

LE SEIGNEUR.

Il paraît que vous n'êtes pas coupable.

MARTIN.

Les voilà qui viennent !

SCÈNE XIV

Les Précédents, GEORGE, LE JUGE, SCHNAPS, conduit par les paysans, et en uniforme, avec un sabre et des moustaches.

LE SEIGNEUR.

En avant, monsieur le général.

LE JUGE.

Voici le chef de la révolte ; voyez-le seulement. Tout comme c'est raconté dans les gazettes. L'uniforme ! le sabre ! (Il lui met le bonnet et le chapeau) le bonnet ! le chapeau ! il faut qu'il aille ainsi au carcan ; vite au tribunal, qu'on le traîne jusqu'à la résidence, garrotté et enchaîné !

LE SEIGNEUR.

Doucement, doucement.

LE JUGE.

Des messagers en avant; le drôle n'est pas seul : il faut le mettre à la torture, découvrir les complices de la conspiration; faire marcher des régiments; opérer des perquisitions domiciliaires.

LE SEIGNEUR.

Doucement donc; Schnaps, que signifient ces folies?

SCHNAPS.

Oui, oui, de vraies folies.

LE SEIGNEUR.

D'où vous viennent ces habits? vite, je sais déjà...

SCHNAPS.

Il est impossible que vous sachiez, monseigneur, que j'ai hérité ces habits et tout cet appareil militaire d'un pauvre diable qui me les a laissés.

LE SEIGNEUR.

Hériter! vous avez plutôt coutume de voler.

SCHNAPS.

Écoutez-moi.

MARTIN.

Que va-t-il dire?

SCHNAPS.

Lorsque le dernier convoi de prisonniers français traversa la ville...

LE SEIGNEUR.

Eh bien?

SCHNAPS.

Je m'y rendis par curiosité.

LE SEIGNEUR.

Après?

SCHNAPS.

Dans une auberge, il resta un pauvre diable qui était fort malade.

LE JUGE.

Ce n'est assurément pas vrai.

SCHNAPS.

Je m'intéressai à lui, et il... mourut.

LE SEIGNEUR.

C'est fort vraisemblable.

SCHNAPS.

Il me légua ses effets pour la peine que je m'étais donnée.

LE SEIGNEUR.

De l'expédier.

SCHNAPS.

Consistant en cet habit et ce sabre.

LE SEIGNEUR.

Et le bonnet? la cocarde?

SCHNAPS.

Je les trouvai dans son havresac, parmi d'autres vieilles guenilles.

LE SEIGNEUR.

Vous y trouvâtes aussi votre brevet de général?

SCHNAPS.

Je suis venu ici, et trouvant le simple Martin...

MARTIN.

Simple Martin! l'impudent!

SCHNAPS.

Malheureusement, cela ne m'a réussi qu'à moitié. Je n'ai pas mangé le lait que j'avais enlevé; j'ai eu à ce sujet un petit différend avec George...

LE SEIGNEUR.

Sans détour, tout ce qu'il dit est-il la vérité?

SCHNAPS.

Informez-vous dans la ville. J'indiquerai où j'ai vendu ce havre-sac. J'ai apporté ma garde-robe dans ma trousse.

LE SEIGNEUR.

Tout s'arrangera.

LE JUGE.

Ne le croyez pas.

LE SEIGNEUR.

Je sais ce que j'ai à faire. Si tout se trouve vrai, il ne faut pas s'embarrasser d'une semblable bagatelle; cela ne ferait qu'exciter la terreur et la méfiance dans un pays tranquille. Nous n'avons rien à craindre. Mes enfants, aimez-vous, cultivez bien vos champs et faites bon ménage.

ROSE.

C'est affaire à nous.

GEORGE.

C'est cela.

LE SEIGNEUR.

Et vous, bonhomme, vous mériterez des éloges si vous vous entendez à la culture du pays, et, aux saisons, à semer, à recueillir; ne vous inquiétez pas des pays étrangers, ou, du moins, ne regardez le ciel politique que les dimanches et les jours de fête.

MARTIN.

Ce sera le meilleur.

LE SEIGNEUR.

Que chacun songe à soi, et il aura beaucoup à faire. Qu'il mette à profit ces temps de paix qui nous sont accordés, qu'il procure aux siens des avantages modérés; c'est ainsi qu'il travaillera à l'avantage général.

LE JUGE, *qui pendant ce temps a témoigné de l'impatience, se décide à interrompre.*

Mais il est impossible d'en rester là; réfléchissez aux suites! Une telle chose resterait impunie!

LE SEIGNEUR.

Du calme! Des mesures, des punitions intempestives ne servent qu'à faire éclater le mal. Dans un pays où le prince ne se fait celer pour personne, où toutes les classes s'estiment mutuellement, où personne n'est contraint dans ses volontés et ses penchants, où les vues et les connaissances utiles sont généralement répandues; là, il ne peut point se former de partis; là, ce qui se passe dans le monde excitera l'attention; mais l'insurrection de nations tout entières n'aura aucune influence sur nous, reconnaissants, dans notre tranquillité, de voir le ciel serein au-dessus de notre tête, tandis que d'effroyables orages dévastent des contrées immenses.

ROSE.

Comme vous savez persuader !

GEORGE.

C'est bien vrai, Rose ; parlez toujours, monseigneur.

LE SEIGNEUR.

J'ai tout dit ; (il tire Schnaps sur le devant de la scène) et quelle preuve plus grande que de pouvoir rire un moment de cette cocarde, de ce bonnet, qui ont causé tant de mal dans le monde.

ROSE.

Oui, il a l'air assez comique, M. Schnaps !

GEORGE.

Oui, bien ridicule.

SCHNAPS.

Il faut bien que je supporte encore tout cela. (Guignant le lait.) Si du moins, avant mon départ, je pouvais prendre l'autre moitié de la contribution patriotique !

ROSE.

Vous vous en tirez mieux que vous ne méritez.

FIN DU GÉNÉRAL CITOYEN.

LES RÉVOLTÉS

DRAME POLITIQUE EN CINQ ACTES
— EN PROSE —

1793

PERSONNAGES

LA COMTESSE.
FRÉDÉRIQUE, sa fille.
CHARLES, son jeune fils.
LE BARON, leur cousin.
LE CONSEILLER.
JÉRÔME DE BREMENFELD, chirurgien.
CAROLINE, fille de Brême.
LOUISE, nièce de Brême.
LE MAGISTER, précepteur du jeune comte.
LE BAILLI.
JACOB, jeune paysan et chasseur.
MARTIN,
ALBERT, } paysans.
PIERRE,
GEORGE, domestique de la comtesse.

ACTE PREMIER

Une chambre d'une dimension ordinaire, aux cloisons de laquelle sont suspendus deux portraits, celui d'un bourgeois et celui de sa femme, dans le costume qu'on portait il y a cinquante ou soixante ans. — Il fait nuit.

SCÈNE 1

LOUISE, *tricotant près d'une table, où se trouve une lumière;* CAROLINE, *endormie vis-à-vis, dans un large fauteuil.*

LOUISE, *tenant en l'air un bas qu'elle vient d'achever.*

Voici encore un bas! Maintenant je voudrais que mon oncle rentrât, car je n'ai pas envie d'en commencer un autre. (Elle se lève et va à la fenêtre.) Il reste aujourd'hui dehors plus tard que de coutume; c'est ordinairement vers les onze heures qu'il rentre, et il est déjà près de minuit. (Elle revient à la table.) Je ne puis juger du bien ou du mal que la Révolution française a causé; je sais seulement qu'elle m'a rapporté quelques paires de bas de plus cet hiver. J'aurais perdu mon temps à dormir, au lieu de l'employer à tricoter comme je fais en attendant M. Brême, qui, au lieu de dormir, le passe à causer.

CAROLINE, rêvant.

Non... non... mon père !

LOUISE, s'approchant du fauteuil.

Qu'y a-t-il, chère cousine? Elle ne répond pas. Cette bonne Caroline, que peut-elle avoir? Elle est tranquille et pourtant agitée; elle ne dort pas la nuit, et maintenant qu'elle s'est endormie de fatigue, elle parle en rêvant. Mon soupçon serait-il fondé? Le baron aurait-il fait sur elle, en si peu de jours, une impression si prompte et si forte? (S'avançant.) Tu es étonnée, Louise ! et n'as-tu donc pas éprouvé toi-même de quelle manière agit l'amour? avec quelle promptitude et avec quelle force?

SCÈNE II

Les Précédents, GEORGE.

GEORGE, pressé et inquiet.

Ma chère demoiselle, donnez-moi vite, vite...

LOUISE.

Quoi donc, George?

GEORGE.

Donnez-moi la bouteille.

LOUISE.

Quelle bouteille?

GEORGE.

M. votre oncle m'a dit que vous deviez me donner la bouteille bien vite; elle est dans la chambre en haut, sur la planche, à droite.

LOUISE.

Il y en a plus d'une. Que doit-elle contenir?

GEORGE.

De l'esprit.

LOUISE.

Il y a des esprits de toutes sortes... Ne s'est-il pas expliqué plus clairement? Pour quel usage cet esprit?

GEORGE.

Il l'a bien dit; mais j'étais si effrayé!... Ah! le jeune monsieur...

CAROLINE, qui s'éveille subitement.

Qu'est-ce? le baron?

LOUISE.

Le jeune comte?

GEORGE.

Hélas! oui, le jeune comte!

CAROLINE.

Que lui est-il arrivé?

GEORGE.

Donnez-moi cet esprit.

LOUISE.

Dis au moins ce qui est arrivé au jeune comte; peut-être alors saurai-je quelle bouteille mon oncle demande.

GEORGE.

Ah! le pauvre cher enfant! Que dira madame la comtesse si elle arrive demain? Comme elle va nous gronder!

CAROLINE.

Eh bien, parle donc!

GEORGE.

Il a donné de la tête contre le coin d'une table; son visage est tout en sang. Qui sait si l'œil n'a pas été atteint?

LOUISE allume une bougie et sort de la chambre.

A présent je sais ce qu'il vous faut.

CAROLINE.

Si tard! Comment cela s'est-il donc fait?

GEORGE.

Ma chère demoiselle, il y a longtemps que je prévoyais quelque malheur. Votre père et le gouverneur sont là tous les soirs, chez le vieux ministre, à lire les gazettes et les revues, et, pendant qu'ils se disputent à n'en pas finir, le pauvre enfant est obligé de rester assis. Quand il se fait tard, il se met dans un coin et s'endort; et, quand ils partent, l'enfant, à moitié réveillé, chancelle; et aujourd'hui... vous entendez, il sonne justement minuit...; aujourd'hui ils ont veillé outre mesure, et moi je suis assis à la maison, et je brûle de la lumière, sans compter celles du gouverneur et du jeune monsieur; et votre père et le magister s'arrêtent encore devant le pont du château et n'en finissent point. (Louise rentre avec un verre.) Voilà donc l'enfant qui arrive à tâtons dans la salle, et qui m'appelle; moi, je me réveille en sursaut, et je veux allumer les chandelles, comme je fais toujours; mais, étant assoupi, je les éteins. Pendant ce temps-là, l'enfant monte l'escalier : l'antichambre est remplie de chaises et de tables que nous comptions placer demain matin de bonne heure dans les appartements; l'enfant ne le sait pas; il marche droit devant lui, il se heurte, il tombe; nous l'entendons crier; je fais du bruit, j'allume la chandelle, et, quand nous sommes en haut, nous le trouvons par terre, presque sans connaissance, le visage tout en sang. S'il a perdu un œil, si c'est dangereux, je m'en vais demain de bonne heure, avant que madame la comtesse arrive; réponde qui voudra.

LOUISE, qui, pendant ce temps, a pris dans le tiroir quelques paquets de linge, lui donne la bouteille.

Voilà! Vite! emporte cela et prends ce linge; j'y vais courir moi-même. Le ciel nous préserve d'un si grand malheur! Vite, George, vite! (George sort.) Prépare de l'eau chaude pour l'instant où mon oncle rentrera et demandera son café. Je veux aller là-bas. Il serait affreux de faire une pareille réception à notre bonne comtesse. Elle avait tant recommandé l'enfant au magister et à moi-même à son départ! Hélas! j'aurais dû m'apercevoir que l'enfant était fort mal soigné dans ces derniers temps. Comme on néglige même ses premiers devoirs!

Elle sort.

SCÈNE III

CAROLINE, puis LE BARON.

CAROLINE, après avoir fait quelques tours dans la chambre en réfléchissant.

Il ne me quitte pas d'un instant; même en rêve il m'était présent. Oh! si je pouvais croire son cœur et ses desseins aussi sincères que ses regards et sa conduite sont aimables et séduisants! Ah! et la manière dont il sait parler de tout! comme il s'exprime noblement! Qu'on dise ce qu'on voudra, quels avantages ne donne pas à un homme de noble naissance une éducation conforme à son rang! Ah! si j'étais son égale!

LE BARON, à la porte.

Êtes-vous seule, chère Caroline?

CAROLINE.

Monsieur le baron, d'où venez-vous? Éloignez-vous! Si mon père rentrait! Ce n'est pas bien de me surprendre ainsi...

LE BARON.

L'amour qui m'amène plaidera ma cause auprès de vous, adorable Caroline.

Il veut l'embrasser.

CAROLINE.

Laissez-moi, monsieur le baron. Vous êtes bien hardi! D'où venez-vous?

LE BARON.

Un cri m'éveille; je descends, et je trouve que mon neveu s'est fait une bosse à la tête. Je vois votre père auprès de l'enfant; votre cousine y arrive aussi; je juge qu'il n'y a pas de danger. Il me vient à l'esprit que Caroline est seule, et à quoi penserais-je dans chaque occasion, si ce n'est à Caroline? Les moments sont précieux, charmante enfant; avouez-moi, dites-moi que vous m'aimez.

Il veut l'embrasser.

CAROLINE.

Encore une fois, monsieur le baron, laissez-moi, et sortez de cette maison.

LE BARON.

Vous m'aviez promis de me voir aussitôt que possible, et maintenant vous voulez m'éloigner?

CAROLINE.

J'ai promis de me rendre demain matin, avant le lever du soleil, dans le jardin, et de m'y promener avec vous, d'y jouir de votre société; mais je ne vous ai pas prié de venir ici.

LE BARON.

Mais l'occasion...

CAROLINE.

Je ne l'ai pas faite.

LE BARON.

Mais j'en profite; pouvez-vous m'en savoir mauvais gré?

CAROLINE.

Je ne sais plus ce que je dois penser de vous.

LE BARON.

Vous non plus, permettez que je vous l'avoue franchement, vous n'êtes pas reconnaissable.

CAROLINE.

Et en quoi me trouvez-vous changée?

LE BARON.

Pouvez-vous le demander?

CAROLINE.

Il le faut bien, puisque je ne vous comprends pas.

LE BARON.

Dois-je le dire?

CAROLINE.

Oui, si vous voulez que je vous comprenne.

LE BARON.

Eh bien! n'avez-vous pas, depuis les trois jours que je vous connais, recherché toutes les occasions de me voir et de me parler?

CAROLINE.

Je ne le nie pas.

LE BARON.

Vos yeux ne m'ont-ils pas répondu toutes les fois que je vous ai regardée? et quels regards!

CAROLINE, embarrassée.

Je ne saurais voir mes propres regards.

LE BARON.

Mais vous sentez ce qu'ils signifient. Lorsqu'au bal je vous pressais la main, ne pressiez-vous pas aussi la mienne?

CAROLINE.

Je ne m'en souviens pas.

LE BARON.

Vous avez peu de mémoire, Caroline. Lorsque nous tournions autour du tilleul, et que je vous serrai tendrement contre moi, Caroline ne me repoussa pas alors.

CAROLINE.

Monsieur le baron, vous avez mal interprété ce qu'une fille sincère et sans expérience...

LE BARON.

M'aimes-tu?

CAROLINE.

Encore une fois, laissez-moi. Demain matin...

LE BARON.

Je dormirai.

CAROLINE.

Je vous dirai...

LE BARON.

Je n'entendrai rien.

CAROLINE.

Vous m'abandonnez donc?

LE BARON, s'éloignant.

Oh! je suis fâché d'être venu.

CAROLINE, seule, après un mouvement pour le retenir.

Il part, je dois le renvoyer, je n'ose le retenir; je l'aime, et je dois le chasser; j'étais imprudente, et je suis malheureuse. Mes espérances sont évanouies; ils sont évanouis, ces rêves dorés que j'étais assez folle pour nourrir. Oh! qu'il faut peu de temps pour changer notre sort!

SCÈNE IV

CAROLINE, BRÊME.

CAROLINE.

Cher père, comment cela va-t-il? Que devient le jeune comte?

BRÊME.

C'est une forte contusion; mais j'espère que la blessure ne sera pas dangereuse. Je ferai là une cure radicale; et monsieur le comte, à l'avenir, ne se regardera pas une seule fois dans le miroir, que la cicatrice ne lui rappelle son habile chirurgien, son Brême de Bremenfeld.

CAROLINE.

La pauvre comtesse! si encore elle n'arrivait pas demain!

BRÊME.

Tant mieux! qu'elle voie de ses yeux le mauvais état du patient, et elle aura d'autant plus de respect pour mon art, après la guérison. Il est bon que les personnes de qualité sachent qu'elles aussi et leurs enfants sont des hommes; on ne saurait trop leur faire sentir de quel prix est un homme, et principalement un chirurgien qui les assiste dans ces misères auxquelles tous les enfants d'Adam sont sujets. Je te dis, ma fille, qu'un chirurgien est l'homme le plus respectable de la terre. Le théologien te délivre du péché qu'il a lui-même inventé; le jurisconsulte gagne ton procès, et réduit à la mendicité ton adversaire, dont le droit est égal au tien; le médecin, en t'ôtant une maladie, t'en donne une autre, et tu ne peux jamais savoir au juste s'il t'a été utile ou nuisible; mais le chirurgien te délivre d'un mal réel que tu t'es attiré toi-même ou qui t'a surpris par hasard, sans qu'il y ait de ta faute; il est utile, il ne nuit à personne, et tu peux acquérir la certitude entière que sa cure a réussi.

CAROLINE.

Comme aussi lorsqu'elle a manqué.

BRÊME.

C'est ce qui t'apprend à distinguer l'ignorant du maître. Réjouis-toi, ma chère fille, d'avoir pour père un pareil maître. Pour un enfant qui pense bien, il n'y a rien de plus agréable que de se réjouir de ses parents et de ses ancêtres.

CAROLINE, d'un ton triste, comme jusqu'ici.

C'est ce que je fais mon père.

BRÊME, l'imitant.

Tu le fais, ma fille, d'un visage triste et d'un ton pleureur. Ce n'est pourtant pas ainsi que se témoigne la joie.

CAROLINE.

Ah! mon père!

BRÊME.

Qu'as-tu, mon enfant?

CAROLINE.

Il faut que je vous le dise tout de suite.

BRÊME.

Qu'as-tu?

CAROLINE.

Vous savez que le baron s'est montré tous ces jours-ci très-amical et très-tendre avec moi; je vous le fis remarquer sur l'heure, et vous demandai conseil.

BRÊME.

Tu es une excellente fille, digne de marcher l'égale d'une princesse, d'une reine.

CAROLINE.

Vous me conseillâtes de me tenir sur mes gardes, de faire attention à moi et à lui; de ne me rien permettre de mal, mais de ne point non plus rejeter la fortune si elle me cherchait. Je me suis comportée envers lui de manière à n'avoir rien à me reprocher; mais il...

BRÊME.

Parle, mon enfant, parle.

CAROLINE.

Oh! c'est abominable! quelle hardiesse, quelle témérité!

BRÊME.

Comment? (Après une pause.) Ne me dis rien, ma fille; tu me connais, je suis d'un tempérament bouillant; un vieux soldat... je ne saurais me retenir, je ferais une folie!

CAROLINE.

Vous pouvez l'entendre, mon père, sans vous fâcher, et, j'ose dire, sans rougir. Il a mal interprété mon amitié; il s'est glissé dans la maison pendant votre absence, après le départ de Louise pour le château. Il était téméraire; mais je l'ai mis à la raison; je l'ai chassé, et j'ose affirmer que, dès ce moment, mes sentiments envers lui sont changés. Il me parut aimable, tant qu'il se tint dans de justes bornes, tant que je pus croire qu'il avait une bonne idée de moi, mais à présent il me paraît pire que tout autre. Je vous raconterai je vous avouerai tout comme de coutume, et vous seul serez mon conseil.

BRÊME.

Quelle fille! quelle excellente fille! Oh! je suis un père digne d'envie! Attendez seulement, monsieur le baron, attendez! les chiens seront lâchés; ils fermeront au renard la porte du colombier. Que je ne m'appelle pas Brême, que je perde le nom de Bremenfeld, si tout ne change pas sous peu.

CAROLINE.

Ne vous fâchez point, mon père.

BRÊME.

Tu me rends une nouvelle vie, ma fille; oui, continue d'honorer ta condition par une aussi rare vertu; ressemble en tout à ton excellente bisaïeule, la défunte épouse du bienheureux bourgmestre de Bremenfeld. Cette digne femme était, par sa conduite, l'honneur de son sexe, et, par son esprit, l'appui de son époux. Contemple ce portrait chaque jour, chaque heure; imite-la, et deviens respectable ainsi qu'elle.

Caroline regarde le portrait et se met à rire.

BRÊME.

Qu'as-tu à rire, ma fille?

CAROLINE.

Je veux bien imiter ma bisaïeule dans toutes ses bonnes qualités, mais pourvu que je ne sois pas obligée de m'habiller comme elle. Ha, ha, ha! tenez, je ne saurais regarder ce portrait sans éclater de rire, quoique je l'aie tous les jours devant les yeux, ha, ha, ha! Voyez ce bonnet qui pend des deux côtés de la tête, comme deux ailes de chauve-souris.

BRÊME.

Eh bien! dans son temps personne n'en riait; et qui sait les éclats de rire qu'on fera par la suite en voyant ton portrait, car il est très-rare que tu sois habillée et coiffée de manière à me faire dire (bien que je voie en toi ma charmante fille) : « elle me plaît. » Ressemble à cette excellente femme par tes vertus, et habille-toi avec plus de goût, je ne m'y oppose pas, à condition pourtant que le bon goût ne soit pas plus cher que le mauvais. Au reste, je crois qu'il faut t'aller coucher, car il est tard.

CAROLINE.

Voulez-vous prendre du café? l'eau bout; il sera fait dans un instant.

BRÊME.

Prépare seulement tout ; mets la poudre de café dans la cafetière, je verserai moi-même l'eau bouillante par-dessus.

CAROLINE.

Bonne nuit, mon père!

Elle sort.

BRÊME.

Dors bien, mon enfant.

SCÈNE V

BRÊME, seul.

Que ce malheur soit arrivé justement cette nuit! J'avais tout disposé avec prudence et divisé mon temps en vrai praticien; nous avions causé ensemble jusque vers minuit; tout était tranquille; ensuite je voulais boire ma tasse de café; mes amis devaient se rendre chez moi pour tenir conseil en secret... et à présent tout est au diable! Tout est en mouvement; on veille au château pour bander la tête de l'enfant. Qui sait où s'est fourré le baron pour guetter ma fille?... Je vois de la lumière chez le bailli. Quel homme détestable! c'est lui que je crains le plus. Si nous sommes découverts, l'idée la plus belle, la plus grande, la plus élevée, une idée qui doit influer sur le sort de ma patrie entière, peut être étouffée à sa naissance. (Il va à la fenêtre.) J'entends venir quelqu'un; les dés sont jetés, il faut poser les dames : un vieux soldat n'a peur de rien. N'ai-je pas été à l'école du grand, de l'invincible Frédéric!

SCÈNE VI

BRÊME, MARTIN.

BRÊME.

Est-ce vous, compère Martin?

MARTIN.

Oui, cher compère Brême, c'est moi. Je me suis levé tout doucement au coup de minuit, et me voici; mais, chemin faisant, j'ai entendu encore du bruit; il m'a semblé qu'on allait et qu'on venait; alors je me suis promené un peu dans le jardin, jusqu'à ce que tout fût tranquille. Dites-moi donc, quelle idée avez-vous, compère Brême, de nous réunir chez vous si avant dans la nuit; ne pourrions-nous pas le faire tout aussi bien de jour?

BRÊME.

Vous allez tout apprendre; ayez seulement patience jusqu'à ce que nous soyons tous réunis.

MARTIN.

Qui est-ce donc qui doit encore venir?

BRÊME.

Tous nos bons amis, tous les gens raisonnables. Outre vous, qui êtes le maire de l'endroit, viendront encore Pierre, le maire de Rosenhalm, et Albert, le maire de Wiesengruben; j'espère aussi que Jacques viendra, à qui appartient ce joli terrain franc; alors il y aura assez de gens ordonnés et raisonnables pour espérer déjà de faire quelque chose.

MARTIN.

Compère Brême, vous êtes un singulier homme : cela vous est tout un, nuit ou jour, jour ou nuit, été ou hiver.

BRÊME.

C'est qu'à moins d'être ainsi, l'on ne fait rien de bien. Il m'est aussi égal de veiller que de dormir. Après la bataille de Leuthen, nos hôpitaux se trouvaient dans un état bien misérable; mais, certes, il eût été plus misérable encore, si Brême alors n'eût pas été un jeune et vigoureux gaillard. Il y avait beaucoup de blessés, beaucoup de malades et tous les chirurgiens étaient vieux et fatigués, hors Brême, jeune et habile, et toujours prêt le jour comme la nuit. Je vous dis, mon compère, que j'ai veillé huit nuits de suite, et cependant je ne dormais pas le jour. Aussi le vieux Fritz, qui savait tout ce qu'il voulait savoir, s'en aperçût-il. « Écoutez, Brême, dit-il un jour, lorsqu'il visita lui-même l'hôpital : écoutez, Brême, on dit que vos longues insomnies vous rendent malade. » Je vis bien où il voulait en venir, car les autres étaient tous présents ; je me contins donc, et je lui dis : « Sire, c'est une maladie que je souhaite à tous vos serviteurs ; et comme elle n'est pas suivie de faiblesse, et que je puis encore travailler pendant le jour, j'espère que Votre Majesté ne me disgraciera pas pour cela. »

MARTIN.

Eh ! eh ! comment le roi reçut-il cette réponse-là ?

BRÊME.

Il fit une mine sérieuse ; mais je vis bien que cela lui avait plu. « Brême, dit-il, comment passez-vous donc votre temps ? » Alors je repris courage, et je dis : « Je pense à ce que Votre Majesté a fait et fera encore ; et, quand j'arriverais à l'âge de Mathusalem, je ne parviendrais pas, même en veillant toujours, à tout savoir. » Alors il fit semblant de ne pas m'entendre et s'en alla. Huit ans après environ, il me jeta encore un regard à la revue. « Veillez-vous toujours, Brême ? » dit-il. Je répondis : « Votre Majesté ne nous laisse pas plus reposer en paix qu'en guerre. Vous faites toujours de si grandes choses, que le plus habile homme perd l'esprit en y réfléchissant. »

MARTIN.

Ainsi vous avez parlé au roi, compère ? osait-on lui parler de la sorte ?

BRÊME.

Certainement on l'osait, et encore sur bien d'autres choses ; car il savait tout mieux que personne. Il ne faisait pas attention au rang et à la condition d'un homme ; le paysan cependant touchait le plus son cœur. » Je sais bien, disait-il à ses ministres, quand il lui faisaient des objections, que les riches ont beaucoup d'avocats, mais les pauvres n'en ont qu'un, et c'est moi. »

MARTIN.

J'aurais bien voulu le voir !

BRÊME.

Chut ! j'entends du bruit : ce doit être nos amis ; justement. Voilà Pierre et Albert.

SCÈNE VII

LES PRÉCÉDENTS, PIERRE, ALBERT.

BRÊME.

Soyez les bienvenus ! Jacques n'est-il pas avec vous ?

PIERRE.

Nous nous sommes donné rendez-vous aux trois tilleuls ; mais il a tant tardé que nous sommes venus seuls.

ALBERT.

Qu'avez-vous de neuf à nous dire, maître Brême ? quelque chose de Wetzlar ? le procès avance-t-il ?

BRÊME.

C'est précisément parce qu'il n'y a rien de neuf, et parce que, quand il y aurait du neuf, cela ne vaudrait pas la peine d'en parler, que j'ai voulu vous communiquer mes idées ; car vous savez bien que je prends part aux intérêts de tous, bien que ce ne soit pas publiquement jusqu'ici, pour ne pas me mettre tout à fait mal avec la seigneurie.

PIERRE.

Oui, nous n'aurions pas envie non plus de nous brouiller avec elle, pour peu que ce fût supportable.

BRÊME.

Je voulais seulement vous dire, si Jacques était ici, si nous étions tous réunis, afin que je n'aie besoin de rien répéter pour nous mettre d'accord...

ALBERT.

Jacques ? Il vaut presque mieux qu'il n'y soit pas. Je ne me fie pas à lui ; il possède ce terrain franc, et il a beau avoir le même intérêt que nous dans l'affaire des rentes, la route ne le regarde pas, et puis il s'est montré trop insouciant pendant tout le procès.

BRÊME.

Eh bien, voyons, asseyez-vous et écoutez-moi.

Ils s'asseyent.

MARTIN.

Je suis bien impatient d'entendre.

BRÊME.

Vous savez que les communes ont déjà depuis quarante ans un procès avec la seigneurie, lequel, après de longs détours, est enfin arrivé à Wetzlar et ne sort plus de là. Le seigneur de cette terre demande des corvées et d'autres services que vous refusez, et cela avec raison; car il a été conclu un *recès* avec le grand-père de notre jeune comte, qui (Dieu le conserve!), s'est fait cette nuit une terrible bosse en tombant.

MARTIN.

Une bosse?

PIERRE.

Cette nuit même?

ALBERT.

Comment cela est-il arrivé?

MARTIN.

Ce pauvre cher enfant!

BRÊME.

Je vous conterai cela après; écoutez maintenant la suite. D'après ledit recès, les communes cédèrent à la seigneurie quelques arpents de bois, quelques prairies, quelques pâturages, et d'autres bagatelles qui n'étaient d'aucune importance pour vous, et qui étaient très-utiles à la seigneurie; car, à ce qu'il paraît, le vieux comte était un homme habile, mais en même temps un brave homme; sa sentence était : vivre et laisser vivre. Pour cela, il céda aux communes quelques corvées dont il pouvait se passer, et...

ALBERT.

Et ce sont celles que nous sommes encore toujours obligés de fournir.

BRÊME.

Et leur accorda quelques faveurs...

MARTIN.

Dont nous ne jouissons pas encore.

BRÊME.

Justement. Le comte étant mort, la seigneurie prit possession de ce qu'on lui avait cédé; la guerre commença, et les sujets furent obligés à plus qu'auparavant.

PIERRE.

C'est exactement ainsi, car je l'ai entendu plus d'une fois de la bouche des avocats.

BRÊME.

Et je le sais encore mieux que les avocats, car je vois plus loin. Le fils du comte, le seigneur défunt, devint majeur juste à ce moment. C'était, par Dieu, un rude et méchant diable, qui ne voulut rien nous rendre, et nous maltraita d'une façon pitoyable. Il entra en jouissance, et le recès avait disparu sans qu'on pût savoir où le trouver.

ALBERT.

Sans la copie que le ministre défunt nous a faite, c'est à peine si nous saurions qu'il a existé.

BRÊME.

Cette copie est votre bonheur et votre malheur. Valable aux yeux de tout homme juste, devant le tribunal elle ne sert à rien. Si vous n'aviez pas cette copie, vous ne seriez pas assurés dans votre cause; si l'on n'avait pas présenté cette copie à la seigneurie, on ne saurait pas combien ses intentions sont injustes.

MARTIN.

Il faut pourtant aussi rendre à chacun justice. La comtesse ne nie pas qu'il n'y ait beaucoup de raisons pour nous; elle refuse seulement de faire le contrat, parce que, n'étant que la tutrice de son fils, elle n'ose conclure une pareille affaire.

ALBERT.

La tutrice de son fils! N'a-t-elle pas fait ajouter une aile au château, qu'il n'habitera peut-être jamais? car il n'aime pas ce pays.

PIERRE.

Et surtout à présent qu'il s'y est fait une bosse.

ALBERT.

N'a-t-elle pas fait faire le grand jardin et les chutes d'eau pour lesquelles on a été obligé de vendre plusieurs moulins? Elle ose exécuter tout cela comme tutrice; mais ce qui est juste et raisonnable, elle ne l'ose pas.

BRÈME.

Albert, tu es un brave homme; j'aime bien à entendre parler ainsi, et j'avoue que j'aimerais aussi à imiter mon roi en me constituant votre avocat, quoique notre comtesse me comble de bontés, et que, pour cela, je sois son très-humble serviteur.

PIERRE.

Ce serait fort beau; faites seulement qu'on en finisse bientôt avec notre procès.

BRÈME.

Pour moi, je n'y puis rien, c'est affaire à vous.

PIERRE.

Comment s'y prendre?

BRÈME.

Bonnes gens, vous ignorez comment va le monde; vous ignorez que ce qui était impossible il y a dix ans est possible aujourd'hui. Vous ignorez tout ce qu'on entreprend, tout ce qu'on exécute.

MARTIN.

Oh! non; nous savons bien qu'il se passe de singulières choses en France.

PIERRE.

Des choses singulières et détestables.

ALBERT.

Singulières et bonnes.

BRÊME.

A merveille, Albert; il faut choisir le bon parti. Je dis donc que ce qu'on ne peut obtenir de bon gré, on doit le prendre par force.

MARTIN.

Est-ce bien là le bon parti?

ALBERT.

Sans doute.

PIERRE.

Je ne le pense pas.

BRÊME.

Mes enfants, je dois vous le dire à présent ou jamais.

ALBERT.

Vous n'avez pas besoin de tant nous prêcher : à Wiesengruben, nous sommes déjà tout prêts. Nos gens voulaient se soulever depuis longtemps; mais je les en ai toujours empêchés, parce que monsieur Brême m'a toujours dit qu'il n'était pas encore temps, et que c'est un homme d'esprit dans lequel j'ai confiance.

BRÊME.

Je vous remercie, compère, et je vous dis : Maintenant il est temps.

ALBERT.

Je le crois aussi.

PIERRE.

Ne le prenez point mal si je ne vois pas les choses comme vous. Je puis savoir quand il est temps de se saigner, de se purger, de se ventouser : je vois cela dans l'almanach; mais quand vient le moment favorable de se révolter? Je crois qu'il est bien difficile de répondre à cette question.

BRÊME.

Pour cela il faut un homme comme moi.

ALBERT.

Il est clair que vous le savez.

PIERRE.

Mais dites-moi donc d'où cela vient que vous vous y entendez mieux que d'autres gens d'esprit?

BRÊME, avec gravité.

Premièrement, mon ami, parce que ma famille a déployé déjà depuis mon grand-père les plus grandes capacités politiques. Ce portrait-là vous représente mon grand-père Herrmann Brême de Bremenfeld, qui, par son mérite éminent, a été nommé bourgmestre de sa ville natale, à laquelle il a rendu les plus graves et les plus importants services. Son souvenir est encore honoré et béni, quoique de méchants poëtes dramatiques dans leurs libelles n'aient pas traité, comme il convenait, de rares talents et de certains points qui lui étaient particuliers. Sa profonde connaissance de la situation politique et militaire de l'Europe n'a pas même été contestée de ses ennemis.

PIERRE.

C'était un bel homme; il a l'air bien nourri.

BRÊME.

Il est vrai qu'il coula des jours plus tranquilles que son petit-fils.

MARTIN.

Avez-vous aussi le portrait de votre père ?

BRÊME.

Hélas! non. Mais il faut que je vous dise que, lorsque la nature fit naître mon père Josse Brême de Bremenfeld, elle réserva ses forces, afin d'orner votre ami de ses talents qu'il désire employer à votre service. Cependant, que le ciel me préserve de vouloir m'élever au-dessus de mes ancêtres! nous avons maintenant beaucoup plus de facilité, et nous pouvons jouer un grand rôle avec des talents inférieurs.

MARTIN.

Ne soyez pas trop modeste, compère!

BRÊME.

C'est la pure vérité. N'y a-t-il pas à présent une foule de gazettes, journaux et brochures qui nous instruisent de ce qui se passe et exercent notre intelligence? Si feu mon grand-père avait eu seulement la millième partie de ces moyens d'instruction, il aurait été un tout autre homme. Mais, mes enfants, que parlé-je de moi! Le temps passe, et je crains que le jour n'arrive. Le coq nous avertit de nous expliquer en peu de mots. Avez-vous du courage?

ALBERT.

Moi et les miens nous n'en manquerons pas.

PIERRE.

Parmi les miens il se trouvera bien quelqu'un qui voudra se mettre à la tête, car je vous prie de m'en dispenser.

MARTIN.

Depuis les deux derniers sermons que le magister a faits, parce que le vieux ministre est malade, tout le village est en mouvement.

BRÊME.

Bien! c'est ainsi qu'on réussira. J'ai calculé que nous pourrions compter sur plus de six cents hommes. Si vous voulez, c'en est fait la nuit prochaine.

MARTIN.

La nuit prochaine?

BRÊME.

Minuit ne reviendra pas que tout ce qui vous appartient ne vous soit rendu, et encore davantage.

PIERRE.

Si vite? comment serait-il possible?

ALBERT.

Vite ou jamais.

BRÊME.

La comtesse arrive aujourd'hui; il ne faut pas lui donner le temps de se retourner. Venez à la nuit tombante devant le château et réclamez vos droits; demandez une nouvelle expédition de l'ancien recès; dictez encore quelques petites conditions que je vous indiquerai; faites-la signer, faites-lui prêter serment, et tout sera fini.

PIERRE.

Mes membres tremblent à l'idée d'une pareille violence.

ALBERT.

Fou! ce n'est pas à celui qui fait violence à trembler.

MARTIN.

Mais il leur est facile d'envoyer un régiment de dragons

contre nous! Non, non, ne soyons pas téméraires à ce point-là. La troupe, le prince, le gouvernement, nous arrangeraient de la belle façon.

BRÊME.

Tout au contraire, c'est justement là-dessus que je compte. Le prince n'ignore pas comme le peuple est opprimé; il s'est assez souvent expliqué en termes clairs et énergiques sur l'injustice de la noblesse, sur la longueur des procès, sur la chicane des justiciers et des avocats; de sorte qu'on peut présumer qu'il ne se fâchera point de ce qu'on se rend justice quand lui-même en est empêché.

PIERRE.

Cela est-il bien sûr?

ALBERT.

On en parle dans tout le pays.

PIERRE.

Alors on pourrait en effet hasarder quelque chose.

BRÊME.

Avant le soir vous saurez tout : comment vous devez vous y prendre; comment vous devez, avant toutes choses, mettre de côté l'abominable justicier, et qui vous aurez encore à observer. Préparez vos affaires, animez vos gens, et soyez ce soir, à six heures, près de la fontaine du château. Jacques se rend suspect de n'être pas venu. Oui, il vaut peut-être mieux qu'il ne soit pas venu. Faites attention à lui, qu'au moins il ne vous nuise pas; il voudra bientôt prendre sa part de ce que nous gagnerons. Le jour paraît; adieu, et pensez que ce qui doit se faire est déjà fait. La comtesse revient précisément de Paris, où elle a vu et entendu ce que nous lisons avec tant d'admiration; peut-être elle-même rapporte-t-elle de là des sentiments plus doux, ayant appris ce que les hommes peuvent et doivent faire pour leurs droits quand ils sont opprimés.

MARTIN.

Portez-vous bien, compère; adieu! A six heures précises je serai près de la fontaine.

ALBERT.

Vous êtes un brave homme. Adieu.

PIERRE.

Je vous louerai bien si la chose réussit.

MARTIN.

Nous ne savons comment vous remercier.

DRÊME, avec dignité.

Vous avez assez de moyens de m'obliger; par exemple, le petit capital de deux cents thalers que je dois à l'église, vous pourriez me le remettre.

MARTIN.

Cela ne nous coûtera point.

ALBERT.

Notre commune est riche, et fera volontiers quelque chose pour vous.

DRÊME.

Cela se trouvera; ce joli petit terrain communal que le justicier a fait clore de haies et mettre en jardin, il vous reviendra, et vous me le céderez.

ALBERT.

Sans le moindre regret.

PIERRE.

Nous ne resterons pas non plus en arrière.

DRÊME.

Vous-même vous avez un beau garçon et une charmante campagne; je pourrais lui donner ma fille en mariage. Je ne suis pas fier, croyez-moi, je ne suis pas fier : je vous nommerai volontiers mon beau-frère.

PIERRE.

La petite demoiselle est assez jolie; mais elle est élevée un peu trop noblement.

DRÊME.

Pas noblement, mais comme il faut. Elle saura se maintenir dans telle condition que ce soit; mais cela demande un plus long entretien. Pour l'instant, adieu, mes amis, adieu.

TOUS.

Allons, adieu.

ACTE DEUXIÈME

ANTICHAMBRE DE LA COMTESSE.

Au fond et aux deux côtés des portraits de famille, sous différents costumes religieux et laïques.

SCÈNE I

LE BAILLI entre et regarde autour de lui s'il n'y a personne ; LOUISE vient d'un autre côté.

LE BAILLI.

Bonjour, mademoiselle ; peut-on parler à Votre Excellence? Puis-je mettre à vos pieds mes très-humbles dévotions?

LOUISE.

Attendez un moment, monsieur le bailli, madame la comtesse ne va pas tarder à sortir. Les fatigues du voyage et l'effroi qui l'a saisie à son arrivée l'ont obligée de prendre un peu de repos.

LE BAILLI.

Je la plains de tout mon cœur! Après une si longue absence, après un voyage si pénible, trouver son fils chéri dans un état si affreux ! J'avoue que cela m'épouvante lorsque j'y pense. Son Excellence a été en grand danger.

LOUISE.

Vous pouvez vous imaginer ce qu'une mère tendre et craintive dut éprouver, lorsqu'elle descendit de voiture, entra dans la maison, et y trouva tout en désordre; et que, demandant des nouvelles de son fils, elle s'aperçut, à l'hésitation de la réponse, qu'il lui était arrivé un malheur.

LE BAILLI.

Je la plains du fond de mon âme; que fîtes-vous alors?

LOUISE.

Nous fûmes obligés de tout dire pour éviter qu'elle ne crût le malheur plus grand. Nous la conduisîmes chez l'onfant qui était couché, la tête bandée et ses habits tachés de sang. Nous n'avions pu que lui poser les bandages, mais sans le déshabiller.

LE BAILLI.

Ce devait être un affreux spectacle.

LOUISE.

Elle y jeta un regard, poussa un grand cri et tomba évanouie dans mes bras. On ne put la consoler lorsqu'elle revint à elle, et nous eûmes toute la peine du monde à lui persuader que l'enfant s'était seulement fait une forte bosse en tombant, qu'il avait saigné du nez et qu'il ne courait aucun danger.

LE BAILLI.

Je ne voudrais pas être le magister qui néglige ainsi ce cher enfant.

LOUISE.

Je fus étonnée de la modération de la comtesse, surtout parce qu'il parlait de cet accident plus légèrement qu'il ne convenait dans le moment.

LE BAILLI.

Elle est beaucoup trop douce, trop indulgente.

LOUISE.

Mais elle connaît son monde et s'aperçoit de tout; elle sait distinguer celui qui la sert sincèrement et fidèlement de celui qui n'est qu'en apparence son humble serviteur; elle connaît les négligents aussi bien que les hypocrites, les imprudents tout comme les méchants.

LE BAILLI.

Vous n'en dites pas trop : c'est une excellente dame; mais, justement à cause de cela, le gouverneur méritait d'être chassé.

LOUISE.

En tout ce qui touche le sort de l'homme, elle agit avec lenteur, comme il convient au puissant. Rien de plus terrible que la puissance jointe à la précipitation.

LE BAILLI.

Mais la puissance et la faiblesse vont également fort mal ensemble.

LOUISE.

Vous ne reprocherez pas à la comtesse d'être faible.

LE BAILLI.

Dieu préserve d'une telle pensée un ancien et fidèle serviteur! mais il est néanmoins permis, pour l'avantage de sa seigneurie, de souhaiter qu'elle se montre quelquefois un peu plus sévère à l'égard de certaines gens qui demandent à être traités sévèrement.

LOUISE.

Madame la comtesse!

Louise sort.

SCÈNE II

LA COMTESSE en négligé, LE BAILLI.

LE BAILLI.

Votre Excellence a surpris ses serviteurs d'une manière fort agréable, quoique inattendue, et nous regrettons seulement qu'elle ait été effrayée d'un si triste spectacle à son arrivée. Nous avions fait tous les préparatifs pour votre réception; les branches de sapin destinées à vous élever un arc-de-triomphe sont déjà dans la cour; toutes les communes voulaient se ranger près de la voiture, et vous accueillir par de joyeux vivats. Chacun se réjouissait à l'avance de mettre son habit de fête et de parer ses enfants pour une occasion aussi solennelle.

LA COMTESSE.

Je suis bien aise que ces bonnes gens ne se soient pas placés des deux côtés de ma voiture, car il m'aurait été impossible de leur faire une mine amicale, et encore moins à vous, monsieur le bailli!

LE BAILLI.

Comment donc? comment avons-nous mérité votre disgrâce?

LA COMTESSE.

Je ne puis vous dissimuler que j'étais très-mécontente en passant hier par cet abominable chemin qui commence justement avec mes possessions. J'avais effectué mon grand voyage presque toujours sur de bonnes routes; et je ne suis pas plutôt rentrée chez moi, que j'en trouve une, non-seulement plus gâtée que l'année dernière, mais si détestable, qu'on peut dire qu'elle rassemble tous les désagréments d'une mauvaise chaussée : c'était tantôt des ornières profondes qui menaçaient de culbuter la voiture, et d'où l'on avait peine à tirer les chevaux, tantôt des pierres jetées pêle-mêle les unes sur les autres, en telle quantité que, durant un quart-d'heure, on était secoué, même dans la voiture la plus douce, d'une manière insupportable. Cela m'étonnerait que ma chaise ne fût pas endommagée.

LE BAILLI.

Votre Excellence ne me condamnera pas sans m'avoir entendu; mon zèle à ne céder aucun des droits de Votre Excellence est l'unique cause du mauvais état de la route.

LA COMTESSE.

Je conçois!

LE BAILLI.

Vous me permettrez d'exposer à votre vue pénétrante combien peu il m'aurait convenu de céder un seul cheveu à ces paysans rebelles. Ils sont obligés de réparer la route; et comme Votre Excellence a ordonné une chaussée, ils doivent faire une chaussée.

LA COMTESSE.

Quelques communes y consentaient.

LE BAILLI.

Voilà justement le mal; on a amené les pierres; mais lorsque les autres, qui se refusaient à travailler, les eurent entraînés dans leur rébellion, ils laissèrent là les pierres; et peu à peu, tant par nécessité que par malice, elles furent jetées dans les ornières, ce qui rendit en effet le chemin un peu raboteux.

LA COMTESSE.

Vous appelez cela un peu raboteux?

LE BAILLI.

Votre Excellence me pardonnera de lui dire même que j'ai

quelquefois parcouru cette route avec beaucoup de satisfaction : c'est un excellent remède contre l'hypocondrie, que de se faire secouer de cette manière.

LA COMTESSE.

C'est, je l'avoue, un remède assez singulier.

LE BAILLI.

Effectivement, notre route pourrait sembler impraticable à quelqu'un qui serait habitué aux belles chaussées, car depuis une année on n'a pu songer à la raccommoder à cause du procès qui se plaide au tribunal impérial; joint à cela que les transports de bois sont très fréquents, et que, dans ces derniers jours, il y a eu beaucoup de pluie.

LA COMTESSE.

Vous dites qu'elle pourrait sembler impraticable? je crois qu'elle l'est bien en effet.

LE BAILLI.

Votre Excellence veut plaisanter, car enfin l'on peut toujours avancer.

LA COMTESSE.

C'est tout au plus; j'ai mis six heures pour faire deux lieues.

LE BAILLI.

J'ai mis encore bien davantage, il y a quelques jours. Deux fois je m'en suis tiré heureusement; mais, la troisième, une roue a cassé, et j'ai été obligé de me faire traîner de la sorte. Mais à tous ces accidents fâcheux j'opposais du courage et de la gaieté, car je pensais que les droits de Votre Excellence et ceux de monsieur son fils étaient sauvegardés. J'avoue avec sincérité que j'aimerais mieux aller sur de pareils chemins d'ici à Paris, que de céder d'un pas, quand le droit et l'autorité de Votre Seigneurie sont contestés. Je voudrais que Votre Excellence pensât de même; certainement elle n'aurait pas été si mécontente de cette route.

LA COMTESSE.

Je dois vous dire que je suis loin de partager votre sentiment à cet égard, et que si j'étais la propriétaire de ces biens, au lieu d'en avoir simplement l'administration, je passerais sur bien des obstacles; j'écouterais mon cœur, qui me commande la modération, et ma raison, qui m'enseigne à distinguer le profit réel de celui qui n'est qu'apparent. Je serais généreuse comme il convient à celui qui a le pouvoir; je me garderais, sous les dehors du droit, de tenir à des demandes dont à peine je souhaiterais l'accomplissement, et qui, au cas où je rencontrerais de la résistance, m'ôteraient pour toujours la pleine puissance d'une possession que je pourrais améliorer en agissant plus raisonnablement. Un contrat supportable et l'usage immédiat valent mieux qu'un procès fondé qui me chagrine, et d'où je ne vois aucun avantage à retirer pour mes descendants.

LE BAILLI.

Votre Excellence me permettra d'être d'un avis contraire. Un procès est une chose si attrayante, que, si j'étais riche, j'en achèterais plutôt que de vivre privé de ce plaisir.

Il sort.

LA COMTESSE.

Il me paraît qu'il veut s'enrichir de nos biens.

SCÈNE III

LA COMTESSE, LE MAGISTER.

LE MAGISTER.

Oserai-je demander à madame la comtesse comment elle se porte?

LA COMTESSE.

Comme vous pouvez bien le penser, après une émotion du genre de celle que j'ai eue à mon arrivée.

LE MAGISTER.

J'en suis vraiment désolé; mais j'espère que cet accident n'aura point de suites; au reste, votre séjour ici ne va pas vous être fort agréable, comparé à celui que vous venez de faire.

LA COMTESSE.

Le chez soi a aussi ses charmes.

LE MAGISTER.

Je vous ai souvent envié le bonheur d'assister aux plus grandes choses que le monde ait vues, d'être témoin de la joie qui saisit une grande nation au moment où elle s'est sentie pour la première fois délivrée des fers qu'elle portait depuis si longtemps que ce lourd et étrange fardeau était devenu comme un membre de son corps chétif et malade.

LA COMTESSE.

J'ai vu beaucoup d'événements bizarres, mais peu de réjouissants.

LE MAGISTER.

S'ils ne le sont pour les sens, ils le sont pour l'esprit. Celui qui échoue dans de grands desseins est plus digne d'éloges que celui qui n'a jamais eu en vue que de petites choses. On peut errer sur le bon chemin et marcher droit sur le mauvais.

SCÈNE IV

Les Précédents, LOUISE.

La vivacité de l'entretien est d'abord tempérée par l'arrivée de Louise, puis il finit par passer à un autre sujet ; le magister, qui n'y trouve plus aucun intérêt, s'éloigne, et la conversation s'établit comme il suit entre les deux femmes.

LA COMTESSE.

Que fait mon fils ? j'allais passer chez lui.

LOUISE.

Il dort tranquillement ; j'espère qu'il pourra bientôt recommencer à sauter, et que, dans peu, il n'y aura plus trace de blessure.

LA COMTESSE.

Que le temps n'est-il moins mauvais, je descendrais au jardin. Il me tarde de voir comment tout a marché, et si la chute d'eau, le pont et la grotte font un bon effet.

LOUISE.

Tout est bien mieux qu'auparavant ; les endroits sauvages que vous avez fait arranger paraissent naturels : ils enchantent tous ceux qui les voient pour la première fois, et moi je trouve aussi du plaisir à m'y retirer dans mes heures de repos; et cependant j'avoue que j'aime encore mieux me promener dans la pépinière, à l'ombre des arbres fruitiers. L'idée de l'utile me captive et me procure des jouissances que je ne dois qu'à elle. Dans l'action de semer, de greffer, il n'y a pour mon œil aucun effet pittoresque; mais alors il m'est doux de penser à ces fruits qui, bientôt, rafraîchiront le voyageur.

LA COMTESSE.

Je loue vos sentiments, ils sont d'une bonne ménagère.

LOUISE.

Seuls ils conviennent à celle qui doit penser au nécessaire, et qui n'a pas la liberté du choix.

LA COMTESSE.

Avez-vous réfléchi à l'offre que je vous fis dans ma dernière lettre? Pouvez-vous vous résoudre à donner votre temps à ma fille, à vivre avec elle, à être son amie et sa compagne?

LOUISE.

Sans aucun scrupule, madame la comtesse.

LA COMTESSE.

Moi, je m'en fais beaucoup de vous le proposer. Le caractère vif et indompté de ma fille rend sa société désagréable et souvent très-pénible. Autant mon fils est aisé à conduire, autant ma fille est difficile.

LOUISE.

En revanche, son cœur noble et sa manière franche d'agir méritent toute sorte d'estime; elle est emportée, mais prompte à s'adoucir; capricieuse, mais juste; fière, mais humaine.

LA COMTESSE.

Elle tient cela de son père.....

LOUISE.

A qui elle ressemble étonnamment. La nature paraît s'être plue à reproduire bizarrement dans la fille l'image âpre du père, et la tendre mère dans le fils.

LA COMTESSE.

Tâchez, Louise, de dompter ce feu ardent, mais noble. Vous possédez toutes les vertus qui lui manquent; près de vous elle suivra votre exemple, elle se laissera mouler sur un type si aimable.

LOUISE.

Vous me faites rougir, madame la comtesse. Je ne connais en moi de vertu que celle de n'avoir pas désespéré de mon sort; et même celle-là n'en est plus une, madame, depuis tout ce que vous avez fait pour l'améliorer. Vous faites encore davantage, maintenant que vous me rapprochez de vous. Depuis la mort de mon père et la ruine de ma famille, j'ai appris à me passer de bien des choses, mais non d'une société honnête et raisonnable.

LA COMTESSE.

Vous devez beaucoup souffrir chez votre oncle, à cet égard.

LOUISE.

C'est un brave homme; mais effectivement son imagination le rend quelquefois bien sot, surtout depuis ces derniers temps, que chacun croit avoir le droit de parler des grands événements et de s'en mêler.

LA COMTESSE.

Il a cela de commun avec bien d'autres.

LOUISE.

J'ai souvent fait, à part moi, mes remarques là-dessus. Qui ne connaîtrait pas les hommes apprendrait aujourd'hui sans peine à les connaître; il y en a tant qui ne prennent part à la cause de la liberté, de l'égalité générale que pour obtenir une exception en leur faveur, en s'élevant au-dessus des autres!

LA COMTESSE.

Vous n'auriez rien appris de plus quand vous m'auriez accompagnée à Paris.

SCÈNE V

Les Précédents, FRÉDÉRIQUE, LE BARON.

FRÉDÉRIQUE.

Voici, chère maman, un lièvre et deux perdrix; j'ai tiré ces trois pièces; mon cousin n'a fait que battre la campagne.

LA COMTESSE.

Quel air de sauvage, Frédérique! comme tu es trempée!

FRÉDÉRIQUE, secouant l'eau de son chapeau.

La première bonne matinée que j'aie passée depuis longtemps.

LE BARON.

Il y a plus de quatre heures qu'elle me fait courir les champs.

FRÉDÉRIQUE.

C'était un vrai plaisir; nous y retournerons tout de suite après dîner.

LA COMTESSE.

Si tu y vas de cette ardeur, tu en seras bientôt rassasiée.

FRÉDÉRIQUE.

Vous pouvez attester, chère maman, combien de fois, à Paris, j'ai souhaité être de retour dans ce pays. Les opéras, les spectacles, les sociétés, les repas, les promenades, tout cela n'est rien en comparaison d'un seul jour de plaisir à la chasse, en plein air, sur nos montagnes, où nous sommes nés, et en quelque sorte enracinés. Nous chasserons avec les chiens, un de ces jours, cousin.

LE BARON.

Il faudra attendre qu'on ait fait la moisson.

FRÉDÉRIQUE.

Qu'est-ce que cela y fait? cela ne signifie rien. Aussitôt que le temps sera un peu sec, nous prendrons les chiens avec nous.

LA COMTESSE.

Va t'habiller. Je pense que nous aurons à dîner un convive de plus qui ne peut s'arrêter ici que fort peu de temps.

LE BARON.

Est-ce que le conseiller viendra?

LA COMTESSE.

Il m'a promis de passer une petite heure chez nous. Il va en commission.

LE BARON.

Il y a quelques troubles dans le pays.

LA COMTESSE.

Cela n'aura pas de suite, pourvu que l'on se comporte raisonnablement avec ces gens-là, et qu'on leur présente leur véritable avantage.

FRÉDÉRIQUE.

Des troubles? qui se mêle d'exciter des troubles?

LE BARON.

Ce sont des paysans mécontents, opprimés par leurs seigneurs, et qui trouvent aisément un chef.

FRÉDÉRIQUE.

Il faut leur tirer dessus. (Elle fait quelques mouvements avec son fusil.) Voyez-vous, chère maman, comme le magister m'a gâté mon fusil. J'avais pourtant envie de le prendre avec moi; et comme vous me l'aviez défendu, j'étais résolue à le confier aux soins du garde-chasse. Alors l'homme gris vint me supplier de le lui laisser : il était si léger, disait-il, si commode, il voudrait si bien l'entretenir, et aller si souvent à la chasse! Moi, je lui sais bon gré de son intention d'aller souvent à la chasse; et maintenant, vous voyez, je le trouve derrière le poêle, dans la chambre des domestiques. Comme il est arrangé! on ne pourra plus jamais le nettoyer.

LE BARON.

C'est que depuis quelque temps il était très-occupé; il travaille aussi à l'égalité générale; et comme il envisage probablement les lièvres comme ses égaux, il craint de leur faire du mal.

LA COMTESSE.

Habillez-vous, enfants, pour ne pas nous faire attendre; nous dînerons aussitôt que le conseiller sera arrivé.

Elle sort.

FRÉDÉRIQUE, examinant son fusil.

J'ai déjà souvent maudit la révolution française; mais à présent je la maudis doublement. Qui est-ce qui me réparera ce dommage? mon fusil rouillé!

ACTE TROISIÈME

SALLE DANS LE CHATEAU.

SCÈNE I
LA COMTESSE, LE CONSEILLER.

LA COMTESSE.

Je m'en rapporte à votre conscience, cher ami. Réfléchissez aux moyens qu'on pourrait prendre pour mettre fin à cet ennuyeux procès. Votre profonde connaissance des lois, votre raison et votre humanité trouveront sans doute un expédient propre à nous tirer d'une affaire aussi embarrassante. Autrefois il m'importait peu que le droit me fût favorable ou contraire, pourvu que le fait fût pour moi. Qui possède, pensais-je, est le mieux partagé; mais depuis que j'ai appris avec quelle facilité l'injustice s'accumule de génération en génération; depuis que j'ai observé que les actions généreuses sont d'ordinaire purement personnelles, et que l'égoïsme seul trouve des héritiers; depuis que j'ai vu de mes propres yeux que la nature humaine peut être opprimée et humiliée jusqu'à un certain point, mais qu'on ne saurait l'étouffer ni la détruire : j'ai résolu d'éviter avec soin toute action qui me paraîtrait injuste, et de qualifier ouvertement de telles actions, soit parmi les miens, soit dans la société, à la cour comme à la ville. Je ne passerai aucune injustice sous silence; je ne supporterai aucune bassesse sous les dehors de la grandeur, au risque même de mériter le nom odieux de démocrate.

LE CONSEILLER.

A merveille, comtesse; je me réjouis de vous retrouver telle, ou mieux même encore que lorsque je pris congé de vous. Vous étiez une écolière des grands hommes qui ont amené notre liberté par leurs écrits, et maintenant je vois en vous une élève des grands événements qui nous donnent une idée vive de tout ce qu'un citoyen bien pensant doit désirer et détester : c'est à vous à lutter contre les personnes de votre rang. On ne peut juger et blâmer que ses égaux. Tout le blâme qu'on jette sur des supérieurs ou sur des inférieurs, est mêlé d'idées accessoires et de petitesses; il faut être jugé par ses pairs. Mais précisément parce que je suis et veux rester un citoyen rendant hommage aux classes supérieures de la société, que j'ai plus d'une raison d'estimer, je me déclarerai l'irréconciliable ennemi de ces petites agaceries envieuses, de cette haine aveugle, filles de l'égoïsme, qui combattent opiniâtrement contre des prétentions, se formalisent sur des formalités, et, sans avoir elles-mêmes aucune réalité, ne voient que l'apparence là où il faudrait voir le bonheur et ses suites. Vraiment! si tous les avantages tels que la santé, la beauté, la jeunesse, la richesse, l'esprit, les talents, le climat, doivent compter pour quelque chose, pourquoi celui d'être le descendant d'une série d'ancêtres braves, célèbres et glorieux devrait-il ne compter pour rien ? Je dirai cela partout où j'aurai voix, au risque même de mériter le nom odieux d'aristocrate.

Ici se trouve une lacune que nous remplirons par la narration. Le sérieux de cette scène est tempéré par le conseiller, qui avoue son inclination pour Louise, et désire lui donner sa main. On parle de leurs relations avant le malheur arrivé à la famille de Louise, et de la peine que se donne cet homme estimable pour se procurer, ainsi qu'à Louise, une existence tranquille.

Une scène entre la comtesse, Louise et le conseiller, en nous faisant mieux connaître trois beaux caractères, nous dédommage en quelque sorte de ce que nous allons souffrir dans les scènes suivantes. Ensuite on se réunit autour d'une table à thé où Louise sert; peu à peu toutes les personnes de la pièce s'y rassemblent, et enfin on introduit aussi les paysans. Comme on ne peut s'empêcher de parler politique, le baron, sans cacher sa malice et ses moqueries, propose de représenter une assemblée nationale : le conseiller est nommé président, et le caractère des assistants s'y développe en toute liberté. La comtesse, ayant son fils avec la tête bandée, à côté d'elle, représente la princesse dont le pouvoir sera modifié; à quoi elle consent volontiers, suivant ses idées libérales. Le conseiller, raisonnable et modéré, cherche à maintenir l'équilibre, ce qui devient à peu toutes les personnes de la développe en toute difficile. Le baron joue le rôle du gentilhomme qui abandonne son rang et qui passe au parti du peuple; les autres alors, trompés par ce déguisement perfide, lui découvrent toutes leurs pensées. Pendant ce temps les intrigues d'amour vont leur train : le baron ne manque pas de dire à Caroline les choses les plus flatteuses; on ne peut méconnaître, dans l'ardeur que met Jacob à défendre les droits de la seigneurie, un penchant inconscient pour la jeune comtesse. Louise ne voit là-dedans que l'anéantissement du bonheur domestique dont elle se croyait si près; et Bremenfeld se mêlant aux discussions sérieuses des paysans, égaye de temps en temps la scène par ses fanfaronnades, ses contes et sa bonne humeur. Le magister, que nous connaissons déjà, passe toutes les bornes; et, comme le baron l'excite de plus en plus, ils en viennent aux injures personnelles, et lorsqu'il se met à parler de la blessure du jeune comte, comme d'une chose insignifiante et même ridicule, la comtesse se fâche à tel point que le magister reçoit son congé; le baron augmente le mal, et le bruit allant toujours croissant, il en profite pour supplier Caroline de lui accorder cette nuit un rendez-vous secret. Dans ces débats, la jeune comtesse se montre extrêmement violente; elle défend son parti, s'opiniâtre sur ses possessions; mais cette dureté est modifiée par de la naïveté, par un caractère franc et tout à fait juste, qui même ne laisse pas d'avoir une certaine amabilité. On voit donc que cet acte se termine fort tumultueusement, sans produire toutefois une impression aussi fâcheuse que l'eût permis la situation. Il est sans doute à regretter que l'auteur ne se soit pas donné la peine ou n'ait pas eu le temps de surmonter les difficultés d'une pareille scène.

ACTE QUATRIÈME

DEMEURE DE BRÊME.

SCÈNE I
BRÊME, MARTIN, ALBERT.

BRÊME.

Vos gens sont-ils tous à leur poste? les avez-vous bien instruits? ont-ils du courage?

MARTIN.

Ils accourront tous dès que vous sonnerez le tocsin.

BRÊME.

Bien! Quand toutes les lumières seront éteintes au château et que minuit aura sonné, nous commencerons. Heureusement pour nous le conseiller part. Je craignais qu'il ne restât et qu'il ne gâtât notre affaire.

ALBERT.

Cela n'empêche pas que je craigne encore, moi, que nous ne manquions notre coup. Je tremble à l'avance d'entendre sonner la cloche.

BRÊME.

Tranquillisez-vous. N'avez-vous pas vu aujourd'hui comme les nobles étaient mal à leur aise? N'avez-vous pas entendu tout ce que nous avons dit en présence de la comtesse?

MARTIN.

Oui; mais ce n'était que pour plaisanter.

ALBERT.

C'était assez dur pour une plaisanterie.

BRÊME.

Avez-vous entendu comme je sais défendre votre cause? S'il le fallait pour tout de bon, je me présenterais ainsi devant l'empereur. Et que dites-vous du magister? Ne s'est-il pas très-bien montré aussi?

ALBERT.

Oui; mais ils vous l'ont joliment rendu. Je croyais qu'on en viendrait aux coups; et notre gracieuse comtesse! c'était comme si feu Son Excellence eût été là en personne.

BRÊME.

Laissez-moi là ces titres, il leur faudra bientôt s'en passer. Voyez, j'ai déjà fini les lettres que j'enverrai dans les villages voisins. Il faut qu'ils se révoltent et qu'ils appellent à eux leurs voisins, aussitôt que nous aurons commencé.

MARTIN.

Cela peut faire quelque chose.

BRÊME.

Je le crois bien! et alors on crie : honneur à qui de droit! c'est-à-dire à vous, mes chers enfants. Vous serez regardés comme les libérateurs du pays.

MARTIN.

C'est vous, monsieur Brême, qui remporterez les plus grands éloges.

BRÊME.

Non, non, cela n'est pas juste; il faut que tous soient égaux.

MARTIN.

C'est pourtant vous qui avez commencé.

BRÊME.

Donnez-moi vos mains, braves gens ! Ainsi se réunirent les trois grands hommes libérateurs de la Suisse, Guillaume Tell, Walter Staubbach et Fürst, d'Uri. Ainsi, dis-je, ils se réunirent sur le Grütli, et là jurèrent aux tyrans une haine éternelle, à leurs compatriotes une éternelle liberté. Combien de fois n'a-t-on pas représenté en portraits et en gravures ces fameux héros ! Le même honneur nous attend. C'est dans cette même position que nous passerons à la postérité.

MARTIN.

Je suis surpris de la vivacité avec laquelle vous vous figurez tout cela.

ALBERT.

Je crains bien qu'avec tout cela nous n'allions faire la grimace en charrette. Écoutez ! quelqu'un sonne. Le cœur me tremble dans le corps au moindre bruit.

BRÊME.

Fi donc ! Je vais voir ; ce sera le magister, je lui ai dit de venir. La comtesse lui a donné son congé ; elle l'a gravement offensé : nous l'entraînerons facilement dans notre parti. Ayant un ecclésiastique parmi nous, c'est une garantie de plus pour notre entreprise.

MARTIN.

Un ecclésiastique et un savant !

BRÊME.

Pour ce qui est du savoir, je ne lui cède en rien ; et en politique, particulièrement, il a beaucoup moins de lecture que moi. J'avais déjà parcouru dans ma jeunesse toutes les chroniques que j'ai héritées de mon grand-père défunt, et je sais par cœur le *Théâtre européen*. Celui qui possède à fond ce qui s'est fait sait en même temps ce qui se fait et ce qui se fera. C'est toujours la même chose : rien de nouveau dans le monde. Le magister entre. Attendez ; faisons-lui une réception solennelle. Il faut tâcher de lui inspirer du respect : nous figurons les représentants, et, en quelque sorte, le noyau de toute la nation. Asseyez-vous.

Il place trois chaises d'un côté du théâtre et une de l'autre côté ; les deux maîtres s'asseyent, et lorsque le magister entre, Brême s'assied vite au milieu d'eux, et prend un air grave.

SCÈNE II
Les Précédents, LE MAGISTER.

LE MAGISTER.

Bonjour, monsieur Brême; qu'y a-t-il de nouveau? vous avez, dites-vous, une chose d'importance à me communiquer?

BRÊME.

De grande importance, il est vrai; asseyez-vous. (Le magister veut prendre la chaise vacante qui est de l'autre côté du théâtre, et l'approcher des leurs.) Non, non, restez-là, asseyez-vous là ! nous ne savons pas encore si vous vous assoirez de notre côté.

LE MAGISTER.

Singuliers préparatifs !

BRÊME.

Vous êtes un homme libre par votre naissance, libre par vos principes, ecclésiastique, de plus, enfin un homme respectable; vous êtes respectable parce que vous êtes ecclésiastique et plus respectable encore parce que vous êtes libre; vous êtes libre, parce que vous êtes noble, et vous êtes d'un grand prix, parce que vous êtes libre. Eh bien! que nous a-t-il fallu supporter? nous avons dû vous voir méprisé, insulté; mais, en même temps, nous avons pu voir votre noble courroux, courroux noble, en effet, mais impuissant. Si vous croyez que nous sommes vos amis, vous croirez donc aussi que notre cœur a bondi dans notre sein au spectacle de cette indignité. Un homme de condition insulté, un homme libre menacé, un ecclésiastique méprisé, un fidèle serviteur chassé ! et remarquez que vous êtes insulté par des gens qui méritent eux-mêmes de l'être; méprisé par des hommes indignes de toute estime; chassé par des ingrats dont on ne voudrait accepter aucun bienfait; menacé par un enfant, par une petite fille... A la vérité ceci ne paraît pas signifier grand'chose; mais si vous considérez que cette petite fille, n'est pas une petite fille, mais plutôt un diable incarné qu'on devrait appeler légion, car des millions d'esprits aristocratiques se sont emparés d'elle, vous verrez clairement le danger dont nous menacent tous les aristocrates, vous le verrez ; et, si vous êtes prudent, vous prendrez vos mesures.

LE MAGISTER.

A quoi tend ce singulier discours? à quelle fin doit aboutir cette bizarre introduction? dites-vous cela pour attiser le feu de ma colère contre cette race maudite, pour exalter ma sensibilité déjà trop irritée? Taisez-vous! car je ne sais vraiment pas de quoi mon cœur mortifié serait capable. Comment, après tant de services, après tant de sacrifices, me traiter ainsi! me mettre à la porte! et pourquoi cela? à cause d'une misérable bosse, à cause d'un nez meurtri, choses qui n'empêchent pas des centaines d'enfants de sauter et de jouer comme auparavant. Mais cela vient à point, justement à point! Ils ignorent, les grands, qui ils offensent en nous ; ils ignorent que nous avons des langues, que nous avons des plumes!

BRÊME.

Ce noble courroux me plaît. Je vous demande donc, au nom de tous les hommes nobles, libres et dignes de l'être, si vous voulez vouer cette langue, cette plume, dès à présent, au service de la liberté?

LE MAGISTER.

Oui, certes, je le veux, je le ferai.

BRÊME.

Vous ne laisserez échapper aucune occasion de concourir à ce but sublime auquel l'humanité entière aspire.

LE MAGISTER.

Je vous en donne ma parole.

BRÊME.

Eh bien! donnez-moi votre main à moi et à ces hommes-là.

LE MAGISTER.

A chacun de vous! mais ces hommes qui sont traités en esclaves, qu'ont-ils à démêler avec la liberté?

ACTE IV.

BRÊME.

Ils n'ont plus qu'un pas à faire; il ne s'agit que de franchir le seuil du cachot dont la porte leur est ouverte.

LE MAGISTER.

Comment?

BRÊME.

Le moment est proche; les communes sont rassemblées : dans une heure elles sont ici. Nous surprendrons le châ'eau, nous obligerons la comtesse à signer le recès et à jurer que, dorénavant, tous les impôts qui nous accablent seront abolis.

LE MAGISTER.

Je tombe de mon haut!

BRÊME.

Il me reste un scrupule à l'égard du serment. Les nobles n'ont plus de foi : elle jurera, et puis se fera dégager de son serment; on lui prouvera qu'un serment forcé n'est pas valable.

LE MAGISTER.

Je vais vous donner un conseil. Ces gens qui se placent au-dessus de tout, qui traitent leurs égaux comme des brutes, sans amour, sans pitié, sans conscience, coulent des jours sereins tant qu'ils ont affaire à des hommes dont ils ignorent le prix, tant qu'ils parlent d'un dieu qu'ils ne reconnaissent pas; mais cette race insolente ne saurait avec cela se défendre d'une terreur secrète ni se dissimuler le rapport qui unit toujours la parole à l'effet, l'action à ses conséquences. Faites-lui prêter un serment solennel.

MARTIN.

Oui, à l'église.

BRÊME.

Non, en plein air.

LE MAGISTER.

Ce n'est rien que cela ; de pareilles solennités n'agissent que sur l'imagination; je vous indiquerai un autre moyen. Entourez-la, faites-lui poser la main, en votre présence, sur la tête de son fils, et qu'elle prenne à témoin cette tête chérie, en appelant sur elle tout le mal dont peut être accablée une créature humaine, au cas qu'elle violât sa promesse sous quelque prétexte que ce fût, ou qu'elle permît qu'on l'éludât.

BRÊME.

Quelle bonne idée !

MARTIN.

Quelle horreur !

ALBERT.

Croyez-moi, elle sera liée pour toujours.

BRÊME.

Vous viendrez ensuite, et vous parlerez à sa conscience.

LE MAGISTER.

Je prendrai part à tout ce que vous voulez faire ; mais, dites-moi, de quel œil verra-t-on cela dans la capitale ? S'ils vous envoient des dragons, vous êtes tous perdus.

MARTIN.

Monsieur Brême pare à tous ces inconvénients-là.

ALBERT.

Oui, c'est une tête étonnante.

LE MAGISTER.

Mettez-moi au fait.

BRÊME.

Oui, oui, voilà ce qu'on ne s'attendait guère à trouver dans Hermann Brême second. Il a des relations, des connaissances, où l'on croit qu'il n'a que des pratiques. En attendant, ce qu'il peut vous dire, et tous ces gens-ci le savent, c'est que le prince lui-même désire une révolution.

LE MAGISTER.

Le prince ?

BRÊME.

Il a les sentiments d'un Frédéric et d'un Joseph, deux monarques qui mériteraient d'être adorés par tous les vrais démocrates comme leurs saints. Il est courroucé de voir que les bourgeois et les paysans gémissent sous la pression de la noblesse ; et malheureusement, lui-même il n'y peut rien, parce qu'il est entouré d'aristocrates. Mais, quand nous nous serons montrés, il se mettra à notre tête, et ses troupes passeront à notre service, et Brême et tous les braves gens se rangeront autour de lui.

LE MAGISTER.

Comment êtes-vous venu à bout de savoir tout cela sans rien laisser transpirer de vos desseins?

BRÊME.

Il faut faire beaucoup d'ouvrage avec peu de bruit, pour surprendre son monde. (Il se met à la fenêtre.) Que le conseiller s'en aille seulement, et vous verrez des miracles.

MARTIN, en montrant Brême.

Hé, dites donc, quel homme!

ALBERT.

Il donne du courage.

BRÊME.

Mon cher magister, les droits que vous avez acquis cette nuit à la reconnaissance publique ne resteront point sans effet. Nous travaillons aujourd'hui pour la patrie entière. C'est du sein de notre village que se lèvera le soleil de la liberté. Qui l'aurait jamais cru!

LE MAGISTER.

Ne craignez-vous aucune résistance?

BRÊME.

J'ai déjà mis ordre à tout cela; on commencera par coffrer le bailli et les huissiers; le conseiller s'en va, les domestiques ne souffleront mot; et le baron, qui est le seul homme au château, je l'attirerai chez moi par le moyen de ma fille, et je le tiendrai sous clef jusqu'à ce que tout soit fini.

MARTIN.

C'est très-bien imaginé.

LE MAGISTER.

J'admire votre prudence.

BRÊME.

Bah, bah, si l'occasion se présente de la déployer, vous verrez bien autre chose, surtout dans le département des affaires étrangères. Allez, croyez-moi, il n'y a rien au-dessus d'un bon chirurgien, surtout si, par-dessus le marché, il est habile barbier. Le peuple imbécile se moque beaucoup des barbiers, et il ne songe pas à l'adresse dont il faut être doué pour raser quelqu'un sans l'écorcher. Croyez-moi, vous dis-je, rien ne demande autant de politique que de faire la barbe aux gens, que d'extirper ces vils et barbares excréments de la nature, ces poils qui salissent chaque jour le menton humain, et de rendre ainsi l'homme fait semblable, en forme comme en manières, à la femme et à l'adolescent imberbes. Si jamais je viens à coucher par écrit ma vie et mes opinions, on s'étonnera de me voir déduire de la théorie du rasoir toutes les règles possibles de conduite et de prudence.

LE MAGISTER.

Vous êtes une tête originale!

BRÊME.

Oui, oui, je le sais bien, et c'est pourquoi je pardonne aux gens qui ne me comprennent point, ou qui sont assez stupides pour se vouloir moquer de moi. Un jour je leur prouverai que celui qui s'entend à faire mousser le savon, à promener la brosse d'une main facile et légère jusqu'à l'entier amollissement de la barbe la plus rude; que celui qui sait qu'un rasoir fraîchement repassé déchire tout aussi bien qu'un rasoir émoussé; que celui qui rase dans le sens de la barbe ou à rebrousse poil comme s'il n'y avait ni poils ni barbe, donne à l'eau chaude la température convenable pour laver, essuie avec grâce, et laisse voir enfin dans toute sa personne quelque chose d'élégant; je leur prouverai qu'un tel homme, loin d'être un homme ordinaire, ne peut pas ne pas posséder toutes les qualités qui font honneur à un ministre.

ALBERT.

Oui, oui, il y a barbier et barbier.

MARTIN.

Et vous, monsieur Brême, vous avez une vocation toute particulière.

BRÊME.

Bah! laissez faire, on vous le montrera. Dans cet art il n'y a rien d'insignifiant : la manière de tirer et de rentrer la trousse, la manière de tenir les instruments, de les porter sous le bras; vous entendrez, vous dis-je, et vous verrez des miracles. Mais il est temps d'aller chercher ma fille; vous, rendez-vous à vos postes. Monsieur le magister, ne vous éloignez pas.

LE MAGISTER.

Je vais à l'auberge, où j'ai fait porter mes hardes aussitôt après la scène du château.

BRÊME.

Quand vous entendrez sonner le tocsin vous serez libre de vous joindre à nous ou d'attendre le succès, dont je ne doute nullement.

LE GOUVERNEUR.

Je ne vous manquerai pas.

BRÊME.

Adieu, et faites attention au signal.

SCÈNE III

BRÊME, seul.

Quel plaisir aurait feu mon grand-père à voir avec quelle habileté je me tire de mon nouveau métier! Le magister lui-même imagine déjà que j'ai des liaisons puissantes à la cour. Voilà ce que c'est que de savoir se faire du crédit. Il faut, à présent, que Caroline vienne; elle a soigné l'enfant si longtemps, que sa sœur peut bien la remplacer. Ah! la voici.

SCÈNE IV

BRÊME, CAROLINE.

BRÊME.

Comment va le jeune comte?

CAROLINE.

Aussi bien que possible. Je lui ai raconté des histoires jusqu'à ce qu'il se soit endormi.

BRÊME.

Y a-t-il quelque chose de neuf au château?

CAROLINE.

Rien d'intéressant.

BRÊME.
Le conseiller n'est pas encore parti?

CAROLINE.
Il a l'air de s'y préparer ; on arrange son porte-manteau.

BRÊME.
N'as-tu pas vu le baron?

CAROLINE.
Non, mon père.

BRÊME.
Il t'a dit à l'oreille bien des choses dans l'assemblée nationale?

CAROLINE.
Oui, mon père.

BRÊME.
Cela ne concernait pas précisément la nation, je pense, mais bien ma fille Caroline?

CAROLINE.
Certainement, mon père.

BRÊME.
Tu t'es comportée prudemment avec lui?

CAROLINE.
Oh! assurément.

BRÊME.
Je pense qu'il t'a beaucoup pressée?

CAROLINE.
Comme vous pouvez l'imaginer.

BRÊME.
Et tu l'as repoussé?

CAROLINE.
Comme il convient.

BRÊME.
Comme je devais l'attendre de mon excellente fille, que j'espère voir comblée de fortune et d'honneur, et magnifiquement récompensée de sa vertu.

CAROLINE.
Pourvu que vous n'espériez pas en vain?

BRÊME.

Non, ma fille ; je suis justement sur le point d'exécuter un grand projet pour lequel j'ai besoin de ton secours.

CAROLINE.

Que voulez-vous dire, mon père ?

BRÊME.

Nous menaçons de ruine cette race insolente.

CAROLINE.

Que dites-vous ?

BRÊME.

Assieds-toi, et écris.

CAROLINE.

Quoi ?

BRÊME.

Un billet au baron pour l'inviter à venir.

CAROLINE.

Mais pourquoi ?

BRÊME.

Je te le dirai. Il ne lui arrivera aucun mal ; je ne veux que l'enfermer.

CAROLINE.

O ciel !

BRÊME.

Qu'y a-t-il ?

CAROLINE.

Me rendre coupable d'une telle trahison ?

BRÊME.

Allons, vite !

CAROLINE.

Qui lui portera ce billet ?

BRÊME.

Laisse-m'en le soin.

CAROLINE.

Je ne puis.

BRÊME.

Commençons par une ruse de guerre. (Il allume une lanterne sourde, et éteint la chandelle.) Allons, vite, écris, je vais t'éclairer.

CAROLINE, à part.

Que va-t-il s'en suivre ? Le baron s'apercevra que la lumière est éteinte : il viendra sur ce signe.

BRÊME, l'obligeant à s'asseoir.

Écris, « Louise reste au château ; mon père dort ; j'éteins la lumière ; venez. »

CAROLINE, résistant.

Je n'écrirai pas.

SCÈNE V

Les Précédents, LE BARON, à la fenêtre.

LE BARON.

Caroline !

BRÊME.

Qu'est-ce cela ?

Il ferme sa lanterne et retient Caroline, qui voulait se lever.

LE BARON, de même.

Caroline ! n'êtes-vous pas ici ? (Il entre.) Point de réponse ! Où suis-je ? que je n'aille pas me fourvoyer ! Droit, vis-à-vis de la fenêtre, est la chambre à coucher du père, et ici, à droite, la porte de l'appartement de la fille. (Il tâte de ce côté et trouve la porte.) La voici, je n'ai qu'à pousser. Oh ! comme l'aveugle Cupidon sait se retrouver dans l'obscurité !

Il entre.

BRÊME.

Le voilà qui donne dans le panneau. (Il ouvre sa lanterne, court vers la porte, et pousse le verrou.) C'est cela, et puis le cadenas qui est tout prêt ! (Il pose un cadenas.) Et toi, coquine, c'est ainsi que tu me trahis !

CAROLINE.

Mon père !

BRÊME.

C'est ainsi que tu feins de me tout confier ?

LE BARON, en dedans.

Caroline, que signifie cela ?

ACTE IV.

CAROLINE.

Je suis la personne la plus malheureuse du monde!

BRÊME, à haute voix, devant la porte.

Cela signifie que vous coucherez ici, mais seul.

LE BARON, en dedans.

Coquin!.. Ouvrez, monsieur Brême, autrement la plaisanterie vous coûtera cher.

BRÊME, à haute voix.

Ce n'est pas une plaisanterie, c'est très-sérieux.

CAROLINE, devant la porte.

Je suis innocente de cette trahison.

BRÊME.

Innocente! trahison!

CAROLINE, à genoux devant la porte.

O mon cher ami! si tu pouvais me voir à genoux devant cette porte, levant mes mains dans mon désespoir, suppliant ce père inhumain!... Ouvrez, mon père!... Il n'écoute pas; il ne me regarde pas!... O mon cher ami, ne me soupçonne pas, je suis innocente!

BRÊME.

Toi innocente! misérable fille! honte de ton père! Tache éternelle pour l'habit d'honneur qu'il vient de revêtir. Lève-toi, cesse de pleurer, que je n'en vienne pas à te tirer par les cheveux de devant cette porte, où tu ne devrais plus reparaître sans rougir. Quoi! dans le moment où Brême se place au rang des plus grands hommes de la terre, sa fille s'humilie à ce point!

CAROLINE.

Ne me repoussez pas, ne me rejetez pas, mon père! il m'a fait les promesses les plus sacrées.

BRÊME.

Ne me parle pas de cela, je suis hors de moi. Quoi! une fille qui devrait se comporter comme une princesse, comme une reine, s'oublie à ce point? J'ai peine à m'empêcher de te frapper de mes poings, de te fouler sous mes pieds. Entre ici! (Il la pousse dans sa chambre à coucher.) Ce cadenas français te gardera bien. De quelle fureur je me sens transporté! Ce serait la vraie disposition pour sonner le tocsin. Mais non, Brême, remets-toi ! réfléchis que les plus grands hommes ont eu maint chagrin domestique. Ne rougis pas d'une fille insolente, et considère que l'empereur Auguste versait des larmes amères à cause des crimes de sa Julie, au moment où il tenait les rênes du monde d'une main aussi juste que ferme. Ne rougis pas de pleurer de ce qu'une pareille fille t'a trompé ; mais songe en même temps que ton but est rempli, que ton ennemi se désespère dans sa prison, et que ton entreprise touche à une heureuse issue.

SCÈNE VI
Une salle éclairée dans le château.

FRÉDÉRIQUE, tenant une carabine ; **JACOB**, tenant un fusil.

FRÉDÉRIQUE.

C'est cela, Jacob, tu es un brave garçon ; si tu répares mon fusil assez bien pour que ce cuistre ne me revienne pas à l'esprit en le voyant, tu auras une bonne récompense.

JACOB.

Je l'emporte, mademoiselle, et je ferai mon possible ; quant à une récompense, je n'en ai pas besoin : je suis votre serviteur à jamais.

FRÉDÉRIQUE.

Tu veux sortir encore cette nuit ; le temps est sombre et pluvieux ; reste chez le garde.

JACOB.

Je ne sais trop ce que j'ai : quelque chose me pousse à sortir ; j'ai une sorte de pressentiment.

FRÉDÉRIQUE.

Ce n'est pas aux revenants que tu penses ?

JACOB.

Ce n'est pas non plus un pressentiment, c'est un soupçon. Plusieurs paysans se sont réunis chez le chirurgien la nuit passée ; ils m'y avaient aussi invité, mais je n'y suis pas allé, ne cherchant point querelle à la seigneurie ; et cependant je voudrais à présent y avoir été pour savoir ce qu'ils veulent faire.

FRÉDÉRIQUE.

Bah! ce sera toujours la vieille histoire de ce procès.

JACOB.

Non, non, il y a autre chose; laissez-moi suivre ma fantaisie; je crains pour vous et pour les vôtres.

SCÈNE VII

FRÉDÉRIQUE, LA COMTESSE et LE CONSEILLER.

FRÉDÉRIQUE.

La carabine est telle que je l'ai laissée; le garde en a eu bien soin; c'est le meilleur garde-chasse que je connaisse. Je vais le charger tout de suite, et demain, au point du jour, je tirerai un cerf.

Elle s'approche d'une table où il y a un candélabre avec une poire à poudre, une mesure, des balles, un marteau, et charge sa carabine lentement et méthodiquement.

LA COMTESSE.

Te voilà encore tenant ta poire à poudre près de la lumière; il pourrait si facilement y tomber une étincelle! Sois donc raisonnable! tu causeras ton malheur et le mien.

FRÉDÉRIQUE.

Laissez-moi, chère maman, je suis assez prudente. Qui craint la poudre n'y doit jamais toucher.

LA COMTESSE.

Dites-moi donc, mon cher conseiller, j'ai cela sur le cœur: ne pourrions-nous avancer au moins de quelques pas jusqu'à votre retour?

LE CONSEILLER.

J'estime en vous cette impatience de faire le bien.

LA COMTESSE.

Ce qu'une fois j'ai reconnu juste, je voudrais le voir fait à l'instant. La vie est si courte et le bien agit si lentement!

LE CONSEILLER.

Quelle est donc votre idée?

LA COMTESSE.

Vous êtes moralement convaincu que le bailli a mis de côté le document durant la guerre.

FRÉDÉRIQUE, vivement.

L'êtes-vous ?

LE CONSEILLER.

D'après tous les indices, j'ose affirmer que c'est au moins vraisemblable.

LA COMTESSE.

Et vous croyez qu'il le conserve encore dans quelque but ?

FRÉDÉRIQUE, de même.

Croyez-vous ?

LE CONSEILLER.

A en juger d'après la confusion de ses comptes, le désordre de ses archives, et toute sa conduite dans ce procès, je dois présumer qu'afin d'avoir une issue qui, si on le presse de ce côté, lui permette de se sauver de l'autre, il se réserve la faculté de vendre le document au parti contraire pour une somme considérable.

LA COMTESSE.

Si l'on tâchait de le gagner par l'espoir de quelque avantage ? Il désire une substitution en faveur de son neveu ; si nous lui promettions une récompense pour ce jeune homme, dans le cas où il mettrait en ordre les archives ; et que, dans celui où il retrouverait le document, nous lui donnions l'espoir de la substitution ? Parlez-lui avant de partir ; en attendant votre retour, tout s'arrangera.

LE CONSEILLER

Il est trop tard ; cet homme est sûrement déjà couché.

LA COMTESSE.

Ne croyez pas cela ; tout vieux qu'il est, il vous guette jusqu'à ce que vous montiez en voiture ; il vous fera encore sa révérence, en grande tenue, et n'oubliera certainement pas de se recommander à vous. Faisons-le venir.

FRÉDÉRIQUE.

Faisons-le venir ; voyons quelle mine il aura.

LE CONSEILLER.

Je ne demande pas mieux.

FRÉDÉRIQUE sonne, un domestique entre.

Dites au bailli qu'il vienne ici pour un moment.

LA COMTESSE.

Les moments sont précieux. En attendant qu'il soit là, voulez-vous jeter un coup-d'œil sur les papiers qui concernent cette affaire?

Ils sortent ensemble.

SCÈNE VIII

FRÉDÉRIQUE seule, puis LE BAILLI.

FRÉDÉRIQUE.

Cela ne me plaît point; ils sont convaincus que le bailli est un fripon, et ils ne veulent pas l'attaquer en face; ils sont convaincus qu'il les a trompés, qu'il leur a nui, et ils veulent le récompenser. Cela ne vaut rien du tout; il vaudrait mieux le punir et faire un exemple. Le voici qui vient tout à point.

LE BAILLI.

J'apprends que monsieur le conseiller a encore quelque chose à me dire avant son départ. Je viens recevoir ses ordres.

FRÉDÉRIQUE, prenant sa carabine.

Attendez un instant, il va être de retour.

Elle met de la poudre dans le bassinet.

LE BAILLI.

Que faites-vous-là, mademoiselle?

FRÉDÉRIQUE.

J'apprête mon fusil pour demain matin; je veux tirer un vieux cerf.

LE BAILLI.

Hé, hé! vous le chargez dès aujourd'hui, et vous mettez déjà de la poudre dans le bassinet. C'est bien hardi! Un malheur est si vite arrivé!

FRÉDÉRIQUE.

Ah ! c'est que j'aime être prête d'avance.
Elle lève le fusil, et le dirige comme par hasard contre lui.

LE BAILLI.

Eh ! mademoiselle, gardez-vous de tenir jamais un fusil chargé contre quelqu'un ! le mal y peut trouver son compte.

FRÉDÉRIQUE, dans la même position.

Écoutez, monsieur le bailli, il faut que je vous dise un mot à l'oreille. Vous êtes un infâme scélérat.

LE BAILLI.

Quel langage, mademoiselle ! Ôtez ce fusil.

FRÉDÉRIQUE.

Ne bouge pas, infâme coquin ! tiens, j'arme ; tiens, je vise. Tu as volé un document.

LE BAILLI.

Un document ? Je n'ai connaissance d'aucun document.

FRÉDÉRIQUE.

Tiens, je vais tirer, tout est prêt. Si tu ne me rends tout de suite ce document, ou que tu ne me dises où il est et ce qu'il est devenu, je vais toucher du doigt cette petite pointe, et tu meurs sur la place.

LE BAILLI.

Pour l'amour de Dieu !

FRÉDÉRIQUE.

Où est le document ?

LE BAILLI.

Je ne sais pas. Ôtez le fusil, vous pourriez, par méprise...

FRÉDÉRIQUE, de même.

Par méprise ou par ma volonté, tu es mort. Parle ; où est le document ?

LE BAILLI.

Il est... enfermé.

SCÈNE IX

Les Précédents, LA COMTESSE, LE CONSEILLER.

LA COMTESSE.

Qu'y a-t-il?

LE CONSEILLER.

Que faites-vous?

FRÉDÉRIQUE, toujours au bailli.

Ne bougez pas ou vous êtes perdu? Enfermé? Où?

LE BAILLI.

Dans mon pupitre.

FRÉDÉRIQUE.

Et où, dans le pupitre?

LE BAILLI.

Dans un double fond.

FRÉDÉRIQUE.

Où est la clef?

LE BAILLI.

Dans ma poche.

FRÉDÉRIQUE.

Et comment s'ouvre ce double fond?

LE BAILLI.

En le pressant du côté droit.

FRÉDÉRIQUE.

Donnez la clef.

LE BAILLI.

La voici.

FRÉDÉRIQUE.

Jetez-la!

Le bailli la jette à terre.

FRÉDÉRIQUE.

Et la chambre?

LE BAILLI.

Elle est ouverte.

FRÉDÉRIQUE.

Qui est dedans?

LE BAILLI.
Ma servante et mon scribe.

FRÉDÉRIQUE.
Vous avez tout entendu, monsieur le conseiller. Je vous ai épargné une longue conversation. Prenez la clef, et allez chercher le document ; si vous ne le rapportez pas, c'est qu'il aura menti, et alors je le tuerai.

LE CONSEILLER.
Laissez-le m'accompagner ; pensez à ce que vous faites.

FRÉDÉRIQUE.
Je sais ce que je fais ; ne me fâchez pas, et sortez.

Le conseiller sort.

LA COMTESSE.
Ma fille, tu m'effrayes ; laisse ce fusil !

FRÉDÉRIQUE.
Pas avant que j'aie vu le document.

LA COMTESSE.
Ne m'entends-tu pas ? C'est ta mère qui te l'ordonne.

FRÉDÉRIQUE.
Et quand mon père se lèverait de sa tombe, je ne lui obéirais pas.

LA COMTESSE.
S'il allait partir ?

FRÉDÉRIQUE.
Quel mal y aurait-il ?

LE BAILLI.
Vous vous en repentiriez.

FRÉDÉRIQUE.
Non, certes. Te souviens-tu encore, vaurien, quand, l'année passée, dans un accès de colère, j'ajustai un chasseur qui frappait mon chien, et qu'on m'accabla d'injures, et que tout le monde bénit l'accident qui m'avait fait manquer, te souviens-tu que tu fus le seul à rire, et que tu dis même : « Qu'est-ce que cela aurait fait ? c'est un enfant de famille noble ! On aurait arrangé l'affaire avec de l'argent. » Je suis encore une enfant, je suis encore de famille noble, on pourrait encore arranger l'affaire avec de l'argent.

LE CONSEILLER revient.

Voici le document.

FRÉDÉRIQUE.

C'est bien.

Elle remet le fusil au repos.

LA COMTESSE.

Est-il possible?

LE BAILLI.

Ah! malheur à moi!

FRÉDÉRIQUE.

Va-t'en, misérable! que ta présence ne gâte pas ma joie.

LE CONSEILLER.

C'est l'original.

FRÉDÉRIQUE.

Donnez-le moi; je le montrerai moi-même demain aux communes, et je leur dirai que c'est à moi qu'elles le doivent.

LA COMTESSE, l'embrassant.

Ma fille!

FRÉDÉRIQUE.

Pourvu que cette plaisanterie ne m'ôte pas le plaisir que je prends à la chasse! Je ne retrouverai jamais un pareil gibier.

ACTE CINQUIÈME

LA NUIT : UN CLAIR DE LUNE ENTRECOUPÉ DE NUAGES.

Le théâtre représente une partie du parc qui a été décrit plus haut. On voit des masses de rochers roides et escarpés, sur lesquelles posent les ruines d'un château. Les ruines et les rochers sont couverts d'arbres et de buissons; une crevasse sombre indique des cavernes et des sentiers souterrains.

Frédérique portant un flambeau, le fusil sous le bras, deux pistolets dans sa ceinture, sort de la crevasse et regarde de tous côtés; la comtesse la suit, son fils à la main; Louise également, puis un domestique chargé de coffres. On apprend qu'un souterrain conduit de cet endroit aux caveaux du château; qu'on a barricadé les portes contre les paysans révoltés; que la comtesse désirait que l'on fît proclamer et montrer à la fenêtre le document, et qu'ainsi tout fût terminé; mais que Frédérique n'a consenti à accepter aucune capitulation, quelle qu'elle fût, ni à se soumettre à aucune puissance, quand même elle cadrerait avec ses propres desseins; qu'ainsi elle a obligé les siens à s'enfuir et à gagner le large par ce chemin secret qui les mène aux possessions voisines d'un parent. On est sur le point de se mettre en route, lorsqu'on aperçoit de la lumière sur les ruines, où l'on entend du bruit. On se retire dans la caverne.

Jacob, le Conseiller et une partie des paysans descendent. Jacob les avait rencontrés en route et avait essayé de les ramener au parti de la seigneurie. Le Conseiller les a rencontrés aussi dans sa voiture, et cet homme respectable se joint à Jacob, en ajoutant l'argument principal, savoir qu'on a retrouvé le recès originaire. La troupe révoltée s'apaise, et se décide à secourir les dames.

Frédérique, qui guettait, instruite de tout, s'avance vers eux; elle est bien reçue, particulièrement du Conseiller et du jeune paysan, et aussi des autres, à cause de la présentation du document.

Une patrouille de cette troupe, qui avait été envoyée en avant, revient et annonce qu'une partie des révoltés s'avance du côté du château. On se cache dans la caverne, dans les rochers et dans les murailles.

Brême arriva sur la scène avec des paysans armés, se plaint de ce que le Magister ne s'est pas rendu chez lui, et explique la raison pour laquelle il a laissé une partie de sa troupe dans les caveaux du château, et s'est rendu ici avec le reste. Il connaît le secret du chemin souterrain, et il est persuadé que la famille s'y cache, ce qui lui fait espérer de pouvoir la prendre. Ils allument des flambeaux et vont entrer dans la caverne, quand Frédérique, Jacob et le Conseiller paraissent, armés, ainsi que tous les autres.

Brême cherche à imprimer une autre tournure à la chose par des exemples tirés de l'histoire ancienne, et donne carrière à sa verve, ce dont on ne se fâche point; le document ne manque pas son effet, et la pièce se termine au contentement de tous. Les quatre personnes dont la présence causerait une impression désagréable, Caroline, le Baron, le Magister et le Bailli, ne paraissent plus sur la scène.

FIN DES RÉVOLTÉS.

LA FILLE NATURELLE

DRAME EN CINQ ACTES
— EN VERS —
1804

PERSONNAGES

LE ROI.	L'ABBÉ.
LE DUC.	LE CONSEILLER.
LE COMTE.	LE GOUVERNEUR.
EUGÉNIE.	L'ABBESSE.
LA MAITRESSE DE LA COUR.	LE MOINE.
LE SECRÉTAIRE.	

ACTE PREMIER

FORÊT ÉPAISSE.

SCÈNE I

LE ROI, LE DUC.

LE ROI.

Le but fugitif qui attire après lui les chiens, les chevaux et les hommes, avides de ses traces, le noble cerf nous a menés si loin à travers les montagnes et les vallées, que moi-même, ici, je ne me retrouve plus, malgré la connaissance que j'ai du pays. Où sommes-nous, mon oncle? Duc, dis-moi, vers quelles collines courions-nous?

LE DUC.

O mon roi! le ruisseau qui murmure autour de nous traverse la campagne de ton serviteur. Comme premier soutien du trône, il l'obtint de ta faveur et de celle de tes ancêtres. De l'autre côté de ce rocher, sur une pente verdoyante, se cache une agréable demeure; elle ne fut pas construite pour te loger ; mais, si tu veux l'honorer de ta présence, elle est prête à te recevoir.

LE ROI.

Que la voûte seule de ces grands arbres nous reçoive sous son ombre, au moment du repos. Laisse plutôt ce zéphyr nous envelopper dans ses réseaux légers et rafraîchissants ; après l'agitation et la fatigue de la chasse, le besoin du repos se fait sentir.

LE DUC.

Sous cet abri de la nature, ainsi que toi-même, ô mon roi, je me sens détaché de tout ; ici, du moins, n'arrive pas la voix des mécontents ; ici les hommes sans pudeur ne viennent pas tendre leur main ouverte pour recevoir. Seul et satisfait, tu ne remarques nul ingrat s'éloignant de toi en silence ; le monde bruyant ne nous atteint pas jusqu'ici, ce monde qui demande toujours et ne veut jamais rien accorder.

LE ROI.

Si je veux oublier ce qui nuit et jour me poursuit, qu'aucune parole ne vienne donc me le rappeler et troubler ma paix ; que l'écho des bruits du monde s'éteigne peu à peu à mon oreille. Oui, mon cher oncle, tourne ta conversation vers des objets qui cadrent mieux avec ce lieu tranquille. Ici des époux doivent se promener ensemble, et voir avec joie leur bonheur dans leurs enfants ; c'est ici qu'un ami doit s'approcher de son ami pour lui ouvrir son cœur ; et toi-même, ne m'as-tu pas fait entendre récemment le désir de profiter d'un instant de calme pour me dévoiler une parenté secrète, avec l'espoir d'avancer, par cette confidence, l'accomplissement d'un vœu qui t'est cher ?

LE DUC.

Aucune de tes faveurs ne pouvait me rendre plus heureux que celle qui délie ma langue en ce moment. Ce que j'ai à te dire pourrait-il être mieux compris par un autre que par mon roi, qui, parmi les trésors qu'il possède, voit briller au premier rang ses enfants ? Quel autre que lui-même pourit partager plus cordialement avec un de ses sujets l'élan pur et si vif de la joie paternelle?

LE ROI.

Tu parles de joies paternelles! les as-tu jamais senties? Ton fils unique, par son naturel rude et sauvage, par ses folles dépenses, ses embarras d'argent et ses caprices opiniâtres, ne dérangeait-il pas sa fortune, aussi bien qu'il troublait ta vieillesse indulgente? A-t-il tout d'un coup changé de caractère?

LE DUC.

De lui je n'attends pas de jours heureux. Son esprit troublé n'enfante que des nuages qui trop souvent, hélas! obscurcissent mon horizon. Un astre différent, une autre lumière me réjouit; de même que la fable raconte qu'au fond d'obscures cavernes mille étincelantes escarboucles, par leur éclat doux et brillant, animent délicieusement les secrètes terreurs des nuits désertes; de même un bien miraculeux m'est tombé en partage, trop heureux mortel que je suis; ce bien, je le soigne plus que la possession de richesses disputées, plus que mes yeux, plus que ma vie; il me remplit à la fois de joie et de crainte, d'inquiétude et de plaisir.

LE ROI.

Ne parle pas mystérieusement d'un mystère.

LE DUC.

Qui parlerait avec assurance de ses fautes devant la majesté royale, si elle seule ne pouvait changer ce mal en bien et en bonheur?

LE ROI.

Ce trésor si cher et si caché...

LE DUC.

Est une fille.

LE ROI.

Une fille! Eh quoi! mon oncle, comme les dieux de la Fable, est-il furtivement descendu vers un monde inférieur, pour y chercher le bonheur de l'amour et le charme de la paternité?

LE DUC.

La grandeur, comme l'humilité, nous force à agir secrètement. Celle à laquelle un sort singulier m'unit avec mystère était placée trop haut pour moi ; c'est à cause d'elle que ta cour porte encore le deuil, et partage ainsi mes douleurs cachées.

LE ROI.

La princesse, qu'on respectait si fort, ma proche parente, morte depuis peu ?

LE DUC.

Est sa mère. Permets, ah ! permets-moi de parler uniquement de son enfant, de cette enfant toujours plus digne de ses parents, et qui jouit de la vie avec un noble orgueil. Que tout le reste demeure enseveli avec la mère, avec cette femme si élevée en rang et douée de qualités si belles : sa mort m'ouvre la bouche ; je puis enfin nommer ma fille devant mon roi, je puis le prier de la relever jusqu'à moi, jusqu'à son propre rang, et de lui rendre, par sa bonté, en présence de la cour, du royaume et du monde entier, le titre de princesse qu'elle tient de sa naissance.

LE ROI.

Si la nièce que tu veux nous amener tout élevée réunit en elle les vertus de son père et celle de sa mère, la cour et la famille royale seront forcées d'admirer le lever d'un nouvel astre qui remplacera celui dont nous venons d'être privés.

LE DUC.

Apprends à la connaître avant de te déclarer en sa faveur ; ne te laisse pas prévenir par les éloges d'un père. La nature lui a donné beaucoup de choses que j'admire avec ravissement, et j'ai rassemblé autour de son enfance tout ce qui dépend du cercle auquel je commande ; ses premiers pas ont été guidés par une femme accomplie et par un homme sage. Avec quelle ivresse et quelle gaieté elle jouit du présent ! comme elle sait peindre à son imagination ce bonheur futur des couleurs flatteuses de la poésie ! Son cœur joyeux s'attache à son père ; et, tandis que son esprit, attentif aux leçons d'hommes prudents, se développe par degrés, l'habitude des exercices chevaleresques ne manque pas à son corps élégant. Toi-même, ô mon roi, tu l'as vue près de toi, sans la connaître, dans la foule des chasseurs. Oui, encore aujourd'hui, cette jeune amazone qui, sur un cheval rapide, s'est précipitée la première dans le fleuve à la poursuite du cerf, c'était elle.

LE ROI.

Nous prenions tous grand soin de cette noble enfant; je suis charmé d'apprendre qu'elle est ma parente.

LE DUC.

Ce n'est pas aujourd'hui pour la première fois que j'éprouve comment l'orgueil et la crainte, le bonheur et l'inquiétude, en se mêlant dans le cœur d'un père, le remplissent d'un sentiment surhumain.

LE ROI.

Le cheval a emporté avec force et agilité cette jeune amazone près des rives du fleuve, au travers d'une colline boisée et sombre. C'est ainsi qu'elle m'a échappé.

LE DUC.

Je l'ai aperçue encore une fois avant de la perdre dans le labyrinthe de la chasse rapide. Qui sait vers quelle campagne lointaine l'emporte maintenant son humeur chagrine? Elle craint de se trouver au rendez-vous, où elle ne peut approcher son monarque chéri qu'à une distance respectueuse, jusqu'à ce que celui-ci, par sa grâce, ait daigné la reconnaître pour une fleur de sa tige antique.

LE ROI.

Quel tumulte vois-je ici? quel est ce concours de monde du côté des rochers?

Il montre le fond du théâtre.

SCÈNE II

Les Précédents, LE COMTE.

LE ROI.

Pourquoi la foule se rassemble-t-elle là-bas?

LE COMTE.

L'amazone imprudente vient de tomber le long de ces murs à pic.

LE DUC.

Dieu !

LE ROI.

Est-elle blessée dangereusement ?

LE COMTE.

Seigneur, on a sur-le-champ appelé ton chirurgien.

LE DUC.

Pourquoi m'arrêter en ce lieu ? Si elle est morte, il ne me reste rien qui m'attache à la vie.

SCÈNE III

LE ROI, LE COMTE.

LE ROI.

Connais-tu les détails de cet événement ?

LE COMTE.

Il s'est passé devant moi. Un groupe nombreux de cavaliers que le hasard avait séparés de la chasse, conduits par cette belle personne, se montrait sur les rochers de cette colline boisée : ils aperçoivent au-dessous d'eux, dans le vallon, la chasse terminée, et le cerf jeté en pâture à la meute bruyante qui le poursuivait. Aussitôt la troupe se sépare et chacun cherche à se frayer un sentier par des endroits plus ou moins difficiles. Elle seule, sans s'arrêter un instant, presse son cheval, et, de roc en roc, descend de ce côté. Nous admirions tous le bonheur de son imprudence, car elle lui réussit d'abord ; mais, arrivée à la pente inférieure la plus rapide du rocher, les derniers degrés, trop minces, manquent sous les pieds du cheval ; il tombe, et elle avec lui. C'est là tout ce que j'ai pu voir avant que la foule me l'ait dérobée. Bientôt après j'ai entendu appeler ton médecin, et je suis accouru à ton signe pour t'apprendre cet accident.

LE ROI.

Oh! puisse-t-elle lui rester! il est si affreux de n'avoir plus rien à perdre.

LE COMTE.

L'effroi lui a-t-il donc arraché ce secret, qu'il cachait auparavant avec tant de prudence?

LE ROI.

Il m'avait déjà tout confié.

LE COMTE.

La mort de la princesse ouvre ses lèvres; on peut donc publier maintenant ce qui depuis longtemps n'était plus un secret pour la cour et la ville. C'est une chose étrange que, par cela seul qu'on n'en parle pas, on s'imagine anéantir pour soi et pour les autres ce qui s'est passé.

LE ROI.

Laisse à l'homme ce noble orgueil. Beaucoup de choses peuvent, doivent même arriver, qu'il ne faut pas reconnaître en en parlant.

LE COMTE.

On l'apporte, et je le crains bien, sans vie.

LE ROI.

Quel événement inattendu et terrible!

SCÈNE IV

Les précédents, EUGÉNIE, comme morte, portée sur des branchages entrelacés; LE DUC, LE CHIRURGIEN, Suite.

LE DUC, au chirurgien.

Homme expérimenté auquel est confié l'inestimable trésor de la vie de notre roi, si ton art peut quelque chose, rouvre l'œil brillant de cette jeune fille, fais que l'espérance apparaisse encore pour moi dans son regard; que du moins, pour un instant, je sorte de l'abîme de ma douleur! Si tu ne peux rien de plus, si tu ne peux me la conserver que quelques minutes, je veux m'empresser de mourir avant elle, pour dire avec consolation, au moment de la mort : Ma fille vit encore!

LE ROI.

Éloigne-toi, mon oncle; je vais remplir ici, avec fidélité, les devoirs d'un père. Cet homme habile tentera tous les moyens; il soignera ta fille avec autant de conscience et de sollicitude que si moi-même j'étais couché ici entre ses bras.

LE DUC.

Elle remue.

LE ROI.

Est-il vrai?

LE COMTE.

Elle remue.

LE DUC.

Elle regarde fixement le ciel, et promène sa vue autour d'elle; elle vit! elle vit!

LE ROI, se retirant un peu.

Redoublez vos soins.

LE DUC.

Elle vit! elle vit! ses yeux se sont rouverts à la lumière. Oui, elle reconnaîtra bientôt son père, ses amis. O mon enfant chéri! ne laisse pas errer ainsi autour de toi un regard étonné, incertain; tourne-le d'abord vers moi, vers ton père; reconnais-moi; et, puisque tu sors de cette nuit silencieuse, que d'abord ma voix frappe ton oreille.

EUGÉNIE, qui peu à peu est revenue à elle et s'est relevée.

Que nous est-il arrivé?

LE DUC.

Regarde-moi : me reconnais-tu?

EUGÉNIE.

Mon père!

LE DUC.

Oui, ton père, que ces douces paroles arrachent au désespoir.

EUGÉNIE.

Qui nous a transportés sous ces arbres?

LE DUC, auquel le chirurgien a donné un linge blanc.

Reste tranquille, ma fille; prends ce fortifiant avec calme et confiance.

EUGÉNIE. (Elle prend des mains de son père le linge qu'il lui présente et s'en couvre le visage. Elle se relève ensuite avec vivacité en ôtant le linge de sa figure.)

Je revis, oui, maintenant je me rappelle tout. J'étais là-haut; c'est par là que je voulais faire descendre mon cheval en droite ligne. N'est-il pas vrai, je suis tombée?... Me pardonnes-tu?... On m'a relevée comme morte... Mon bon père, pourras-tu aimer l'imprudente que te cause des douleurs si amères?

LE DUC.

Je croyais savoir quel noble trésor m'était tombé en partage; mais la crainte que j'ai eue de te perdre me donne un sentiment infini de mon bonheur.

LE ROI, qui jusqu'alors s'était entretenu dans l'éloignement avec le chirurgien et le comte, se tournant vers ce dernier.

Fais éloigner tout le monde; je veux lui parler.

SCÈNE V

LE ROI, LE DUC, EUGÉNIE.

LE ROI, s'approchant.

La brave cavalière s'est-elle remise? n'est-elle point blessée?

LE DUC.

Non, mon roi. Ton regard favorable et tes paroles douces et amicales ont fait disparaître le reste de son effroi et de sa douleur.

LE ROI.

Et à qui appartient cette chère enfant?

LE DUC, au bout de quelques instants.

Puisque tu m'interroges, je puis tout t'avouer; puisque tu me l'ordonnes, je puis te la présenter comme ma fille.

LE ROI.

Ta fille? Ainsi, mon cher oncle, le sort a fait pour toi beaucoup plus que la loi.

EUGÉNIE.

Je puis me demander si de cet étourdissement mortel je suis bien rentrée dans la vie, et si ce qui m'est arrivé n'est point un songe; mon père me nomme sa fille devant son roi. Il est donc vrai, l'oncle d'un roi me reconnaît pour son enfant; je suis parente d'un grand monarque; je sors d'un état obscur et caché pour paraître tout à coup à la lumière; que Ta Majesté me pardonne d'en être éblouie et de ne pouvoir me contenir, encore incertaine et flottante.

Elle se jette aux pieds du roi.

LE ROI.

Que cette position fasse éclater ton attachement au sort dont tu as joui depuis ton enfance, et cette humilité dont, quoique instruite de ta noble origine, tu as durant tant d'années pratiqué en silence les pénibles devoirs? Cependant, puisque je te relève de mes pieds pour t'approcher de mon cœur (il la relève et la presse dans ses bras), puisque mon oncle imprime sur ton beau front un baiser paternel, que ce soit un signe certain que je te reconnais pour ma parente, et que bientôt, devant toute ma cour, je renouvellerai ce qui ne s'est fait ici qu'en secret.

LE DUC.

De si hautes faveurs exigent une reconnaissance entière et sans bornes, une reconnaissance de toute la vie.

EUGÉNIE.

On m'a beaucoup parlé de grands hommes; mon propre cœur m'en a aussi appris plusieurs choses; cependant je ne suis nullement préparée à parler à mon roi. Ne sachant pas tout ce que je devrais te dire, je ne voudrais pas non plus rester gauchement muette devant toi. Que te manque-t-il? que pourrait-on te donner? L'abondance même qui se presse autour de toi ne s'écoule que pour le bonheur des autres. Des milliers d'hommes sont là pour te défendre, des milliers agissent à ton signe; et, si un seul voulait te sacrifier avec joie son cœur et son esprit, son bras et sa vie, il ne compterait pas dans une si grande foule, et s'anéantirait devant toi comme devant lui-même.

LE ROI.

Noble enfant, si la foule peut te paraître signifier quelque chose je ne te blâme pas, elle est importante; mais, parmi cette foule, le petit nombre de ceux qui sont créés pour la dominer par leurs actes, leur situation, leur pouvoir, est encore plus important. Si la naissance a appelé le roi à être roi, elle a aussi appelé ses plus proches parents à être ses conseillers naturels, qui, par leur union avec lui, devraient protéger le royaume et le rendre heureux. Oh! plût au ciel que la discorde au visage feint, à la démarche sourde, ne se glissât jamais dans les hautes régions, parmi les conseils de ces chefs! Noble nièce, je te donne un père par ma parole toute-puissante et royale : conserve-moi, gagne-moi le cœur et la voix de celui qui te tient de si près. Un prince a beaucoup de contradicteurs, ne le laisse pas renforcer ce parti.

LE DUC.

De quel reproche tu affliges mon cœur!

EUGÉNIE.

Tes paroles sont incompréhensibles pour moi.

LE ROI.

N'apprends pas à les comprendre trop tôt. Je t'ouvre de ma propre main les portes de notre maison royale, je t'amène sur les pavés de marbre poli; tu admires tout encore, et tu ne présages dans l'intérieur qu'une dignité tranquille et le bonheur. Tu trouveras autre chose. Oui, tu es venue dans un temps où ton roi, lorsqu'il célébrera le jour qui lui donna la vie, ne t'appellera pas à une fête sans nuage. Cependant ce jour me sera agréable à cause de toi; je te verrai en public, au milieu de notre cercle, et tous les yeux seront fixés sur toi. La nature t'a donné la plus belle parure; laisse à ton roi et à ton père le soin de t'orner comme il convient à une princesse.

EUGÉNIE.

Les cris inarticulés du saisissement, les gestes les plus expressifs, pourraient-ils peindre la joie dont tu viens d'inonder mon cœur? Seigneur, permets-moi de me mettre à tes pieds sans pouvoir rien t'exprimer.

Elle veut s'agenouiller.

LE ROI, la retenant.

Tu ne dois pas t'agenouiller.

EUGÉNIE.

Ah! laisse-moi jouir du bonheur d'un abandon parfait. Lorsque, dans des moments rapides et pleins d'enthousiasme, nous nous redressons en nous affermissant sur nous-mêmes comme sur notre propre soutien, gais, confiants, alors la terre et le ciel semblent nous appartenir. Cependant ce qui fait ployer les genoux dans un moment de ravissement est aussi un sentiment doux; on exprime mieux, dans cette position, ce qu'on peut offrir en pur sacrifice de gratitude et d'amour à son père, à son roi, à son Dieu.

Elle tombe aux genoux du roi.

LE DUC. (Il se met aussi à genoux.)

Permets-moi de te renouveler mes hommages.

EUGÉNIE.

Reçois-nous pour tes vassaux à jamais.

LE ROI.

Relevez-vous, et placez-vous près de moi dans le cœur des fidèles qui, à mes côtés, protégent constamment le bien. Ce temps a des signes effrayants; les inférieurs s'élèvent, les supérieurs s'abaissent, comme si chacun ne pouvait trouver l'accomplissement de ses vœux insensés qu'en prenant la place des autres, et ne se sentir heureux que lorsqu'il n'y aura plus de distinction, et lorsque, confondus, nous serons tous entraînés d'un même cours vers l'Océan, sans laisser de traces après nous. Ah! résistons avec courage et redoublons d'efforts pour conserver ce qui peut nous sauver, nous et notre peuple; oublions les différends qui du dedans excitent le puissant contre le puissant et percent le navire, qui ne saurait résister aux vagues du dehors qu'en luttant avec force contre elles.

EUGÉNIE.

Quelle nouvelle et bienfaisante lumière m'éclaire et me dirige au lieu de m'éblouir! Eh quoi! notre roi nous estime assez pour nous avouer ce qu'il attend de nous, et nous ne sommes plus simplement ses parents; sa confiance nous élève à l'emploi le plus sublime. Lorsque les nobles de son royaume se pressent autour de lui pour protéger son sein, il nous demande un service plus important. Conserver les cœurs au monarque est le premier devoir de tous les gens de bien. Lorsque le prince chancelle, l'État chancelle aussi, et, lorsqu'il tombe, tout périt avec lui. La jeunesse, dit-on, se confie trop en ses forces et en sa volonté; mais tout ce que peuvent cette force et cette volonté t'appartient à jamais.

LE DUC.

Prince magnanime, tu sais apprécier la confiance d'un enfant et lui pardonner. Si son père, homme d'expérience, sent et juge bien tout le prix des faveurs de ce jour et des espérances qu'il contient, tu peux être certain de la plénitude de sa reconnaissance.

LE ROI.

Nous nous reverrons bientôt à cette fête qui réunit mes fidèles sujets pour célébrer l'heure qui me donna naissance. Dans ce jour, noble enfant, je te rendrai au monde, à la cour, à ton père, à toi-même. Que ton sort brille près du trône. Cependant, jusque-là, j'exige votre silence à tous deux; que personne n'apprenne ce qui s'est passé entre nous. L'envie est toujours éveillée; bientôt les flots s'élèvent et la tempête augmente, et le vaisseau est poussé contre des bords escarpés dont le pilote lui-même ne peut le sauver. Le secret seul assure nos desseins; un projet divulgué ne nous appartient plus, et le hasard se joue déjà de notre volonté. Celui-là même qui peut commander doit surprendre. Oui, avec la meilleure volonté nous faisons bien peu, parce que mille volontés croisent la nôtre. Oh! si pour accomplir mes vœux, une force entière m'était donnée pour peu de temps seulement, tout, jusqu'au dernier foyer de mon royaume, se ressentirait des soins attentifs d'un père; des heureux habiteraient sous le toit le plus humble, et les palais aussi seraient peuplés d'heureux. Après avoir un instant joui de leur bonheur, je renoncerais volontiers au trône et à la terre.

SCÈNE VI
LE DUC, EUGÉNIE.

EUGÉNIE.
Quel jour heureux, plein d'allégresse!
LE DUC.
Que j'en voudrais vivre beaucoup de semblables!
EUGÉNIE.
Le roi nous a comblés de grâces divines.
LE DUC.
Jouis purement de présents si inattendus.
EUGÉNIE.
Il ne paraît pas heureux, et cependant il est bon!
LE DUC.
La bonté bien souvent excite la résistance.
EUGÉNIE.
Qui serait assez dur pour s'opposer à lui?
LE DUC.
Le salut de l'État demande de la force.
EUGÉNIE.
La douceur du roi ne devrait faire naître que de la douceur.
LE DUC.
Sa bonté enfante l'audace.
EUGÉNIE.
De quelle noblesse la nature l'a doué!
LE DUC.
Mais elle l'a placé trop haut.
EUGÉNIE.
Elle l'a orné de tant de vertus!
LE DUC.
De vertus domestiques, non de celles d'un souverain.
EUGÉNIE.
Il est issu d'une souche de héros.
LE DUC.
La force manque quelquefois aux rejetons tardifs.

EUGÉNIE.
Nous sommes là pour écraser la faiblesse.

LE DUC.
Dès qu'il ne méconnaît pas notre force...

EUGÉNIE, pensive.
Ces discours me portent à la réflexion.

LE DUC.
A quoi songes-tu? Découvre moi ton cœur.

EUGÉNIE, après quelques moments de silence.
Toi aussi, tu es un de ceux qu'il craint.

LE DUC.
Il ne craint que ceux qui sont à craindre.

EUGÉNIE.
Des ennemis cachés le menaceraient-ils?

LE DUC.
Celui qui cache le danger est un ennemi. Où sommes-nous, ma fille? et comme ce hasard singulier nous a entraînés rapidement vers le but? Je parle sans y être préparé, et, dans ma précipitation, je t'égare au lieu de t'éclairer. Ainsi le bonheur calme de ton enfance s'est évanoui dès tes premiers pas dans la vie. Dans la douce tranquillité, tu ne pouvais pas goûter un bonheur enivrant. Tu atteins le but, et les épines cachées d'une couronne trompeuse déchirent ta main. Chère enfant, il ne devrait pas en être ainsi; j'espérais que, sortant par degrés de la solitude, tu t'accoutumerais au monde, et que de jour en jour tu renoncerais à quelques-unes de tes espérances, à quelques-uns de tes vœux les plus chers. Mais maintenant, comme semble te l'annoncer ta chute subite, tu es entrée tout d'un coup dans un cercle de soucis et de dangers. Dans cet air on respire la méfiance, l'envie allume un sang fiévreux et joint ses maux à ceux du chagrin. Ne dois-je plus, le soir, revenir dans ce paradis qui t'entourait, et me consoler de la scène tumultueuse du monde par le sentiment de ton innocence? A l'avenir, enveloppée avec moi dans le filet, comme moi blasée et troublée, tu nous plaindras tous les deux.

EUGÉNIE.

Non pas, mon père : si, jusqu'à présent inactive, séparée de tout, enfermée, enfantine futilité, j'ai pu te donner les joies les plus pures ; si j'ai pu être la consolation et le bonheur de ta vie, malgré mon insignifiance, combien ta fille, enchaînée à ton destin, mêlée dans la trame de ta vie, brillera pour toi d'un éclat plus doux et plus varié ! Je prendrai part à toutes les actions, à toutes les grandes entreprises qui rendent mon père cher au roi et à l'État. La fraîcheur d'esprit et la vivacité de jeunesse qui m'animent, je les partagerai avec toi ; elles chasseront ces pénibles rêves dont le poids et l'ennui du monde ne manquent jamais de charger le cœur d'un homme. Si, dans les moments de tristesse, j'ai su t'offrir une bonne volonté sans effet, un amour inutile et un badinage bien puéril, j'espère qu'initiée dans tes plans et instruite de tes vœux, je mériterai glorieusement les droits de ma naissance.

LE DUC.

Ce que tu perds par ce pas important te paraît sans valeur et sans dignité ; tu attaches trop de prix à ce que tu espères gagner.

EUGÉNIE.

Partager le crédit et l'influence d'hommes si élevés et si heureux, quelle jouissance pour de nobles âmes !

LE DUC.

Assurément. Pardonne-moi de me trouver, en cette occasion, plus faible qu'il ne convient à un homme. Nous avons fait un singulier échange de nos devoirs : je devais te guider, et c'est toi qui me guides.

EUGÉNIE.

Eh bien, mon père ! pénètre avec moi dans ces régions où se lève maintenant pour moi un soleil jeune et pur. Souris seulement si, dans ces heures joyeuses, j'ose te découvrir le secret de mes soucis

LE DUC.

Dis ! Qu'est-ce ?

EUGÉNIE.

Il y a dans la vie des moments importants qui mettent à la fois dans le cœur humain des tempêtes de joie et de souffrance. Si, dans ces grandes occasions, un homme oublie son extérieur et se présente négligemment à la multitude, une femme, au contraire, désire plaire à chacun par une parure et des ornements bien choisis; elle aime à être pour tous un objet digne d'envie. On me l'a dit souvent, je m'en suis aperçue moi-même, et je sens même aujourd'hui que, dans les moments les plus importants de ma vie, je ne puis échapper à la faiblesse des jeunes filles.

LE DUC.

Peux-tu rien souhaiter que tu n'obtiennes aussitôt?

EUGÉNIE.

Tu es disposé à tout m'accorder, je le sais. Mais le grand jour est près, trop près, pour qu'on puisse tout préparer dignement : ce qu'il faut d'étoffes, de broderies, de dentelles, de bijoux, pour me parer, comment peut-on se le procurer? comment tout cela sera-t-il achevé?

LE DUC.

Un bonheur désiré depuis longtemps vient de nous surprendre, mais nous pouvons nous trouver préparés à le recevoir. Tout ce que tu viens de me demander est acheté : dès aujourd'hui tu recevras dans des écrins magnifiques des présents auxquels tu ne t'attends pas. Je ne t'impose qu'une légère épreuve comme préparation à celles plus difficiles encore qui t'attendent dans la suite. Voici la clef, garde-la bien; mais calme tes désirs, et n'ouvre pas ce trésor avant que je t'aie revue. Ne te confie à qui que ce soit; la prudence le conseille, le roi lui-même l'a ordonné.

EUGÉNIE.

Tu imposes de dures conditions à une jeune fille; cependant je veux les subir, je te le jure.

LE DUC.

Mon fils égaré, mon propre fils épie déjà les voies secrètes par lesquelles je t'ai conduite; il envie le peu de bien que je t'ai consacré jusqu'ici. S'il apprenait que la faveur du roi t'élève, et que bientôt tu pourrais avoir des droits égaux aux siens, quelle serait sa fureur ! N'emploierait-il pas toute espèce de ruses pour empêcher ce grand événement ?

EUGÉNIE.

Attendons ce jour en silence ; et, lorsqu'il sera venu, le droit que j'aurai de me nommer sa sœur ne me fera pas manquer pour lui d'une conduite complaisante, de paroles amicales ni de condescendance. Il est ton fils, et ne devrait-il pas, comme toi, être fait pour la sagesse et pour l'amour ?

LE DUC.

Je te charge de ce miracle ; accomplis-le pour le plus grand bien de ma famille. Mais, hélas ! en te quittant, une terreur subite s'empare de moi et me fait frissonner. C'est ici que je te tins morte dans mes bras, c'est ici que la griffe de tigre du désespoir me déchira. Qui pourra jamais m'ôter cette image de devant les yeux ? Je t'ai vue morte ! Bien souvent, le jour et la nuit, telle je croirai te voir. Quand j'étais loin de toi, ne veillais-je pas continuellement sur toi ? Ce n'est plus maintenant le rêve bizarre d'un malade, c'est une image vraie, ineffable. Eugénie, la vie de ma vie, pâle, abattue, sans haleine, inanimée !

EUGÉNIE.

Ne renouvelle pas des impressions que tu devrais écarter ; considère cette chute et ma délivrance comme le gage de mon bonheur. Tu me vois vivante devant toi (elle l'embrasse), tu me sens vivante contre ton sein. Que toujours je te paraisse ainsi, qu'une vie ardente et pleine d'amour chasse cette odieuse image de mort.

LE DUC.

Un enfant peut-il sentir combien la crainte d'une perte seulement possible déchire un père ? Te l'avouerai-je ? le courage trop hasardeux avec lequel, semblable à l'oiseau qui s'élance dans les airs, tu presses ton cheval à travers les vallées et les montagnes, les rivières et les fossés, comme si tu sentais en toi la double nature et la force des centaures, ce courage m'a causé encore plus d'inquiétude que d'admiration. A l'avenir, modère l'ardeur avec laquelle tu jouis de cet exercice chevaleresque.

EUGÉNIE.

Le danger cède à la violence et ne s'attaque qu'à la modération. Tâche de voir maintenant du même œil qu'autrefois, lorsque avec une sereine audace tu m'initiais, jeune encore, aux secrets de l'équitation.

LE DUC.

Je me trompais alors, et une longue vie d'alarmes me punira. L'habitude du danger ne nous invite-t-elle pas à le chercher?

EUGÉNIE.

Le bonheur et non la crainte dompte le danger. Adieu, mon père; suis ton roi, et, pour l'amour de ta fille, sois son vassal dévoué, son ami fidèle. Adieu.

LE DUC.

Reste encore à cette place debout, vivante, comme lorsque tu es revenue à la vie, et que tu as rempli de joie mon cœur déchiré. Ce bonheur ne doit pas rester inutile; je veux lui consacrer ici même un monument éternel. Un temple s'élèvera en ce lieu dédié à la guérison, comme à la chose qui rend le plus heureux. A l'entour, ta main élèvera un féerique royaume. Un labyrinthe d'allées agréables s'entrelacera dans le bois touffu; ce rocher farouche deviendra accessible, ce ruisseau coulera semblable à un miroir tranquille, et le voyageur étonné se croira dans un paradis. Nul trait ne tombera ici tant que je vivrai; nul oiseau ne sera chassé de sa branche, nulle bête sauvage ne sera effrayée ni blessée dans sa tanière. Lorsque mes yeux me refuseront leur secours et que mes pieds seront sans vigueur, je viendrai encore ici appuyé sur toi; le sentiment de la reconnaissance m'animera toujours également. Mais, adieu!... Quoi! tu pleures?

EUGÉNIE.

Quand mon père a pu craindre avec angoisse de perdre sa fille, aucune inquiétude ne doit-elle naître en moi à l'idée de... comment le penser et le dire?... de le perdre? Les pères privés de leurs enfants sont bien à plaindre, mais les enfants privés de leurs pères le sont plus encore. Et moi, la plus malheureuse de tous, je resterais seule dans ce monde immense, qui m'est étranger; je serais séparée de lui, de mon unique guide !

LE DUC.

Je te rends les consolations que tu m'as données. Poursuivons notre chemin gaiement comme autrefois. La vie est le gage de la vie et se défend elle-même. Séparons-nous promptement; une rencontre heureuse nous dédommagera de cette séparation, qui nous a trouvés trop faibles.

Ils se quittent brusquement; de loin ils se disent encore un dernier adieu en étendant les bras, et disparaissent.

ACTE DEUXIÈME

CHAMBRE D'EUGÉNIE, DANS LE STYLE GOTHIQUE.

SCÈNE I
LA MAITRESSE DE LA COUR, LE SECRÉTAIRE.

LE SECRÉTAIRE.

Mérité-je que tu me rebutes, au moment où je t'apporte une nouvelle tant désirée? Ecoute d'abord ce que j'ai à te dire.

LA MAITRESSE DE LA COUR.

Je sens bien ce que cela signifie. Ah! permets à mon œil d'éviter un regard trop connu, à mon oreille de se fermer à une voix trop écoutée, à ma volonté de fuir l'ascendant de l'homme qui, toujours à mes côtés comme un spectre, agit sur moi par l'amour et par l'amitié d'une manière irrésistible.

LE SECRÉTAIRE.

Lorsque, après une longue attente, je vide enfin à tes pieds la corne d'abondance du bonheur, et que l'aurore du jour qui doit nous unir à jamais se lève solennellement à l'horizon,

c'est alors que tu parais pleine d'indécision et de répugnance, et que tu veux fuir les offres d'un époux.
LA MAÎTRESSE DE LA COUR.
Tu ne me montres qu'un des côtés, celui qui brille et éblouit, comme la terre éclairée des rayons vivifiants du soleil; mais derrière s'étend une nuit sombre et pleine d'horreur que je redoute déjà.

LE SECRÉTAIRE.
Ne regardons d'abord que le côté brillant. Désires-tu une habitation au milieu de la ville? La veux-tu spacieuse, en bon air, bien ornée, telle qu'on peut la désirer pour soi et pour les hôtes qu'on reçoit? elle est prête; et, si tu le veux, l'hiver prochain nous trouvera plongés dans les plaisirs. Si au printemps tu aimes à voir la campagne, une maison, un jardin, des champs fertiles nous y attendent aussi. Tout ce que l'imagination peut se figurer de plus riant en forêts, en bocages, en prairies, en ruisseaux et en lacs, nous le posséderons, et nous en jouirons. A côté de cela, des rentes nous permettront, au moyen d'économies faciles, d'augmenter chaque année une aisance certaine.

LA MAÎTRESSE DE LA COUR.
Ce tableau, quelque flatteur que tu me le représentes, s'entoure à mes yeux de tristes nuages. Le Dieu du monde ne m'offre pas l'abondance sous une forme digne d'envie, mais sous une forme odieuse. Quel sacrifice demande-t-il? J'aiderai à détruire le bonheur d'une élève qui m'est chère? Mais pourrais-je goûter d'un cœur libre ce que me donnerait un tel crime? Eugénie, toi dont la paisible existence devait se développer tout entière près de moi et porter de si beaux fruits, puis-je encore distinguer ce qui t'appartient et ce que tu as reçu de moi? Toi que je porte dans mon cœur comme mon propre ouvrage, faut-il t'immoler maintenant? De quoi êtes-vous formés, cruels, pour m'oser proposer un tel crime, et croire qu'on peut me le payer?

LE SECRÉTAIRE.
Il est vrai qu'un cœur noble et bon voudrait garder tel qu'il l'a conservé depuis l'enfance un trésor qui devient toujours

plus beau et plus digne d'être offert à la divinité sainte qui habite en nous. Mais lorsque la puissance qui nous gouverne exige de nous un grand sacrifice, nous cédons à la nécessité, quoique notre cœur en saigne. Ce sont deux mondes, ma chère, qui se combattent avec acharnement.

LA MAÎTRESSE DE LA COUR.

Tu te jettes dans un monde tout à fait étranger à mes sentiments, en préparant au noble duc, ton maître, des jours d'une douleur si amère, et en t'enrôlant dans le parti de son fils. Lorsque le pouvoir suprême peut paraître favoriser le crime, nous appelons cela hasard; mais l'homme qui avec réflexion choisit un tel lot est une énigme pour moi... Et moi, ne suis-je pas aussi une énigme pour moi-même, de tenir encore à toi avec tant d'attachement, lorsque tu t'efforces de m'entraîner dans l'abîme? Pourquoi la nature t'a-t-elle donné un extérieur agréable, et qui plaît irrésistiblement, en mettant dans ton sein un cœur froid, ennemi de la félicité d'autrui?

LE SECRÉTAIRE.

Doutes-tu de la vivacité de mon amour?

LA MAÎTRESSE DE LA COUR.

Je voudrais m'anéantir, si je le pouvais. Mais pourquoi m'affliger encore de ce plan odieux? N'avais-tu pas juré d'ensevelir cette infamie dans un silence éternel?

LE SECRÉTAIRE.

Hélas! elle devient de jour en jour plus nécessaire. On force le jeune prince à prendre un parti. Pendant bien des années, Eugénie n'a été qu'une enfant insignifiante et inconnue. Toi seule tu l'as élevée depuis sa naissance dans ces vastes salles; peu de personnes la visitaient, et toujours en secret. Mais comment eût pu se cacher l'amour de son père? Fier du mérite de sa fille, il la laissait peu à peu voir publiquement, tantôt à cheval, tantôt en voiture. Chacun questionne, et à la fin chacun sait qui elle est. Maintenant la mère est morte; Eugénie était l'effroi de cette femme orgueilleuse, parce qu'elle semblait toujours lui reprocher sa faiblesse. Elle n'a jamais reconnu sa fille, à peine l'a-t-elle vue. Le duc, se sentant libre par la mort de la mère, combine ses plans secrets, se rapproche de la cour, et, mettant de côté ses anciens ressentiments, il se réconcilie avec le roi sous la condition que celui-ci reconnaîtra Eugénie comme princesse de sa famille.

LA MAÎTRESSE DE LA COUR.

Un sort propice ne lui a-t-il pas donné des droits au précieux avantage d'être princesse du sang royal?

LE SECRÉTAIRE.

Ma tendre amie, tu parles légèrement du prix des biens de la terre, comme si tu étais séparée du monde par les murs d'un couvent. Regarde autour de toi : ici l'on prise mieux de pareils trésors. Le père envie le fils; le fils compte les années de son père; un droit incertain divise les frères à la vie et à la mort; le religieux lui-même oublie le but de ses efforts, et court après les richesses. On ne peut donc pas blâmer le prince, si, regardé jusqu'à présent comme fils unique, il ne reçoit pas bien une sœur qui, en s'introduisant dans la famille, vient diminuer sa part d'héritage. Qu'on se mette à sa place et qu'on le juge.

LA MAÎTRESSE DE LA COUR.

N'est-il pas déjà un prince riche? Et, à la mort de son père, ne le sera-t-il pas outre mesure? Une partie de ces richesses ne trouverait-elle pas un emploi bien précieux, si elle lui procurait une sœur chérie?

LE SECRÉTAIRE.

Agir d'après ses caprices est le bonheur du riche; il résiste à la voix de la nature, à celle de la loi, de la raison, et répand ses dons au hasard. Avoir assez, s'appelle chez lui manquer du nécessaire, car il a besoin de biens infinis pour des prodigalités sans bornes. Ne pense pas donner des conseils ici, ni rien adoucir; si tu ne veux pas être avec nous, quitte-nous.

LA MAÎTRESSE DE LA COUR.

Que voulez-vous de moi? Vous menacez déjà depuis longtemps le bonheur de cette aimable enfant. Qu'avez-vous donc décidé à son égard dans votre horrible conseil? Vous voudriez peut-être que je m'associasse aveuglément à vos projets?

LE SECRÉTAIRE.

Non certainement; tu peux et tu dois savoir ce qu'on veut entreprendre, et ce qu'on est forcé d'exiger de toi. Tu enlèveras Eugénie; elle doit tellement disparaître du monde que nous puissions pleurer sa mort en sûreté, et son sort futur doit rester éternellement caché, comme le sort d'une morte.

LA MAÎTRESSE DE LA COUR.

Vous la vouez vivante au tombeau, et vous me choisissez pour être sa compagne. On me précipite avec elle. Moi qui la trahis, je partagerais durant ma vie entière la mort apparente de celle que je trahis !

LE SECRÉTAIRE.

Tu la conduiras, et reviendras aussitôt.

LA MAÎTRESSE DE LA COUR.

Doit-elle passer ses jours enfermée dans un couvent?

LE SECRÉTAIRE.

Non, pas dans un couvent; nous ne confierions pas un tel gage à des prêtres qui pourraient facilement s'en faire un instrument contre nous.

LA MAÎTRESSE DE LA COUR.

Doit-elle aller aux îles? Réponds.

LE SECRÉTAIRE.

Tu l'apprendras plus tard; maintenant, reste calme.

LA MAÎTRESSE DE LA COUR.

Comment pourrais-je l'être en voyant le danger qui menace mon élève chérie et moi-même?

LE SECRÉTAIRE.

Ton élève chérie y trouvera peut-être son avantage; et quant à toi un bonheur assuré t'attend dans ces lieux.

LA MAÎTRESSE DE LA COUR.

Ne vous flattez pas d'une semblable espérance. Que vous sert de m'assiéger ainsi, pour m'envelopper dans vos trames et me pousser au crime? Cette noble fille rendra vains tous vos projets. Ne croyez pas l'entraîner sans peine et sans danger, comme une victime dévouée. L'esprit courageux qui l'anime, la force qu'elle tient de son père et qui ne l'abandonne jamais, déchireront les filets trompeurs dont vous l'entourez.

LE SECRÉTAIRE.

La maintenir ici, tu ne le pourrais pas. Veux-tu me persuader qu'un enfant, bercé jusqu'ici dans les bras caressants de la fortune, montrera de la présence d'esprit, de la force et de la prudence, au milieu d'une catastrophe subite? Son esprit n'est pas encore façonné à l'activité; elle peut sentir avec justesse, parler sagement, mais il lui manque beaucoup pour savoir se conduire. Le courage libre et fier de celui qui n'a point d'expérience se change souvent en faiblesse et en désespoir lorsque l'invincible nécessité se jette devant lui. Exécute ce que nous avons résolu; il en sortira un peu de mal, mais beaucoup de bien.

LA MAÎTRESSE DE LA COUR.

Donnez-moi le temps d'examiner et de choisir.

LE SECRÉTAIRE.

Le moment de l'exécution nous presse déjà. Le duc parait assuré qu'à la fête prochaine le roi lui accordera toute sa faveur et reconnaîtra sa fille. Les habits et les joyaux sont prêts, et enfermés dans des caisses magnifiques dont il garde lui-même la clef, croyant ainsi garder son secret; mais nous l'avons pénétré, nous en profitons, et ce que nous avons décidé arrivera. Ce soir tu en apprendras davantage. Adieu.

LA MAÎTRESSE DE LA COUR.

Vous marchez hardiment dans des sentiers obscurs, et croyez voir clairement votre avantage à les suivre. Mais ne pressentez-vous donc pas qu'un Dieu protecteur plane sur l'innocence pour la sauver; tôt ou tard la vengeance démasquera et punira le crime.

LE SECRÉTAIRE.

On ne peut nier un Être tout-puissant, qui s'est réservé de juger le résultat de nos actions selon sa volonté. Mais qui donc ose s'asseoir à ses conseils suprêmes? Qui peut savoir la règle et la loi selon laquelle il veut que nous agissions? Nous ne savons qu'une chose, mais, celle-là, nous la savons bien et nous la sentons, c'est qu'il faut nous rendre heureux dans ce bas monde. Ce qui nous est utile est notre loi suprême.

LA MAÎTRESSE DE LA COUR.

Ainsi vous repoussez tout ce qui est divin, comme si les cris de votre cœur ne signifiaient rien. Mais moi, quelque chose me commande de détourner de toutes mes forces cet affreux danger qui menace mon élève chérie, et de m'armer de courage contre la puissance et la fureur, contre toi-même. Non, aucune promesse, aucune menace ne m'ébranlera. Je reste ici, irrévocablement dévouée à son salut.

LE SECRÉTAIRE.

Toi seule, en effet, tu peux la sauver et détourner le danger qui la menace; mais c'est en nous obéissant. Saisis promptement cette fille qui t'est chère, emmène-la aussi loin que tu le pourras, cache-la aux yeux de tous les hommes, car.... Tu frémis, tu pressens ce que je vais te dire. Eh bien! puisque tu m'y forces, je veux le dire enfin; l'éloigner est le moyen le plus doux. Si tu ne voulais pas entrer dans ce plan, si tu osais t'opposer à nous en secret, et trahir dans de bonnes intentions ce que je t'ai confié, tu la verrais morte dans tes bras. Ce que moi-même je pleurerais, arriverait infailliblement.

SCÈNE II

LA MAÎTRESSE DE LA COUR, seule.

D'orgueilleuses menaces ne m'effrayeront pas; déjà depuis longtemps je vois couver le feu qui va bientôt s'échapper en flammes dévorantes. O ma chère enfant! pour te sauver, il faut t'arracher aux doux rêves du matin de la vie. Une seule espérance apaise ma douleur; mais elle s'enfuit lorsque je veux la fixer. Eugénie, si tu pouvais renoncer à un bonheur qui te semble sans bornes, mais au seuil duquel t'attendent les dangers et la mort, et pour le moins l'exil! Que je voudrais t'éclairer, te découvrir les chemins cachés où la ruse de tes cruels persécuteurs t'épie en silence! Mais, hélas! je dois me taire, je ne puis t'instruire que d'une manière détournée; et me comprendras-tu bien, dans l'étourdissement de ta joie?

SCÈNE III.

EUGÉNIE, LA MAITRESSE DE LA COUR.

EUGÉNIE.

Je te salue, amie de mon cœur, que j'aime comme une mère; sois la bienvenue.

LA MAITRESSE DE LA COUR.

Je te presse avec délices contre mon sein, fille chérie, et je me réjouis de la joie qui découle de la plénitude de ta vie. Que ton œil est brillant et calme! Quel ravissement plane sur ta bouche et sur tes joues! et que de bonheur oppresse ton sein agité!

EUGÉNIE.

Un grand accident m'était arrivé; le cheval et sa conductrice sont tombés du haut du rocher.

LA MAITRESSE DE LA COUR.

Ah! Dieu!

EUGÉNIE.

Sois tranquille; tu me revois, après cette chute, gaie et pleine de santé.

LA MAITRESSE DE LA COUR.

Comment?...

EUGÉNIE.

Tu apprendras de quelle manière ce malheur a été pour moi la source du bonheur.

LA MAITRESSE DE LA COUR.

Souvent aussi, hélas! le bonheur enfante la peine.

EUGÉNIE.

Ne profère pas de tristes paroles, et ne m'effraye pas d'avance par la crainte des soucis.

LA MAITRESSE DE LA COUR.

Tu devrais me confier tout ce qui t'arrive.

EUGÉNIE.

A toi plutôt qu'à toute autre. Mais pour l'instant, chère amie, laisse-moi; je voudrais me retrouver au milieu de mes propres sentiments. Tu sais combien mon père est satisfait lorsque je le surprends par quelque petite pièce de poésie, telle que la faveur de la Muse m'en voulut inspirer en quelques occasions. Laisse-moi. Des idées riantes voltigent autour de moi, je veux les saisir au passage, autrement elles m'échapperaient.

LA MAITRESSE DE LA COUR.

Quand reviendront ces entretiens qui suffisaient autrefois à nous réunir pendant une longue suite d'heures paisibles? Quand pourrons-nous, semblables à de jeunes filles qui ne peuvent se lasser de se montrer leurs parures, nous ouvrir les replis les plus secrets de nos cœurs, et nous faire jouir mutuellement avec tendresse des trésors qu'ils renferment?

EUGÉNIE.

Ces heures de calme et de confiance, dont on aime à se souvenir et à se parler, reviendront aussi. Mais aujourd'hui laisse-moi dans une solitude complète, pour répondre à ce que ce jour demande de moi.

SCÈNE IV

EUGÉNIE, puis LA MAITRESSE DE LA COUR, en dehors.

EUGÉNIE, tirant un portefeuille.

Et maintenant à mes tablettes, à mon crayon! Je veux vite écrire ce que j'ai composé si vite et de si bon cœur pour la fête du roi, pour cette fête pendant laquelle un mot de lui doit me donner une nouvelle naissance et me faire entrer dans la vie. (Elle récite lentement, à mesure qu'elle écrit.) « Comme la vie s'écoule ici avec douceur! Maître des régions supérieures, ne veux-tu pas épargner la faiblesse d'une jeune novice? Je succombe éblouie par ta majesté. Mais, bientôt consolée, je relève les yeux vers toi, et me réjouis de me trouver au pied de ton trône inébranlable; rejeton de ta race, je me réjouis de voir tous les rêves de mon enfance accomplis. Laisse donc se répandre la source de tes faveurs; un cœur fidèle s'arrête ici avec tant de plaisir! tant de respect s'y mêle à tant d'amour! Tout mon être ne tient qu'à un fil délié; je sens comme un besoin irrésistible de me hâter de te rendre a vie que tu m'as donnée. » (Elle regarde avec satisfaction ce qu'elle vient d'écrire.) Cœur ému, tu n'as pas tardé à t'épancher en paroles cadencées. Qu'on est heureux de graver ainsi pour l'éternité les sentiments de son cœur! Mais cela suffit-il? Mon sein bat toujours avec plus de violence. Tu t'approches, grand jour que le roi nous donne et qui, en me donnant à mon roi, à mon père, à moi-même, me remplira d'une volupté infinie. Que mes chants embellissent cette fête. Ma fantaisie ailée me transporte dans l'avenir; elle me transporte devant le trône, elle me fait avancer dans le cercle...

LA MAÎTRESSE DE LA COUR, du dehors.

Eugénie?

EUGÉNIE.

Qu'est cela?

LA MAÎTRESSE DE LA COUR.

Écoute-moi, et ouvre à l'instant.

EUGÉNIE.

Pourquoi me déranges-tu? Je ne puis pas ouvrir.

LA MAÎTRESSE DE LA COUR.

C'est un message de ton père.

EUGÉNIE.

Comment! de mon père! Tout de suite!

LA MAÎTRESSE DE LA COUR.

Je crois qu'il t'envoie des présents considérables.

EUGÉNIE.

Attends.

LA MAÎTRESSE DE LA COUR.

M'entends-tu bien?

EUGÉNIE.

Attends. Mais où cacher cette feuille? Elle exprime trop clairement l'espoir qui m'anime. Il n'y a pas un meuble qu'on puisse fermer, et rien n'est sûr ici, pas même ce que je porte sur moi; mes gens ne sont pas tous fidèles. On m'a déjà lu et dérobé plusieurs choses pendant que je dormais. Où cacher le plus grand secret que je doive posséder jamais? (Elle s'approche du mur.) Bien! c'est ici, c'est dans cette muraille que je cachai les secrets innocents de mon premier âge. Toi qui découvris l'inquiète et curieuse activité, fruit de l'étourderie et du loisir de mon enfance, toi qui est inconnue à tout le monde, ouvre-toi. (Elle pousse un ressort caché qui fait ouvrir une petite porte.) Comme je te confiais autrefois des sucreries défendues, pour les goûter à la dérobée, de même aujourd'hui je confie à ta discrétion, et pour peu de temps, tout le bonheur de ma vie. (Elle pose la feuille dans l'armoire qu'elle referme.) Les jours se succèdent et amènent des pressentiments, tantôt de joie et tantôt de douleur.

Elle ouvre la porte.

SCÈNE V
Des domestiques apportent une cassette magnifique.
EUGÉNIE, LA MAÎTRESSE DE LA COUR.

LA MAÎTRESSE DE LA COUR.
Si je t'ai dérangée, je t'apporte quelque chose qui certainement m'excusera.

EUGÉNIE.
De la part de mon père? cette superbe cassette? Quel contenu précieux annonce une pareille enveloppe! (Aux domestiques.) Attendez. (Elle leur présente une bourse.) Prenez cette bagatelle pour prix de votre message; vous recevrez mieux ensuite. (Les domestiques sortent.) Sans lettre et sans clef! Un tel trésor près de moi, et fermé! O désir et impatience! devines-tu ce que peut signifier ce présent?

LA MAÎTRESSE DE LA COUR.
Je ne doute pas que tu ne l'aies deviné toi-même; il présage ta grandeur prochaine. On t'apporte la parure d'une princesse, parce que le roi t'en donnera bientôt le titre.

EUGÉNIE.
Comment peux-tu savoir cela?

LA MAÎTRESSE DE LA COUR.
Tu vois, je le sais! les secrets des grands sont épiés.

EUGÉNIE.
Si tu le sais, qu'ai-je à te cacher? Pourquoi étouffer inutilement devant toi le désir que j'ai de voir ce présent? J'ai la

clef ici : il est vrai que mon père m'a défendu de m'en servir;
mais qu'a-t-il défendu? de découvrir le secret avant le temps,
et il t'est déjà connu. Tu n'apprendras rien que tu ne saches
déjà, et tu te tairas pour l'amour de moi. Pourquoi hésiter?
Allons, ouvrons; viens admirer avec moi l'éclat de ces présents.

LA MAÎTRESSE DE LA COUR.

Arrête; pense à ce qui t'est défendu. Qui sait les motifs du
duc pour te donner ces ordres prudents?

EUGÉNIE.

Il m'a donné de sages conseils pour atteindre un certain
but; mais ce but est vain, tu sais tout, tu m'aimes, tu es dis-
crète et sûre. Fermons la porte, et ensuite nous examinerons
ce secret entre nous.

Elle ferme la porte de la chambre, et court vers la cassette.

LA MAÎTRESSE DE LA COUR, la retenant.

L'or et l'éclat des étoffes précieuses, le doux éclat de
perles, le feu des bijoux, tout cela doit rester caché : ils l'en-
traîneraient invinciblement loin du but.

EUGÉNIE.

Le bonheur qu'ils annoncent, voilà ce qui ravit. (Elle ouvr
la cassette, dont le couvercle est orné de glaces.) Quelle superbe drape
rie s'est déployée dès que ma main l'a touchée! Et ces glaces!
ne demandent-elles pas à réfléchir la jeune fille et la parure
tout ensemble?

LA MAÎTRESSE DE LA COUR.

C'est la robe fatale de Créüse que ta main déploie.

EUGÉNIE.

Comment une telle mélancolie peut-elle s'emparer de ton
cœur? Pense aux fêtes les plus animées, à une noce. Viens,
donne-moi les parties de l'habillement l'une après l'autre;
d'abord la robe de dessous. Comme l'éclat de l'argent et celui
des couleurs se marient bien ensemble et paraissent riches!

LA MAÎTRESSE DE LA COUR, en attachant la robe d'Eugénie.

Lorsque les rayons de la faveur se voilent, cette parure
pâlit tout à coup.

EUGÉNIE.

Un cœur sincère mérite cette faveur et la retient lorsqu'elle veut s'éloigner. Attache maintenant la seconde robe, celle garnie d'or; arrange la queue, qu'elle traîne tout entière. L'émail de ces fleurs de métal est d'un bon goût sur cet or. Ne suis-je pas bien avec cette parure?

LA MAÎTRESSE DE LA COUR.

Les connaisseurs estiment davantage la beauté parée de sa propre majesté.

EUGÉNIE.

Les connaisseurs préfèrent la beauté simple, mais les ornements plaisent à la multitude. Prête-moi le doux éclat des perles, la force éblouissante des bijoux.

LA MAÎTRESSE DE LA COUR.

Le mérite propre et réel a seul du prix pour ton cœur et pour ton esprit; l'apparence n'en a point.

EUGÉNIE.

Qu'est-ce que l'apparence qui n'a point de réalité? et qu'est-ce que la réalité lorsqu'elle ne paraît pas?

LA MAÎTRESSE DE LA COUR.

N'as-tu point passé ta jeunesse dans cette enceinte, sans trouble et sans chagrin? N'as-tu pas goûté auprès d'une personne qui t'aimait une félicité pure et tranquille?

EUGÉNIE.

Le bouton consent à fermer ses feuilles tant que l'hiver l'entoure de ses glaces; mais, au souffle du printemps, une force vivifiante le fait gonfler et s'épanouir en fleur superbe à l'air et à la lumière.

LA MAÎTRESSE DE LA COUR.

La modération procure des joies sans mélange.

EUGÉNIE.

Oui, lorsqu'on vise à un but médiocre.

LA MAÎTRESSE DE LA COUR.

Les heureux aiment à borner leurs jouissances.

EUGÉNIE.

Tu ne me persuaderas point tant que je serai ainsi parée. Je voudrais que cette salle s'agrandît et brillât du même éclat que celle où siége le roi; je voudrais étendre ici de riches tapis, au-dessus de nos têtes un dais d'or, et voir briller autour de Sa Majesté le cercle des grands, qu'anime le sourire du soleil et qui humilient leur fierté devant sa pompe. A cette fête majestueuse, je serai la plus distinguée parmi les plus distingués. Laisse-moi goûter à l'avance le bonheur d'attirer les regards et l'admiration de tous.

LA MAÎTRESSE DE LA COUR.

Oui, l'admiration, mais davantage encore la haine et l'envie.

EUGÉNIE.

L'envie est l'épine du bonheur, et la haine apprend à être toujours sur ses gardes.

LA MAÎTRESSE DE LA COUR.

Les orgueilleux sont souvent frappés d'humiliation.

EUGÉNIE.

Je lui opposerai ma présence d'esprit. (Se tournant vers la cassette.) Nous n'avons pas encore tout examiné. Je ne pense pas à moi seule pour ce jour; j'espère que d'autres recevront aussi des dons de prix.

LA MAÎTRESSE DE LA COUR, sortant une petite cassette.

Ici est écrit : « Pour des présents. »

EUGÉNIE.

Prends ce qui te fera plaisir parmi ces montres et ces boîtes; choisis. Non, je pense qu'il y a peut-être quelque chose de meilleur dans ce riche écrin.

LA MAÎTRESSE DE LA COUR.

Oh! s'il s'y trouvait un talisman capable de te gagner l'amitié de ton frère, de cet homme haineux!

EUGÉNIE.

Les efforts d'un cœur naïf et pur fléchiront peu à peu sa mauvaise volonté.

LA MAÎTRESSE DE LA COUR.

Mais le parti qui attise sa colère sera toujours opposé à tes vœux.

EUGÉNIE.

S'il a cherché jusqu'ici à retarder mon bonheur, il sera bientôt forcé de suivre une pente irrésistible, et chacun devra se conformer à l'événement.

LA MAÎTRESSE DE LA COUR.

Ce que tu espères n'est pas encore fait.

EUGÉNIE.

Je puis bien le considérer comme terminé. (Regardant la caisse.) Qu'y a-t-il dans cette longue boîte ?

LA MAÎTRESSE DE LA COUR, sortant la boîte.

Ce sont des rubans frais et de choix : ne dépense pas toute ton attention en une vaine et futile curiosité; que ne veux-tu écouter mes paroles, pour un instant seulement. Tu sors d'une sphère bornée et tranquille pour entrer dans un vaste champ où t'attendent des soucis, des filets habilement tressés pour te perdre, la mort peut-être que te préparent des mains meurtrières.

EUGÉNIE.

Tu me parais malade, sans cela mon bonheur pourrait-il te sembler un spectre effrayant? (Regardant la boîte.) Que vois-je? ce rouleau, certainement, c'est le ruban d'ordre des princesses; je le porterai aussi : vite, laisse-moi voir comment il me siéra. Il est de règle pour le costume. Essaye-le-moi. (On lui attache le ruban.) Parle-moi donc maintenant de mort et de danger ! Que peut souhaiter de plus l'esprit d'un homme que de paraître devant son roi entouré de ses pairs et vêtu comme un héros? Rien peut-il mieux attirer les regards que ces habits guerriers qui brillent sur une longue file? Ces habits et leurs couleurs ne sont-ils pas l'emblème d'un danger continuel? L'écharpe signifie la guerre où se précipite un homme courageux, et la force qui fait sa confiance. O ! mon amie! les emblèmes brillants sont toujours dangereux. Mais, ainsi parée, je puis attendre avec fermeté ce qui doit m'arriver; mon bonheur, chère amie, est inévitable.

LA MAÎTRESSE DE LA COUR, à part.

Inévitable est le sort qui te menace!

ACTE TROISIÈME

ANTICHAMBRE DU DUC, ORNÉE DANS LE GOUT MODERNE.

SCÈNE I
LE SECRÉTAIRE, L'ABBÉ.

LE SECRÉTAIRE.

Entre silencieusement dans cette demeure silencieuse. La maison semble morte. Le duc dort, et la tristesse rend tous ses serviteurs immobiles et muets. Il dort; je le félicitais en moi-même tout à l'heure de ce qu'il reposait sans connaissance sur son lit. Ce calme bienfaisant de la nature a soulagé l'excès de sa douleur. Je crains pour lui le moment du réveil; tu verras un homme bien accablé.

L'ABBÉ.

J'y suis préparé, n'en doutez pas.

LE SECRÉTAIRE.

Il y a peu d'heures qu'il a reçu la nouvelle qu'Eugénie était morte d'une chute de cheval : on lui raconta qu'on l'avait transportée chez vous comme à l'endroit le plus proche de ces masses de rochers où elle a affronté la mort avec ant d'imprudence.

L'ABBÉ.

Pendant ce temps, on a pris soin de l'éloigner?

LE SECRÉTAIRE.

On l'entraîne le plus rapidement possible.

L'ABBÉ.

A qui avez-vous confié une tâche aussi difficile?

LE SECRÉTAIRE.

A la femme prudente qui nous appartient.

L'ABBÉ.

De quel côté l'avez-vous envoyée?

LE SECRÉTAIRE.
Au port le plus éloigné de ce royaume.

L'ABBÉ.
Et de là, sans doute, aux pays les plus lointains?

LE SECRÉTAIRE.
Le premier vent favorable l'emmène.

L'ABBÉ.
Et ici elle doit à jamais passer pour morte?

LE SECRÉTAIRE.
Ton récit doit le faire croire.

L'ABBÉ.
Il faut que l'erreur produise son effet dès les premiers moments pour qu'elle se perpétue à jamais. Il faut que l'imagination se représente le cadavre et le tombeau de cette jeune fille; je déchirerai son image chérie de mille manières, et je graverai ce malheur en traits de feu dans la mémoire de mes auditeurs terrifiés. Déjà pour tous elle s'est évanouie, elle a disparu dans le néant de la poussière. Chacun s'empresse de reporter ses regards vers la vie, et, dans l'ivresse des désirs mondains, oublie qu'elle aussi, elle a été au nombre des vivants.

LE SECRÉTAIRE.
Tu te mets à l'œuvre avec beaucoup de hardiesse; mais ne crains-tu pas des remords pour l'avenir?

L'ABBÉ.
Quelle question me fais-tu là! Nous sommes résolus.

LE SECRÉTAIRE.
Un malaise intérieur nous trouble malgré nous à l'heure de l'exécution.

L'ABBÉ.
Qu'entends-je! toi délicat? ou serait-ce seulement pour essayer si vous avez réussi à faire de moi un bon élève?

LE SECRÉTAIRE.
On ne réfléchit jamais trop aux choses importantes.

L'ABBÉ.
Il faut y réfléchir avant l'exécution.

LE SECRÉTAIRE.

On en trouve l'occasion même pendant l'exécution.

L'ABBÉ.

Quant à moi, je ne puis plus hésiter : cela était bon alors que je vivais dans le paradis des jouissances modestes que je m'étais créées, alors qu'enfermé dans l'étroite enceinte des haies de mon jardin je greffais les arbres plantés de mes mains, et que les humbles planches de mon potager suffisaient à garnir mon humble table; alors la joie répandait un sentiment d'abondance sur tout ce qui m'entourait dans ma pauvre maison ; je parlais à mes paroissiens selon la portée de mes vues et selon les impulsions de mon cœur, comme un père et comme un ami; ma main secourait le bon dans ses nécessités, repoussait le méchant et le vice. Pourquoi mon bon génie ne t'a-t-il pas chassé loin de ma porte, ce jour où tu vins y frapper pendant la chasse, accablé de fatigues et dévoré de soif? tu sus me charmer par de douces paroles et par des manières flatteuses. Ce beau jour, voué à l'hospitalité, fut pour moi le dernier d'une paix goûtée avec tant de délices.

LE SECRÉTAIRE.

Nous t'avons procuré bien des jouissances.

L'ABBÉ.

Et vous m'avez imposé bien des besoins. Je devins pauvre en fréquentant les riches, soucieux par le besoin, indigent en ne pouvant me passer de l'assistance d'autrui. Vous me donnâtes des secours, mais je les achetai bien cher. Vous me prîtes pour partager votre bonheur et seconder vos plans : je devrais dire que vous fîtes un esclave tourmenté d'un homme libre jusqu'alors. Et d'ailleurs, si vous m'avez pris à vos gages, ne m'avez-vous pas toujours refusé le prix que je vous demandais?

LE SECRÉTAIRE.

Compte que dans peu nous t'accablerons de richesses, d'honneurs et de bénéfices.

L'ABBÉ.

Ce n'est pas ce que j'attendais.

LE SECRÉTAIRE.

Et quelle nouvelle demande as-tu donc à faire?

L'ABBÉ.

Jusqu'à présent, et cette fois encore, vous vous êtes servi de moi comme d'un instrument passif. On exile cette enfant du monde des vivants, je suis chargé de cacher et de colorer ce crime; vous l'avez conçu et exécuté sans moi. Mais de ce moment je demande à prendre place aux conseils où les choses se décident, où chacun, fier de ses moyens et de ses forces, opine sur des actes monstrueux et inévitables.

LE SECRÉTAIRE.

Tu acquiers de nouveaux droits et de bien grands à notre confiance en t'unissant cette fois encore à nous. Tu apprendras bientôt de graves secrets; jusque-là prends patience et sois ferme.

L'ABBÉ.

Je le suis, et plus que vous ne le pensez. Depuis longtemps j'ai pénétré vos plans, et celui-là seul qui sait les prévoir et les deviner mérite d'y être initié.

LE SECRÉTAIRE.

Que prévois-tu, et que sais-tu?

L'ABBÉ.

Nous en parlerons cette nuit. Le triste sort de cette jeune fille se perd à mes yeux comme un ruisseau dans l'Océan, depuis que je songe à quelle puissance factieuse vous vous élevez secrètement, et avec quelle ruse et quelle audace vous espérez prendre la place de ceux qui gouvernent. Vous n'êtes pas les seuls; d'autres visent au même but par des chemins contraires : ainsi vous minez la patrie et le trône. Qui peut se sauver, lorsque tout tombe à la fois?

LE SECRÉTAIRE.

J'entends marcher... Retire-toi à l'écart; je t'introduirai quand il en sera temps.

SCÈNE II
LE DUC, LE SECRÉTAIRE.

LE DUC.

Lumière cruelle! tu me rappelles à la vie, à la conscience du monde extérieur et de moi-même. Que tout me semble désert, creux et vide autour de moi! Tout est consumé; là où était mon bonheur se trouve une grande ruine!

LE SECRÉTAIRE.

Si chacun de tes serviteurs qui souffre pour toi pouvait se charger d'une portion de ta douleur, tu en serais moins triste et plus fort.

LE DUC.

Les douleurs causées par l'amour sont indivisibles et infinies comme l'amour lui-même. Je sens quel est l'épouvantable malheur de celui qui perd son bien de chaque jour. Pourquoi laisse-t-on briller encore devant moi ces murailles, dont les couleurs vives et les riches dorures me rappellent froidement l'état de bonheur parfait dont je jouissais hier, dont je jouissais avant-hier? Pourquoi n'avoir point tendu les corridors et les salles d'un crêpe noir, afin qu'à l'extérieur une nuit sombre comme mon cœur m'entoure éternellement!

LE SECRÉTAIRE.

Tout ce qui te reste devrait encore te sembler quelque chose, même après ce que tu as perdu.

LE DUC.

Ce n'est plus pour moi qu'un rêve accablant et sans réalité: elle était l'âme de cette maison. A mon réveil, je voyais voltiger autour de moi l'image de cette enfant chérie; et souvent je trouvais pour salut matinal une feuille écrite de sa main, toute pleine d'esprit et de sentiment.

LE SECRÉTAIRE.

Que de fois l'envie de te faire plaisir lui a inspiré des rimes poétiques et précoces!

LE DUC.

L'espérance de la voir était le seul charme des heures fatigantes de la journée.

LE SECRÉTAIRE.

Que de fois on t'a vu t'échapper pour courir vers elle, impatient des obstacles et des retards, comme un jeune homme qui brûle de rejoindre sa maîtresse !

LE DUC.

Ne compare pas ce feu juvénile, que le désir égoïste de la possession dévore, au sentiment d'un père qui contemple avec un enthousiasme pur et tranquille le développement rapide des forces de son enfant, et qui jouit avec délices des progrès de son esprit. L'amour n'agit que pour le présent ; mais le père vit dans l'avenir : c'est là que s'étend le vaste champ de ses espérances, c'est là qu'il doit recueillir les fruits qu'il a semés.

LE SECRÉTAIRE.

O douleur ! tu as perdu ce bonheur immense, cette joie toujours pleine d'une fraîcheur nouvelle.

LE DUC.

L'ai-je perdu ? En ce moment même, mon âme le possédait tout entier dans tout son éclat. Oui, je l'ai perdu ; malheureux, tu me l'as rappelé ; cette heure vide et inoccupée me le rappelle. Je l'ai perdu ! Répands-toi, ma douleur ! que le désespoir mine et détruise mon corps trop solide, et que l'âge a trop épargné. Tout ce qui existe encore, tout ce qui me paraît fier de sa durée m'est odieux ; mes vœux sont pour tout ce qui passe et chancelle. Flots, révoltez-vous, renversez vos digues, et couvrez la terre. Mer turbulente, ouvre tes abîmes, engloutis les vaisseaux, les hommes et leurs trésors. Bataillons guerriers, répandez-vous au loin, et sur les champs ensanglantés accumulez morts sur morts. Que la foudre s'allume dans un ciel pur et frappe les tours qui lèvent leur tête avec tant d'orgueil ; que la flamme détruise, dévore, répande au loin sa fureur au milieu du tumulte des villes : entouré de toutes parts des cris du désespoir, je me résignerai alors au sort qui m'a frappé.

LE SECRÉTAIRE.

Ce malheur imprévu a fait une impression effrayante sur ton esprit, si ferme et si élevé.

LE DUC.

Il m'a surpris : mais il s'était annoncé. Un génie favorable avait ranimé ma fille dans mes bras, et m'avait montré un instant, pour m'y préparer, ce malheur effroyable, éternel maintenant! C'est alors que je devais punir sa témérité, et réprimer l'excès de son courage; arrêter cette folie, qui, l'aveuglant sur sa nature mortelle et vulnérable, l'entraînait à travers les bois, les fleuves, les ruisseaux et les rochers, luttant de vitesse avec les oiseaux.

LE SECRÉTAIRE.

Comment ce que font heureusement tous les premiers du pays pourrait-il être la prédiction d'un malheur?

LE DUC.

J'ai bien eu un pressentiment de mes souffrances, lorsque pour la dernière fois... pour la dernière fois! je viens de prononcer le mot fatal qui plonge ma vie dans les ténèbres. Si je l'avais vue encore une fois, j'aurais peut-être détourné ce malheur, je l'aurais priée avec instance, je l'aurais suppliée, comme peut le faire un père tendre, de s'épargner pour moi, et de sacrifier à notre bonheur et à notre tranquillité sa passion pour les courses à cheval. Ce moment je n'ai pu le trouver, et maintenant je pleure ma fille chérie! Elle n'est plus! L'accident auquel elle échappa avec tant de bonheur n'a fait que la rendre plus hardie. Personne n'était là pour l'avertir, pour la diriger. Elle était trop âgée pour se soumettre à sa gouvernante. A quelles mains avais-je confié un tel trésor? à une femme trop faible et qui cédait en tout; pas un mot de fermeté pour diriger la volonté de ma fille. On lui laissait une liberté illimitée, un champ ouvert à toutes ses imprudences. Cette femme ne la conduisait pas bien; je l'ai souvent senti, mais je n'en étais pas assez persuadé.

LE SECRÉTAIRE.

Ne blâme pas cette malheureuse. On ne sait dans quels lieux elle erre, poursuivie par ses douleurs et sans aucune consolation. Elle s'est enfuie. Qui oserait se présenter devant toi, lors même qu'on n'aurait à se faire que des reproches indirects ?

LE DUC.

Laisse-moi décharger ma colère sur d'autres, bien qu'injustement : sans cela, dans mon désespoir, je me déchirerais moi-même. Je paye ma faute, et bien chèrement. N'est-ce pas moi qui, par mes encouragements insensés, ai appelé le péril et la mort sur une tête si chère? C'était tout mon orgueil de la voir dominer en tout; ah! je l'ai bien payé. Je voulais la voir briller comme une héroïne lorsqu'elle montait à cheval, ou lorsqu'en voiture elle tenait les rênes. En plongeant dans l'eau, elle me semblait une déesse qui commande aux éléments. Elle l'aurait été véritablement, si elle avait pu échapper à un danger de tous les jours; mais, au lieu de la conserver, l'habitude du danger lui a donné la mort.

LE SECRÉTAIRE.

L'accomplissement d'un devoir bien généreux donna la mort à celle que nous n'oublierons jamais.

LE DUC.

Explique-toi.

LE SECRÉTAIRE.

Je vais encore aggraver tes douleurs par le récit de sa noble et puérile entreprise. Son premier et vieil instituteur et ami habite loin de cette ville; il est misanthrope, malade, et plongé dans la tristesse. Elle seule pouvait l'égayer, ce devoir était devenu une passion pour elle; elle venait trop souvent le visiter, et on le lui avait défendu. Mais elle s'arrangeait en conséquence, et employait les heures matinales consacrées à l'exercice du cheval à courir avec la plus grande rapidité voir ce vieillard tant aimé. Un seul palefrenier était dans sa confidence, chaque fois il lui préparait son cheval, à ce que l'on présume du moins, car lui aussi a disparu. Cet homme et la gouvernante errent on ne sait où, par crainte de toi.

LE DUC.

Qu'ils sont heureux d'avoir encore quelque chose à craindre! Le chagrin d'avoir fait évanouir la félicité de leur maître produit chez eux une légère blessure, qui se change en frayeur bientôt dissipée. Je n'ai plus rien à craindre, moi, plus rien à espérer! Aussi, apprends-moi tout, décris-moi les plus petites circonstances, je suis préparé à tout.

SCÈNE III
LE DUC, LE SECRÉTAIRE, L'ABBÉ.

LE SECRÉTAIRE.

Très-honoré prince, j'ai gardé pour cet instant l'homme que tu vois s'incliner devant toi. C'est le prêtre qui a reçu ta fille des mains de la mort, et qui l'a ensevelie avec le plus grand soin, quand tout espoir de secours a été perdu.

SCÈNE IV
LE DUC, L'ABBÉ.

L'ABBÉ.

Grand prince, je nourrissais depuis longtemps un vif désir de paraître devant toi, et mon vœu est exaucé au moment où nous sommes plongés tous deux dans une profonde douleur!

LE DUC.

Quoique chargé d'une mission pénible, sois le bienvenu. Tu l'as vue, tu as recueilli dans ton cœur son dernier regard languissant, tu as gardé dans ta mémoire ses dernières paroles, et répondu par ta tristesse à son dernier soupir. Dis-moi, parlait-elle encore? Que disait-elle? A-t-elle pensé à son père? M'apportes-tu un dernier adieu de sa bouche?

L'ABBÉ.

Le messager d'une mauvaise nouvelle est le bienvenu tant que par son silence il laisse encore place dans notre cœur à l'espérance et à l'illusion; le malheur sans ressource est odieux.

LE DUC.

Pourquoi hésites-tu? Que puis-je apprendre de plus? Elle est partie, le calme et le repos sont maintenant sur sa tombe;

ce qu'elle souffrit est passé pour elle, et, pour moi, cela commence : parle donc.

L'ABBÉ.

La mort est un mal commun. Envisage ainsi le sort de ta fille morte, et que son passage de ce monde en l'autre reste secret comme la nuit du tombeau. Ce n'est pas toujours insensiblement, par une pente douce et facile, que l'on descend dans le royaume silencieux des ombres. La destruction nous entraîne souvent au dernier repos par une douloureuse violence et des tortures infernales.

LE DUC.

Elle a donc beaucoup souffert?

L'ABBÉ.

Beaucoup, mais pas longtemps.

LE DUC.

Elle eut un instant de souffrance, un instant où elle appela du secours! Et moi, où étais-je alors? Quelle occupation, quel plaisir m'enchaînait? Rien ne m'annonçait le malheur effroyable qui déchirait ma vie. Je n'ai pas entendu les cris, ni ressenti la chute, cause de mon désespoir sans ressources. Les pressentiments, les affinités lointaines sont des fables. L'homme, sensuel et endurci, renfermé dans le présent, ne sent que le bien et le mal qui le touchent immédiatement; l'amour même est sourd dans l'absence.

L'ABBÉ.

Quelle que soit la force des paroles, je sens combien elles sont insuffisantes à consoler.

LE DUC.

Les paroles blessent plus vite qu'elles ne guérissent, et, malgré tous leurs efforts, elles cherchent en vain à remplacer le chagrin présent par l'idée d'un bonheur qui n'est plus. Aucun secours, aucun art ne pouvait donc la ramener à la vie? Qu'as-tu tenté, qu'as-tu fait pour la sauver? Certainement tu n'as oublié aucun moyen.

L'ABBÉ.

Hélas! dans l'état où je la trouvai, on ne pouvait penser à rien.

ACTE III.

LE DUC.

Je perds donc pour toujours le doux soutien de ma vie. Je veux tromper ma douleur par ma douleur en éternisant ses restes. Où sont-ils?

L'ABBÉ.

Son tombeau est seul, dans une chapelle digne de le recevoir. De l'autel, je le vois constamment à travers une grille; et je ne cesserai de prier en pleurant pour elle, tant que je vivrai.

LE DUC.

Viens. Conduis-moi vers ce lieu. Le plus habile médecin nous accompagnera. Nous arracherons son beau corps à la corruption, et nous conserverons son image inestimable avec des baumes précieux. Oui, tous les atomes qui formaient naguère son admirable personne resteront assemblés; aucun ne rentrera dans la circulation.

L'ABBÉ.

Que dois-je te dire? Faut-il te le cacher? Tu ne peux y aller; hélas! son image, défigurée... un étranger même ne la verrait pas sans pitié, et les yeux d'un père... Non, que Dieu t'en détourne; tu ne pourrais la regarder.

LE DUC.

Quel redoublement de chagrin me menace!

L'ABBÉ.

Permets-moi de garder le silence, de peur que mes paroles n'altèrent le souvenir même de celle que tu as perdue. Je ne veux pas te raconter comment elle fut traînée à travers les bois et les rochers, et en quel état je la reçus dans mes bras, défigurée et sanglante, déchirée, meurtrie, brisée, méconnaissable. Alors, les yeux pleins de larmes, je bénis l'heure où j'avais renoncé solennellement à porter le nom de père.

LE DUC.

Tu n'es point père! Tu es donc l'un de ces êtres égoïstes et endurcis qui vouent dans la solitude leur vie entière à un stérile désespoir. Éloigne-toi, ta vue m'est odieuse.

LA FILLE NATURELLE.

L'ABBÉ.

Je le sens, on ne saurait pardonner au messager d'un tel malheur.

Il veut s'éloigner.

LE DUC.

Excuse-moi, et reste. As-tu jamais contemplé avec un étonnement mêlé de plaisir une image qui semblât vouloir te reproduire miraculeusement à tes propres yeux ? Si tu avais joui de cette vue, tu n'aurais pas déchiré avec autant de cruauté cet objet créé pour être sous mille traits divers mon bonheur et ma joie en ce monde ; tu n'aurais pas aigri jusqu'à la douceur d'un triste souvenir.

L'ABBÉ.

Que devais-je faire ? Te conduire au tombeau que mille larmes étrangères ont déjà baigné, pendant que je vouais ses membres palpitants et brisés à la lente corruption ?

LE DUC.

Homme insensible, tais-toi ; tu ne fais qu'ajouter à mon désespoir en croyant l'adoucir. Malheur ! malheur ! Ainsi donc les éléments, affranchis du joug de l'ordre et de la vie, vont détruire insensiblement par leurs combats cette céleste image. Autrefois mon cœur paternel se plaisait à compter un à un ses progrès toujours croissants ; mais cette vigueur de vie s'arrête devant mes regards désespérés, et se réduit en poussière.

L'ABBÉ.

Tout ce que l'air et la lumière ont produit de destructible, le sépulcre le garde à jamais.

LE DUC.

O belle coutume des anciens, de séparer par l'action d'un feu pur, dès que l'avait quitté l'esprit qui l'animait, cet ensemble parfait formé par la nature avec tant de lenteur et de sagesse, cette image humaine empreinte de tant de dignité. Lorsque les flammes s'élançaient vers le ciel, et que l'aigle, déployant ses ailes, prenait son vol emblématique entre la fumée et les nuages, les larmes se séchaient, et ceux que la mort laissait sur la terre suivaient de l'œil sans crainte cette divinité nouvelle jusqu'aux espaces lumineux de l'Olympe.

Oui, rassemble en un vase précieux les cendres, tristes restes de ses os, pour que mes bras ne s'étendent plus en vain, pour que je puisse encore presser contre mon cœur ce douloureux trésor.

L'ABBÉ.

La douleur qui se nourrit de douleur n'en devient que plus amère.

LE DUC.

Vivre de sa douleur est une jouissance. Oh! que je voudrais, m'en allant en pèlerinage, ainsi qu'un pénitent, porter à pas lents ses cendres muettes sous un toit modeste, au lieu même où je la vis pour la dernière fois; je la tenais morte dans mes bras, et je la vis revenir à la vie; illusion trop vaine! Je croyais la tenir, la posséder pour toujours, et pour toujours elle m'est ravie; à cet endroit du moins, j'éterniserai ma douleur. Dans le rêve de ma joie, j'avais fait vœu d'élever un monument à sa guérison; la main habile du jardinier a déjà tracé des allées détournées à travers les bois et les rochers; on a déjà déblayé la place où le roi la pressa sur son cœur, en la nommant sa nièce; la proportion et la symétrie devaient embellir ce lieu témoin de mon bonheur. Les mains qui y travaillaient se reposeront, et avec mon bonheur s'évanouira ce plan à moitié exécuté. Je veux encore élever un monument; mais il sera de pierres brutes, entassées sans ordre. J'irai m'y établir, et j'y demeurerai jusqu'à ce que je sois délivré de la vie. Que ne puis-je être changé en l'une des pierres immobiles du monument, jusqu'à ce que toutes les traces que laisse le chagrin aient disparu de ce lieu triste et solitaire! Que l'herbe croisse autour de cette enceinte sans abri, que les branches s'entrelacent sans culture, que les bouleaux balayent la terre de leurs chevelures pendantes, que le jeune arbrisseau devienne arbre, et que la pierre polie se couvre de mousse; quant à moi, je ne sentirai point s'écouler le temps, car elle n'est plus, celle dont les progrès étaient pour moi la mesure des années!

L'ABBÉ.

Est-il permis à l'homme de quitter les plaisirs variés du monde pour l'uniformité de la solitude? Doit-il se livrer volontairement à la destruction lorsque le malheur, s'approchant de lui, le menace de son insupportable fardeau? Pars plutôt, visite ce pays, et parcours rapidement les royaumes étrangers, pour que les divers tableaux de la terre, passant devant ton esprit, te distraient et te guérissent.

LE DUC.

Qu'ai-je à chercher sur la terre, puisque je n'y peux plus trouver celle qui seule était quelque chose à mes yeux? Pourquoi les fleuves et les collines, les vallées, les forêts et les rochers passeraient-ils devant mon esprit, sinon pour éveiller en moi le besoin de ressaisir l'image de la seule personne que j'aie aimée au monde. Lorsque du haut d'une montagne je contemplerais la mer sans bornes, que serait pour moi cette richesse de la nature qui me rappellerait ma misère et ma désolation.

L'ABBÉ.

Tu acquerras des richesses nouvelles.

LE DUC.

Il n'est que l'œil de la jeunesse qui puisse donner de la fraîcheur et une nouvelle vie à ce qui nous est connu depuis longtemps, et l'enthousiasme qui nous est refusé ne peut nous être rendu que par une bouche naïve. Aussi espérais-je lui montrer les plaines si bien cultivées de ce royaume, ses forêts, ses fleuves, et la mener jusqu'à la mer pour y jouir des délices infinies qu'on sent à égarer sa vue sur ce qui n'a pas de limites.

L'ABBÉ.

Grand prince, puisque tu ne veux pas vouer à la contemplation les jours d'une longue vie, au moins le bonheur de tous t'impose auprès du trône, selon le privilège de ta naissance, une tâche noble et universelle; je te le dis donc au nom de tous : redeviens homme; que les heures de tristesse qui obscurcissent l'horizon de ta vie, en devenant pour les autres des heures de réjouissance, le deviennent aussi pour toi-même.

LE DUC.

Cette vie est insipide et sans charme lorsque tous les efforts, toutes les peines, n'aboutissent qu'à de nouveaux efforts et à de nouvelles peines, lorsque aucun but chéri ne s'offre pour récompense. Je n'avais qu'à la voir, et je possédais, et j'acquérais encore avec joie, pour lui créer un petit royaume heureux et tranquille; alors j'étais calme, ami de tous les hommes, serviable, actif, prompt au conseil et à l'action. On chérit son père, on le remercie, me disais-je, et un jour on saluera la fille comme une digne amie.

L'ABBÉ.

Tu n'as plus de temps à donner à des soins aussi doux; d'autres soins te réclament. Te le dirais-je, moi, le dernier de tes serviteurs? dans ces tristes jours, tous les regards se tournent avec inquiétude vers ton mérite rare et ta haute puissance.

LE DUC.

Celui-là seul qui est heureux peut se sentir du mérite et du pouvoir.

L'ABBÉ.

Les atteintes brûlantes d'une si profonde douleur font sentir vivement l'importance de tels moments; pardonne-moi cependant si j'ose te dire, d'une bouche confiante, quelle fermentation bouillonne au-dessous de nous, et combien est chancelant le pouvoir qui doit la dominer. Tout le monde ne voit pas cela; mais pour toi, cela doit être plus appréciable qu'à la foule à laquelle j'appartiens. Ne crains pas de saisir, pendant l'orage qui nous menace, le gouvernail mal dirigé. Pour le bien de ton pays, écarte ta douleur; autrement mille pères pleureront comme toi leurs enfants, et des milliers d'enfants qui ne trouveront plus leurs pères, des milliers de mères dans l'angoisse, feront retentir de leurs cris les murs de leurs cachots. Immole tes douleurs et tes chagrins sur l'autel du bien commun; tous ceux que tu sauveras deviendront tes enfants et remplaceront celle que tu as perdue!

LE DUC.

N'évoque pas de ses affreux repaires ce troupeau compacte de spectres qui se jettent rapidement et comme par magie entre ma fille et moi. Elle n'est plus, la puissance enivrante qui berçait mon esprit de si doux rêves. La réalité me presse et menace de m'écraser de son poids énorme. Allons, sortons du monde! Si l'habit que tu portes ne me trompe pas, conduis-moi au couvent, séjour de pénitence, et laisse-m'y, pour que la vie qui m'est à charge s'écoule dans le silence et l'humiliation.

L'ABBÉ.

Bien qu'il ne me convienne guère de t'appeler au monde, j'ajouterai encore avec fermeté d'autres paroles. Ce n'est pas dans le tombeau, ni près du tombeau, qu'un homme plein de grands sentiments doit consumer ses désirs. Il rentre en lui-même, et y retrouve avec étonnement ce qu'il avait perdu.

LE DUC.

Le désir de la possession se conserve dans sa force, tandis que ce qui est perdu s'éloigne toujours davantage; c'est là le tourment continuel que souffre le corps à l'endroit des membres qu'il a perdus. Une existence divisée, qui peut la réunir? Anéantie, qui peut la faire revivre?

L'ABBÉ.

La force d'esprit, de l'esprit de l'homme, à qui l'on ne saurait ravir le mérite dont la nature l'a doué. Eugénie vit encore pour toi; elle vit dans ton cœur qu'elle animait jadis, auquel elle faisait vivement sentir la vue d'un beau site; son souvenir chéri te préserve de tout ce qui est vulgaire ou mauvais, et que chaque heure peut t'offrir; son mérite éclatant te garantit de tout le faux brillant qui peut t'éblouir. Que sa force t'anime; rends-lui ainsi une vie indestructible, que rien au monde ne pourra plus t'enlever.

LE DUC.

Que la triste et sombre rêverie m'enlace de ses réseaux funèbres! Reste auprès de moi, image adorée, éternellement belle, éternellement la même! Que ses yeux brillants m'éclairent toujours de leur pure lumière! qu'elle plane devant moi partout où je vais, et me conduise à travers le labyrinthe de ce monde. Ce n'est pas un fantôme que je vois. Tu fus, tu es encore. La Divinité t'avait conçue parfaite et montrée telle à nos yeux. Tu es devenue une partie de l'infini, de l'éternité; tu m'appartiens pour toujours.

ACTE QUATRIÈME

PLACE DANS UN PORT DE MER.

D'un côté un palais, de l'autre une église, au fond une rangée d'arbres à travers laquelle on aperçoit le port.

SCÈNE I

EUGÉNIE, enveloppée d'un voile, est assise dans le fond, sur un banc, le visage tourné vers la mer. LA MAITRESSE DE LA COUR, LE CONSEILLER, sur le devant.

LA MAITRESSE DE LA COUR.

Une affaire bien triste, et que je ne peux pas éviter, m'éloigne du centre du royaume, de l'enceinte de la capitale et m'entraîne vers ce port, dernière limite du continent; les chagrins me suivent pas à pas, et m'annoncent un pénible avenir. Avec quelle joie je vois paraître, ainsi qu'un phare allumé sur ma route, un conseiller si justement distingué entre tous par sa noblesse! Pardonne-moi donc si je viens à toi avec cette feuille autorisant une conduite qui m'est si pénible, vers toi dont le juge estimait jadis les avis et l'assistance, et que maintenant on vénère comme magistrat.

LE CONSEILLER, après avoir examiné attentivement la feuille.

Mes efforts furent peut-être dignes de louanges, non pas mon mérite. Au reste, il me paraît singulier que ce soit précisément à celui qu'il te plaît de nommer juste et noble que tu viennes t'adresser dans une telle circonstance, en lui présentant avec audace un papier que l'on ne peut regarder sans effroi. Il n'est pas question ici de droit ni de justice, mais seulement de force, dirigée, sans doute, avec sagesse et prudence. Une noble enfant t'a été confiée à la vie et à la mort, et je ne dis pas trop. Elle a été mise entièrement à ta disposition : chacun donc, le serviteur, le guerrier comme le citoyen, doit te prêter assistance, et la traiter suivant tes ordres.

Il rend la feuille.

LA MAÎTRESSE DE LA COUR.

Montre-toi juste encore en cette occasion; ne te laisse pas émouvoir seulement par les accusations de cette feuille; mais écoute-moi aussi, moi qui suis si grièvement accusée, et accueille avec faveur mon récit sincère. Cette enfant est d'un sang noble; la nature lui a donné une riche part dans la distribution de ses dons, et l'a ornée de toutes les vertus, lorsque la loi lui refusait d'autres titres. Maintenant on la bannit; je suis chargée de l'enlever aux siens, de l'amener ici pour la conduire ensuite aux îles.

LE CONSEILLER.

A une mort certaine qui surprend, qui s'avance entourée de vapeurs embrasées. Là, cette fleur céleste se fanera, les couleurs de ses joues s'effaceront, et l'on ne reconnaîtra plus cette taille qui maintenant charme les yeux.

LA MAÎTRESSE DE LA COUR.

Écoute-moi avant de prononcer. Cette enfant n'est point coupable; cela a-t-il besoin de protestation? mais elle est cause de beaucoup de maux. Un dieu, dans sa colère, l'a jetée comme une pomme de discorde au milieu de deux partis qui luttent, divisés par une haine éternelle : d'un côté on cherche à lui assurer le bonheur le plus élevé; de l'autre on veut la précipiter dans l'abîme. Les deux partis sont inébranlables dans leur résolution. C'est ainsi qu'un double labyrinthe de menées secrètes a enveloppé son sort, que la ruse a balancé la ruse, jusqu'au jour où une impatience trop vive voulut hâter le moment qui assurait son bonheur. Alors de chaque côté la dissimulation brisa ses barrières, la violence se déchaîna en menaçant l'État lui-même. Enfin, pour mettre un terme aux crimes des coupables, et pour déjouer leurs desseins, une haute sentence frappe ma jeune élève, occasion bien innocente du combat, et la relègue dans l'exil ainsi que moi.

LE CONSEILLER.

Je ne profère aucune injure contre l'instrument d'une telle violence, et ne m'oppose point à une puissance qui peut se permettre un pareil acte. Hélas! le pouvoir lui-même est souvent enchaîné et influencé. Les soucis et la crainte de maux plus grands forcent ceux qui gouvernent à des actions nécessaires mais injustes. Fais ce que tu dois, et éloigne-toi de ma sphère pure et bornée.

LA MAÎTRESSE DE LA COUR.

Je la cherche au contraire, je m'y réfugie ; et c'est là seulement que j'attends mon salut ; tu ne me repousseras pas. Depuis longtemps je désire montrer à mon élève le bonheur simple et tranquille qui habite dans les rangs de la bourgeoisie. Si elle voulait renoncer à la grandeur qu'on lui refuse, se mettre sous la protection d'un époux honnête, et, perdant de vue ces régions où l'attendent le danger, l'exil et la mort, tourner ses regards vers un ménage modeste, tout serait accompli ; je serais déchargée de mon devoir rigoureux, et je pourrais goûter encore paisiblement, au sein de la patrie, des jours heureux.

LE CONSEILLER.

Tu me révèles un secret étrange.

LA MAÎTRESSE DE LA COUR.

Je le révèle à un homme ferme et prudent.

LE CONSEILLER.

Qui lui rende la liberté si elle trouve un mari?

LA MAÎTRESSE DE LA COUR.

Et je la donne parée d'une riche dot.

LE CONSEILLER.

Qui pourrait prendre un tel parti si précipitamment?

LA MAÎTRESSE DE LA COUR.

L'inclination ne se fixe que lorsqu'on la presse.

LE CONSEILLER.

La choisir sans la connaître serait un outrage pour elle.

LA MAÎTRESSE DE LA COUR.

Le premier regard la fait connaître et apprécier.

LE CONSEILLER.

Les ennemis de l'épouse menaceront aussi l'époux.

LA MAÎTRESSE DE LA COUR.

Lorsqu'elle portera le titre d'épouse, tout danger sera dissipé.

LE CONSEILLER.
Découvrira-t-on son secret ?
LA MAÎTRESSE DE LA COUR.
On ne le confiera qu'à celui qui aura confiance en elle.
LE CONSEILLER.
Choisira-t-elle un pareil lien de sa propre volonté ?
LA MAÎTRESSE DE LA COUR.
De grands maux la forceront à ce choix.
LE CONSEILLER.
Peut-on la posséder honnêtement dans de telles circonstances ?
LA MAÎTRESSE DE LA COUR.
Celui qui se dévoue saisit l'occasion et ne raisonne point.
LE CONSEILLER.
Que demandes-tu avant tout ?
LA MAÎTRESSE DE LA COUR.
Il faudra qu'elle se décide à l'instant même.
LE CONSEILLER.
Son destin se précipite donc d'une manière effrayante ?
LA MAÎTRESSE DE LA COUR.
Le départ s'apprête dans le port.
LE CONSEILLER.
Lui as-tu conseillé une telle alliance ?
LA MAÎTRESSE DE LA COUR.
Je lui en ai parlé d'une manière détournée.
LE CONSEILLER.
En a-t-elle rejeté la pensée ?
LA MAÎTRESSE DE LA COUR.
Le bonheur était encore trop près d'elle.
LE CONSEILLER.
Ces images attrayantes pourront-elles disparaître ?
LA MAÎTRESSE DE LA COUR.
La vue de la pleine mer l'a effrayée.
LE CONSEILLER.
Elle craint donc de quitter la patrie ?
LA MAÎTRESSE DE LA COUR.
Elle le craint, et moi je le redoute à l'égal de la mort.

Ô toi qui as le cœur si noble, et que nous avons rencontré si heureusement, ne te contente pas d'un vain échange de paroles. Tu es jeune encore, et doué de toutes les vertus qui ont besoin d'une foi puissante et d'un vif amour; tu es entouré sans doute d'un cercle brillant de gens semblables à toi, je ne dis pas égaux à toi. Regarde ton propre cœur et ceux de tes amis, et dis si tu y trouves une mesure complète d'amour, de dévouement, de force et de courage, telle enfin que celle dont cette personne inestimable comblera du fond de son âme celui qui la méritera.

LE CONSEILLER.

Je comprends et je sens la position; je ne puis, comme le demanderait la prudence, délibérer mûrement en moi-même. Je veux lui parler. (La Maîtresse de la cour s'approche d'Eugénie.) Ce qui doit arriver arrivera. La réflexion et la volonté peuvent beaucoup dans les circonstances vulgaires de la vie; mais on ne sait d'où viennent les grands événements.

SCÈNE II
EUGÉNIE. LE CONSEILLER.

LE CONSEILLER.

Beauté respectable, au moment où tu t'approches de moi, j'ai peine à croire que l'on m'ait bien informé. Tu es malheureuse, dit-on, et cependant tu portes partout avec toi le bonheur et la consolation.

EUGÉNIE.

Tu es le premier auquel j'aie osé, du fond de ma misère, jeter un regard et adresser une parole, tant tu m'as semblé doux et noble! J'espère que peu à peu le sentiment pénible qui m'oppresse se dissipera.

LE CONSEILLER.

Celui même qui aurait beaucoup plus d'expérience que toi serait bien à plaindre si ton sort lui était échu en partage. Comment ces premiers chagrins, qui viennent affliger ta jeunesse, n'exciteraient-ils pas une sympathie secourable?

EUGÉNIE.

Il y a peu de temps que j'échappai à la nuit du tombeau pour revoir la lumière ; je ne prévoyais pas ce qui m'arriverait, quel coup inopiné viendrait m'abattre. Je me levai alors, et je reconnus le monde avec ravissement. Le médecin s'empressait de rallumer en moi le flambeau de la vie ; je la retrouvai dans le regard plein d'amour de mon père, dans ses touchantes paroles. Maintenant, pour la seconde fois, je me réveille après une chute subite, et tout ce qui m'entoure m'est étranger, tout me paraît fantôme : l'activité de ces hommes, ta bonté même, sont comme un rêve pour moi.

LE CONSEILLER.

Lorsque des étrangers entrent dans notre position, ils sont plus pour nous que des proches, qui souvent regardent nos peines avec une sorte d'indifférence, comme des choses dont la vue leur est habituelle. Ta position est dangereuse, je n'ose pas affirmer qu'elle soit sans remède.

EUGÉNIE.

Je n'ai rien à en dire : la puissance qui cause mon malheur m'est inconnue. Tu as parlé de cette femme, elle sait tout ; moi, je me borne à tâcher de retenir ma raison près de s'égarer.

LE CONSEILLER.

Ce qui a attiré sur toi cette vengeance du pouvoir suprême est une faute légère, une erreur, aggravée par le hasard ; mais il te reste l'estime des cœurs honnêtes, et leur inclination parle pour toi.

EUGÉNIE.

Ayant conscience de la pureté de mon cœur, je médite sur l'influence des fautes légères.

LE CONSEILLER.

Ce n'est rien que de chanceler sur un terrain uni, mais un seul faux pas nous précipite des sommités.

EUGÉNIE.

Au faîte des régions élevées, je planais dans le ravissement ; l'excès de ma joie m'a perdue. Je touchais par la pensée le bonheur qui m'attendait, et j'en tenais déjà dans mes mains un gage précieux. Un peu de calme! un peu de patience! et tout m'était favorable, j'ose le croire. Je voulus précipiter les choses, je me laissai entraîner par une tentation pressante. Est-ce là la cause de mes maux? Je vis et je racontai ce qu'il m'était défendu de voir et de raconter. Une faute si légère méritait-elle donc d'être si cruellement punie? Enfreindre en badinant une défense qui ne semblait pas sérieuse, est-ce assez pour s'attirer une condamnation irrévocable? Ce que la tradition des peuples nous rapporte d'incroyable est donc vrai : la faible et courte jouissance de manger une pomme a causé le malheur du monde entier. Une clef me fut confiée, et, voulant ouvrir les trésors qui m'étaient défendus, je n'ouvris que mon tombeau.

LE CONSEILLER.

Tu ne saurais trouver la source du mal ; et, d'ailleurs, tu la connaîtrais qu'elle ne cesserait pas de couler.

EUGÉNIE.

Je cherche en vain à me persuader que de si faibles transgressions soient cause de si grandes souffrances. Je porte plus haut mes soupçons. Les deux hommes éminents auxquels je croyais devoir tout mon bonheur semblaient se tenir par la main. La discorde des partis, qui prend naissance dans les antres obscurs, paraîtra peut-être bientôt à découvert; les craintes et les soucis qui m'entourent dépendent peut-être d'événements qui, en m'écrasant, menacent aussi le monde d'anéantissement.

LE CONSEILLER.

Que je te plains! Ta douleur est l'image même du destin ; la terre ne te semblait-elle pas couverte de joie et de bonheur lorsque, enfant pleine de gaieté, tu ne marchais que sur des fleurs?

EUGÉNIE.

Qui mieux que moi vit la terre parée de toutes ses fleurs? Hélas! autour de moi tout était pur, riche, abondant, et tout ce que l'homme peut désirer semblait prodigué pour mes plaisirs. A qui devais-je un tel paradis? J'en étais redevable à l'amour d'un père qui, soigneux dans les plus petites comme dans les plus grandes choses, semblait vouloir m'accabler des jouissances du luxe, et former en même temps mon corps et mon esprit à supporter de si grands biens. Pendant que toutes ces futilités amollissantes m'environnaient, une ardeur chevaleresque me poussait à lutter contre le danger, en domptant un coursier, en conduisant un char. Je souhaitais souvent de visiter les pays lointains, de parcourir des espaces nouveaux et étrangers : mon noble père promit de me mener voir la mer; il voulait jouir de mes premiers regards plongeant dans l'infini, et son amour devait partager mon ravissement. J'y suis maintenant, je considère cette vaste étendue, et elle me semble étroite, il me semble qu'elle m'étouffe. O Dieu! que le ciel et la terre paraissent bornés, lorsque notre cœur tremble dans ses propres limites!

LE CONSEILLER.

Infortunée! comme un météore tu tombes brisée de ta sphère élevée : tu as faussé l'orbite qui m'était tracé en le touchant dans ta chute; tu as à jamais gâté pour moi le spectacle de la pleine mer. Quand je verrai Phébus se préparer une couche enflammée, et que tous les yeux verseront des larmes d'admiration, je me détournerai pour pleurer sur ton sort. J'apercevrai de loin, sur la lisière du sombre Océan, la route déplorable que tu suivras, je penserai à toi, privée de tout ce que l'habitude t'a rendu nécessaire, et à tous les maux nouveaux et inévitables qui t'accableront. Les traits du soleil pénètrent ce pays humide, à peine arraché aux flots; un souffle empesté en parcourt sans cesse les bas-fonds couverts de brouillards bleuâtres et venimeux. Je vois s'écouler dans le chagrin et dans l'attente de la mort une vie de jour en jour plus pesante et plus frêle. O toi qui es maintenant devant moi si florissante et si pleine de santé, dois-tu, si jeune encore, succomber à une lente agonie?

EUGÉNIE.

Tu me fais frémir. C'est donc là, c'est là qu'on veut m'exiler, dans cette région qu'on m'a dépeinte depuis mon enfance sous des traits si hideux et comme un coin de l'enfer! là où les serpents et les tigres se glissent avec rage à travers les roseaux et les épines qui bordent les marais! là où les insectes enveloppent le voyageur pour le déchirer, pareils à des nuages animés! L'air malsain y abrége la vie. Je voulais te prier; tu me vois à présent te suppliant et pleurant. Tu peux me sauver, tu le feras.

LE CONSEILLER.

Un puissant talisman est entre les mains de ta conductrice.

EUGÉNIE.

Qu'est-ce donc que l'ordre et la loi? Ne peuvent-ils pas défendre la jeunesse d'une fille innocente? Qui êtes-vous donc, vous dont le vain orgueil se vante d'humilier la force devant la justice?

LE CONSEILLER.

Nous gouvernons dans le cercle limité où la loi commande, et qui ne passe point la hauteur moyenne de la société. Mais ce qui s'agite au-dessus, dans des espaces sans bornes et avec une puissance capricieuse, anime ou tue sans conseil et sans jugement; tout cela se mesure autrement et reste une énigme pour nous.

EUGÉNIE.

Est-ce là tout? N'as-tu rien de plus à me dire?

LE CONSEILLER.

Rien...

EUGÉNIE.

Je ne le crois pas, je ne puis pas le croire.

LE CONSEILLER.

Laisse-moi m'éloigner. Dois-je passer pour lâche et irrésolu? Faut-il pleurer, me lamenter? Ne puis-je te présenter d'une main hardie quelque moyen de salut? Mais cette hardiesse même me fait courir un risque affreux, celui d'être méconnu de toi, de paraître te proposer avec indignité un but coupable.

EUGÉNIE.

Je ne te laisse pas aller; le sort t'a envoyé vers moi pour mon salut. Oui, le sort qui a pris soin de moi et m'a conservée depuis mon enfance m'envoie dans cette tourmente un homme élu par sa faveur. Ne dois-je pas apprécier la part que tu prends à moi et à mes malheurs. Je ne suis pas ici sans but... Tu songes, tu réfléchis... Non, je ne suis pas encore perdue, tu cherches un moyen de me sauver : dis, l'as-tu trouvé? Ton regard profond, sérieux et bienveillant me le promet. Ah! ne te détourne pas! Dis-moi une seule parole qui puisse relever mon courage.

LE CONSEILLER.

C'est ainsi que le malade se tourne plein de confiance vers le médecin, lui demande du soulagement, et le prie de conserver ses jours menacés. L'homme habile apparaît comme un dieu; mais peut-être, hélas! il propose un moyen pénible et cruel. On annonce peut-être au malade, au lieu de guérison, la mutilation douloureuse, la perte même d'un membre. Tu veux être sauvée; on peut te sauver, mais non te rétablir. Sauras-tu éloigner la pensée de ce que tu fus, et te résigner à ce que tu dois être?

EUGÉNIE.

Une créature à moitié perdue prie d'abord, en son besoin pressant, qu'on l'arrache à la nuit du trépas, qu'on lui laisse goûter la lumière vivifiante, qu'on lui assure l'existence. Chaque jour lui apprend ensuite ce qu'elle peut sauver, ce qu'elle peut rétablir, ce qu'il lui faut oublier.

LE CONSEILLER.

Après la vie, quelle chose donc t'est la plus précieuse?

EUGÉNIE.

Le sol chéri de la patrie.

LE CONSEILLER.

Par un seul mot tu demandes beaucoup.

EUGÉNIE.

Ce seul mot contient tout mon bonheur.

LE CONSEILLER.

Qui pourrait en détruire le charme?

EUGÉNIE.

Le charme plus puissant de la vertu.

LE CONSEILLER.

Il est difficile de résister aux forces supérieures.

ACTE IV.

EUGÉNIE.

Cette force n'est pas toute-puissante. Certainement la connaissance de ces formes obligatoires pour les supérieurs comme pour les inférieurs doit te fournir quelque moyen. Tu souris! est-il possible? l'aurais-tu trouvé? Dis-le-moi.

LE CONSEILLER.

A quoi sert-il, mon amie, de parler de possibilités? Presque tout semble possible à nos vœux; mais beaucoup de choses, au dedans comme au dehors de nous, s'opposent à ce que nous voudrions faire, et le rendent impossible. Je ne puis, je ne dois pas parler, laisse-moi.

EUGÉNIE.

Me tromperais-je? Ne devait-il durer qu'un instant, ce faible et douteux essor de mon imagination? Offre-moi du moins un mal pour mettre à la place de l'autre; je suis sauvée si j'ai seulement le choix.

LE CONSEILLER.

Il y a un moyen de te conserver dans ta patrie; il est sûr, et a semblé doux à plusieurs; c'est un titre à la faveur de Dieu et des hommes. Des forces saintes doivent le faire triompher de tous les caprices; il procure le bonheur et la tranquillité à tous ceux qui le connaissent et qui savent en jouir; nous lui devons d'entrer en possession des biens de la terre, et de réaliser nos rêves d'avenir. Le ciel l'a donné à tous les hommes : pour l'obtenir il faut le hasard, l'audace, l'amour persistant.

EUGÉNIE.

Quel paradis me présentes-tu dans ces énigmes?

LE CONSEILLER.

Le bonheur divin que se procure sur la terre celui qui se le crée à lui-même.

EUGÉNIE.

La réflexion ne m'aide pas, je m'y perds.

LE CONSEILLER.

Si tu ne devines point, c'est qu'il est loin de toi.

EUGÉNIE.

Nous le verrons bien quand tu auras parlé clairement.

LE CONSEILLER.
Je hasarde beaucoup! c'est le mariage.
EUGÉNIE.
Comment?
LE CONSEILLER.
J'ai parlé; c'est à toi de réfléchir.
EUGÉNIE.
Un tel mot me surprend, il m'inquiète.
LE CONSEILLER.
Je comprends ton inquiétude.
EUGÉNIE.
Il était loin de moi au temps de mon bonheur, je ne puis supporter son approche maintenant; mes soucis, mon serrement de cœur, ne font qu'augmenter. C'était de la main de mon père et de celle de mon roi que je devais recevoir un époux; mes regards ne se portaient pas avec impatience vers cet instant, et aucun amour ne mûrissait dans mon cœur. Il me faut penser à une chose à laquelle je n'ai jamais songé, et sentir ce que la pudeur m'a toujours fait repousser; il me faut désirer un époux avant qu'aucun homme m'ait paru aimable et se soit montré digne de moi, et profaner le bonheur que l'hymen nous promet en en faisant un moyen de salut.

LE CONSEILLER.
Une femme peut confier son sort à un homme courageux et fidèle, fût-il même étranger. Mais celui-là ne nous est pas étranger qui sait prendre part à nos souffrances : l'opprimé s'unit bien vite à celui qui le sauve. Ce qui lie étroitement durant le cours de la vie une épouse à son époux, c'est le sentiment de la protection; et jamais les conseils et les consolations, l'assistance et les secours ne manqueront à la femme pour laquelle, au jour de ses dangers, un homme généreux se sacrifiera pour toujours.

EUGÉNIE.
Où trouverais-je un pareil héros?
LE CONSEILLER.
Cette ville contient beaucoup d'habitants.

EUGÉNIE.

Mais je leur suis à tous inconnue.

LE CONSEILLER.

Un tel regard ne reste pas longtemps caché.

EUGÉNIE.

Ne trompe pas mon espérance facile à égarer! Où pourrai-je trouver un de mes égaux qui m'offre sa main dans mon abaissement? Oserai-je même lui avoir une telle obligation?

LE CONSEILLER.

Il semble d'abord qu'il y ait beaucoup d'inégalités dans la vie; mais elles s'aplanissent bien vite. Par un échange continuel, un bien balance un mal, la joie guérit la souffrance! Rien n'est constant. Les jours en s'écoulant font disparaître insensiblement beaucoup de disproportions, qui bientôt par degrés rentrent dans l'harmonie. L'amour sait rapprocher les plus grandes distances; il sait unir parfois le ciel avec la terre.

EUGÉNIE.

Tu veux me bercer de vains songes.

LE CONSEILLER.

Tu es sauvée si tu peux y croire.

EUGÉNIE.

Montre-moi l'image fidèle de celui qui doit me sauver.

LE CONSEILLER.

Je te le montre, il t'offre sa main.

EUGÉNIE.

Toi! quelle légèreté!

LE CONSEILLER.

Mes sentiments sont fixés pour la vie.

EUGÉNIE.

Un moment peut-il opérer de tels miracles?

LE CONSEILLER.

Le miracle naît du moment.

EUGÉNIE.

Mais aussi l'erreur est fille de la précipitation.

LE CONSEILLER.

Celui qui t'a vue ne saurait se tromper.

EUGÉNIE.

L'expérience est la maîtresse de la vie.

LE CONSEILLER.

Elle peut égarer, mais c'est le cœur qui décide. Ah! laisse-moi te dire comment, il y a peu d'heures, je faisais un retour sur moi-même et me sentais isolé. Je considérais ma position, mes biens, mon état, mon emploi, et je cherchais une épouse à mes côtés. Mon imagination, combinant ensemble les trésors recueillis par ma mémoire, la faisait passer devant mes yeux, et mon cœur n'était porté vers aucun choix. Tu as paru; je sens maintenant ce dont j'avais besoin; mon sort est décidé.

EUGÉNIE.

L'étrangère sans protection, cernée par la ruse, pourrait éprouver quelque joie et quelque orgueil à se voir ainsi estimée, aimée, si elle ne pensait pas aussi au bonheur de l'ami, de l'homme généreux, du seul homme peut-être qui veuille la secourir. Mais ne te trompes-tu pas toi-même? Oserais-tu te mesurer avec la puissance qui me menace?

LE CONSEILLER.

Avec celle-là comme avec toutes les autres! Un dieu nous a montré le port le plus sûr pour résister même à la furie d'une multitude tumultueuse. La paix, que tu chercherais en vain dans les climats lointains, habite la demeure où commande un époux. L'envie inquiète, la calomnie furieuse, l'esprit de parti toujours actif, sont impuissants dans cette enceinte sacrée. La sagesse et l'amour entretiennent le bonheur, et leur présence adoucit tous les chagrins. Viens, sauve-toi par moi; je sais ce que je puis et ce que je dois promettre.

EUGÉNIE.

Es-tu roi dans ta maison?

LE CONSEILLER.

Je le suis, et chacun l'est, le bon comme le méchant. Mais est-ce assez d'une seule puissance dans une maison? L'homme doit-il affliger une épouse qui l'aime, en réglant tout suivant ses propres volontés? Doit-il prendre une joie maligne à la tourmenter de ses vains caprices, de ses ordres absolus, de toutes ses ridicules fantaisies? Qui peut sécher ses larmes? quelle loi, quel tribunal peut atteindre le coupable? Il triomphe, et le désespoir conduit insensiblement au tombeau la patience qui se tait. Si la nécessité, la loi, la coutume, donnèrent à l'homme des droits aussi importants, c'est qu'elles se confiaient en sa force et en son honnêteté. Vénérable et chère étrangère, ce n'est pas la main d'un héros descendant d'un héros que je puis t'offrir, mais l'état assuré d'un citoyen indépendant. Si tu m'appartiens, qui pourra t'inquiéter? Tu seras toujours, près de moi, défendue et protégée. Le roi te redemanderait, que je pourrais lui répondre que je suis ton époux.

EUGÉNIE.

Pardonne. Ce que j'ai perdu se peint encore trop vivement à mes regards. Homme magnanime, pense au peu qui me reste: eh bien! ce peu même, tu m'apprends à l'estimer encore; tu me rends, par tes sentiments, ma vie et mon être. En retour, je te donne toute ma vénération; comment la nommer? reconnaissance, enchantement, affection fraternelle? Je sens que je suis ton ouvrage; mais, hélas! je ne puis t'appartenir comme tu le désirerais.

LE CONSEILLER.

Ainsi, par ce peu de paroles, tu repousses l'espérance loin de toi, hélas! et loin de moi?

EUGÉNIE.

On renonce aisément à une espérance impossible.

SCÈNE III

Les Précédents, LA MAITRESSE DE LA COUR.

LA MAITRESSE DE LA COUR.

La flotte va profiter du vent favorable; les voiles s'enflent, tout s'apprête. Ceux qui se séparent s'embrassent en pleurant et l'on voit plus d'un mouchoir blanc, des vaisseaux et du rivage, envoyer le dernier adieu. Notre navire aussi lèvera bientôt l'ancre : viens, un salut d'adieu ne nous accomjoignera pas ; nous partons sans que personne pleure notre départ.

LE CONSEILLER.

Les amis que vous laisserez ici vous pleureront avec une douleur amère et étendront les bras pour vous retenir. Ce que vous dédaignez maintenant sera demain peut-être un bien perdu, digne de vos regrets. (à Eugénie.) Il y a peu d'instants que, dans mon ravissement, je te nommai la bienvenue ; un dernier adieu, un éternel a lieu va-t-il donc sceller notre séparation ?

LA MAÎTRESSE DE LA COUR.

Ai-je deviné le résultat de votre entretien ?

LE CONSEILLER.

Tu me vois prêt à former un indissoluble lien.

LA MAÎTRESSE DE LA COUR.

Et comment reconnais-tu une offre si généreuse ?

EUGÉNIE.

Par la plus pure reconnaissance de mon cœur ému.

LA MAÎTRESSE DE LA COUR.

Mais sans désir d'accepter cette main ?

LE CONSEILLER.

Elle ne demande qu'à vous secourir.

EUGÉNIE.

La chose la plus proche est souvent la moins saisissable.

LA MAÎTRESSE DE LA COUR.

Bientôt, hélas ! nous ne serons que trop loin de tout espoir de salut.

LE CONSEILLER.

As-tu songé à ce terrible avenir ?

EUGÉNIE.

Même au dernier de tous, à la mort.

LA MAÎTRESSE DE LA COUR.

Tu refuses donc la vie qu'on t'offre ?

LE CONSEILLER.

Et les joies d'une alliance qui pourra l'embellir ?

EUGÉNIE.

Non, plus de joie ! il n'en est plus pour moi.

LA MAÎTRESSE DE LA COUR.

Celui qui a beaucoup perdu peut regagner promptement ce qu'il a perdu.

LE CONSEILLER.

Un sort assuré après un sort brillant !

EUGÉNIE.

Que faire de la durée quand l'éclat n'existe plus !

LA MAÎTRESSE DE LA COUR.

Celui qui sait ce qui est possible s'en contente.

LE CONSEILLER.

Et qui ne se contenterait d'un amour fidèle ?

EUGÉNIE.

Mon cœur contredit ces paroles flatteuses, et soutient avec impatience vos efforts réunis.

LE CONSEILLER.

Hélas ! je le sais, un secours intempestif est bien à charge à celui qui le reçoit, et ne fait que déchirer intérieurement son cœur. Nous croyons être reconnaissants, mais nous sommes ingrats en ne voulant point recevoir. Séparons-nous donc ; mais auparavant je veux remplir mes devoirs d'habitant d'un port, et te préparer une provision de toutes les commodités, de tous les biens de la terre dont tu manqueras sur la mer stérile ; je demeurerai ensuite les yeux fixés sur ces voiles gonflées, et, en les voyant s'éloigner toujours davantage, je verrai partir tout mon bonheur, toute mon espérance.

SCÈNE IV

EUGÉNIE, LA MAÎTRESSE DE LA COUR.

EUGÉNIE.

Mon salut comme ma perte est entre tes mains, je le sais : laisse-toi persuader, laisse-toi attendrir ; ne me conduis pas sur ce vaisseau.

LA MAÎTRESSE DE LA COUR.

Tu es maîtresse de notre destinée ; tu n'as qu'à choisir. Pour moi, je ne fais qu'obéir à la main puissante qui me chasse devant elle.

EUGÉNIE.

Et tu appelles cela choisir, lorsqu'on n'a devant soi que l'inévitable ou l'impossible !

LA MAÎTRESSE DE LA COUR.

L'exil est inévitable, mais le mariage est possible.

EUGÉNIE.

Ce que l'honneur défend est impossible.

LA MAÎTRESSE DE LA COUR.

Tu peux faire beaucoup pour cet homme honnête.

EUGÉNIE.

Place-moi dans une position meilleure, et je ne mettrai pas de bornes aux récompenses que méritent ses offres.

LA MAÎTRESSE DE LA COUR.

Donne-lui pour récompense ce qui seul peut le payer ; que ta main l'élève jusqu'à toi. Si la vertu et le mérite avancent lentement l'homme de bien, si, renonçant à lui-même, souvent méconnu, il se consacre au bien d'autrui, une femme noble, au contraire, le fait bientôt monter au rang dont il est digne. Il ne faut plus qu'il baisse ses regards, mais qu'il les lève vers celle qui lui est supérieure ; et, s'il l'obtient, elle aplanit pour lui le chemin de la vie.

EUGÉNIE.

Je connais la fausseté et la ruse de tes paroles ; leur artifice se fait assez connaître, et le contraire de ce que tu dis ne paraît que trop. Un époux entraîne nécessairement sa compagne dans la sphère où il vit ; c'est là qu'est son lieu d'exil : elle ne peut plus employer ses propres forces à se frayer un chemin ; si elle était dans une condition inférieure, il l'élève à lui ; mais, si elle occupait un rang supérieur, il l'en fait descendre. Sa première forme a passé, et il ne reste plus de trace des anciens jours. Qui pourrait lui arracher ce qu'elle a gagné ? Mais aussi, ce qu'elle a perdu, qui peut le lui rendre ?

LA MAÎTRESSE DE LA COUR.

Ainsi, cruelle, tu brises ton avenir et le mien ?

####### EUGÉNIE.

Mes regards cherchent encore avec espoir quelque moyen de délivrance.

####### LA MAÎTRESSE DE LA COUR.

Celui qui te chérit désespère; comment peux-tu espérer?

####### EUGÉNIE.

Un homme plus calme nous donnera de meilleurs conseils.

####### LA MAÎTRESSE DE LA COUR.

Il ne s'agit plus de choix ni de conseil; tu me précipites dans la misère, tu m'y suivras.

####### EUGÉNIE.

Oh! je voudrais te voir encore une fois pleine d'amitié pour moi, comme au temps passé. L'éclat du soleil qui porte partout la vie, la lueur douce et désaltérante de la lune, m'étaient moins chers que ta présence. Que vais-je désirer? Tu me prévenais toujours! Qu'aurais-je à craindre? Tu écartais tous dangers? Ma mère s'était dérobée trop tôt aux regards de son enfant, et tu m'avais entourée de tous les soins attentifs que peut inventer l'amour d'une mère. Es-tu donc tout à fait changée? Extérieurement tu me parais toujours celle que j'aimais tant; mais ce qui est changé, c'est ton cœur; tu es toujours celle que j'implorais dans les plus petites comme dans les plus grandes occasions, et qui ne me refusa jamais rien. Le sentiment de respect que je nourris pour toi depuis mon enfance m'enseigne à te supplier d'avoir pitié de mon sort. Serait-ce m'abaisser que de te prier de me sauver et de m'agenouiller devant toi comme devant mon père, mon roi, mon Dieu?

Elle se met à genoux.

####### LA MAÎTRESSE DE LA COUR.

Dans cette situation, tu me railles en feignant de m'honorer, la fausseté ne m'émeut pas.

Elle relève Eugénie avec vivacité.

####### EUGÉNIE.

Est-ce bien de toi que j'entends des paroles si dures, et de ta part que j'éprouve une conduite aussi haineuse? puis-je y survivre? Tu détruis brutalement mes illusions. Je vois clairement quel est mon sort. Ce ne sont ni mes fautes ni les discordes des grands qui m'ont fait exiler; c'est la haine de mon frère, et tu es d'accord avec lui pour m'exiler.

LA MAÎTRESSE DE LA COUR.

L'erreur t'égare de tous points; que peut ton frère contre toi? Sa volonté t'est contraire, mais il n'a aucune puissance.

EUGÉNIE.

Qu'il fasse ce qu'il veut, je ne languirai pas sans espérance dans la solitude des déserts lointains. Un peuple tout entier s'agite autour de moi, un peuple aimant, qui se plaît à entendre le nom de la patrie sortir de la bouche d'un de ses enfants. Je l'invoquerai; quelque chose me dit que j'obtiendrai ma liberté au moyen de cette foule émue.

LA MAÎTRESSE DE LA COUR.

Va, tu ne connais pas la multitude bruyante; elle s'étonne, frémit et laisse faire; si elle s'émeut, on voit d'ordinaire finir sans succès ce qu'elle a commencé sans dessein.

EUGÉNIE.

Tes froides paroles ne m'ôteront pas ma confiance, comme tes actions téméraires ont détruit mon bonheur. J'espère encore trouver quelque vie là où la multitude se presse avec tant d'activité; les cœurs qui se contentent de peu s'ouvrent facilement à la pitié. Tu ne me retiendras pas; je vais proclamer à haute voix, au milieu même de cette foule, l'affreux danger qui menace de m'accabler.

ACTE CINQUIÈME

PLACE PRÈS DU PORT.

SCÈNE I

EUGÉNIE, LA MAÎTRESSE DE LA COUR.

EUGÉNIE.

De quelles chaînes m'enlaces-tu? J'obéis encore, mais malgré moi, aux accents odieux de la voix qui m'accoutumait naguère avec tant de douceur à la docilité, de cette voix dont l'empire était absolu sur mes sentiments jeunes et flexibles. C'est à toi que je dus de comprendre le sens des mots, leur force et leur construction ingénieuse; ta bouche m'a fait connaître le monde et mon propre cœur. Tu emploies maintenant ce charme contre moi, tu m'enchaînes, tu me pousses de côté et d'autre; mon esprit s'égare, mes sens s'épuisent; je vais descendre chez les morts.

LA MAÎTRESSE DE LA COUR.

Je voudrais que cette puissance miraculeuse eût agi au moment où je te priais avec tant d'instance de renoncer à tes projets ambitieux.

EUGÉNIE.

Quoi! tu prévoyais un tel malheur, et tu ne réprimais pas mon audace?

LA MAÎTRESSE DE LA COUR.

Je le fis, mais d'une manière détournée; un mot formel était mortel.

EUGÉNIE.

Et ton silence cachait l'exil! J'aurais préféré le mot qui m'eût annoncé la mort.

LA MAÎTRESSE DE LA COUR.

Ce malheur, prévu ou non, nous a enveloppées toutes deux dans le même filet.

EUGÉNIE.

Puis-je connaître la récompense qui t'attend pour avoir livré ta malheureuse élève?

LA MAÎTRESSE DE LA COUR.

Elle m'attend sur un rivage étranger; la voile s'enfle, et va nous emporter toutes deux.

EUGÉNIE.

Le vaisseau ne m'a pas encore emprisonné. Et puis-je y entrer de bonne grâce?

LA MAÎTRESSE DE LA COUR.

N'as-tu pas déjà invoqué le peuple? il te regarda avec étonnement, se tut et s'éloigna.

EUGÉNIE.

Le besoin pressant qui dirigeait mes efforts me fit paraître en délire à ces gens d'un esprit vulgaire; mais ni tes paroles ni ta violence ne m'empêcheront de marcher courageusement au-devant du secours. Les grands de cette ville sortent de leurs maisons pour aller sur le port admirer les vaisseaux, qui, pour notre malheur, gagnent la haute mer. La garde se range déjà autour du palais du gouverneur. C'est lui-même qui descend les degrés, entouré de plusieurs officiers. Je veux lui parler et lui faire part de mon malheur; s'il est digne de remplacer le roi dans ses fonctions les plus importantes, il ne me renverra pas sans m'avoir entendue.

LA MAÎTRESSE DE LA COUR.

Je ne m'oppose point à cette démarche; raconte la chose, mais ne dis pas les noms.

EUGÉNIE.

Je ne les dirai que lorsque je pourrai avoir toute confiance en lui.

LA MAÎTRESSE DE LA COUR.

C'est un homme noble et jeune, qui fera pour toi ce qu'il pourra convenablement t'accorder.

SCÈNE II

Les Précédentes, LE GOUVERNEUR, Officiers.

EUGÉNIE.

M'est-il permis de t'arrêter à ton passage? Pardonneras-tu à une étrangère cette hardiesse?

LE GOUVERNEUR, après l'avoir considérée attentivement.

Lorsqu'on se recommande comme toi, dès le premier abord, on est sûr d'un accueil favorable.

EUGÉNIE.

Ce qui m'amène n'a rien de gai ni d'aimable; la fatalité la plus terrible me poursuit.

LE GOUVERNEUR.

Si on peut la vaincre, je m'en ferai un devoir; et, si on ne peut que l'adoucir, je le ferai de même.

EUGÉNIE.

Celle qui te prie descend d'une maison considérée ; mais, hélas ! elle s'avance vers toi sans pouvoir se nommer.

LE GOUVERNEUR.

Les noms s'oublient, mais une figure comme la tienne reste gravée dans la mémoire d'une manière ineffaçable.

EUGÉNIE.

La force et la ruse m'arrachent du sein de mon père, et m'entraînent au sein du vaste Océan.

LE GOUVERNEUR.

Qui ose porter une main sacrilége sur cette image de paix ?

EUGÉNIE.

Je crois que le coup qui m'a surprise vient d'un des membres de ma propre famille. Un frère, guidé par l'intérêt et par des conseils perfides, m'a attirée dans le piége ; la femme que tu vois ici, et qui m'a élevée, s'est rangée parmi mes ennemis, je ne puis comprendre pourquoi.

LA MAITRESSE DE LA COUR.

J'étais parmi eux en effet, mais pour adoucir de grands maux que je n'ai pu, hélas ! détourner entièrement.

EUGÉNIE.

Elle exige que je monte sur ce vaisseau, et veut m'emmener sur d'autres plages.

LA MAITRESSE DE LA COUR.

L'accompagner en un tel trajet prouve mon amour et mes soins maternels.

LE GOUVERNEUR.

Vous que j'honore, pardonnez si un homme jeune d'années, mais dont l'expérience a vu bien des choses en ce monde, se trouve embarrassé en vous regardant et en vous écoutant. Toutes deux vous semblez mériter ma confiance, et cependant vous vous défiez l'une de l'autre : au moins on le croirait. Comment puis-je délier les nœuds énigmatiques qui vous enveloppent ?

EUGÉNIE.

J'espère qu'en m'écoutant tu y parviendras.

LA MAITRESSE DE LA COUR.
Moi aussi je pourrais éclaircir bien des choses.

LE GOUVERNEUR.
La vérité souffre de n'être aperçue qu'à travers un récit ; les étrangers nous trompent si souvent par des fables !

EUGÉNIE.
Si tu te défies de moi, je suis sans ressource.

LE GOUVERNEUR.
Quand je te croirais, je te serais peut-être encore de peu de secours.

EUGÉNIE.
Renvoie-moi seulement vers les miens.

LE GOUVERNEUR.
Un homme bien intentionné s'attire peu de remerciments en accueillant des enfants perdus ou enlevés, ou bien en protégeant ceux qui sont repoussés de leur famille. Un débat s'élève aussitôt sur la personne, à cause des héritages, pour savoir si elle est bien la véritable. Lorsque des parents dénaturés se disputent à outrance sur le tien et le mien, la haine des deux partis retombe souvent sur l'étranger qui intervient dans leurs affaires ; et, lorsqu'il n'a pas de preuves convaincantes, on le traîne ignominieusement devant la justice. Excuse-moi donc si je ne réponds pas sur-le-champ à ta demande.

EUGÉNIE.
Une telle crainte convient-elle à un homme élevé en dignité ? A qui l'opprimé pourra-t-il donc s'adresser ?

LE GOUVERNEUR.
Tu me pardonneras au moins si je te quitte quant à présent : un important devoir m'appelle ailleurs. Reviens demain matin à ma demeure, afin de m'expliquer plus clairement le sort qui te menace.

EUGÉNIE.
Je m'y rendrai avec joie ; reçois d'avance mes remerciments du secours que tu m'offres.

LA MAITRESSE DE LA COUR, *présentant un papier au gouverneur.*

Ce papier nous servira d'excuse si nous ne répondons pas à ton invitation.

LE GOUVERNEUR *prend le papier et l'examine attentivement pendant quelque temps.*

S'il en est ainsi, je ne puis que te souhaiter un bon voyage, de la résignation à ton sort et une bonne espérance.

SCÈNE III

EUGÉNIE, LA MAITRESSE DE LA COUR.

EUGÉNIE.

Est-ce là le talisman dont tu te sers pour m'enlever, me tenir captive, et repousser tous les hommes honnêtes qui veulent me porter secours? Laisse-moi voir cette feuille fatale. Je connais ma misère, laisse-moi connaître aussi ce qui a pu la causer.

LA MAITRESSE DE LA COUR, *lui tendant le papier.*

La voici, regarde.

EUGÉNIE, *se détournant.*

Quel coup terrible! Et je vis encore, quand je suis foudroyée par le nom de mon père et par celui du roi! Mais il y a eu erreur; un employé de la couronne, gagné par mon frère pour me perdre, s'est peut-être servi de la puissance suprême témérairement et sans ordre. Oui, on peut encore me sauver, je veux l'essayer; montre-moi le papier.

LA MAITRESSE DE LA COUR, *le lui montrant.*

Tu le vois.

EUGÉNIE, *se détournant encore.*

Le courage m'abandonne. Non, je ne le puis pas; quoi qu'il en soit, je suis perdue. Tous les biens de ce monde me sont refusés, il faut y renoncer pour jamais. C'est donc là tout ce que tu fais pour moi! Oui, tu es unie avec mes ennemis pour amener ma mort; on veut m'enterrer vivante. Permets-moi donc au moins de m'approcher de l'église; elle ensevelit dans son sein tant de victimes innocentes! Voici le temple, et c'est ici la porte qui conduit à la tranquille misère, comme au bonheur tranquille. Laisse-moi faire en secret cette démarche, quel que soit le destin qui m'y attend, je m'y résignerai !

LA MAÎTRESSE DE LA COUR.

Je vois l'abbesse qui descend vers la place, accompagnée de deux de ses sœurs : elle aussi est jeune et de grande famille, fais-lui part de tes désirs; je ne m'y oppose pas.

SCÈNE IV

Les Précédentes, L'ABBESSE, Deux Religieuses.

EUGÉNIE.

Vierge vénérable et sainte, tu me vois ici seule, égarée, en horreur au monde et à moi-même. L'angoisse du présent, la crainte de l'avenir, me forcent à implorer de toi quelque adoucissement aux maux qui m'accablent.

L'ABBESSE.

Si le repos, si l'amour pur, si la paix avec Dieu et avec soi-même peuvent se communiquer, tu ne manqueras pas, jeune étrangère, de paroles instructives qui t'enseigneront ce qui fait mon bonheur et celui de mes compagnes, pour le temps présent comme pour l'éternité.

EUGÉNIE.

Mon mal est infini; la force des paroles divines ne saurait le guérir de sitôt. Permets-moi seulement d'habiter là où tu habites, pour dissoudre mon angoisse dans les larmes, et consacrer à Dieu mon cœur ainsi allégé.

L'ABBESSE.

J'ai vu souvent dans cette enceinte sacrée les pleurs terrestres se changer en un divin sourire, en de célestes ravissements; mais on n'y entre point de force; il faut que la nouvelle sœur passe par plusieurs épreuves qui nous fassent connaître son mérite.

LA MAÎTRESSE DE LA COUR.

Un mérite éclatant est prompt à se manifester, et les conditions que tu proposeras seront aisément remplies.

L'ABBESSE.

Je ne doute pas de la noblesse de ta naissance, et je veux

croire que tu possèdes assez de biens pour acquérir les droits de cette maison, lesquels sont importants et recherchés. Apprends-moi donc tout de suite ce que tu voulais me dire.

EUGÉNIE.

Accueille ma prière, reçois-moi, dérobe-moi au monde dans la cellule la plus cachée, et prends tout ce que je possède : je t'apporte beaucoup, et j'espère t'apporter bientôt davantage.

L'ABBESSE.

Si la jeunesse et la beauté ont le don de nous émouvoir et annoncent une âme noble, tu as bien des droits à notre amitié; chère enfant, viens sur mon cœur!

EUGÉNIE.

Ces paroles et cet embrassement ont déjà calmé la tempête qui soulevait mon sein; je ne sens plus que l'écume de la dernière vague qui se retire; je touche au port.

LA MAÎTRESSE DE LA COUR, se mettant entre elles deux.

Oui, si le cruel destin ne nous poursuivait pas. Lis cette feuille, et plains-nous.

Elle présente la feuille à l'abbesse.

L'ABBESSE, après l'avoir lue.

On doit te blâmer d'avoir laissé proférer tant de paroles que tu savais inutiles. Je m'incline devant la main suprême qui semble diriger cette affaire.

SCÈNE V

EUGÉNIE, LA MAÎTRESSE DE LA COUR.

EUGÉNIE.

Comment, une main suprême? De qui parle cette femme hypocrite? De Dieu? mais la divinité ne peut être mêlée dans un tel forfait. Du roi?... il est vrai, je dois subir ce qu'il a prononcé contre moi; mais je ne veux plus demeurer dans le doute, flotter entre la crainte et l'espérance, et, comme une femme ordinaire, céder aux sentiments pusillanimes de mon cœur. Qu'il se brise, s'il le faut; je demande à voir cette feuille, quand même elle contiendrait l'arrêt de ma mort signé du roi ou de mon père lui-même. Je veux regarder en face la divinité irritée qui m'écrase de sa colère. Oh! que ne suis-je en sa présence! Le dernier regard de l'innocence opprimée est foudroyant!

LA MAÎTRESSE DE LA COUR.

Je ne te l'ai jamais refusée, prends-la.

EUGÉNIE, jetant les yeux sur le papier.

Tel est le sort singulier des hommes, qu'au milieu de leurs plus grands maux, ils craignent toujours pour l'avenir des maux plus grands encore. Sommes-nous donc si riches, grands dieux, que vous ne puissiez tout nous ravir d'un seul coup? Ce papier, qui a déjà détruit tout le bonheur de ma vie, me fait redouter encore des angoisses plus terribles. (Elle le déplie.) Prends courage, mon cœur, et ne crains pas de boire le peu qui reste au fond de cette coupe amère. (Elle regarde le papier.) La main et le cachet du roi!

LA MAÎTRESSE DE LA COUR, reprenant la feuille.

En pleurant sur ton sort, plains-moi, ma chère enfant; je ne me suis imposé ce triste devoir, je n'exécute les ordres de la toute-puissance, que pour pouvoir t'assister dans ton malheur et ne pas t'abandonner à des mains étrangères. Tu sauras dans la suite tout ce que souffre mon âme et tout ce que je connais de ce terrible secret. Pardonne-moi si maintenant la main de fer de la nécessité m'oblige à t'embarquer avec moi sans délai.

SCÈNE VI

EUGÉNIE, seule; puis LA MAÎTRESSE DE LA COUR, dans le fond du théâtre.

EUGÉNIE.

Ainsi donc le plus beau royaume du monde, ce port que des milliers d'habitants animent, ne sont plus pour moi qu'un désert; je suis seule. Ici de savants hommes parlent suivant les lois, les guerriers exécutent les commandements qu'on leur donne, de pieux solitaires élèvent leurs prières vers le ciel, la multitude court à la poursuite du gain; et l'on me repousse sans justice et sans jugement, aucune main ne s'arme en ma faveur; les saints asiles me sont fermés, et nul ne veut faire un seul pas pour l'amour de moi. L'exil!... le poids effrayant de ce mot m'oppresse; je me sens déjà retranchée du corps des vivants, comme un membre flétri et corrompu. Je ressemble à celui qui est plongé dans un sommeil léthargique, dont les sens sont paralysés, mais qui garde encore la conscience de sa vie, et se trouve le témoin muet et impuissant de la sépulture qu'on lui prépare. Terrible nécessité! Mais quoi! un choix ne m'est-il pas laissé? Ne puis-je pas accepter la main du seul homme qui m'ait généreusement offert son secours? Je le puis; mais ma naissance et tout ce qui m'élevait aux yeux des autres... faut-il tout perdre, renoncer à tout espoir de briller un jour? Non, je ne le puis. Que plutôt la fatalité me saisisse de sa main de fer... Sort aveugle, emporte-moi!... La volonté qui flotte incertaine entre deux maux est pire que le mal lui-même. (La gouvernante passe derrière elle, suivie de gens qui portent les bagages.) Les voici qui viennent et qui emportent tout ce que je possède, le reste des richesses qui m'appartinrent un jour. Me dérobe-t-on aussi cela? On l'enlève, et moi je suivrai bientôt. Un vent favorable tourne le pavillon du côté de la mer, et les voiles vont s'enfler. La flotte quitte le port, et avec elle le vaisseau qui doit m'emmener, moi, infortunée! On s'avance, on me dit de monter à bord... Dieu! le ciel est-il donc d'airain au-dessus de moi, que mes cris de douleur ne peuvent le pénétrer? Eh bien! je partirai; mais le vaisseau ne me tiendra pas captive dans ses cachots; la planche qui doit m'y conduire sera mon premier pas vers la liberté. Alors, que les vagues me reçoivent dans leur sein; j'irai, portée par elles, chercher au fond de leurs abimes le repos de la tombe; et, quand je n'aurai plus rien à craindre de l'injustice de ce monde, qu'elles poussent mon pâle cadavre vers le rivage, pour qu'une âme pieuse puisse me creuser un tombeau sur le sol chéri de ma patrie! (Elle fait quelques pas.) Allons! (Elle s'arrête.) Mon pied ne veut-il plus obéir? Qu'est-ce donc qui enchaîne mes pas et me retient ici? Misérable amour d'une vie sans dignité, tu me rappelles à de rudes combats. L'exil, la mort, le déshonneur, m'entourent et se disputent ma dépouille ; si je me détourne de l'un avec horreur, l'autre aussitôt se présente à moi, et me raille d'un sourire infernal. Il n'y a donc aucun moyen, ni humain, ni divin, de me délivrer de cette torture multiple? Oh! si une seule parole favorable me venait par hasard du sein de cette multitude ; qu'un oiseau, messager de paix, rasât ma tête d'une aile légère, et m'indiquât ma route! je suivrais volontiers celle qu'il m'aurait tracée. Un signe, et je croirai, et j'obéirai aussitôt avec espoir et confiance au doigt de Dieu.

SCÈNE VII

EUGÉNIE, UN MOINE.

EUGÉNIE, *après avoir eu pendant quelque temps les yeux fixés devant elle, les relève et aperçoit un moine.*

Je n'en doute pas, oui, je suis sauvée ; voici celui qui me décidera. Ce vieillard respectable, dont la douce figure attire les cœurs, vient exaucer mes prières. (Elle va à sa rencontre.) Mon père... Ah! permets-moi de donner à un étranger vénérable ce nom qui ne devait plus sortir de mes lèvres, ce nom qui m'a causé tant de chagrins ;... peu de paroles t'expliqueront mon malheur ; je te le dirai avec une douloureuse confiance, mais non pourtant comme il faudrait le dire à un homme sage et prudent, à un vieillard protégé de Dieu.

LE MOINE.

Découvre-moi librement ce qui cause tes chagrins. Ce n'est pas sans un dessein de la Providence que l'affligée a rencontré celui dont le plus saint devoir est de soulager l'affliction.

EUGÉNIE.

Tu vas entendre une énigme au lieu de plaintes ; ce n'est pas un conseil que je demande, mais un oracle. J'ai devant moi deux chemins contraires, menant tous deux à des buts qui me sont odieux : lequel faut-il que je choisisse ?

LE MOINE.

Tu veux me tenter ; dois-je prononcer comme le sort ?

EUGÉNIE.

Comme un sort sacré.

LE MOINE.

Je t'entends : plongée dans la plus profonde misère, tu lèves les yeux vers les régions d'en haut. Toute volonté étant morte dans ton cœur, tu espères que le Tout-Puissant décidera pour toi. Oui, celui qui agit de toute éternité nous envoie pour notre bien, d'une manière incompréhensible et comme par hasard, des conseils et des résolutions, et de la force pour les accomplir. Ainsi nous nous trouvons portés vers le but. Sentir cette confiance, c'est le suprême bonheur; ne pas la demander est un devoir d'humilité; l'atteindre est la meilleure condition dans les souffrances. Oh! que je voudrais être digne de connaître pour toi ce qui doit t'être le plus utile! Mais le pressentiment est muet dans mon sein; et, si tu n'as rien de plus à me confier, une vaine commisération est tout ce que je puis t'offrir pour adieu.

EUGÉNIE.

Non, je saisis la seule planche qui s'offre à moi dans le naufrage; malgré moi, je te retiens ici; et pour la dernière fois je vais prononcer le mot fatal. Issue d'une famille illustre, je suis repoussée, bannie au delà des mers; et je ne puis me sauver que par un mariage qui me rabaisserait aux classes inférieures. Que dit maintenant ton cœur? est-il encore muet?

LE MOINE.

Il doit l'être jusqu'à ce que l'intelligence s'avoue impuissante. Tu ne m'as confié que des choses générales, je ne puis donc te donner que des avis généraux. Forcée de choisir entre deux maux qui te sont également odieux, examine-les bien l'un et l'autre, et prends celui qui te laissera le plus de liberté pour vivre saintement, celui qui mettra le moins d'entraves à ton esprit et restreindra le moins tes actions pieuses.

EUGÉNIE.

Ainsi le mariage n'est pas ce que tu me conseilles?

LE MOINE.

Non, surtout un mariage tel que celui qui te menace. Comment un prêtre peut-il donner sa bénédiction lorsque le oui ne part pas du cœur même de l'épouse? Il ne saurait enchaîner ensemble, pour un combat perpétuel, ceux qui ont du dégoût l'un pour l'autre; il faut pour cela l'amour, qui sait faire d'une seule chose le tout de l'homme, du présent une éternité, et de ce qui passe un objet durable.

EUGÉNIE.

Tu m'exiles donc au delà des mers, dans la misère?

LE MOINE.

Sois la consolation des habitants de ces pays.

EUGÉNIE.

Comment consoler les autres lorsque le désespoir habite en moi?

LE MOINE.

Un cœur pur, tel que l'annoncent tes regards, du courage et un esprit noble et indépendant, peuvent te soutenir et te rendre utile à tes semblables, en quelque endroit de la terre que tu ailles. Si, dès l'entrée de la vie, tu es exilée sans l'avoir mérité, et que les décrets de la Providence te condamnent à expier des fautes qui te sont étrangères, tu conserveras toujours, comme un être qui n'appartiendrait plus au monde, le bonheur attaché à la vertu et les forces qu'elle donne. Poursuis ta route, entre avec courage dans la sphère des affligés, et que ton apparition éclaire ce triste monde. Tes puissantes paroles et tes actions énergiques ranimeront les cœurs qui se laissent abattre; rassemble ceux qui sont dispersés, réunis-les autour de toi. Crée-toi autre part ce qu'on t'enlève ici, une famille, une patrie, une principauté.

EUGÉNIE.

Ce que tu me conseilles, pourrais-tu le faire toi-même?

LE MOINE.

Je l'ai fait. Le zèle me conduisit, jeune encore, chez des tribus sauvages : j'importai des mœurs douces dans cette vie farouche, et au milieu de la mort l'espérance du ciel. Oh! que je voudrais n'avoir pas été ensuite égaré par le désir d'être utile à mon pays, et par ce désir ramené à la vie coupable d'une cité, dans ce désert de vices, ce marais d'égoïsme. La faiblesse de l'âge, l'habitude, le devoir, me retiennent ici... ou peut-être le destin, qui réserve ma vieillesse pour des épreuves plus difficiles. Toi qui, jeune, libre de tous liens, te vois jetée dans le désert, avance et fais ton salut : la misère que tu souffres se changera en bonheur. Pars!

EUGÉNIE.

Parle plus clairement ; que crains-tu ?

LE MOINE.

L'avenir n'apparaît que dans l'obscurité; même ce qui va nous toucher n'est pas vu nettement par notre intelligence. Lorsque je traverse la ville éclairée par la lumière du soleil, que j'admire le luxe des palais, de ces masses élevées au niveau des plus hauts rochers; lorsque j'examine les places spacieuses, la belle architecture des églises, le port encombré d'une forêt de mâts, tout cela me semble arrangé pour l'éternité; cette foule active qui s'agite de tous côtés, on dirait aussi qu'elle se reproduit sans cesse et ne doit jamais disparaître. Mais lorsque, pendant la nuit, cette grande image se représente à mon esprit, il me semble qu'un bruit sourd se fait entendre dans les ténèbres, que la terre tremble, que les tours s'ébranlent, que les pierres assemblées se disjoignent, et que toute cette apparence de splendeur tombe en débris. Quelques hommes épars gravissent des coteaux nouvellement formés ; chaque ruine cache un tombeau ; une population faible et courbée par la misère ne peut plus dompter les éléments, et déjà la vague infatigable a rempli l'enceinte du port de sable et de limon.

EUGÉNIE.

La nuit commence par désarmer l'homme ; puis elle le combat de visions chimériques.

LE MOINE.

Hélas! les rayons attristés du soleil éclaireront assez tôt notre misère. Toi qu'un génie favorable a consacrée à l'exil, fuis rapidement. Adieu ! ne tarde pas.

SCÈNE VIII

EUGÉNIE, seule.

On me détourne de mes propres malheurs en me parlant de malheurs étrangers... Étranger! ce qui doit arriver à ma patrie l'est-il pour moi? Ce pressentiment fait peser sur mon cœur un nouveau poids; faut-il aux maux présents ajouter ceux de l'avenir? Ce qu'on me répétait depuis mon enfance est donc vrai! Je le demandais, on me l'a dit, et je l'ai même entendu récemment de la bouche du roi et de celle de mon père; une ruine prochaine menace ce royaume. Les éléments, combinés pour la vie, ne se balanceront plus avec harmonie, afin de reformer un ensemble toujours parfait. Ils se sépareront, se fuiront, et chacun rentrera en lui-même. Où est l'esprit énergique de nos aïeux, cet esprit qui pendant leurs discordes les réunit dans un but commun, et fut comme le roi, le chef et le père de ce grand peuple? Il s'est évanoui; ce qui nous en reste n'est qu'une ombre vaine qui par ses efforts ne peut ressaisir ce qui est perdu. Emporterai-je avec moi un tel souci? Fuirai-je le danger commun, et par là l'occasion de montrer un courage digne de mes ancêtres? Renoncerai-je à humilier, par des secours donnés à l'heure de l'adversité, ceux qui me persécutent maintenant? Non, non, terre de ma patrie, tu es un asile pour moi; j'entends ta voix puissante qui m'appelle, je ne t'abandonnerai pas: les liens qui me retiennent à toi sont sacrés. Où trouver l'homme honnête qui m'a offert sa main avec confiance? Je m'attacherai à lui, et je resterai cachée pour être par la suite un talisman pur; car, lorsqu'un miracle arrive dans le monde, c'est à la prière d'un cœur fidèle et plein d'amour. Je ne considère ni la grandeur du danger ni ma propre faiblesse; un sort favorable disposera tout pour ce grand but lorsqu'il en sera temps, et, si un jour mon père et mon roi m'ont méconnue, m'ont chassée, m'ont oubliée, ils verront alors avec étonnement que j'existe encore, et que du sein de ma misère je m'efforce de tenir ce que je promis aux jours de ma prospérité. Il vient... je le revois avec plus de plaisir que lorsque je le quittai ; il vient, il me cherche, croyant avoir à se séparer de moi ; mais je lui resterai.

SCÈNE IX

EUGÉNIE, LE CONSEILLER, Un Jeune Garçon, portant une riche cassette.

LE CONSEILLER.

Les vaisseaux partent l'un après l'autre, et je crains bien que toi aussi on ne t'appelle bientôt ; reçois donc avec un adieu sincère ce présent qui, pendant ton long trajet, te sera de quelque soulagement. Pense à moi, et puisse le jour malheureux ne point luire où tu me regretteras amèrement !

EUGÉNIE.

J'accepte ce présent avec reconnaissance, comme un gage de ton amour et de tes soins ; mais fais-le reporter dans ta maison, et, si tu penses comme tu pensais, si tu sens comme tu sentais, et que mon amitié puisse te suffire, je t'y suivrai.

LE CONSEILLER, après une pause, fait signe au jeune homme de s'éloigner.

Est-il possible? Ta volonté a-t-elle pu si vite changer en ma faveur?

EUGÉNIE.

Elle est changée, mais ne pense pas que ce soit la crainte qui me jette ainsi dans tes bras ; j'ai un motif plus noble ; permets-moi de le taire. C'est lui qui me retient dans ma patrie, auprès de toi. Je n'ai plus qu'une question à t'adresser : Peux-tu franchement renoncer à celle qui renonce à tout? Peux-tu me promettre que tu me recevras avec la pure amitié d'un frère, et que tu me donneras la protection, les conseils et l'existence paisible qu'on accorde à une sœur chérie?

LE CONSEILLER.

Je crois pouvoir tout supporter, tout, si ce n'est de te perdre après t'avoir trouvée ; te voir, vivre auprès de toi, pour toi, voilà mon bonheur suprême. Ton cœur seul dictera les conditions de l'alliance que nous contractons.

EUGÉNIE.

Connue de toi seul, je dois éviter le monde et vivre dans la retraite; si tu possèdes une campagne paisible et éloignée, consacre-la-moi et m'y envoie.

LE CONSEILLER.

Je possède un petit bien situé agréablement, mais la maison est vieille et tombe en ruine. On n'aurait pas de peine à trouver une plus belle habitation dans nos environs; le prix n'en est pas élevé.

EUGÉNIE.

Non, laisse-moi me retirer dans cette maison qui tombe en ruine; elle s'accorde avec ma position. Si mon esprit se calme, j'aurai de quoi y exercer son activité. Dès que je t'appartiendrai, permets-moi de m'y rendre, accompagnée d'un vieux serviteur de confiance, de m'y ensevelir dans l'espoir d'une résurrection prochaine.

LE CONSEILLER.

Quand pourrai-je t'y visiter?

EUGÉNIE.

Tu attendras avec patience que je t'appelle. Un jour viendra, peut-être bientôt, qui nous unira plus étroitement par des liens plus sérieux.

LE CONSEILLER.

Tu m'imposes une dure épreuve.

EUGÉNIE.

Remplis tes devoirs envers moi, et sois sûr que je connais les miens. Tu risques beaucoup en m'offrant ta main pour me sauver; si l'on me découvre trop tôt, tu peux en souffrir. Je te recommande le plus profond silence; que nul ne sache d'où je viens : même les personnes absentes qui me sont chères, je ne les visiterai que par la pensée; nul messager ne doit me nommer, quand ce serait aux lieux où la moindre étincelle suffirait à rallumer le flambeau de ma vie.

LE CONSEILLER.

Que dois-je dire dans cette grave circonstance? La bouche peut protester avec audace d'un amour désintéressé, lorsque le monstre de l'égoïsme veille au fond du cœur. Notre con-

ACTE V.

duite seule donne la mesure de notre amour. En t'obtenant, il faut renoncer à tout, même à ton regard; je le ferai. Tu resteras toujours pour moi telle que tu m'apparus la première fois, un objet d'amour et de respect. Je ne souhaite de vivre qu'à cause de toi, tu règnes sur moi en souveraine. Comme le prêtre vouant toute sa vie à la divinité invisible qui fut pour lui, dans un moment de bonheur, le type de toutes les vertus, rien ne me distraira de ton service, lors même que tu te seras dérobée à mes yeux.

EUGÉNIE.

Pour te prouver que je crois ton cœur aussi véridique que tes paroles sont sincères, et que je sens tout le prix de la droiture, de ta sensibilité, de ta confiance, je te donnerai le gage le plus puissant qu'une femme honnête puisse donner. Je n'hésite pas, j'ai hâte de te suivre : voici ma main, allons à l'autel !

FIN DE LA FILLE NATURELLE ET DU DERNIER VOLUME.

TABLE

DES PIÈCES CONTENUES DANS LE SECOND VOLUME

Iphigénie en Tauride (1787)........................	4
Egmont (1789)...................................	62
Torquato Tasso (1790)............................	171
Le Grand Copthe (1790)..........................	265
Le Général Citoyen (1793)........................	368
Les Révoltés (1793)..............................	429
La Fille naturelle (1804).........................	487

FIN DE LA TABLE DU SECOND VOLUME.

Paris. — Typographie Gaston Nés, rue Cassette, 1.

Extrait du Catalogue général de la BIBLIOTHÈQUE-CHARPE[NTIER]
13, RUE DE GRENELLE-SAINT-GERMAIN, A PARIS
à 3 fr. 50 le volume.

(Le catalogue complet est envoyé franco contre demande affranchie)
LES VOLUMES SONT ENVOYÉS FRANCO CONTRE LE PRIX EN TIMBRES OU MANDATS-P[OSTE]

CHEFS-D'ŒUVRE DES CONTEURS FRANÇAIS

PUBLIÉS AVEC DES INTRODUCTIONS, DES NOTES HISTORIQUES ET LITTÉRAIRES ET DES [NOTICES]
PAR M. CHARLES LOUANDRE.

PREMIÈRE PARTIE. — Conteurs français avant La Fontaine, [XIIe-XVIe] siècle............ 1

DEUXIÈME PARTIE. — Conteurs français contemporains de La Fontaine, XVIIe siècle............ 1

TROISIÈME PARTIE. — Conteurs français après La Fontaine, [XVIIIe] siècle............ 1

Chaque volume se vend séparément.

CLASSIQUES FRANÇAIS
ÉDITIONS CH. LOUANDRE

Montaigne. Essais.....................
Corneille (P. et Th.). Œuvres...............
Molière. Œuvres complètes...............
Racine (J.). Théâtre complet...............
La Fontaine (J.). Fables...............
Boileau-Despréaux. Œuvres poétiques......
La Bruyère. Les Caractères...............
Pascal (B.). Pensées...............
— Les Provinciales.....
Bossuet. Discours sur l'histoire universelle...
Voltaire. Siècle de Louis XIV.....

PHILOSOPHIE ET RELIGION

Descartes. Œuvres, édition Jules Simon..........
Malebranche. Entretiens sur la métaphysique, édition Jules Simon....
— Méditations chrétiennes, édition Jules Simon........
— De la Recherche de la Vérité, édition Jules Simon....
Bossuet. Œuvres philosophiques, édition Jules Simon.........
Fénelon. Œuvres philosophiques, édition A. Jacques.........
Spinoza. Œuvres, édition Émile Saisset.
Euler. Lettres à une princesse d'Allemagne, édition Émile Saisset....
Saint Augustin. Les Confessions, traduction Paul Janet........
Mahomet. Le Koran, traduction Kasimirski..............
Confucius et Mencius. Les quatre livres, traduction Pauthier..

www.ingramcontent.com/pod-product-compliance
Lightning Source LLC
Chambersburg PA
CBHW060504230426
43665CB00013B/1377